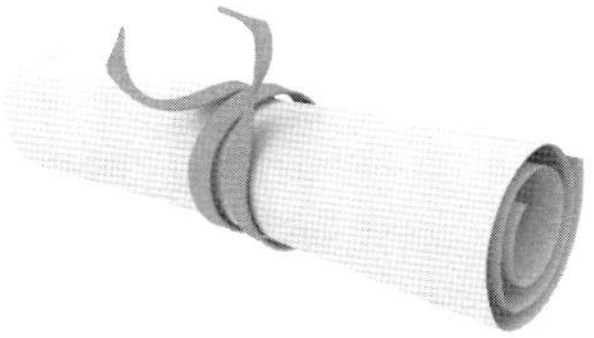

黄埔风云榜

Huangpu Popularity Ranking List

HUANGPU POPULARITY RANKING LIST

黄埔风云榜

Huangpu Popularity Ranking List

乱世出英雄，胡宗南的发展与崛起是民国军界的一大传奇。他出道晚，29 岁考黄埔军校差一点就因为个子矮而被淘汰，幸遇贵人廖仲恺才峰回路转。走出黄埔，两次北伐，奋勇东征，得遇校长蒋介石，一路栽培，32 岁就升任少将师长，35 岁晋中将，41 岁升军长，44 岁当第 34 集团军总司令，48 岁出任第一战区司令长官，49 岁当选为国民党中执委，50 岁授陆军二级上将衔，追赠一级上将，在民国几十万黄埔生中，无人能出其右。

黄埔名将胡宗南

HUANGPU POPULARITY RANKING LIST

汪德春◎著

人民东方出版传媒
東方出版社

责任编辑：孙兴民
装帧设计：史宪罡
版式设计：东昌文化
责任校对：湖 傕

图书在版编目（CIP）数据

黄埔名将胡宗南／汪德春 著．－北京：东方出版社，2014.1
（黄埔风云榜系列）
ISBN 978－7－5060－5551－2

I. ①黄… II. ①汪… III. ①胡宗南（1902~1962）－生平事迹
IV. ① K825=2
中国版本图书馆 CIP 数据核字（2012）第 250841 号

黄埔名将胡宗南
HUANGPU MINGJIANG HUZONGNAN

汪德春 著

東方出版社 出版发行
（100706 北京市东城区隆福寺街 99 号）

保定市北方胶印有限公司印刷 新华书店经销

2014 年 1 月第 1 版 2014 年 1 月北京第 1 次印刷
开本：710 毫米 ×1000 毫米 1/16 印张：26 字数：354 千字

ISBN 978－7－5060－5551－2 定价：45.00 元

邮购地址 100706 北京市东城区隆福寺街 99 号
人民东方图书销售中心 电话（010）65250042 65289539
发行电话（010）65210059 65210060 65210062 65210063

黄埔名将胡宗南
HUANGPU MINGJIANG HU ZONGNAN

目录
CONTENTS

绪论
多面人胡宗南

一个“预言家”

作为一名军人，胡宗南在黄埔名将中有见识超群的一面。他的“预言家”才能来自于他刻苦学习而得来的知识积累，来自于他对时代脉搏的正确把握。未进黄埔军校之前，1921 年 26 岁的胡宗南游历天津、塘沽与山海关地区，预言“十年之后，日本将是中国最大的隐患。一旦打起仗来，我国的东北三省会首先遭到日本的侵略。”1931 年，历史果如其言。

1927 年，在蒋介石南京国民政府刚刚建立之际，胡宗南就认识到中国的问题是农民问题，预言了蒋介石政权的致命弱点和中国农民问题对中国命运的重大影响。他说：“清党在军队容易，问题在青年与农民。今后农民问题如不解决，中国的命运前途是堪忧的。”后来的历史也印证了他的这一眼光。

一位黄埔精英

胡宗南是一位预言家，也是一位黄埔名将。严格地说，胡宗南属于从军比较晚的一类，甚至于可以归入大器晚成之类。的确，胡宗南 1896 年出生，1924 年 29 岁才考入黄埔军校，而且，考军校的时候差一点因为身高的缘故而落选，幸亏一“哭”一“闹”，引出黄埔军校党代表廖仲恺这个“贵人”，才得以顺利入校。然而，在民国时期23万黄埔生中，胡宗南是黄埔一期生，是黄埔系里面的“老大哥”一辈。凭借战功和机缘，凭借忠顺和服从，一路青云直上，论及军职，他从连长起步，一步一个脚印，到营长，再到团长，进而当上旅长、副师长，再到代师长、师长，只用了两年半的时间。从师长到军长、军团长，再到战区司令长官，只用了15年的时间。论及军衔，只用不到两年半的时间，就从见习少尉晋升为少将。只用半年的时间，就从少将晋升为中将。从中将到上将，也只用15年时间。他只用11年，就从一介黄埔生当选为国民党中央监察委员会委员。晋升如此之快，位高权重，在民国几十万黄埔生几乎是独一无二的。所以，胡宗南的崛起，尤其是在军界的一路飙升，无疑是民国政治的一大传奇。

一位抗日名将

胡宗南是黄埔名将，也是一位铁骨铮铮的抗日名将，胡宗南有着深厚的爱国情结和民族气节。1937年7月7日，日军攻打卢沟桥，抗日战争全面爆发。在民族生死存亡的关头，胡宗南在赠给友人何浩若的《文文山集》上题写张苍水诗，表明自己杀敌报国的决心：“国破家亡欲何之，西子湖头有我师。日月双悬于氏墓，乾坤半壁岳家祠。惭将赤手分三席，敢为丹心借一枝。……”

周恩来1936年写信给胡宗南，说胡过去十年来“以剿共成名，私心则以兄尚未成为民族英雄为憾”，说他“在黄埔为先进，亦为蒋先生所最信赖之人，果能力排浮议，立停内战，则颂之者将遍于国人”。熊向晖说：“抗战期间，胡先生一直把周恩来的这封亲笔信珍藏在身边，因为周恩来了解胡先生，抓住了他的心理，他确实崇尚民族英雄，主张抗战，反对投降。”在抗日战争中，胡宗南抗日不怕流血，从不叫苦，从不叫累。1937年8月，胡宗南率部参加第二次淞沪抗战。在杨行与日军血战，所部伤亡惨重，甚至于要亲自上阵顶缺。第1师“旅长两个，先后伤了三个，团长四个，先后死伤五个，全师连长，除通信连长外，其他都换了个遍。”打到最后，撤退到无锡之际，胡部4万人马已所剩无几了。

一个反共急先锋

胡宗南作为一位抗日名将，同时，也是蒋介石国民政府反共的一位急先锋，他参与国民政府军队对中共革命根据地的军事“剿匪”行动，“围剿”红军，从河口镇功亏一篑到大战“鬼门关”，再到川陕会剿；率部与红军恶战草地，从广昭战役到土门战役，从毛儿盖争夺战、松潘战役，再到包座大战，不遗余力地替蒋介石国民政府卖命“剿匪”，充当了蒋介石反共反人民内战的打手和帮凶。即使是在全面抗日战争时期，在蒋介石的秘密授意下，也不忘分兵“剿匪”，构建五六百公里长的封锁线，封锁陕甘宁边区，蓄意挑衅，多次进攻“囊形地带”。在解放战争时期，胡宗南军事集团更是蒋介石国民政府“剿共”的急先锋，闪击延安，取得了一场“华而不实的胜利”，最终只能够尝尽失败的苦果：从痛失“天下第1旅”到再失“粮仓”晋南，紧接着是西华池惨败、青化砭惨败、羊马河惨败、蟠龙镇惨败、沙家店之败、宜瓦丧师、冯原壶梯山惨败、永丰镇惨败，到扶、郿惨败之际，胡宗南部已经快要到山穷水尽的地步了，最后决战川西流产，移军康滇不成，西昌挣扎徒劳，胡宗南军事集团土崩瓦解，只得逃到台湾岛，看海听涛守澎湖，落寞晚年。

一个“马前卒”

胡宗南一生的命运系在以蒋介石为首的国民党右派集团之船上，所以，他自认为是蒋介石的“马前卒”，曾经慷慨激昂地说：

“校长的英明，在国内，无人能出其右。……。所以，我们军校同学率领的队伍，绝对不能脱离校长的领导。”所以，他死心塌地地跟着他的领袖他的楷模他的校长蒋介石打天下，要做诸葛亮式的人物，辅助“明主”一统天下，无论是讨伐军阀，平定中原，还是抗日与“剿匪”，惟蒋介石之命是从，惟蒋介石马首是瞻，从不敢违抗，由此得到了蒋介石的赏识、器重与提拔。马前卒一路青云直上，飞黄腾达，29 岁还是黄埔生，32 岁就被擢升少将师长，35 岁升任中将师长，41 岁升任中将军长，44 岁晋升集团军总司令，48 岁成为第一战区司令长官，49 岁当选为国民党中执委，50 岁晋升陆军上将。

一位教育家

胡宗南是蒋介石的“马前卒”，早年在家乡执教 8 年，直接教过 300 多位学生，后来部分学生成为了胡家军的核心班底和得力干将。而他在军界步步崛起的同时，也不忘记培训人才，被人称之为“训练万能”。他一生办过很多种类的培训学校，有名的如第七军分校、战干四团、西北游干班等，的确为抗日战争培训了一大批人才，光是只办了 5 期的第七军分校就培训了 3.8 万名学员。综其一生，至少培训了几十万人，构成了胡宗南军事集团的人才班底。更为有趣的是，连混入胡宗南军事集团的“奸细”——对手的谍报人才——都被他送出国去留学了，真正实践了古代教育家孔子的“有教无类”的思想。

现在出版本书，对于读者全面认识胡宗南这样一位黄埔系高级将领是有帮助的。胡宗南作为国民党的一员骁将，既在抗日战场上作出过极大贡献，又在反共战争上态度坚定。他对中国新民主主义革命的危害是极大的，其反对共产主义在中国实现的基本立场始终如一。这是广大读者应当清楚认识到的。

第一章
从教书匠到上校团长

第一节 宁波矮个子

书香传家

清澈明净的钱塘江从杭州湾向西南逶迤而行，把浙江一分为二，于是就有了浙东与浙西之分。在浙东，钱塘江南岸有一片细长平原，平原尽头就是“浙东门户”镇海。

镇海，古称蛟川。蛟川 909 年建望海县，1687 年改名镇海县，1985 年撤县建区。镇海位于长江三角洲南翼，与上海一衣带水。镇海是海外“宁波帮”的发源地，包玉刚、邵逸夫等名人都是镇海籍人。

在清代，镇海县隶属宁波府。明孝宗弘治年间以来，胡氏家族就定居在镇海县陈华埔朱家塘楼，历四百余年绵延不绝。到了晚清，胡家虽是社会底层，但几代读书人，称得上书香传家。

1896 年 5 月 12 日，胡家喜添男丁，合家欢喜。父亲胡敷政，字际卿（清），是国学生，给长子取名琴斋。

1897 年，胡敷政前往浙西湖州府孝丰县鹤鹿溪村经营药业。

1899 年，小琴斋 4 岁，生母王氏病逝。幼年失母，一身恶习的父亲又远在异乡，小琴斋孤苦伶仃，处境凄凉。幼失母爱，实是他人生的一大不幸，但也磨炼了他吃苦耐劳与果敢坚毅的品性。他日后领兵抗击日寇，从不叫苦，恐怕与早年吃苦的个性有关。

1902 年，小琴斋 7 岁，胡敷政定居鹤鹿溪村，续弦吴氏。小琴斋也被叔父胡宗全接到了浙西孝丰。据说，胡敷政好酒好赌，还抽大烟，不太顾及妻儿子女的死活，好在伯父伯母当时也在湖州，很喜欢小琴斋，周济他吃饭读书，胡琴斋得以在孝丰读完高小。

插瓮苦读书

一个人幼年所读的书所接受的知识会深刻地影响人一辈子的。1903年，小琴斋进了私塾，跟着先生诵四书五经，一念就是六年，"君贤臣忠，文治武功"的儒家思想就在他的心灵打上了烙印。日后，他誓死追随蒋介石，效忠蒋介石，恐怕都与他早年接受的儒

胡宗南故居一角

家教育有关。所以，为人父母，不可不慎重教育子女；为人老师，不可不认真课读学生。

1909年，胡琴斋14岁，入读孝丰高等小学堂。在孝丰高小，胡琴斋学习勤奋而刻苦。寒暑假回了家，也手不释卷。其时，胡家租住储姓人家，地窄屋小，而两家人口众多，比较喧闹。胡琴

斋就将一间杂屋当书房，夏日酷热多蚊，为避免蚊虫，于是就学古人，将双脚放入酒瓮中，一心读书。

1910年，胡敷政再续弦章氏，到此时，胡琴斋有了两个异母弟弟。都说后娘心狠，可章氏治家有方，为人贤惠，待三兄弟不分亲疏。

俗话说，三岁看大，七岁看老。胡琴斋少年时养成的勤学的好习惯，使他日后在征战生涯中始终都喜欢读史论文，而且，这也是他后来在黄埔名将中能够见识超群的一个原因。

文弱书生剿匪

1910年，由于学习刻苦，成绩优异，经过考试甄别，胡琴斋跻身甲班。

1911年10月10日，武昌起义爆发。11月12日，孝丰宣告光复，全城一片欢腾。剪辫子，这是孝丰高小学子们响应革命的第一行动。同学章旭初在全校第一个剪辫子，胡琴斋第二个。

辛亥革命未能全国建立起强有力的革命政权与革命秩序。孝

胡宗南故居一角

丰也不例外。驻军横行，土匪蜂起。孝丰高小校舍为驻军所占，学生被迫回家。时有土匪林金魁，自号“爬平王”，啸聚孝丰北乡郭孝山，四处劫掠。

为了护村卫家，鹤鹿溪村村民，进山“剿匪”。16 岁的胡琴斋不以文弱而退缩，也愤然提枪入山，与大家一起同土匪激战几小时，赶跑了土匪。这可算是胡琴斋第一次参加真刀实枪的军事行动。

1912 年，在家境也贫寒的章旭初的资助下，胡琴斋考入湖州公立吴兴中学。胡、章二人是同窗好友。章旭初之母认为胡天资聪颖，不该因贫困而失学，便让儿子在钱财上大力支持他，如同今日希望工程的“一帮一”助学活动。

湖州，古称吴兴，历来以物产富饶与人文昌盛而闻名。孟郊、赵孟頫、俞樾、俞平伯、钱三强等都是湖州人。吴兴中学是湖州最高学府，教学设施齐备，师资雄厚，学风也好。

初受砥砺

胡琴斋在吴兴学习更刻苦，“功课以国文、史地较优，其中尤其以地理最好”，不过，他重文轻理，最不喜欢学英语，常说：“我们堂堂的中华民国，原有传统的优美文字，何必花费大力去苦念这些佶屈聱牙的横行文字。学得最好也只是一个当当翻译的洋奴。”

可胡琴斋很喜欢体育，别看他个子矮，可是身体很结实，尤擅长器械和体操，全校五百多个学生，数他最棒。校长沈毓麟主办“爱山同学会”，分为文艺、游艺和体育三股，以鼓励学生强健体魄，陶冶情操。

因为体育好，胡琴斋就被推选为体育股长，每天负责课间兵式体操训练，共担任了两年多。当体育股长不仅加深了胡琴斋对体育的兴趣，而且加强了他的组织指挥能力，还加深了他对军旅生活的憧憬。

在吴兴三年，他不但学到了很多知识，也得到了很多锻炼。1915 年 7 月，胡琴斋以第一名的好成绩毕了业。

第二节 八年教书匠

平地起惊雷

胡琴斋毕业后被孝丰高小聘为语文与史地教师。从此，开始了他为期8年的教书匠生涯。1916年2月，又受聘孝丰私立王氏小学校。胡琴斋担任高小班与补习班的主要教师，兼教孝丰高小史地。

在王氏私立小学教书期间，胡琴斋虽然个性内向，不善交际，但深得校长王立三的敬重，也认识了王微、陈嘉谟等人。后来，孝丰高小新校长沈孟煊也请他继续兼教史地。

1919年5月，五四运动爆发。宛如平地一声惊雷，民主与科学的时代思潮迅速流遍大江南北。5月，孝丰教育界组织“小学教育参观团”，王立三、胡琴斋、王微等六人组团到外地参观考察。

参观团先到上海参观，随后，又来到苏北文化名城南通，参观了南通师范附属小学，受到了“状元实业家”张謇的热情接待。之后，又游览南京的明孝陵、莫愁湖等名胜古迹。

读万卷书，行万里路。这次外地一行，胡琴斋增长了很多史地知识，亲身经历了一场在五四运动大潮之下的社会大变动。这些经历一直激荡着他，也为他日后离开家乡、闯荡世界做了思想上的准备。

蛟龙本非池中物

1920年，胡琴斋和方秉性、王微一起到时有“北大南高”之称的南京高等师范学校学习。期间，他结识了正在南京的张其昀和缪凤林。日后，张其昀成了地理学家和历史学家，缪凤林成了史学家和教育家。

少年时的同窗，永远是愉快而甜蜜的回忆。张其昀回忆：“胡先生爱大自然。我们几个朋友，喜欢于课余上钦天山，登北极阁，遥望扬子江头的落照，有雄毅的意境。时或于月夜上鸡鸣寺，便在台城散步，钟山是恬静的，玄武湖泛起银色的波光，偶闻桨声，悠然而动古国之思，遇星期休沐，从鼓楼岗骑驴，过随园故址，游清凉山、乌龙潭，出水西门，游石头城故址。又往莫愁湖，至上胜河，看扬子江。诵李白之诗：'三山半落青天外，一水中分白鹭洲。'兴尽而归。"

1921 年暑假，胡琴斋再度外出，不过这次是独行侠。他来到天津、塘沽与山海关一带，考察山川形势与国情民生，印证书本知识。他原拟出关考察东北与内蒙古，却因旅费被偷，未能成行。

回到学校，胡琴斋对王微、陈嘉谟说起旅行感受："我在津沽榆一带看到很多日本浪人，来来往往，为所欲为，依我看，他们都是日本军人。十年之后，日本将是中国最大的隐患。一旦打起仗来，我国的东北三省会首先遭到日本的侵略。"十年之后，历史的确印证了他的预言。

受五四运动的激荡，胡琴斋连续利用两个暑假，外出学习游历，思考着中国的历史、现状与未来。天下兴亡，匹夫有责。他的志向已经越来越大，小小的孝丰城已经关不住他了。

第三节　投笔从戎

投笔从戎的种种理由

大丈夫三十而立。1923 年，胡宗南 28 岁了，一想到自己至今还没有做出什么值得称许的事业来，男子汉大丈夫，当志在四方，不可老死故里，于是，胡琴斋决心投身革命洪炉，投考黄埔军校。张其昀在《〈宗南文存〉序》中说胡宗南"壮岁游学金陵，仰高山而怀先烈，过城垣而思故国，先忧后乐之志遏能自已？乃间关入粤献身革命洪炉……"张其昀是成名很早的民国大史学家。张其昀后来回忆："每与宗南晤谈，如饮醇醪。不觉自醉。一见面热忱蓬勃……"

据现有史料考证，胡琴斋当时投笔从戎的动机有几种不同的版本。

一种说法是说他在家乡经商亏了本为躲债而出走从军。其友裘珍在《忆说胡宗南》中说，胡宗南“当时任小学教师，生活并不宽裕，因而兼营毛竹生意，……生意蚀了本，债主催索，使宗南无法在乡安居，乃投笔从戎，考入黄埔第一期习军事。”

胡宗南

一种说法是说他好赌而欠赌债太多不得已而出走从军。据张新《胡宗南其人》所述，说胡宗南年轻时“因为赌博，负债累累。后得在上海开毛竹行的孝丰同乡章云的资助，到广东投考黄埔军校。”

一种说法是说他与人争夺校长一职失败而负气出走。《“西北王”胡宗南》中说：胡宗南“和王微争夺小学校长位置，结果因王是孝丰本地人，他系过江人，竞争失败，王微当了小学校长。胡不甘心屈居王下，负气出走……胡在失意中忽萌投笔从戎之念，乃由章云赠他路费，到广东投考。”

但是，不管胡琴斋当年考军校的真实动机如何，可他的人生新起点由此而拉开了帷幕，他也开始走出了一乡一隅的小天地而走向了中国历史的大舞台。

改名胡宗南

到了上海，胡琴斋郑重地报了名，在环龙路1号参加黄埔军校的初试。初试考官就是毛泽东。胡琴斋轻松通过初试，等着南下广州参加复试。

1924年1月，29岁的胡琴斋接到复试通知书，还有一笔校方发放的路费。

2月底，胡琴斋和凌光亚一起登上了嵩山丸号客轮。临行前，胡琴斋再一次得到了同乡好友章云的资助。可见，人与人之间，同窗友谊是很珍贵的，是最不带功利性的。

嵩山丸号刚离开码头，就有一艘小舢板追了上来。原来是有人误了开船时间。胡琴斋伸手将他们拉上客轮，一问之下，他们也是去参加军校复试，一个名叫贺衷寒，一个名叫蒋伏生。后来，他们都成了胡琴斋的同学和朋友，军校里还流传着“文有贺衷寒，武有胡宗南”的说法。

站在甲板上，面朝大海，面向南国，胡琴斋壮怀激烈，他向往南国，渴望到黄埔一展抱负，于是心里暗暗改名为宗南。而嵩山丸号也仿佛载着他内心的希望，一路奔向革命的南方。

一“哭”一“问”进黄埔

1924年3月初，胡宗南终于踏上了南国土地。广州是当时国民党中央所在地，是革命运动的中心，到处弥漫着革命的气息。呼吸着这种热烈的革命气息，胡宗南不禁心潮澎湃。

3月底，一共有1200多名学生，来到广东高师参加复试。那时，黄埔军校第一期计划收取正取生350名，备取生120名。

第一项是体检。胡宗南因为身高不够，当场就被淘汰了。

胡宗南一听结果，立马愣住了，他看着教官那张严肃的脸，一点通融的余地也没有。这里人生地不熟，又找不到人替他说情，想到自己雄心壮志，难道就这样夭折了吗？一时感到人生仿佛走入了绝境，伤心不已，放声大哭起来。

哭了一会儿，胡宗南突然心有不甘，慷慨激昂地质问起考官来：“凭什么不让我参加国民革命？革命是每个年轻人的义务！个子矮怎么了？拿破仑的个子也不高，同样驰骋沙场！校总理孙中山先生的个子也只有一米六八，校党代表廖仲恺先生更矮嘛！你们怎么能以貌取人呢？……”

考官惊得目瞪口呆，可胡宗南不依不饶，嗓门反而更大了，更加理直气壮：“孙中山先生的主张为什么得不到实现？就是因为你们这些人让许多热血青年报国无门!”

人生的机遇往往就来自于巧合。机缘凑巧，胡宗南的喊声惊动了正在另一间房里办公的廖仲恺。廖仲恺出门一打听，立马笑了起来，朝着胡宗南大喊：“这位同学，你过来，我批准你参加考试。”他给胡宗南写了一张纸条：“国民革命，急需大批人才。只要成绩好，身体健康，个子矮一点也是应该录取的。”当时廖仲恺肯定想不到，他的一纸通行证竟成了矮个子胡宗南人生的一大转折点，也想不到这个矮个子日后驰骋沙场，奋勇杀敌，晋升陆军一级上将。

就这样，得遇贵人廖仲恺，胡宗南顺利地参加了接下来连续三天的笔试。一个月后，4 月 28 日，考试榜发，胡宗南、贺衷寒、蒋伏生都榜上有名，而且还是正取生。

黄埔岛的开学典礼

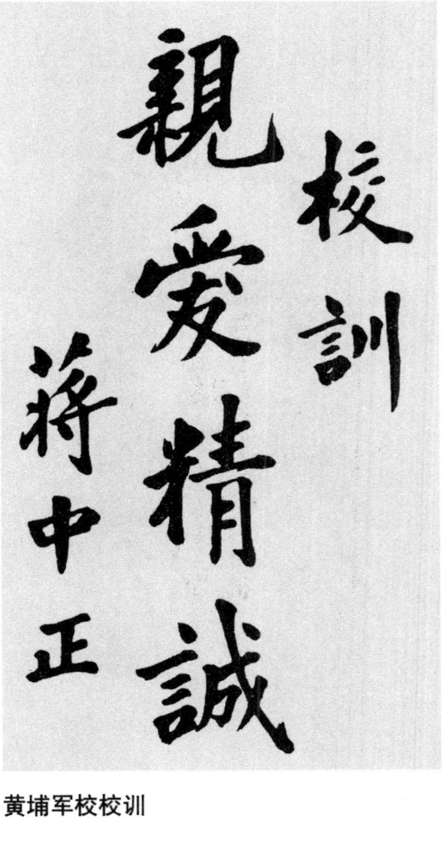

黄埔军校校训

黄埔陆军军官学校建在广州东南的黄埔岛原广东陆军小学的旧址上。黄埔岛位于珠江下游入海处，四面环水。黄埔军校以“创造革命军，来挽救中国的危亡”为办校宗旨，以“亲爱精诚”为校训。

1924 年 5 月 5 日，350 名正取生在广州南堤码头集合，坐船赴黄埔。军校校园里四处贴着革命标语，校门上醒目地贴着一副孙中山先生手书的对联：“升官发财，请走别路；贪生怕死，莫入此门。”横批：“革命者来。”

正取生编为三个大队。大队又下设几个小区队。胡宗南编在第二大队第四区队。5月10日，120名备取生入校，编为第四大队。

第一个月是军校预备生活，接受入伍军训，操练军人基本动作。一个多月的军训生活紧张而有序，期间，胡宗南与同学们集体加入了中国国民党。

6月8日，校长蒋介石对新生发表讲话，强调军纪的重要性："各位同志要晓得军纪是什么东西，就要明白军纪的意义。军纪的'纪'字有两个解释：一个是纪律的意思；还有一个是纪纲的意思。纪纲二个字，粗浅地解说：就是前人所说的三纲五常，一定要长幼有别，上下有序，阶级次第，分得明明白白，这就叫做纪纲。至于纪律呢？就是用法律来维持他的秩序，保持他的系统，这叫做纪律。"他还提出了军纪教育的要旨，要求同学们注意八点：一要清洁，二要精密，三要有秩序，四要有条理，五要慎言，六要诚实，七要亲爱，八要静肃。蒋介石的军纪思想还渗透在了以后的教学活动中。这些思想对胡宗南的影响很大。他后来一生对蒋介石尽忠尽职，一生行军打仗严于自律，应该说与他此时接受的军纪教育不无关系。

黄埔军校第一期第四大队学生胡宗南

1924年6月16日，黄埔军校举行开学典礼。

军校总理孙中山在开学典礼上做了重要演讲。他讲述了民主革命的历史以及民主革命的现状，最后重点阐述了建立黄埔军校的意义。他说："要用这五百人做基础，造成我理想上的革命军。有了这种理想上的革命军，我们的革命便可以大告成功，中国便可以挽救，四万万人便不至灭亡。所以革命事业，就是救国救民。我一生革命，便是担负这种责任。诸君都到这个学校内来求学，我要求诸君，便从今天起，共同担负这种责任。”孙中山慷慨激昂的演讲鼓舞了全校师生，给学生们留下了深刻的印象。

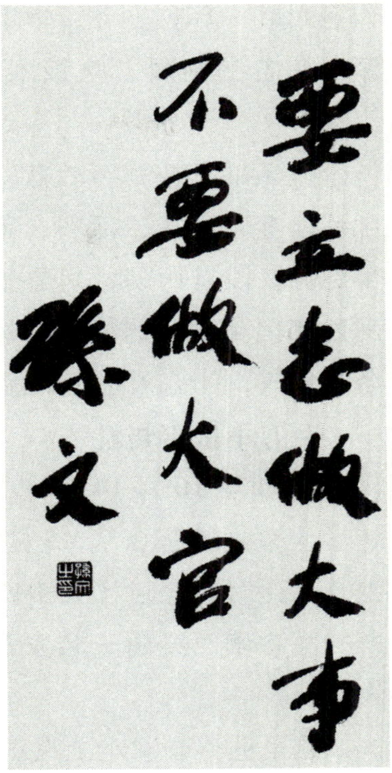

“立志做大事”（孙中山行书）

军校学生还进行了入学宣誓，誓言是：“尽忠革命职务。服从本党命令。实行三民主义。无间始终死生。遵守五权宪法。只知奋斗牺牲。努力人类平等。不计成败利钝。”

军校的军事教育课采用的是当时苏联最新的军事理论和军事技术。关于军事课，徐向前回忆说：“黄埔的军事课主要是讲典范论和四大教程。如《步兵操典》、《射击教范》、《野外勤务》以及《战术学》、《兵器学》、《筑城学》、《地形学》，另外，还设有《军制学》、《交通学》、《实地测图》。总之，从单兵动作到排、连、营在行军、宿营、战斗中的联络和协同，都依次循序实施。教官主要是两部分，一是日本陆军士官学校出来的，这是少数；二是保定军官学校出来的，这是多数。有时，苏联顾问也给学生讲课和示范。”

军校的政治教育则主要讲授三民主义、社会进化史、各国革命史、社会主义、苏联研究等政治课。为了贯彻实践孙中山总理“知行合一”的教学原则，军校教官还常常带领学生实战演习，参加实际的革命活动。

原本黄埔制定的教学培训计划是三年一期，后来由于革命形势紧迫，就缩短为六月一期。所以，军校整个的教育生活就格外紧张，要求也格外严格。训练军事化，日常生活也要求军事化，作息时间一环扣一环，学生做任何事都必须动作麻利，雷厉风行。紧急集合三分钟，吃饭限定十分钟，甚至上厕所也不得不争先恐后。

据黄埔军校军事教官刘峙在《我的回忆》中说："学生入校后生活，非常严肃、活泼、紧张，从早上五点钟起床，到晚间九点半熄灯，没有片刻时间是虚度的。在当时军阀横行的中国环境中，别处哪里可找到这样有力量的军事学校。校中的一切都充满了革命的朝气，什么人也不敢偷懒，更不敢自私。"

牛刀小试平叛乱

1924 年 10 月 14 日，广州商团叛乱。蒋介石决定亲自指挥黄埔学生军去镇压叛乱，也想借此机会磨练一下这些初出茅庐的学生。而此时，经过了大概四个月紧张而又充实的军事化训练，29 岁的胡宗南已经由一名乡下教书匠而变成一名训练有素的革命军人了。

这是他第一次走上真正的战场。

初生牛犊不怕虎。这支充满活力的黄埔学生军，奋勇向前，战斗几日夜，首战告捷，平定了叛乱。这是胡宗南于少年剿匪之后所经历的又一次真刀实枪的军事锻炼。

取得这次小胜利后，10 月 19 日，一期生学习期满，被分配到各部队去实习。11 月 8 日，实习期满，学生们回到军校，这次他们就要接受军校最后的检验了。

这是一次包括军事知识和军事指挥技能在内的战术演习检验，是黄埔军校对一期学员的毕业考试。考试一共进行了二十多天，到 11 月 29 日结束，考试及格的有 456 人。

第二天，黄埔一期共四队学员就正式毕业了。胡宗南被分配到黄埔军校教导团第 1 团第 3 营第 8 连任见习少尉。

胡宗南信心满满，准备踏上人生的下一征程。

第四节　东征崭露头角

擢升机枪连排长

教导1团于1924年11月20日在黄埔一期生即将毕业时正式成立。

此前孙中山领导国民党闹了十几年革命，始终没有建立起一支国民党自己的武装力量，总是被各种军阀牵着鼻子走，革命总是不成功。孙中山吸取教训，决定创办黄埔军校，培养军队基层干部，并以他们为骨干，建起一支由国民党直接指挥的革命武装。教导1团的成立标志着国民党第一支革命军的成立。

教导1团的编制是三三制，也就是说，每个团辖三个营，每个营辖三个连，每个连辖三个排。另外团部还直辖特务队、侦察队、机枪连、辎重队、通信队、卫生队等部门。

团营级干部主要由黄埔教官担任，而连排级干部则是由一期生担任。教导团第1团团长是何应钦，第3营营长是王俊。由于表现出色，见习少尉胡宗南不久就被调到团部机枪连任中尉排长。当时机枪连一共才有6挺，每排只有2挺。

当时，机关枪是新式武器，威力强大，据曾任团党代表的包惠僧在《包惠僧回忆录》中说："当时在广东作战主要的是步兵，兵器主要的是步枪。当时敌人没有炮，我们的炮也很少……，作战中威力最大的武器是机关枪，其次是驳壳枪。敌人方面连机关枪、驳壳枪都很少，每逢一次战斗，只要我们的机关枪一开火，敌兵就望风奔逃。"

"但愿战死"

1924年11月，受冯玉祥之邀，孙中山偕宋庆龄北上赴京。这时广东东江军阀陈炯明趁机在帝国主义和北洋军阀的支持下，自称"救粤军总司令"，妄图反扑广州。

为了统一广东，顺利北伐，广东革命政府于1925年1月发布

《东征宣言》，组成“东征联军”，讨伐陈炯明叛军。

革命政府有意磨砺这批刚走出校门的学生骨干，增加实战经验，因此黄埔军校的两个教导团也被编入“东征联军”。于是，教导1团奉命随军东征。30岁的胡宗南踏上了收复粤东的征程。

1925年1月30日，“东征联军”先发制敌，兵分三路，进攻东江。第二路从南面沿海东进，作为右翼，许崇智率建国粤军1万人和两个黄埔教导团及学生军3千人，进攻东莞、石龙、平湖、深圳、淡水、海丰、陆丰与潮汕。

1925年2月1日，右路大军首先向东进发。何应钦率领教导1团与敌军展开殊死搏斗，教导1团士气旺盛，斗志昂扬。2月4日，东征右军首战告捷，攻下东莞和石龙，乘胜追击，迅速拿下常平、平湖、深圳三城。

胡宗南在战斗之余写信给同窗好友贺衷寒，抒发自己不斩楼兰誓不还、为革命献身的凌云壮志。信中说，“国危民困，至今而极，既不能救，深以为耻，献身革命，所为何事？此次出发，但愿战死”，最能代表他当时的心境。

2月15日，教导1团担当进攻淡水的主力军。仗着淡水城池壮厚，守将熊略率叛军4千人拼死固守。教导1团战士不顾生死，全线出击，率先攻入东南城门，迅速夺下城楼。洪兆麟率叛军前来救援，也被教导1团击溃。之后，东征右军一路高歌猛进，所向披靡，2月21日占领平山，2月27日占领陈炯明老家海丰，3月初占领普宁、揭阳、潮安、汕头与潮汕。

但是，由于东路军和中路军没有积极配合，齐头并进，这时右路军反而从高歌猛进一下变得孤军深入，孤立无援，境地非常危险。果然，陈炯明乘机命令林虎率领一众优势兵力，顺着兴宁、梅县南下，从紫金、五华包抄过去，绕到右路军背面，妄图与洪兆麟的残兵败将配合，前后夹击，将揭阳、潮汕的右路军彻底歼灭。

林虎是陈炯明手下的第一大将，久经沙场，经验丰富，所部也是叛军中的精锐。林虎“临危受命”，一点也瞧不起黄埔学生军，笑着扬言：“学生军，不过一群黄毛小子而已，能有什么本事？看我把他们杀得落花流水，片甲不留！”

“东征联军”决议，右路军一部在潮汕一带防守，黄埔军校的两个教导团与学生军，以及许济的粤军部队迅速回师，迎击林虎大军。

痛击林虎大军

3 月 10 日，林虎军进屯河婆。3 月 13 日凌晨，教导 1 团首先在棉湖与林虎大军开火交战。

教导 1 团本来是担当正面进攻的，但是由于左右两翼没能如期赶到，教导 1 团只能孤军奋战，拼死杀敌。教导 1 团 12 个连才 1000 多人，而林虎大军有 1 万多人，兵力相差悬殊。但教导 1 团全体官兵毫不畏惧，与敌军浴血奋战，展开了一场激烈异常的拉锯战，从南到北，往来迂回，许多阵地失而复得。

林虎大军一度占得上风。后来左右两翼援军及时赶到，三路大军积极配合，一举将敌军击溃。胡宗南在这场激战中，表现极为出色，指挥两挺机关枪猛烈扫射，有力地掩护了全团官兵的作战。何应钦在《胡上将宗南年谱·序》里写道：“棉湖之役，余率第一团与敌苦战，宗南弟以机枪连排长掩护本团，作战有功。”

著名的棉湖大战以东征军取胜而告终。而教导 1 团在激战中也损失惨重。全团伤亡过半。9 个步兵连长阵亡了 6 个，至于副连长与排长，则伤亡更多。这些都是刚刚毕业的黄埔生。

棉湖大战成为胡宗南军事生涯的一个转折，因为战功，擢升机枪连上尉副连长，崭露头角。

3 月 17 日下午，胡宗南和战友们不顾身心疲惫，连夜急行军，取道捷径，直奔五华。18 日凌晨，他们赚开城门，一举攻占五华。然后配合教导 2 团等部，直捣林虎老巢兴宁城。到 4 月初，陈炯明的地盘全部被东征军占领，第一次东征至此告终。

东征战火再燃

1925 年 4 月 13 日，教导 1 团与教导 2 团合并为党军第 1 旅。

1925 年 7 月 1 日广州国民政府成立。国民政府军委会决议把国民党军队整编为“国民革命军”。8月底，国民革命军组建第1、第2、第3、第4、第5军五个军。其中，第1军由党军第1旅和粤军一部组成，蒋介石兼任军长，何应钦任副军长。第1军下辖3师9团。胡宗南擢升为第1军第1师第2团第2营少校副营长。

然而，正当东征联军回师广州整编时，陈炯明竟率残部卷土重来，妄图东山再起。1925年9月16日，陈炯明指挥几路军队逼向广州。

国民政府点燃了第二次东征战火。蒋介石为东征军总司令，汪精卫为党代表，周恩来为政治部主任。东征军也分为三个纵队。中路第一纵队以第1军为主力，兵力约1.5万人，何应钦为纵队长。

1925年10月1日，东征军三纵队出发。10月11日，首攻惠州。第一纵队激战两天两夜，10月13日拿下“南方第一坚城”惠州城。

第二次东征首战告捷。不久，东征军兵分三路，继续向东江敌军腹地进发。1925年10月17日，第1师从惠州进军赤石。此时，洪兆麟率叛军约2000人在梅陇西面的东部岭、宋公岭、羊蹄岭布防，企图阻挡东征军前进。

10月22日，胡宗南率第2营勇猛出击，率先攻上羊蹄岭高地，鼓舞了士气，东征军不久即攻上其他高地。各部又借着凌厉的攻势，迅速攻占梅陇、海丰。

河婆大捷

第1师攻占海丰，第1、第2两团马不停蹄，10月23日，攻占公平。10月26日，攻占陆丰、河田、河婆。此时，蒋介石率第3师正在华阳与林虎叛军作战，形势危急，亟须救援。第1师前往救援，然而，林虎叛军已经攻克华阳，大举南下，企图配合在棉湖的洪兆麟叛军，兵分三路，围攻第1师。这时，胡宗南因战功擢升第1团第2营营长。

10月29日，两军交火，第1师奋起反击，击退林虎叛军。第二天，何应钦命第1团留守河婆，率第2、第3两团乘胜追击，在罗径坝、双头地区追歼林虎逃军。

11 月 1 日，洪兆麟率叛军四五千人，突袭河婆第 1 团。团长刘峙命胡宗南率第 2 营坚守主阵地。当时，洪兆麟叛军在河婆最高峰横峰上，安置了好几个强有力的火力点，居高临下，对东征军的后方威胁非常大。胡宗南分析战场形势，明确判断，要打败叛军，必须攻占横峰。于是，胡宗南攥着拳头，集合全营战士，慷慨激昂地说："今天，就是拼死也要拿下这个制高点。"

胡宗南命令李铁军第 6 连率队冲锋，全营紧随其后，快到山顶之时，胡宗南大喊一声，冒着枪林弹雨，勇往直前，一鼓作气冲上山顶，击溃了敌军。

胡宗南第 2 营占领制高点后，就控制了战场主动权，多次击退叛军的反扑，最后，洪兆麟大腿负伤，所部伤亡惨重，仓皇而逃。而河婆大捷后，第 1 师马不停蹄，11 月 2 日攻占普宁，3 日攻占揭阳，4 日攻占潮州、汕头，一直打到福建永定。至此，第二次东征大捷。

徐向前回忆，第二次东征时，"黄埔的学生可以说是人人奋战，个个争先，又大显军威。当时，同学中有一个口号：'不要钱，不要命，爱国家，爱百姓。'每天高唱着校歌：'以血洒花，以校为家，卧薪尝胆，努力建设中华。'战场上，不少学生英勇献身。……黄埔军校学生是在学习中斗争，在斗争中学习，'知行合一'，而不是关起门来死读书，读死书。正如当时一些人说的，第一期黄埔生五百人，多是热血青年，是从艰难和困苦中奋斗出来的。这些学生和学校中的教导团，是东征作战和国民革命军的建军基干。没有黄埔的力量，就没有东征的胜利，没有国民革命军。"

第五节　向左转？向右转？

以蒋介石为榜样

国共本来是一家，你中有我，我中有你，都说过要实行社会主义，都曾是"赤党"，孙中山还"以俄为师"，蒋介石曾是"红色将军”，蒋经国也是苏共候补党员，黄埔军校是靠俄援的500支枪起家的。北伐的口号是“联俄联共，扶助工农”，黄埔师生毕业后虽然分道扬镳，但思想上仍有很多共通之处。

两次东征顺风顺水，经过两次战争的洗礼，黄埔学生军也成熟起来。然而，在革命阵营内部，共产党与国民党、左派与右派的矛盾与斗争，开始走向激烈化与公开化，尤其是在孙中山逝世后越发明显。黄埔生也面临着两种选择：向左，或向右？

在大革命时代，孙中山晚年提出“联俄容共”的主张。1923年，与共产国际合作，接受苏联援助。1924年，为了结成革命统一战线，与共产党第一次正式合作，同意中国共产党党员以个人身份加入中国国民党。黄埔军校就是在这样的大形势下建立的。

黄埔建校之初，组织、编制等方面都学习苏联红军军校。在校本部，孙中山为军校总理，蒋介石为校长，廖仲恺为校党代表。廖仲恺是当时公认的国民党左派代表，蒋介石则是中派。在军校各部领导和教官当中，国民党与共产党几乎分庭抗礼，不分伯仲。胡宗南考入黄埔后，军校里国共两党的重要人物，他都接触了不少。但是，给胡宗南影响最大的无疑是蒋介石。

在胡宗南眼中，校长蒋介石就是好的榜样。他与蒋介石是同乡。亲不亲，故乡人。胡宗南潜意识里就对他有了一种亲近感。蒋介石虽然只比他大9岁，却有着他难以企及，又十分敬佩的革命经历：蒋介石早年加入同盟会。辛亥革命爆发，毅然回上海革命，光复浙江。之后，又参加了二次革命、护国运动、护法运动，几经磨练，成为国民党内少有的军事人才。1922年6月，陈炯明在广州发动叛乱，孙中山避难永丰舰，蒋介石冒险赶到，在孙中山左右侍护40多天。

在黄埔军校，胡宗南与蒋有了经常的接触，就更敬佩他：蒋介石生活俭朴，不抽烟，不喝酒，不喝茶。作为军校校长，蒋介石每天天不亮，起床军号还没吹响，他就到操场上巡视。每天午饭和晚饭，亲临食堂，与师生一起就餐。

蒋介石是一代黄埔枭雄。在平定商团叛乱与两次东征作战中，蒋介石计划缜密，指挥果断，率领黄埔师生，取得了革命战果。在长黄埔期间，年方三十七八，风华正茂，办公室门口一副于右任手书的“登高望远海；立马定中原”的对联，显示了他有问鼎中原、自称霸主的志向。

蒋介石的人才拉拢术

在主政黄埔的那几年，蒋介石为了建立革命武装并培植、发展个人势力，凭着出色的组织能力，大力笼络与培养服从于他的军事人才。他常常单独召见学生谈话，考察学生，给予劝勉、鼓励。据《历史的回顾》所载：“黄埔军校开课以后，……几乎所有的学生，都和蒋介石单独见过面，谈过话，当然见面谈话的时间有多有少。他坐在办公室，要学生站在他的门外，一个个叫进去问话。……许多人对蒋介石亲自找去谈话，虽是一般地问几句，都觉得高兴和新奇。一些有见识的同学，说蒋介石有点装腔作势，但多数人对他还是满意的。蒋介石通过个别见面和谈话，认识了不少学生，拉拢了不少人。”

蒋介石常对学生说：“古人说得好：良禽择木而栖，贤臣择主而侍。大丈夫应当志存高远，我认为很重要的一点是选择一位明主，我在日本求学时，结识了孙中山先生，从此我就跟随他一起革命，为他效命。我要不是投奔孙先生，就不会有今天。你们一毕业，就是连长、排长，一定要带出忠于校长的好兵！”言下之意，要学生都要忠于他蒋介石。

而胡宗南是浙江人，加上沉稳的个性，在同期学员中较高的文化素养，以及在两次东征中的英勇表现，都给蒋介石留下了较深刻的印象，由此得到了蒋介石的赏识、器重与提拔。

蒋介石这样提携、栽培自己，胡宗南自然心存感激。这时，他早年接受的“君贤臣忠”的儒家思想起了作用，他觉得自己找到了一位“明主”，值得“肝脑涂地”，誓死相报。他开始慢慢地向蒋介石靠拢。

向右转

除了蒋介石，胡宗南对军校中的一些国民党教官，如何应钦、王柏龄、王俊、刘峙、蒋鼎文等人，也十分敬重，也受到他们的一些影响。

另外，胡宗南与很多国民党领袖人物，尤其是浙江籍领袖，都有联系。如张静江，“胡宗南以乡谊不时晋谒致敬。张与胡交谈中，以其吐属不似赳赳武夫之流，询悉身世，知为曾受师范教育的青年军人，甚加青睐”，张静江认为胡宗南是“浙省后起之秀，常于蒋总司令面前对胡游扬备至。胡个性沉潜持重，不激不随，而智识较高，生活谨严，亦为蒋校长所赏识。”

自然，在军校期间，胡宗南也接触了一些共产党人，如周恩来。周恩来比胡宗南小 2 岁，曾留学日本与欧洲，学养丰富。其时周恩来担任黄埔军校政治部主任，二次东征时，任第 1 军政治部主任、第 1 军副党代表。胡宗南敬佩他。直到 1926 年 3 月，国共矛盾激发，“中山舰事件”发生，逼迫共产党人全体退出第 1 军时，胡宗南还特地去为周恩来送行。

总的来说，胡宗南与共产党人的接触，只局限于少数几个人，至于谈到影响，那就更无法相提并论了。胡宗南与国民党人的广泛深入的交往、接触决定了他一生效力、服务的对象是以蒋介石为首的国民党。

由于没有接触到更多的共产党人，因此胡宗南对共产党的进步思想了解很少。他的早年同事，后来又成为他的部属的王微说：“胡先生在中学时期还不可能吸收到革命思想，他的革命思想可能要到进黄埔以后才形成。尤其此后他颇能牢记并且恪遵三民主义及领袖训词，主义及领袖支配了他此后一生的思想。”

从 1924 年底到 1925 年，黄埔军校内部先后成立了左倾的“青年军人联合会”和右倾的“孙文主义学会”，左右之间的斗争越来越白热化。1925 年底，胡宗南加入“孙文主义学会”，宣告了他成为了旗帜鲜明的右派军人。从这个时候起，胡宗南就将自己的命运之绳牢牢拴在了以蒋介石为首的国民党右派集团的历史之船上。

第二章
征战南北

第一节　上校团长

北伐打响

1926 年 7 月 4 日，广州国民政府下令即日北伐，推翻北洋政府。《国民革命军北伐宣言》中说："本党从来主张用和平方法，建设统一政府，盖一则中华民国之政府，应由中华人民自起而建设……本党至此，忍无可忍，乃不能不出于出师之一途矣。"

7 月 9 日，誓师北伐。北伐战役打响，大革命走向高潮。经过两次东征的洗礼，31 岁的胡宗南渐渐成熟，他意识到这次出征将是一个更大的挑战。

当时，全国政治形势复杂。张作霖、吴佩孚、孙传芳三大派军阀各自割据一方。北伐军决定"打倒吴佩孚，联络孙传芳，不理张作霖"。1926 年 5、6 月间，北伐军首先攻下依附吴佩孚的叶开鑫。7 月中旬，占领长沙、益阳、常德等地。

8 月上旬，第 1 师、第 2 师向株洲进发。然而，沿途所到之处，各部官兵有聚众赌博的，有肆意侵占民房的，有强买强卖的……。军纪日益散漫、堕落，蒋介石大怒，连发几封电报，严厉训斥王柏龄、王俊、刘峙等指挥官；8 月 10 日，又下令革除第 1 军三位团长的职务。胡宗南升任第 1 师第 2 团团长。这样，胡宗南就成为国民革命军主力军第 1 军上校团长。

北伐军出发（1926）

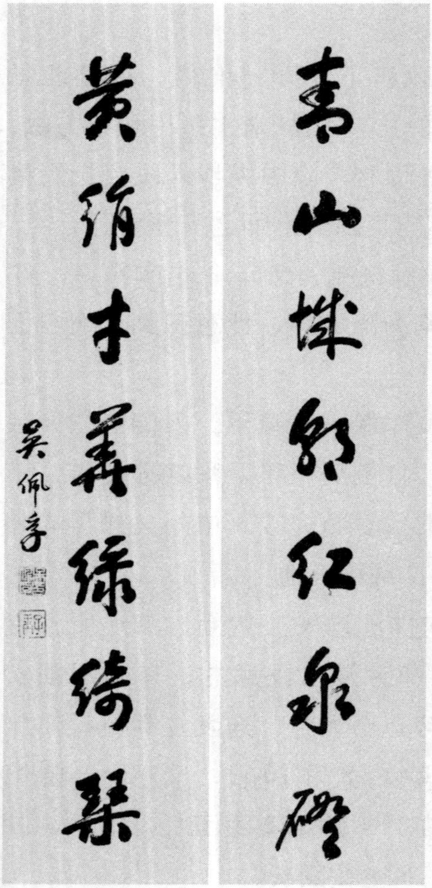

吴佩孚草书七言诗

“逃跑将军”失南昌

8 月 18 日，北伐军发动第二次大规模作战，以第 4 军、第 7 军、第 8 军三个军担任正面主攻，进攻湖北。北伐军鏖战几昼夜，进逼武昌。8 月底，第 1 师赴岳州待命。

此时，孙传芳大军正大举入侵江西，企图从侧后翼打击北伐军，支援吴佩孚。北伐军前往迎击，兵分南、北、中三路，攻入江西。第 1 师属于北路军，9 月初从岳州出发，途经长沙，星夜驰往浏阳。9 月 12 日，攻入赣西北，进攻铜鼓守敌。铜鼓守敌是孙传芳的精锐，为杨震东第 7 混成旅，兵力约 3 千人。9 月 13 日，两军在甘田坳激战。

胡宗南第2团正面主攻，在丰田被敌军包围，损失惨重，情况危急。幸好，薛岳第3团迂回到敌后，攻入铜鼓城，分兵援助胡宗南。第2团与第3团里应外合，击溃敌军，占领铜鼓城。但是，“铜鼓一战，战虽胜，而一师精华失三之二”。

9月19日，程潜指挥北路军第1师和第6军，趁南昌空虚，星夜暗袭成功。不久，敌人就向南昌疯狂反扑。第1师奉命攻打南昌西面的牛行车站。然而，代师长王俊指挥无方，竟然率领孙元良第1团与胡宗南第2团，转而攻打南昌北面的乐化车站，贻误了战机。敌方援军乘机立马从南北两面，步步逼近、包围南昌。

程潜命第1团连夜开赴乐化堵截敌军。结果，双方甫一交火，孙元良惊慌失措，率先逃跑，第1团群龙无首，作鸟兽散。程潜部遭围困，大败，撤离南昌。后来，程潜又命第1团驻守南昌以西的奉新，掩护主力集结，反攻；命第2团向奉新集合。哪知孙元良再次擅作主张，一闻敌讯，仓皇西撤。孙元良也因此被称为“第一逃跑将军”。黄埔一期生杜聿明评价他：“他根本不懂带兵，是个逃跑速度极快的飞将军。”

于是，北伐军的第一次进攻南昌，宣告失败。

当时，蒋介石闻讯，气急败坏，连夜赶到奉新，召集第1师官兵训话，声色俱厉，杀气腾腾：“这次打仗，第一团团长孙元良没有得到命令，就擅自后退，按照《革命军连坐法》，应当枪毙。这次失败，实在是我们北伐军最不光荣的一件事，也是北伐史上最耻辱的一页。假如第一师不败退，我们的战事也不会失败。所以，孙团长没有命令，就擅自撤退，一定要按法枪毙。我们第一师，以前是最有声誉的一支部队，现在被孙团长一个人毁坏了，难道我们还能容忍这种败类，不将他枪毙吗？你们要知道，法不容情，无论是谁，一旦犯了《连坐法》，都要依法枪毙！”

胡宗南听了训话，心里也有点惶恐。后来，蒋介石在薛岳、刘峙等人的劝说下，考虑到孙元良忠心耿耿，又是“孙文主义学会”骨干，遂将孙元良秘密送往日本深造。于是，胡宗南又深感蒋介石的恩威并施和变化莫测的治人手段。另外，他还隐隐感到，身为黄埔嫡系，只要对蒋介石忠心耿耿，怎么也能逢凶化吉，飞黄腾达。

败走富阳

1926年10月上旬，北伐军二次进攻南昌，再尝败绩。之后，北伐军重订计划，三攻南昌。从11月4日起，三天奋战，连续攻占芦坑、乐化、涂家埠三地，至此，切断了南浔铁路线。

三战南昌，终于攻克，继而肃清江西。孙传芳率残部逃回南京。而北伐东路军10月上旬从潮梅地区一路攻入福建，打败周荫人部，12月上旬肃清福建。在湖北战场，北路北伐军10月10日攻占武汉，挺进河南。

11月19日，孙传芳秘密北上求援，赶赴天津，会晤张作霖、张宗昌，结成同盟，组织“安国军”，“征讨”北伐军。张宗昌11月22日返回济南，11月23日派鲁军南下，援助孙传芳。同时，孙传芳退驻常州、苏州、上海。另外，陈仪的浙军第1师也于23日悉数从徐州开回浙江。

此时，鲁军入苏，浙军回浙，东南局势顿时剑拔弩张。而陈仪返回浙江，率浙军第1师投靠北伐军，被编为国民革命军第19路军。周凤岐的浙军第3师也于12月11日投靠北伐军，被编为国民革命军第26军。

1926年12月中旬，北伐军第1师与第2师等向衢州进发，准备与从闽北上的东路军会合，一同攻打杭州。北伐军又以周凤岐为军长，率第26军向铜庐、富阳、杭州进发，于12月底进驻富阳。

1927年1月，孙传芳命所部精锐孟昭月第8师迅速入浙，集结于杭州，企图趁北伐大军未到之前，消灭周凤岐第26军。

1月3日，孟昭月部向周凤岐部发起猛攻。富阳战役打响。由于孟昭月第8师兵力占优，周凤岐第26军战斗力贫弱，又缺乏作战经验，节节败退，从富阳一路撤退到汤家埠、新登。第8师又配合增援的第14师将第26军包围。周凤岐部伤亡惨重，危在旦夕。

这时第 1 师奉命前去援救周凤岐军，前锋胡宗南第 2 团昼夜兼程，赶赴新登，与孟昭月部激战良久，救出第 26 军。

1927 年 1 月 6 日，富阳与新登都已被孙传芳部占领，第 1 师开始掩护第 26 军沿富春江向严州撤退。然而，这时第 1 师师长王俊却没能及时通知胡宗南，以至于胡宗南第 2 团孤军奋战。但胡宗南指挥第 2 团坚守抗击，全力掩护其他部队撤退后，也安然撤走。胡宗南指挥第 2 团在富阳战斗中沉着、顽强的表现得到好评。

富阳战败后，北伐军暂时撤退到龙游、衢州。随即，北伐军司令部决定北伐军兵分西路军、中路军、东路军三路，北进东击，分别进攻河南、安庆与南京、杭州。第 1 师属于东路军。

再战富阳

1927 年 1 月，孙传芳的孟昭月部约 1 万人到达兰溪，分兵向诸暨、永昌、洋埠、游埠等地进攻。周荫人率残部到了金华，正向汤溪前进。皖南刘宝题、李德明，杭州的白宝山、冯绍闵，也都率部从各方面推进。敌军企图乘北伐军还没有集中完毕，先以主力部队沿衢江北岸，一部分兵力沿衢江南岸，齐犯龙游和衢州，一举击败北伐军的前锋部队。

针对敌军的企图，北伐军部分兵力沿衢江南岸，主力部队沿衢江北岸攻击金华、兰溪。1 月 27 日，势如破竹，将敌军打退至汤溪、洋埠、游埠。1 月 29 日，白崇禧指挥各部兵分三路，进军龙游、汤溪、游埠与洋埠。中路第 1 师向洋埠进发，第 2 师向游埠进发。

胡宗南第 2 团在进攻洋埠时，邻近进攻游埠的是第 1 军第 22 师第 66 团，第 66 团为江西战俘改编而成，作战不力，并有部分临阵哗变，致使北伐军战线一度动摇。但是，胡宗南沉着镇定，率第 2 团奋勇向前，与敌人激战 6 个小时，率先攻占洋埠，北伐军其他各部也全线挺进，所向披靡，孟昭月等敌军全线溃败，损失惨重，由兰溪仓皇逃走。

此后，北伐军在浙江转入全面进攻。2 月 16 日，第 1 师再战富阳。此时，孟昭月不甘失败，疯狂反扑，派第 2 师段承泽第 3

旅支援富阳，而且亲赴富阳督战。胡宗南第2团拼死力战，气势如虹，攻入富阳城，瓦解了孟昭月部的最后攻势。

计取莘庄

接着，北伐军“先取南京，后夺上海”，兵分两路，向沪宁线进击。

部分东路军先从浙西出发，拦腰截断沪宁线，再兵分两路，左翼主力进攻南京，右翼开赴无锡、苏州。左翼的第1军第3师、第14师和第2军等部，奉命向西与程潜中路军的江右军第6军配合，1927年3月24日一举攻占南京。

白崇禧指挥另一部东路军到达松江、吴江后，16日启程，沿太湖东岸向淞沪进发，与东路军的右翼部队配合，攻打上海、苏州。

白崇禧命严重第21师假装攻打吴江、苏州，而以刘峙第2师与李明扬先遣队正面防守松江铁路，再命第26军绕到松江侧后包抄，薛岳第1师横渡黄浦江，袭击上海龙华敌军后方。

当主力军与敌军在松江激战时，胡宗南第2团作为第1师先锋，人衔草，马衔枚，迅速沿黄浦江东岸向下游进发。3月20日，第2团迂回来到闵行，暗渡黄浦江，突袭殷行等地的敌军。敌军始料不及，惊慌失措，但抵抗顽强，尤其是敌军雇用的白俄兵，喝酒壮威，悍勇异常。

胡宗南分析敌我双方形势，认为敌军装备占优，再加上白俄兵借着酒劲，勇不可挡，应该避其锋芒，只可智取，不可力敌。于是，胡宗南命部队加强野战工事，大举佯攻，引诱敌人出击，先头部队且战且退。大部队坚守工事，伺机而动。几个小时过去，敌人久战不下，白俄兵酒劲消散，疲倦不堪。胡宗南就命令全团官兵杀出，一举击溃敌军，迅速占领莘庄。21日，又乘胜攻占上海南郊重镇龙华以及上海兵工厂，直逼上海市区。同时，主力军在白崇禧的指挥下，也于3月21日分别占领松江与苏州，进驻龙华，与第1师会合。

第二节 在四·一二事变前后

助武装起义一臂之力

1927 年 3 月 21 日中午十二点，上海 80 万工人罢工，学生罢课，商人罢市，随即上海工人发动第三次武装起义。到 3 月 22 日，上海租界外的大部分地区已被起义工人占领。

北洋军阀在上海的警备司令毕庶澄部和当地警察孤立无援，5000 人退守到北火车站，负隅顽抗。由于起义工人没有重武器，多次攻击，都铩羽而归。后来上海总工会派代表团前往龙华，慰问北伐军，请白崇禧发兵援助。

此时白崇禧早已接到蒋介石的密令："我军如攻上海，至龙华、南翔、吴淞之线为止；军队不越此线为要。闻某党有上海革命政府之组织，凡此类机关，应即勒令取消可也。"白崇禧遂拒绝出兵援助。

总工会代表苦苦请求，白崇禧仍不理睬，而第 1 师师长薛岳却被感动了，对白崇禧说："我们身为革命军，现在革命任务这样紧急，怎么能坐视不理呢？白指挥，你派我去好了，将来就算有什么处分，我甘愿一人来承担。"

在这种情形之下，白崇禧只好同意薛岳出兵。于是，3 月 22 日下午，薛岳指挥第 1 师三个团，开往上海市区。当晚，第 1 师轻易地拿下北火车站。毕庶澄部四散

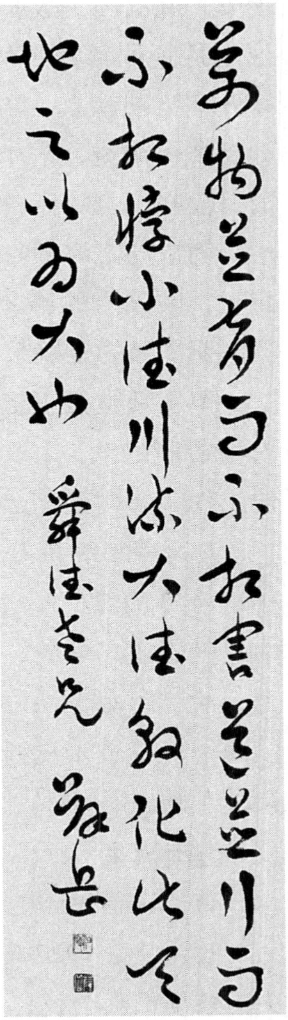

薛岳草书录《道德经》

溃逃。不久，第 1 师进驻上海闸北地区。

自北伐以来，从江西、浙江战场上的屡建战功，到智取莘庄，再到增援起义工人攻占闸北站，作为团长的胡宗南，这段时期的表现可圈可点，胡宗南自己也颇得意。

风云变幻的半年

1927 年上半年，上海与南京之间的社会形势是微妙而复杂的。政治上，以蒋介石为代表的国民党右派集团与中共以及武汉政府之间的矛盾日益激化，到北伐军攻占上海后，双方开始撕破脸皮。武汉国民政府决议军委会是国民政府的最高军事指挥机关，限制并削弱蒋介石的权力，并秘密指示程潜指挥鲁涤平第 2 军、第 6 军监视南京，防止蒋介石建都南京。而蒋介石则已经决定发动反革命事变，与中共决裂，并推翻武汉政府，建都南京，重建国民政府。

南京与上海顿时成为双方斗争与争夺的焦点，形势剑拔弩张。当时，驻南京的第 2 军和第 6 军，政治上比较倾向于武汉，蒋介石主要依靠的是嫡系第 1 军和驻安徽的李宗仁第 7 军等。

第 1 师支援了上海工人武装起义，进驻闸北，受到了上海工人与市民的欢迎。“上海总工会”更积极开展对第 1 师官兵的宣传工作，经常组织工人与第 1 师官兵举办联欢会。受此影响，第 1 师官兵中的很多人思想上渐渐左倾，纷纷对总工会持友好态度。1927 年 3 月 27 日，薛岳公开发表“友好声明”：“沪上为工商集中之区，工厂林立，尤赖工会提纲挈领，诚挚指导，以期群策群力，共济时艰，……倘有不法之徒，任意骚扰，本师长唯有执法以绳……”表示支持上海总工会。这样，第 1 师官兵内部思想越来越左倾。

山雨欲来

蒋介石首先到上海进行“反共清党”的各项准备。

政治上，1927 年 3 月 28 日，蒋介石策动召开中国国民党中央监察委员会会议，吴稚晖提出发动“护党救国”运动。4 月 2 日，中央监察委员会召开全体会议，吴稚晖又提出检举“共产党联结容纳于国民党之共产党员，同有谋叛证据”的法案。后来，会议订立“清党原则”，组建“清党委员会”，为“反共清党”运动做好舆论准备。

军事上，蒋介石委托白崇禧全权主持上海的清党工作，派张静江等人赴浙江清党，他自己则准备回南京，亲自部署南京的清党工作。

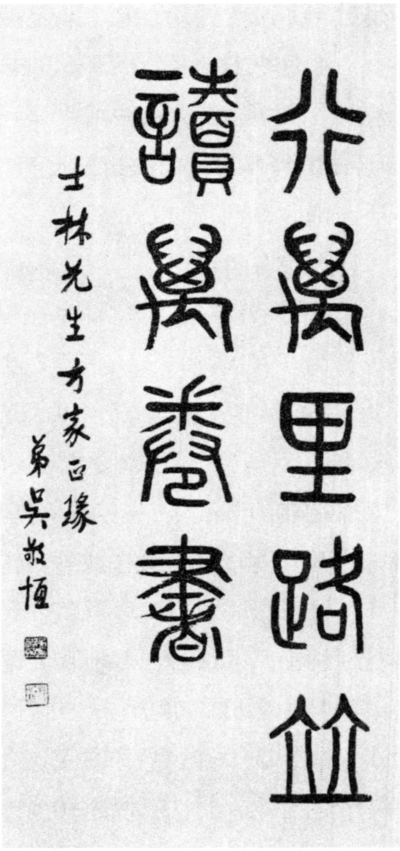

吴稚晖篆书作品

第1师由于是从黄埔军校走出来的，受大革命的影响很深，再加上驻扎上海闸北区后，受上海总工会影响，思想慢慢左倾，因而有些抵制蒋介石发动的“反共清党”运动。白崇禧回忆说：“蒋总司令自九江乘舰抵达上海召见我，面示清党之决心，并召集薛岳之第一师，及刘峙之第二师各级干部训话，第一师中之中下级干部有参加青年军人联合会者为数不小，当场就有人责问蒋总司令太右倾。蒋总司令见黄埔学生中竟有少数军官表现如此左倾，更坚定清党之决心。”

蒋、白二人一致认为，上海“反共清党”运动不能靠第1师。就在薛岳发表“友好声明”后不久，蒋介石下令将第1师从闸北区调往南市区。刘峙第2师奉命进驻闸北区。

4月5日，蒋介石发布总司令部布告，强制上海工人武装纠察队与上海总工会一律归总司令部管辖，“否则以违法叛变论，绝不容许存在”，并下令查封倾向武汉政府的北伐军总政治部，逮捕19名“可疑分子”。而中共领导人陈独秀却于当日与汪精卫发表《联合宣言》，称蒋介石“决无驱逐友党摧残工会之事”，致使许多人误以为局势已经和缓，毫无戒备之心。

4 月 9 日，蒋介石又发布《战时戒严条例》，严禁集会、罢工、游行，并成立了淞沪戒严司令部，以白崇禧为总司令。同日，蒋介石回到南京。而在三天前，胡宗南已经率第 2 团随第 1 师，离开上海，到了南京。

南京！南京！

到了南京，第 1 师驻在城内小营鱼雷学校，32 岁的胡宗南被擢升为少将副师长，兼第 2 团团长。

1927 年 4 月 7 日，武汉国民政府忽然决定将中央党部与国民政府迁至南京，并命令军委会准备以南京为中心，制定作战计划，想抢在蒋介石之前先控制南京。

为了争夺南京这块军政要地，蒋介石令第 2 军、第 6 军于 4 月 7 日、8 日两日撤离南京，开赴长江以北，与直鲁军作战。这样，控制南京局面的就只剩第 1 军了。

4 月 9 日，蒋介石一回到南京，南京的形势就急转直下。当日下午，国民党右派唆使流氓打手捣毁中共江苏省、南京市党部和市总工会，当场逮捕 30 余人。南京顿时一片腥风血雨。

4 月 10 日，蒋介石发动“四·一〇”反革命事件，侯绍裘、谢文锦等中共领导人被抓，被杀。南京人心惶惶。然而，由于第 1 军的军事力量占绝对优势，南京局势很快就平静下来了。

至此，南京已完全被蒋介石所控制。第 1 军从此成为蒋介石控制南京，镇压和消灭异己力量，建立新政权最重要的一支军事力量。

1927 年 4 月 11 日，蒋介石发出“已克服的各省一致实行清党”的密令，上海首当其冲，形势骤变。4 月 12 日凌晨，大批青红帮武装流氓从租界冲出，分别向闸北、沪西、吴淞、浦东等 14 处工人纠察队发起突袭。“四·一二”反革命政变终于上演了，上海顿时陷入一片恐慌之中。

4 月 13 日，国民党反动派开始查封或解散革命组织和进步团体，疯狂搜捕、屠杀共产党人和革命群众。接着，粤、皖、闽、桂、苏、浙、川等省也“反共清党”，对共产党人和革命群众展开大屠杀，一时，南方各地笼罩在一片腥风血雨之中。

4 月 18 日，蒋介石、胡汉民等人在南京建立国民政府，与保持国共合作的武汉国民政府相对抗，再加上北京张作霖的北洋政府，全国政坛一时三足鼎立。

十字路口的抉择

从 1927 年 3 月北伐军攻占上海、南京，到 4 月蒋介石反革命政变，在这一个月的时间里，胡宗南经历了一段社会格局剧烈动荡、政治复杂多变的时期，内心也剧烈地动荡起来。

站在大革命失败的十字路口，胡宗南究竟怎样抉择？

他选择了留在第 1 师，继续跟着他的校长蒋介石、他的榜样蒋介石、他的领袖蒋介石走。他做出这样的抉择是受当时社会环境和社会条件的制约与影响的。

南京国民政府成立，举行阅兵典礼，蒋介石发表了富于煽动性的训话。他诬蔑共产党人加入国民党，是压迫国民党、破坏大革命，是“孙悟空猴子投胎于人身，以其翻筋斗的花样，把人身体中的五脏六腑扰乱破裂”，宣称“如吾人不消灭……敌人，则吾人必将自取灭亡，如吾人不消灭之，彼等必势将消灭吾人”，并鼓动“纯粹的国民党员团结起来”！“纯粹的国民革命军团结起来”，成为南京政府的军事后盾！

另外，颇具雄心与野心的胡宗南一路受到蒋介石的赏识与提拔，地位不断攀升，他从小接受的儒家“忠君”思想根深蒂固，使他对蒋介石始终感激，忠诚，……这些都使胡宗南步了蒋介石的后尘，一生追随他。

然而，胡宗南虽然决定跟着蒋介石走下去，但他毕竟受过黄埔军校的教育与大革命的洗礼，因而，对蒋介石的“反共清党”运动也有自己的看法。他在南京小营时曾对部下说：“……农民问题如不解决，中国的命运前途是堪忧的。”他在蒋介石南京政权刚刚建立之际，就预言了这个政权的致命弱点和中国农民问题对中国命运的重大影响。作为一名军人，能有如此政治眼光，是很不容易的。

第三节　龙潭一猛将

北伐名将冤死

1927年4月19日，武汉国民政府命唐生智为北伐军总司令，继续北伐。

4月30日，蒋介石在南京开会，也决定继续北伐。5月初，南京北伐军兵分一、二、三路，向北进发。第一路从镇江攻打扬州，直入淮海。胡宗南部属第一路，从采石矶渡江，向北进发。6月20日前后，攻下鲁南的剡城。三路大军，开始进攻鲁南。

当时，武汉与南京两国民政府之间的矛盾日益加剧。7月上旬，汪精卫与唐生智乘南京空虚，准备发兵东进江淮。蒋介石匆忙回调第7军等部西上堵防，因此，南京北伐军在鲁南的攻势顿时大弱。于是，孙传芳、张宗昌部趁机反扑。

7月24日，第10军抵挡不住，徐州得而复失。第10军军长王天培，是北伐名将，不意这一次却成了蒋介石诿过徐州之败的“替罪羊”。

王天培1888年出生，贵州侗族人。他从侗寨到军营，从普通一兵到一代名将，一步一个脚印，杀到了革命的最前线。护国战争中，王天培还只是个营长，以少胜多，以一营胜一旅，打得袁世凯的旅长马继增无路可逃而自杀。

1926年秋，王天培率2.5万将士出征，在洪江誓师北伐，被任命为国民革命军第10军军长兼左翼前敌总指挥。王天培指挥第10军纵横千里，一路所向披靡，过关斩将。不到一月，挥兵直指徐州。只用14天时间，王天培就取得徐州大捷，孙传芳和张宗昌亡命临城。为此，王天培第10军和叶挺独立团并称“铁军”。

1927年5月，蒋介石再次举兵北伐。

徐州失守，败得很惨，当时被称为“北伐战争中最孱弱的一次溃败”。蒋介石感到无法向国民交待，乃将自己决策错误、指挥失当所致的战败责任，诿过王天培。8 月 13 日蒋介石通电下野，以退为进。不过，下台前他急电王天培赴南京面商机要。

王天培

尽管蒋介石的奸计已被识破，王天培幕僚一再劝阻，但王天培却认为蒋不会胡来，可是，一到南京，就被蒋介石以擅自撤退等罪名逮捕。

北伐军徐州大败后，1927 年 8 月 8 日，北洋军和鲁军开始沿徐州一线兵分两路南下，北伐军连连受挫，士气低迷，后撤南还。8 月中旬，第 1 师经瓜洲渡过长江，调往杭州驻扎，防守沪杭铁路线。此时，胡宗南专任第 1 师副师长。

8 月 13 日，国民党内部武汉与南京之间的矛盾已经发展到不可调和的地步，蒋介石迫于无奈，发表《告中央各执监委员书》：“本年七八月间，察知一般军人多不能认识党，不愿尊重党……中正以为情势至此，若再恋战，即非党所任命之总司令，而将成武力之傀儡。中正决不愿如此，故决然引退。”遂辞总司令职，宣布“下野”。

蒋介石下野，回奉化老家，便以“送王将军去西湖疗养”为名把替罪羊王天培押到杭州，秘密处死，王时年 39 岁。胡宗南由此领教了蒋介石剪除异己分子的手段和毒辣。

8 月 17 日，以李宗仁、白崇禧、何应钦为首的南京军委会下令，将长江以北的所有部队撤到长江南岸，凭长江天险固守南京。孙传芳部收复长江以北各地，也追到长江北岸。8 月 17 日，孙传芳部抵达长江北岸浦口，与南岸守军隔江对峙。

虎战龙潭

1927 年 8 月 25 日晚，长江弥天大雾，孙传芳以为天赐良机，正好偷袭，于是命手下 8 个师 6 个混成旅约 7 万人，偷渡成功，乘势攻占龙潭与栖霞山，截断沪宁铁路，兵分两路，向东逼近镇江，向西进逼南京。一时南京岌岌可危。

孙传芳亲自渡江指挥，并在龙潭设指挥所。为了激发兵士斗志，孙传芳效仿项羽破釜沉舟，命令所有运兵船只都返回长江北岸。

8 月 26 日凌晨，正在杭州的胡宗南忽然接到南京急电：星夜驰援龙潭。29 日下午，胡宗南率第 1 师第 2、第 3 两团赶到龙潭。

此时，南京政府军正在龙潭、栖霞山与孙传芳部打拉锯战。恶战已持续两三天。双方你来我往，都奋力冲杀，互不相让。许多阵地得而复失，栖霞山与龙潭几度易手。

孙传芳部本来就是北洋军阀各部中战斗力最强的一支，而这次孙传芳又亲临前线指挥，背水一战，志在必得。所以，孙部勇猛无比，顽强异常。久战不下，双方伤亡惨重。

8 月 29 日凌晨，龙潭主阵地又被孙部攻占，北伐军第 2 师师长刘峙负伤。李宗仁回忆："第二、第十四两师因众寡不敌，纷纷后撤，几至溃不成军。栖霞山也为敌三度攻占。我方溃散部队麇集南京城外麒麟门一带，混乱不堪。……南京城内一片混乱景象，人心惶惶，不可终日。"

孙传芳

这时，胡宗南率两个团适时赶到龙潭。刘峙当即命胡宗南率团进攻，威胁敌军右侧翼，设法与西线的南京政府军协同作战。

29 日晚，胡宗南指挥第 2、第 3 两团，奔向虎头山，发动猛攻，很快就占领了范家塘及附近高地，稳住了军心。同时，陈诚率第63团、顾祝同率第3师等部也从苏州、上海赶到龙潭，于是，南京政府军29日重新夺回栖霞山。至此，孙传芳部就只剩下主阵地龙潭了。

8月30日凌晨，南京政府军兵分三路围剿龙潭。胡宗南指挥两团，向龙潭东南石幔山、虎头山、青龙山发起猛攻。此时，孙传芳军虽然死伤惨重，但依然非常顽强。

孙部一失龙潭，就全盘皆输；南京国民军拿不下龙潭，战局将急转直下。双方都是拼死一搏，所以，这场战役可谓北伐战役中最激烈的一场。《李宗仁回忆录》记录了当时的激战情形：孙部“聚集在龙潭一隅……依据龙潭以西的黄龙山、以南的青龙山、虎头山，和东西的大石山、雷台山等险隘，编成坚固不拔的根据地，严阵以待，进可以攻，退可以守。孙传芳驻节水泥厂，亲自督战。其悍将李宝章、上官云相、梁鸿恩、崔锦桂、段承泽、郑俊彦等都在龙潭前线指挥。……龙潭周围数十里地，炮火蔽天，血肉模糊。战斗的惨烈，实为笔墨所难形容。”

龙潭大捷

胡宗南在指挥第1师的两个团攻向石幔山、虎头山，也遭到了孙传芳部的顽强抵抗。双方你攻我守，拼杀多时，相持不下。8月30日下午，战事出现了转机。由于孙传芳部的后援补给线被切断，所以，孙部就渐渐被逼退到各大山隘口。

南京政府军步步逼近，渐渐形成包围圈。孙部居高临下，凭借山险，以百余挺机关枪向下扫射，负隅顽抗。南京政府军向上冲锋，劣势太明显，死伤众多，然而，各军前仆后继，愈战愈勇，拼杀数小时，终于攻占各大山隘。

孙部狼狈而窜，仓皇撤向江岸。傍晚，龙潭被克。天黑以后，硝烟四起的战场渐归沉寂，双方连日激战，均已疲惫不堪。

胡宗南奉命在龙潭外围彻夜警戒，待翌日拂晓共歼残敌。经过一夜休整，孙传芳残部困兽犹斗，于8月31日凌晨，抢先一步发动反攻。南京政府军各部奋勇还击，双方又是一顿拼杀。

恰好这时，第1师第1团从杭州赶到，其他援军也先后赶来。

各部援军立即投入战斗，南京政府军顿时火力倍增，全线反攻。孙部的嚣张气焰顿时被打下去，纷纷从龙潭阵地撤离，逃向江边。上午十点多，胡宗南率第1团奋力拼杀，攻克了孙传芳指挥所。

孙传芳丢下部队，只身跳上汽艇，仓皇北逃。孙部群龙无首，兵败如山倒，纷纷作鸟兽散，争相渡河北逃。落水溺死的，践踏而死的，不计其数。下午，不及渡江北逃的孙军残部，共有四五万人，全部被俘。

此次孙传芳率领六七万大军，倾巢南下，志在必得，血战七天七夜，最终全军覆没。北伐军龙潭大捷，声震一时，一扫自七八月间败走徐州以来的衰颓士气，重振军威。

第四节　蒋记黄埔系“老大哥”

黄埔同学会

自1927年7月以来，国民党政权内部渐渐分化为南京、武汉、上海三大军政集团。在南京，有蒋介石控制的“国民政府”和“中央党部”；在武汉，有汪精卫控制的“国民政府”和“中央党部”；在上海，还有西山会议派控制的“中央党部”。其中，南京、武汉是最有分量的两大军政集团，不但各自为政，手握重兵，割据着一大片地盘。宁、汉两方为争夺国民党的最高权力，明争暗斗。

而蒋介石一下野，宁、汉合流的步伐就加快了。1927年9月11日至13日，宁、汉、沪三方代表在上海举行会议，决定宁、汉两方政府合并、改组，政府委员、各部部长、军委会委员等，都由特别委员会会议决定。9月16日，国民党“中央特别委员会”成立，同时改组国民政府，宁汉合流至此完成。

虽然蒋介石也被列名在中央特别委员会委员、政府委员与军委会委员的名单之中，但是，作为“下野党”的他已经没有多少权力了。特委会与军政实权已经被以李宗仁、白崇禧为首的桂系所控制。

李、白二人为了扩大桂系势力，加强对南京中央集权的控制，排挤和打击蒋介石集团，首先设法限制与削弱蒋介石的嫡系武装，排挤与打压黄埔军校出身的军官与将领，看来，黄埔系的精英们前途黯淡。

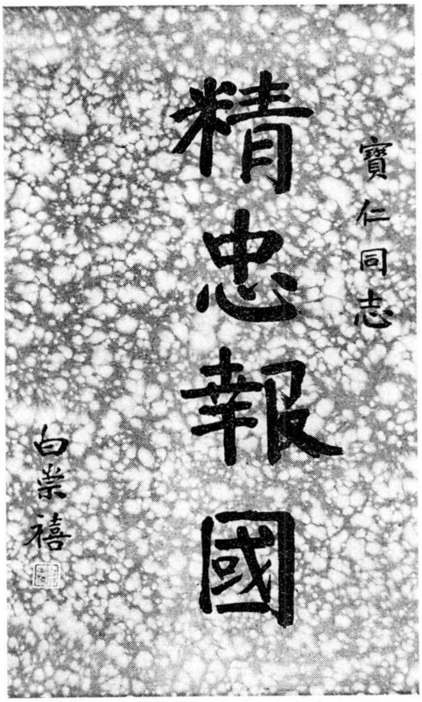

楷书“精忠报国”（白崇禧书）

1927 年 8 月，蒋介石宣布下野，却没有闲着，时刻准备利用蒋记黄埔系军事集团东山再起。据黄埔一期生曾扩情说：“蒋介石于 1927 年 8 月被迫下野时，把他所有的军队和有关的军事机构等等，统交何应钦接领；独黄埔同学会则交由住在上海的朱绍良指导，并令迁往杭州进行会务，派我重任秘书。主要的任务是：团结在职的同学，保持和发展力量，以便蒋介石复职时的驱使；其次，收容当时的失业同学集中在杭州，施以军事和政治的训练……”

自黄埔建校以来，蒋介石以校长职权之便，培植了一大批忠于他的军校教官与学生。这些军官与学生以蒋介石为最高领导核心，不断发展壮大，形成了国民党内最强大的一个军事派系——蒋记黄埔系。蒋介石以黄埔系为骨干，组建了军校教导团，以后扩充为党军第 1 旅，后来又扩充为国民革命军第 1 军，最终成为蒋介石最看重、最信赖的一支嫡系军事力量。

后来，为了更好地控制与指挥黄埔生，蒋介石于 1926 年下令解散青年军人联合会与孙文主义学会，而成立“黄埔同学会”，自任会长，指定曾扩情任秘书，并规定凡黄埔学生都是会员。

由于得到蒋介石的提携与照顾，很多黄埔生在毕业之后几年内一路攀升，从排长、连长擢升为团长、师长，从少尉、中尉擢升为中校、上校乃至少将。他们越来越觉得，跟着蒋介石走，前途就会越来越光明。他们愿意依傍蒋介石这座靠山，愿意拥护他，服从于他。而这也正是蒋介石所希望看到的。

胡宗南则凭着他黄埔“老大哥”资格，凭着他较高的军衔与手握重兵的将领身份，凭着他在东征、北伐等各大战役中的战功与表现，凭着他与蒋介石的关系，由此在黄埔系军事集团中占有越来越重要的地位。在“黄埔同学会”中，胡宗南毋庸置疑也是骨干力量。

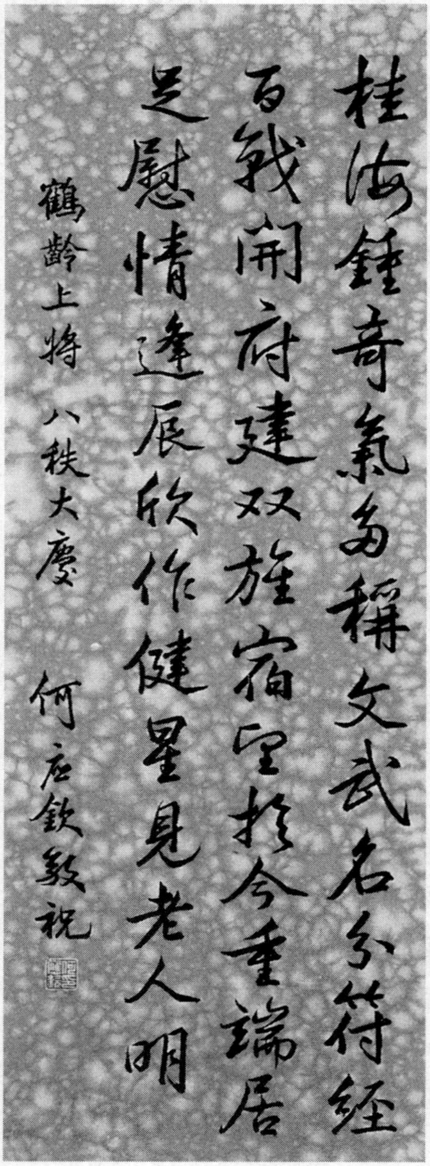

行书五言诗（何应钦书）

与桂系抗争

1927 年 9 月 20 日，蒋介石发表《告黄埔同学书》，鼓励黄埔学生不要放弃革命：“……自我下野以后，反对者谤毁讥笑，无所不用其极，不单要抹杀我们革命历史，而且要污蔑我们革命人格，使我们没有立足的余地，你们听着极为愤激，这是你们没有受过挫折和失败，不知道革命究有如何艰险困难，所以要如此动气，……你们要知道，他们反对我们，攻击我们，讥笑侮辱我们，这都是意中必有之事。因为世人往往以平时眼光，来批评革命时代的政治，而我革命同志，自己不能团结，又往往授人以隙。……”要求黄埔生要努力向前，自己闯荡。

当时，宁汉合流后，李宗仁、白崇禧大权在握，决定挤兑黄埔系。李、白二人以军委会的名义，命令何应钦解散由蒋介石在浙江组建的、作为嫡系第1军的补充的、团长都是由黄埔生担任的7个补充团。

何应钦接到命令，就公事公办，下令撤销了这些补充团。蒋介石一听，就指责何应钦太糊涂，又指责“黄埔同学会”没有团结补充团的黄埔生加以抵制，甚至恨恨地说：“实在万不得已，只要能保住力量，上山当土匪也行，怎么能解散呢？”

接着，李宗仁、白崇禧操纵的军委会又命令何应钦下令，将驻守在京、沪、杭地区，由黄埔系领导的军队，主要是第1军，全部开往长江以北，防止孙传芳部再度南下反攻；而原来的驻地则由桂系军队接防。

李、白二人的意图非常明显，胡宗南等知道此事后，立马密电蒋介石。蒋介石大惊，密电曾扩情，马上通知团长以上的黄埔系将领与军官，到上海朱绍良家开会，商议对策，并瞒住何应钦。于是，胡宗南与20多名黄埔生连夜赶到上海。

在此次会议上，朱绍良是主持，大多与会将领都是团长、营长，而胡宗南是第1师少将代师长，遂成为焦点。胡宗南慷慨激昂地说：“校长的英明，在国内，无人能出其右。虽然现在暂时下野，但不久的将来，必定会再度出山，收拾残局。所以，我们军校同学率领的队伍，绝对不能脱离校长的领导。”他还讲到李、白二人的阴险与何应钦的忠厚，愤慨地戳穿了桂系的阴谋：“桂系是想置我们于死地！我们去跟北洋军阀打仗，他们好截住我们的退路。我们没了大后方，那不是只好任人宰割了吗？他们这是借刀杀人，我们不能上当！”

胡宗南凭着坚定的态度以及出色的分析能力，获得了绝大多数与会者的支持。大会因而以胡宗南的讲话为基础，作出决定：一致坚决抵制李宗仁、白崇禧与何应钦移军江北的命令；如果一再相迫，不惜以武力抗命。最终，桂系的诡计没有得逞。可见，蒋记黄埔系军事集团只承认蒋介石一个人，只服从蒋介石一个人的绝对领导，其他任何人，即使是何应钦，也不能完全指挥得动。

黄埔系可谓蒋介石的“御林军”，蒋介石也从此更加看重与依赖黄埔系。而胡宗南在这场抗争中，所表现出来的坚决拥蒋的态度与出众的组织才能，使蒋介石对他更赏识与信任，而且这也是胡宗南以后一直被蒋看重与信任的一个重要原因。

9 月 26 日，第 1 军扩编为三个军，第 1 师仍编属第 1 军。10 月 26 日，军委会任命胡宗南为第 1 师副师长。

巧夺雪花山

宁汉合流时期，武汉方面的唐生智蠢蠢欲动。

1927 年 8 月初，湘、鄂变成唐生智的势力范围，后来，唐又趁南京革命军与孙传芳交战之际，轻取安徽。9 月 16 日，唐生智坐拥三省，声势显赫。南京国民政府一再下令，命唐生智从安徽撤兵，但唐生智屡不从命。9 月 21 日，汪精卫建立“武汉政治分会”，唐生智以“护党”名义，公开反对南京“中央特别委员会”，否认南京政府。

唐生智的嚣张跋扈引起了南京方面的不满，一再坚持收复安徽，而唐生智则声称，决不会轻易放弃安徽，如果南京方面一再逼迫，将不惜以武力周旋。

双方矛盾到这个地步，一场争战在所难免。而唐生智“秘密和孙传芳勾结，倒行逆施，达于极点。孙军龙潭败后，我方所获敌军秘密文件中，都载有‘友军唐生智部自上游夹击南京’字样。所以现在国民政府决定讨伐，实在是唐生智自招覆灭。”10 月 20 日，南京政府下令西征，讨伐唐生智，是为“二期北伐”的肇始。第 1 师编属于第 1 路军。

1927 年 11 月 3 日，第 1 师奉命从杭州出发，与第 1 路军渡过长江，抵达滁州。11 月 8 日，开始向盘踞在江淮地区的孙传芳、张宗昌军发起进攻。

第 1 路军勇往直前，先后攻占凤阳、临淮关等地。11 月 13 日，进攻蚌埠。第 1 师奉命进攻蚌埠以北的雪花山。而孙传芳、张宗昌部死守雪花山这个制高点全力抵抗。

由于雪花山之前横亘着龙子河，用兵不便，再加上敌军以铁甲车的优势火力掩护，所以，第1师官兵冲锋数次，都无进展。胡宗南视察战场，见“直鲁联军以白俄驾驶之铁甲车掩护作战，往来轰击，日夜不休，我军无法占领阵地。”

胡宗南思考良久，忽然灵机一动，从第2团挑选一百来人组成突击队，各携土木工具潜入轨道附近。铁甲车来，卧伏隐蔽，铁甲车一去，立即跃起掘断车轨。铁甲车被断了退路，再也无法肆意跋扈。第1师乘机配合各部，攻占雪花山、沈家山等阵地，接着打入蚌埠市。

北伐军与敌军在街市相逢，展开了激烈的肉搏巷战。狭路相逢勇者胜，敌军渐渐不支，纷纷向固镇撤退，直至淮河北岸，北伐军遂攻占蚌埠。18日又攻占固镇、收复蒙城，蚌埠战役至此结束。

徐州攻夺战

论功行赏，胡宗南因雪花山一战战绩突出，由第1师副师长擢升为第22师师长，当时，胡宗南嫌第22师太烂，编制不全，战斗力较差，不想去，何应钦对他说：“破烂的部队由你整顿，极易有所建树，何以不去?”至此，胡宗南成为黄埔生中担任师长的第二人。第一人是黄埔一期生范汉杰，于1927年初任浙江警备师师长；但在蒋记黄埔嫡系军事集团中，胡宗南却是第一人。尽管黄埔系学生中第一个师长的彩头被范汉杰夺得，但是，范汉杰后来参加“福建兵变”，旋重回蒋记集团，只能够给胡宗南当副手，晋升就再也追不上胡宗南。

这一年，32岁的胡宗南成为黄埔生中最耀眼的一颗明星。

1927年12月初，北伐军各部进军徐州，准备配合西线冯玉祥军进攻徐州。

徐州，古称彭城，位居中原要冲，历代兵家必争之地。这次，张宗昌亲自坐镇徐州，指挥孙张联军六七万人，抗击北伐军。

胡宗南奉命指挥第22师攻打徐州右侧的敌军。第22师共有

3 个团：第 64、第 65 团与补充团，其中以第 65 团最富战斗力。

12 月 12 日，第 64 团与补充团在芝兰附近，首先遭遇敌军。两军正激战中，忽然敌军一股骑兵奔驰而来，来势汹汹，两团支持不住，且退且战，最后只留补充团李文第 2 营在芝兰村外死守。胡宗南急调全师主力第 65 团，前去增援，将敌打退，保住了芝兰。紧接着，胡宗南指挥各团奋勇冲杀，连克六铺、土城，控制徐州机场。

12 月 14 日，北伐军吹响总攻号角，一起杀向徐州，攻势如潮，孙张联军招架不住，全线溃退。12 月 16 日，占领徐州。第 1 路军向北推进到韩庄运河地区，与敌军隔河相望。北伐暂告一段落。

第三章
黄埔少将

第一节　北进中原

誓师北伐

1927 年 12 月 10 日，国民党中央召开二届四中全会预备会，恢复蒋介石国民革命军总司令职务。

1928 年 2 月 2 日至 7 日，国民党中央在南京召开二届四中全会，改组国民党中央和政府机构，推举谭延闿任国民政府主席，蒋介石兼任中央军委会主席。大会认为“加倍努力以促进北伐之完成，实为今日不可稍缓之工作”，决定“限期完成北伐”。

此时，国民党内部集团已分化为四大派系，即蒋介石、冯玉祥、阎锡山、桂系（李宗仁、白崇禧、黄绍竑和李济深）。四大派的军队改编为国民革命军第 1、第 2、第 3、第 4 集团军，集团军

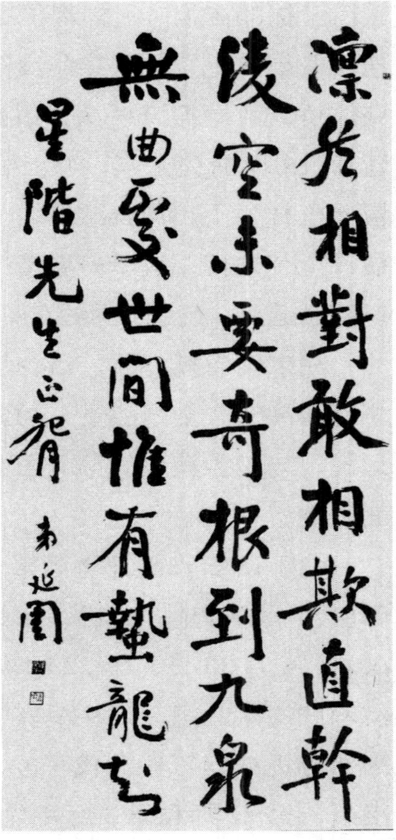

谭延闿行书七言诗

总司令分别是蒋介石、冯玉祥、阎锡山与李宗仁。

第 1 集团军由第 1 路军改编而成，下辖第 1、第 2、第 3、第 4 四个军团，第 1 军团下辖第 1、第 4、第 9 军这 3 个军，第 1 军下辖第 1、第 2、第 22 师这 3 个师，师长分别是蒋鼎文、徐庭瑶、胡宗南。第 22 师扩编为 4 个团，团长都是黄埔一期生，分别是冯士英、梁华盛、李默庵、李铁军。

北伐的作战部署是：何应钦为北伐军总参谋长，留守南京；第 1 集团军沿津浦线北进；第 2 集团军沿京汉线北进；第 3 集团军由京绥、正太线东攻；三路会师北京。

4 月 5 日，蒋介石在徐州誓师北伐。4 月 9 日，下达总攻击令，第二次北伐打响。第 22 师向韩庄、台儿庄的鲁军进攻。11 日，与鲁军王栋部在韩庄运河的侯孟渡口发生激战。

王栋部在渡口上构筑了三道防线，并在运河上架设一段浮桥，连接两岸阵地。胡部梁华盛第 2 团带头发动突袭，猛扑桥头，抢夺浮桥。敌军扼守桥头，以数十挺机关枪疯狂扫射。第 2 团第 2 营营长刘炳身先士卒，冲上桥头，中弹身亡。全营官兵受此激励，冒着枪林弹雨，勇奔浮桥，一举攻下机枪阵地，在浮桥上与敌军展开生死肉搏。敌军一看情况不妙，就派遣一部从上游六十子渡口渡过运河，绕到胡师左侧，企图前后夹击，围歼胡师。

胡宗南当机立断，命令李铁军第 4 团前往堵截。副团长李正华率队冲锋，全团战士奋勇向前，很快就把援军击退，乘胜渡过运河，与侯孟渡口的第 2 团会合，一举攻占浮桥，向敌军发起全面进攻。

4 月 13 日，胡部协同第 1 师、第 2 师，夺取了鲁南军事要地韩庄、沙沟等地。此后，北伐军一路杀入山东，高歌猛进，势如破竹。4 月 30 日，第 22 师攻到济南城下。兵分两路，分别攻打济南城的南北门。第 9 军等部也先后赶到，投入战斗。张宗昌与孙传芳见抵挡不住北伐军的凌厉攻势，当夜弃城逃跑。5 月 1 日凌晨，第 22 师和第 3 师率先攻破城池。第 22 师奉命维持济南市内秩序。

五三惨案

早在4月下旬北伐军攻入山东时，日本就借口“保护日本侨民利益”，派遣日军第6师从青岛登陆，入侵山东。同时，又派遣原驻天津的3个步兵中队进抵济南。到4月28日，驻济日军已达3000余人。日军以纬四路为中心线，在济南商埠构筑工事，架设路障，实施戒严。

到5月初北伐军攻占济南，日军就蓄意寻衅闹事。5月2日，第1军第23团营长阮济民等人路过纬五路时，被日军堵截，当场遇害。5月3日，日军又强行解除北伐军一部7000余人的武装。

面对日军的一再挑衅，蒋介石再三屈辱退让，命令北伐军各部“约束士兵，不准开枪还击”，而且准备“绕道北伐”。蒋介石下令不还手的理由，据他这一年5月2日日记载：“不屈何以能伸，不予何以能取，犯而不校，圣贤所尚；小不忍则乱大谋，圣贤所戒。慎之！勉之！”

蒋介石的“不抵抗”政策助长了日军的嚣张，不仅向北伐军武装挑衅，更血腥捕杀中国军民。5月3日，日军制造事端，惨杀中国军民1000多人，无故包围山东交涉公署，当晚极其残忍地杀害山东特派交涉员蔡公时等18位宁死不屈的中国人。48岁的蔡公时等赴任不到一天，就壮烈殉国，成为民国史上第一位抗日烈士，冯玉祥题词“誓雪国耻”。

5月4日，北伐军在济南城抓获13名走私鸦片的日本毒贩，按照中国法律将他们处死了。日本借机大肆渲染，恶意扩大事

蔡公时魏碑五言联

端，竟然宣称将近300个——而且是无辜日本侨民被杀害。

此时，北伐军已撤出商埠。日军得寸进尺，5月8日，又向普利门、麟祥门、柴家巷、迎仙桥一带发起猛攻，北伐军退守内城。11日，北伐军奉命撤离，济南沦陷敌手。日军占领内城，杀人放火，奸淫掳掠，无恶不作，罪行累累，令人发指。

这场骇人听闻的惨案发端于5月3日，史称“济南惨案”，或“五三惨案”。据当时“济南惨案被难家属联合会”调查：此案，中国军民死亡6123人，伤1700多人。

惨案发生后，日方竟然否认大肆屠杀中国人民的罪行，反而无耻地要求南京国民政府道歉、赔偿。直到1929年5月，日军才在内外舆论的压力下撤离济南。

济南惨案后，一心北伐的蒋介石决定忍辱负重，下令撤军，停止与日军交战，绕道北上攻打天津、北京，而贺耀祖第40军激于义愤，仍然坚守阵地，抗击日军。于是，蒋介石命人制作停战令旗，交胡宗南派人持旗前往，强令贺耀祖停战撤军。

此一期间，胡宗南也目睹了日军的暴行，心里也愤恨难当，常有杀敌雪耻之心，然而，此时他却不得不执行命令，下令第22师撤军，持旗强令贺耀祖停战撤军。

1928年6月初，四个集团军继续北伐，进抵天津、北京。6月4日，张作霖率部退守关外，途中被日军炸死，张学良继为奉系首领。北伐军占领天津、北京，决议和平解决东北问题，派代表与张学良谈判。12月29日，张学良宣布改旗易帜。至此，北伐终于圆满谢幕，全国统一。

胡记智囊团的首脑人物

1928年6月，北伐战事基本告一段落。第22师驻军曲阜整训，胡宗南回家省亲，途经杭州，住西湖大佛寺。胡宗南“性好山水，尤喜在水木清华之地，与友长谈，乃与义乌赵龙文，江山戴笠雨农订为性命道义之交。”义乌赵龙文、江山戴雨农，是胡宗南途中结识的两位同乡。

戴笠比胡宗南小1岁，黄埔六期生，当两人在杭州初识时，戴笠正在蒋介石总司令部做谍报工作，尚未显达。作为少将师长，胡宗南并不看轻他，反而很敬佩他过人的特工才干。戴笠则感激胡宗南的侠义。二人都忠于蒋介石，又都希望跟着蒋干出一番大事业，飞黄腾达。以后，胡宗南极力向蒋推荐戴笠，使戴笠迅速得到蒋的信任与赏识，一路“加官进爵”。

二人是一生的挚友，据沈醉所说：“戴笠在工作上和私生活上能打成一片的知心朋友应当首推胡宗南了。他每次见到胡，真是三天三夜都谈不完一样。有时两人在一起像发神经病一样，谈到半夜过了，他送胡回去又谈一阵，胡又送他回来，往往弄得通宵不眠。”二人在工作上互相支持，生活上互相照应。胡宗南为戴笠的特务工作提供武器，提供士兵。戴笠也为胡宗南的军队提供情报，还是胡宗南私事的好帮手。1937 年，胡父病死，当时，胡宗南正带兵督战，戴笠就帮忙处理亡父丧葬事宜。同一年，戴笠还将手下的女特工叶霞翟，介绍给胡宗南。

赵龙文（1902—1968）比胡、戴二人小得多。此次，在大佛寺与胡宗南相遇，从此成了胡宗南的密友。胡宗南看重他的才华，胡宗南将回曲阜之时，“随邀赵龙文至曲阜，并随军至徐州、柳泉、大王庄、九里山营房，每饭后三分钟，由赵龙文以简短故事理论，启发官佐革命思想，收效极大。”关于这段相处，赵龙文《怀胡宗南先生》中说及：“每日清晨，双骑并出，林花碧柳，晓露如珠，则下骑徐步，娓娓而谈。自个人修养，以至治平大道，历史掌故，无所不谈。”1940 年，赵来到西安，给胡宗南当秘书长。赵自此就跟随胡宗南，成为胡宗南的首席幕僚。

第二节　征桂、战冯、讨唐

闲云野鹤

1928 年 7 月 25 日，蒋介石第 1 集团军裁军缩编为 13 个师、2 个独立旅以及 3 个炮兵团。第 22 师整编为第 1 师第 2 旅。第 2

旅旅长胡宗南，下辖2个团：李铁军第3团和梁华盛第4团。9月，第2旅跟随第1师撤至徐州，驻扎九里山营房。

9月，国民党二届五中全会召开，宣称全国进入训政时期。10月，南京国民政府公布《中华民国国民政府组织法》，规定国民政府总揽中华民国的统治大权，实行“五院制”；任命蒋介石为国民政府主席兼陆海空三军总司令。

第1师由北伐军第1军缩编而成，是蒋介石的嫡系，因而深受蒋的重视。蒋介石决定检阅第1师。胡宗南抓紧时间训练部队。11月10日，蒋介石来徐州检阅第1师。由于表现突出，第2旅被誉为“模范旅”，第2旅第3团受阅成绩名列全国陆军第一。为了嘉勉第2旅，蒋介石特地在南京召见第2旅团长以上的军官。

这次阅兵，胡宗南再次给蒋介石留下了深刻的印象。这段时间，胡宗南多次到南京，寻师访友，游山玩水，好不惬意。张其昀与缪凤林等友人都在南京，胡宗南常去拜访他们。当时，张其昀在中央大学教授历史，他回忆两人1920年“自南京离别以后，直至北伐胜利，才重新聚首。……他来找我，常约缪赞虞（凤林）君，同往龙蟠里国学图书馆，拜访柳（诒徵）老师。我们是鱼相忘于江湖，他仍以出身师范的寒士自居，所谈的多半是史学、教育和南京的史迹，真可以说是儒将风流。……他爱中大的校景，又爱钟山的名胜。王荆公晚年隐居钟山，有诗云：‘终日看山不厌山，买山终待老山间。山花落尽山长在，山水空流山自闲。’最可以形容胡先生在千军万马中涵养出闲云野鹤的风格。他每到南京，常邀作者和赞虞，往灵谷寺一

胡宗南

带作半日的徘徊，……，欣赏钟山的美景。……他不多讲话，但常作会心的微笑……”

然而，好花不常开，好景不长在，这种闲云野鹤、恬淡闲适的生活很快就结束了。统一的全国大剧场，正在酝酿上演新一轮好戏。正如毛泽东在《清平乐·蒋桂战争》一词中咏叹：“风云突变，军阀重开战。洒向人间都是怨，一枕黄粱再现。”

开幕戏就是蒋桂战争。

“天下第1旅”旅长

1927年7月11日，第一次善后编遣会议在南京汤山召开。蒋介石拿出《军事善后意见书》：“北伐完成，军事急应结束，裁兵节饷，从事建设，已成全国一致要求；唯革命尚未成功，建设尤须保障，整军经武，亦未可视为缓图，职是之故，吾人于已覆北方军阀之后，乃有两种极大之责任。一面当裁汰兵额，移巨额军饷为建设之用；一面当充实军备，保持国家与社会之安宁。”具体裁兵方案：“拟分全国为12个军区……每一个军区所驻军队，以四万人为限。各军区长人选，由各集团军总司令与总指挥推荐，军委会审议，分别任命……一年以内办理完善。”

当时冯、阎、桂三系各占一个军区，各派兵力少则20万，多则30万。蒋系除占一个军区外，还以中央的名义控制着其他8个军区。蒋系总兵力虽然庞大，但分散在9个军区，平均数就不算多。按照《意见书》，哪个军区的兵越多，裁掉的就越多，这样，冯系吃亏最大，阎系和桂系其次。而蒋介石的军队却需大量补招。蒋介石老谋深算，口说裁兵，实为增兵，意在削弱别人。而各大派也不笨。

裁军编遣的问题，从汤山会议开始，一直到1929年1月1日全国编遣会议正式召开，历时半年多，始终未解决。由裁军问题引发的矛盾不断激化，蒋介石决定“集中优势兵力，各个歼灭敌人”，首先削弱桂系。

早在1927年8月，蒋介石就与李宗仁义结金兰，蒋为兄，李为弟，“同心一德，生死系之”。现在，“义兄”要对“义弟”动手了。

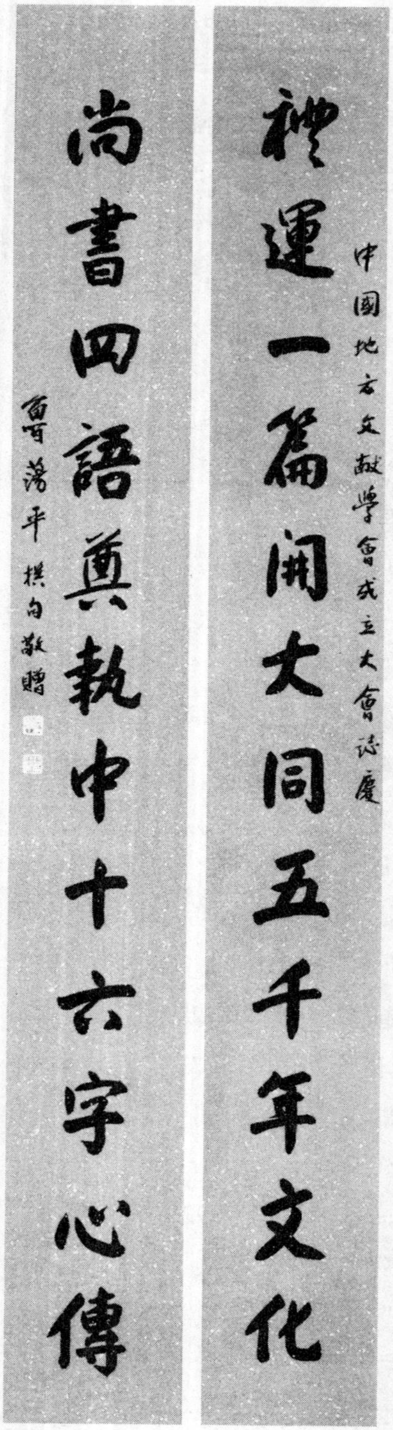

鲁涤平楷书十二言联

1929 年 2 月，蒋介石运给湖南省政府主席鲁涤平大批军火。桂系发觉后，认为蒋介石插手湖南，扶持鲁涤平，意图牵制桂系。2 月 22 日，李宗仁、白崇禧一番密谋，罢免了鲁涤平湘省主席一职，并派第 52 师、第 15 师由鄂入湘，赶走鲁涤平，迅速控制湖南省。

桂系制造了“湘案”，而蒋介石则下令“彻查桂军侵湘事”，调兵遣将，部署讨桂军事。3 月中旬，李济深到上海出席国民党三中全会，蒋介石借口调停“湘案”，电请李济深来南京。3 月 21 日，李济深被蒋扣押在南京。至此，蒋介石消除了粤桂联合的顾虑，决定出兵讨伐桂系。

3 月 26 日，蒋介石正式下令“讨桂”，声言桂系“借革命之名义以消灭革命”，“实为革命之障碍，三民主义之叛徒”，宣布“免去本兼各职，听候查办”，并令各军对桂系各军“痛加讨伐”，兵分两路。

第 2 旅编属第 2 路军。3 月初，第 2 旅由徐州南下，经浦口，3 月 8 日抵安庆，驻扎安徽潜山、太湖地区。3 月下旬，第 2 旅从安庆出发，沿黄梅、蕲水急进，日行百里，由于桂军在鄂的主要将领俞作柏、李明瑞、杨腾辉等部都被收买，沿途很少发生战斗。

3月27日，冯玉祥见桂系败局已定，于是出兵南下参战，企图据湖北为己有。蒋介石密命胡宗南率第2旅加速行军，赶在冯玉祥部之前，占领武汉。

4月3日，李明瑞、杨腾辉两部宣布倒戈归蒋。4日，第2旅率先进占武汉，驻扎汉口桥口营房，维持治安。随后，蒋军大举入侵武汉，桂军于是放弃武汉后撤。胡宗铎、陶钧、夏威等桂军将领在蒋介石的软硬兼施下，联名通电下野，所部被蒋收编。至此，桂系主力全部瓦解。

解决武汉之后，蒋军又迅速收复平津。4月下旬，蒋介石决定“以根本铲桂逆之目的，拟即由湘、粤、滇三路进攻广西”。5月5日，李宗仁在梧州打出“救党救国军”的旗号讨蒋，自任总司令，命白崇禧、黄绍闳率军兵分两路进攻广州。

6月12日，几路大军向桂军发起围攻，白崇禧、黄绍闳率军力战，屡遭败绩。24日，桂军全军溃败，蒋军彻底征服广西。不久，李宗仁通电下野，与白崇禧先后逃往香港。至此，蒋桂战争以蒋介石的胜利而告终。

蒋军占领武汉后，蒋系与冯系的矛盾不可调和。1929年5月15日，西北军将领刘郁芬等人发出反蒋通电，推戴冯玉祥为“护党救国军西北路总司令”，统率50万大军，公开向蒋介石与南京政府挑战。蒋冯战争爆发。

蒋介石对冯玉祥早就心存戒备，5月17日，南京政府通电指斥冯玉祥，下令讨伐。第2旅仍编属第2路军，5月中下旬，随第1师开往豫南征讨冯军。由于武胜关隧道被毁，第2旅绕道进入豫南，抵达信阳。

然而，这时候冯系内部却乱了起来。19日，冯玉祥在陕西华阴召开军事会议，然而华阴会后，冯系重要将领韩复榘、石友三、刘镇华、杨虎城等，背叛冯玉祥，相继通电拥蒋。

冯玉祥成了孤家寡人，被迫退到潼关以西。23日，南京政府下令革除冯玉祥的一切职务，开除党籍。冯玉祥迫于压力，以退为进，于 5 月 27 日发表下野通电。第一次蒋冯战争结束。

从 5 月 15 日冯玉祥的公然挑战，到 5 月 27 日冯玉祥的通电下野，蒋冯军事冲突就宣告结束，蒋介石耍的离间手段是关键。正是韩复榘、石友三等人的倒戈投蒋，导致了冯玉祥的兵败。

韩复榘是冯玉祥的得力干将，梁漱溟说他："作战英勇，又比较有文化，方深得冯玉祥的重用和信任，一步步提拔，而成为冯手下的一员大将。"又说韩"对儒家哲学极为赞赏，且读过一些孔孟理学之作，并非完全一介武夫。"

韩、石两人倒戈后，蒋介石遵守诺言，分别任命二人为河南、安徽省主席。征讨桂系、冯系，蒋介石都只使了一招离间计，使成功变得轻而易举，这让胡宗南对蒋介石更加敬佩。

蒋冯战争结束后，胡宗南奉令率第 2 旅回驻汉口。不久，第 1 师奉令扩编。第 2 旅改编为第 1 师第 1 旅。"天下第 1 旅"由此诞生，胡宗南当上"天下第 1 旅"旅长。第 1 旅下辖 3 个团：袁朴第 1 团，廖昂第 2 团，李铁军第 3 团。团长都是黄埔生。

讨桂、战冯、征唐

1929 年 10 月 10 日，宋哲元、孙良诚、刘郁芬等 27 名西北军将领联名通电"讨蒋"，宣称"蒋氏不去，中国必亡"，推戴阎锡山、冯玉祥为正副总司令，统领讨伐大军"即日出发，为国杀贼，万死不恤"。

宋哲元为西北军总司令，率领八路军队向河南进发。冯玉祥手下有 5 位旅长：张之江、李鸣钟、刘郁芬、鹿钟麟、宋哲元，人称"五虎将"，宋哲元被称为"军中赵子龙"，深得冯玉祥赏识，称他"勇猛沉着"，"忠实勤勉"，"遇事不苟"，"练兵有方"。

南京政府立即下令调动各部"讨伐"冯军。蒋介石亲任"讨逆军"总指挥，朱培德为参谋长，方鼎英、刘峙、韩复榘、何键、唐生智分任"讨逆军"五路指挥。第 1 旅编属第 2 路军。

蒋、冯二军于 10 月 18 日开始，到 10 月底，陆续在陇海线、豫南等各大战场，进行了多次激战。冯军攻势猛烈，接连占领一些重要城池，而蒋军则取守势，处境被动。

蒋介石亲临一线督战，在津浦路的临淮关与符离集之间的火车上设前线指挥所，一夜，冯玉祥部的郑大章骑兵突袭而至，蒋介石和指挥所十万火急。胡宗南部第1师奉命赴援兖州、济南，只剩最后一团都登上了车而未发，闻警由胡宗南亲率这个团下车救援，以寡击众，冯军溃退。假如这一次蒋介石被俘，冯玉祥一定会杀了他。所以，这一次比后来发生的“西安事变”更惊心动魄。

蒋介石三度玩起了离间计。这次他对准的正是总司令阎锡山。阎锡山（1883—1960）人称“乱世狐狸”，奉行“三不二要主义”：“不入党、不问外省事、不为个人权利用兵，要服从中央命令、要保卫地方治安”，奉行“中的哲学”，做了38年山西“土皇帝”，以狡猾和奸诈著称。

受到蒋介石的拉拢，阎锡山中途变卦，战场形势急转直下，冯军于11月中旬迅速失败，败走潼关。至此，第二次蒋冯战争，基本结束。

阎锡山手迹

11月16日，唐生智第5路军攻占登丰，20日攻占洛阳。同日，第2路军攻占老河口、谷城。胡宗南率第1旅先在南线鄂西北作战，后北进至河南密县，与冯军孙良诚部作战。当冯军败走潼关时，乘胜追击至嵩山脚下。

11月下旬，正当第1旅行军途中，胡宗南突然接到命令：迅速南撤。原来唐生智正密谋反蒋！

1927年，唐生智被桂系打败，暂时退隐，依附于蒋介石。1929年，借蒋介石之手又把军队从白崇禧手里夺了回来。后来，唐生智任“讨逆军”第4路军指挥，却暗中与汪精卫的改组派联系。11月22日，蒋介石委托唐生智代理陆海空三军总司令，全权处理河南善后事宜。

期间，唐生智勾结石友三、阎锡山联合反蒋。12月1日，受改组派“护党救国运动”的鼓动，唐生智、宋哲元等70余人在郑州通电反蒋。5日，唐生智自任“护党救国军第4路军”总司令，与石友三勾结，发动反蒋战争。6日，唐生智率部沿平汉路南下，企图攻占两湖。

12月7日，南京政府下令征讨唐生智。8日，蒋介石宣称“负责扫除党国叛逆，决不引退”，9日发《告全体将士书》，“奋斗到底”，10日发《告前方将士书》，“誓灭唐生智”。

12月26日，唐部对蒋军发动猛攻，由于豫南、鄂北天降大雪，雪深没膝，双方在遂平、确山之间连战五昼夜，相持不下。这时，胡宗南奉令率第1旅由武汉北上，援救被唐部围困多日的第9师与第11师。第1旅顶严寒冒风雪，于1930年元旦，辗转来到河南确山杨庄。1月2日凌晨，第1旅第3团率先赶至刘庄，对唐部发起猛攻。随后，第1旅一举击溃唐部门炳岳指挥的骑兵旅，救出第11师。

1月9日，第2路军攻占西平，大败唐部孙殿英、冯华堂军。10日唐部冯华堂、安俊才、公秉藩等宣布投降。13日，唐生智化装逃至天津租界，流亡海外。

蒋唐战争结束，胡宗南第1旅仍回驻武汉。

从1929年3月到1930年1月，胡宗南随着蒋介石的指挥棒南征北战，特别卖力。而1930年也不是消停的一年，风云继续突变，战争风雨更飘摇。

第三节 中原大混战

中原逐鹿

阎锡山的狡猾，蒋介石早有耳闻，也早有防备。1929 年 10 月 28 日，蒋介石调虎离山，任命阎锡山为陆海空三军副司令，声称“在中央有职务者不得再兼省职，国务委员应在京，无事不得离职”。1930 年 1 月 3 日，蒋唐战争已近尾声，阎锡山在郑州指挥作战。蒋介石密令何成浚与韩复榘伺机逮捕阎锡山。何成浚（1882—1961），湖北随州人，是天才的说客和杂牌军的天才领袖。

消息泄露，阎锡山连夜乔装逃回太原。自此，蒋、阎开始决裂。阎锡山知道，蒋介石下一个目标就是他，回到山西，厉兵秣马，准备同蒋决战。一面扩充晋军，总兵力约 20 万；一面与冯玉祥的西北军团、李宗仁和白崇禧的桂系军团、张发奎的粤系军团以及汪精卫的改组派联系，组织、联合各派共同反蒋。形势剑拔弩张。

1930 年 3 月 14 日，冯、阎、李 3 个集团的 57 名将领联名通电，拥戴阎锡山为“陆海空军总司令”，冯玉祥、李宗仁、张学良为副总司令，出兵讨蒋。4 月 1 日，阎、冯、李宣誓就职。

阎锡山说蒋介石“专制独裁，为所欲为”，致使“党不党，政不政，国不国，民不聊生”，“犹复迫我以武力，助其铲除异己”，说自己“应军民之请求”而讨蒋。蒋介石针锋相对。4 月 5 日，南京政府下令免去阎锡山本兼各职，开除党籍，并下令通缉阎。5 月 1 日，南京举行誓师大会，讨伐阎冯。5 月 11 日，蒋介石总攻开始。

规模空前，激烈空前，残酷空前的中原大战终于爆发。阎冯联军兵分三路，蒋介石组建 3 个军团，双方陈兵百万，逐鹿中原，战域范围东起鲁，西至鄂，南达湘，北及冀，在津浦、陇海、平汉三大战线铺开，绵延千里。

战火首先在陇海线战场点燃。蒋军攻势凌厉，加上空军配合，连日激战，阎冯联军中路万选才部、右路孙殿英部两军节节败退，孙部退至亳州，万部退至归德。5月15日，蒋介石赴马牧集督战，命刘峙指挥第2军团围攻归德。这时，阎冯联军的刘茂恩倒戈，并于5月21日诱捕了万选才。万部陷于包围，归德被蒋军攻占。

阎、冯急调西北军精锐孙良诚、吉鸿昌等部增援。孙、吉二人素以骁勇善战著称。5月下旬，双方在豫东展开激战。胡宗南奉命指挥第1旅担任正面进攻，沿陇海线迎击孙良诚部。双方甫一交火，空前惨烈，杀声不断，寸土必争，难解难分。一连数日，双方伤亡惨重。

5月22日，阎冯联军主力进入兰考布防。西北军使用装甲车作战，攻势猛烈，蒋部损失惨重。为了对付装甲车，第1师代师长徐庭瑶下令在“中山号”火车上装上铁钩。徐庭瑶勇猛无比，亲开火车，高速撞向装甲车。“中山号”遭西北军炮火攻击，出轨翻覆，徐庭瑶重伤，胡宗南暂任代师长，李铁军暂任旅长。

平汉方面，冯玉祥调西北军主力抗击蒋军。6月中旬，蒋部第3军团何成浚部在西北军的重压下溃退至漯河，蒋介石切断陇海路与平汉路的计划泡汤。

7月中旬，阎锡山发动曲阜包围战，双方争夺激烈。胡宗南第1师、陈诚第11师等部奉命转战津浦，打击阎军，并协助蒋部第1军团韩复榘反攻济南。7月下旬，第1师从豫东开往津浦，胡宗南率第5团殿后。此时，孙良诚部向蒋军油菜坊阵地发动猛攻。张治中教导第2师等部渐不支，溃退。孙军前锋甚至攻进蒋介石总司令指挥部。就在这危急关头，胡宗南指挥陈焰第5团立即投入战斗。鏖战数小时，击退孙军。

8月初，第2军团刘峙指挥第1师与第11师等部组成中路军，沿津浦路北攻晋军。蒋光鼐、蔡廷锴等部组成右翼军，包抄至晋军侧后，与中路军前后夹击。晋军大败，全线溃逃。第1师协同各部在泰安与晋军援军大战五天五夜，歼敌大半。

为挽回劣势，阎锡山派周玳携大批现款、弹药和面粉到郑州，求冯玉祥支援。冯玉祥的幕僚说："这个阎狐狸，平时不烧香，急来抱佛脚。早点送来这些东西，孙连仲早就打到蚌埠了，津浦线哪里会有今天？"冯玉祥对阎锡山也多有不满，但还是于8月上旬在陇海线发动"八月攻势"，兵分七路杀向徐州。此次，冯玉祥搏命一击，精锐尽出，期望一鼓攻下徐州。

蒋介石急调津浦线各军回援。胡宗南率第1师先行后撤。当时豫东大雨，洪水泛滥，第1师涉水行军，星夜回到豫东参战。

西北军攻势猛烈，一度攻下归德等地。蒋军也毫不示弱，奋起反击，双方激战数日，伤亡人数多达20万。

后来，西北军在滂沱大雨中作战，疲惫不堪，又得不到阎锡山晋军支援，遂停止进攻。不久，即遭蒋介石的五虎上将之一的蒋鼎文部重创，败退，"八月攻势"锐减。中原大战中，蒋鼎文率部积极奔走于陇海、津浦两线以及两线中间地带，行动迅捷，飘忽不定，被称为"飞将军"。

8月15日，蒋军重新占领济南，晋军撤向黄河以北。8月21日，蒋介石在济南下令，不追击晋军，集中兵力到平汉、陇海线作战，对西北军发动总攻。

9月6日，蒋军兵分十八路，直指冯玉祥指挥中枢郑州。第1师奉命深入敌后，从归德迂回插入西南，截断冯军退路，掩护第11师攻入郑州。9月10日，蒋介石到野鸡岗前线指挥作战，打破双方僵持状态，夺回民权县主阵地。

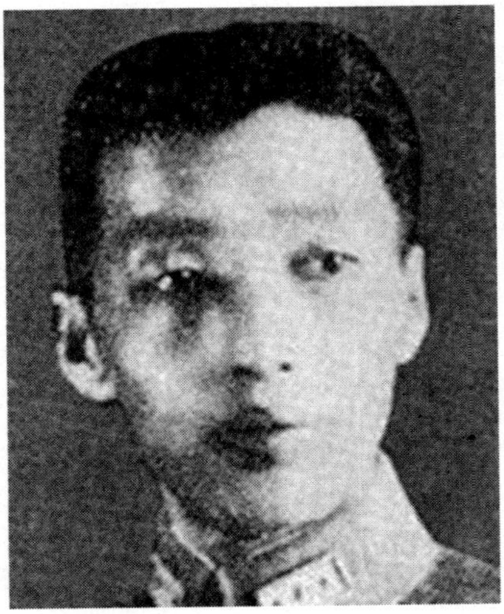
石友三

中原大战后期，由于"八月攻势"失败，津浦线晋军又连遭挫败，蒋军逐渐转为优势。所以，阎冯联军有些将领开始踌躇，战败了怎么办？还回西北？西北是个苦地方，特别是陕西，正闹旱灾，饿殍遍野，谁也不愿意回去，都有意保存实力。而这时，蒋介石又四处收买，有些将领干脆就投降。

冯军军心已经动摇，这时开始全线溃退，各路纷纷投降。败逃河北的石友三，再次显出“倒戈将军”本色，宣布中立。不久，被冯玉祥留下断后的庞炳勋也倒戈投蒋，并率部夜袭西北军张自忠部，为蒋军的长驱直入打开方便之门。

同时，屯兵东北的张学良在9月18日，发出“巧电”，宣布“支持蒋介石，停止内战”。两日后，率东北军数万人进入山海关，抄袭晋军后路。

得到张学良的支持，蒋介石如虎添翼，而对阎、冯来说，无异雪上加霜。11月4日，阎锡山、冯玉祥通电下野。阎锡山出走天津，冯玉祥惨淡经营二十余年的西北军被张学良接管收编为第29军，军长宋哲元。至此，中原大战告一段落。

天下第1师师长

中原大战结束，胡宗南率第1师驻开封，就与戴笠策划成立了一个秘密军事核心组织——“三民主义大侠团”，又名“除奸团”，团员是清一色的黄埔系。“除奸团”顾名思义，负责铲除反蒋奸党，维护蒋的统治地位。

1930年9月，胡宗南擢升为第1师中将师长。第1师是蒋介石嫡系中最重要的一支，无论实力还是声望都远高于其他各部，称为“天下第1师”。

这时，胡宗南大刀阔斧，抓紧整编扩军。第1师下辖两个旅和一个独立旅：李铁军第1旅、黄杰第2旅和丁德隆独立旅。又调整各级军官任命，全面贯彻“黄埔系”路线，全师三旅九团的主官全部是黄埔生，营长、连长也多由黄埔生担任。其他如保定系、日本士官系、讲武堂系等，或被排挤，或被明升暗降。胡宗南在“黄埔系”中的影响力就越来越大了。

为了提高作战能力，培植自己的军事力量，胡宗南举办“第1师军官训练班”，遴选有战功和资质优秀的副排长入班受训。又在各旅成立“军士连”，训练各连班长。还规定升迁制度：排长没打过两次仗的不能升连长，没打过一次胜仗的不能升团长；团长没当满两年的不能升旅长。这对调动军官积极性，鼓舞部队士气作用不小。

作为天下第1师师长，胡宗南越来越注意树立形象：生活俭朴，严于律己，衣食住行都和普通士兵一样；关心士兵，尤其关心伤残士兵，将伤残士兵的资料装订成册，制成档案，年年抚恤。如果伤残官兵的子弟优秀，就由第1师资助上学；他四处求访人才，尤其是军事人才与社会知名学者。赵龙文说："他升任了第1师师长，请宿将林蔚文将军物色一位参谋长，林将军推荐了当时号称儒将的于凭远，……，宗南先生一听，就很喜欢，亲自到凭远家中去劝驾。那时部队在龙潭，师长穿了棉军衣，去接参谋长上任，出和平门，安排了一架铁路上的摇车。霜华满地，朔风凛冽。师长请参谋长坐在当中，他和一位卫士坐在两旁。这时从军政部出来的于将军，穿了黄呢制服，黄呢披风。师长和卫士却一般穿着灰布棉军服。摇车前道风很大，师长和卫士轮流摇着。前面发现火车来了，师长和卫士连忙抬摇车下铁轨。参谋长想参加摇和抬，师长都不答应。……"

正是这些言行举止，不仅使胡宗南在军队中赢得了威信，也在社会上博得了一些美誉。

九一八，一·二八

1930年9月18日，张学良通电拥蒋时，石友三立即通电响应张学良，率部割据豫北和冀南。1931年，张学良将石友三部编为国民革命军第13路军，石友三任总指挥。而石友三贪心不足，图谋夺取整个华北。1931年7月18日，石友三接受汪精卫广州国民政府的任命，在顺德出兵反对张学良。

蒋介石和张学良出兵讨伐，南北夹击。胡宗南奉命率第1师北上，与张学良军会合。7月31日，在蒋张大军的夹攻下，石友三部迅速瓦解，全军覆没。

9月18日，日本驻中国东北的关东军突袭沈阳，发动九一八事变。而蒋介石采取不抵抗政策，事变发生前，曾致电张学良：

"无论日本军队此后如何在东北寻衅，我方应予不抵抗，力避冲突。"此后，由于蒋介石的"不抵抗主义"，东北三省几年内就全被日寇占领。

此时，胡宗南率第1师开驻郑州，做好警戒。

蒋介石夫妇与张学良夫妇在南京合影（1930年11月）

九一八事变后，中国民间反日情绪高涨。日本宣称，不惜采取武力手段保护日侨利益。1931年1月24日，日本海军陆战队向上海派兵。蒋光鼐和蔡廷锴指挥粤军第19路军驻防上海。第19路军主张奋起反抗，打击日军，遭到国民政府的反对。1月28日，日本海军陆战队2300人，突然向闸北的第19路军发起攻击，随后又进攻淞沪路防线。第19路军奋起抵抗。一·二八事变爆发。

淞沪抗战爆发，第1师从郑州开赴沪宁沿线，担任护路任务。第1师先驻守栖霞、龙潭，后东移常州、无锡、江阴。期间，第

1 师奉命赶筑苏南地区的国防公路和防御工事。胡宗南把第 1 师分成几拨，集中力量，轮班施工，日夜不停，一个月，先后修筑了无锡江阴公路、常州溧水公路、常州溧阳公路，以及江阴要塞等几处国防设施。

第四节 复兴社头号“太保”

组建复兴社

1930 年 5 月 6 日，蒋介石擅自与日本签订“关税协定”，胡汉民颇不满。不久，蒋又擅自公布《危害民国紧急治罪法》，胡汉民更不满。1931 年初，蒋介石坚持重新制定《训政约法》，胡汉民认为“总理之建国大纲及第一次全国代表大会之宣言中之对内政纲，较任何约法都完备，无需再作出钦定式之约法”。蒋介石大为恼火，2 月 28 日软禁胡汉民，国民党内部矛盾顿时激化。4 月 30 日，邓泽如、林森等人正式提出“弹劾”案，要求蒋介石“下野”，陈济棠、李宗仁等相继通电响应。5 月 27 日，汪精卫、孙科、邹鲁等在广州成立“中国国民党中央执监委员非常会议”，指责南京“党部为个人势力所劫持，实无存在之价值”，翌日在广州另立“国民政府”。

胡汉民隶书六言联

九一八事变后，南京的大

中学学生纷纷集会、游行示威，要求蒋介石出兵抗日。9月28日，大批学生来到国民党中央党部请愿。11月24日，全国各地5千多学生聚集南京请愿，蒋介石被迫出来接见，并发誓："如三个月内不出兵，砍蒋某之头，以谢国人。"请愿学生不信他的话，第二天在国民政府大门前挂起一口大钟，不时敲打警告。蒋介石被迫"手书"，答应学生抗日。同时，全国各省也纷纷指责蒋介石，要求出兵抗日。蒋介石在内外交迫下，于12月15日宣布下野，辞去政府主席、行政院院长和三军总司令等职。

蒋介石下野前，连续三次秘密召见在南京中央军事机关供职的贺衷寒、邓文仪、康泽、桂永清、萧赞育、周复、滕杰、郑介民、邱开基、戴笠等十几个黄埔系核心人物，要求黄埔生团结起来，成立一个秘密核心组织，控制军队，开展各种政治、军事、宣传、组织与特务活动。

胡宗南早就觉得有重组的必要。胡宗南亲历了这几年国内风云变幻的政治斗争与军事斗争，越来越觉得建立一个强有力的军事核心组织，刻不容缓。他认为，一个强有力的组织，控制一个强大的军事派系，就能在政治舞台上发挥大作用，而作为个人，得到组织的保障，前途也会更光明。另外，也有利于实现他成为黄埔生领袖的野心。所以，当他路过南京，得知蒋介石再次把建立秘密组织提上日程的时候，高兴不已。

一天晚上，曾扩情、贺衷寒等人在南京"浣花菜馆"聚餐，还请了甘国勋、潘佑强、酆悌等人，一起讨论"怎样组织起来"。就在这个时候，胡宗南不请自来了。当时，胡宗南是天下第1师师长，中将军衔，在黄埔系中军衔最高。胡宗南当仁不让，侃侃而谈："同学们要团结，这问题很急切，老是这样谈，时间已经过去很多了，应该赶快推举几个人负责筹备。"众人赞同，胡宗南即举贺衷寒、酆悌、滕杰、周复、康泽五人负责筹备。而另有资料说，是蒋介石指定胡宗南去参加这次讨论会的。这也很有可能。

不管怎样，总之，复兴社就建立起来了。由于复兴社干部都穿蓝衣黄裤，故又称"蓝衣社"。复兴社骨干人员被称为"十三太保”。复兴社“十三太保”的“十三”，只是一个概数，也无法具体指出是哪 13 个人。不过，有人考证说 13 人是胡宗南、戴笠、刘健群、贺衷寒、邓文仪、康泽、桂永清、酆悌、郑介民、曾扩情、梁干乔、肖赞育和滕杰。

头号太保

蒋介石下野，国民党内部各派争权夺利，四分五裂：广州有“国民党中央党部西南执行部”和“西南政务委员会”等机构。陈济棠倡议“西南五省大团结”，何成浚发起“九省联防”，张学良、阎锡山、冯玉祥等筹划“北方六省大联合”……

1932 年 1 月 4 日，南京政权出现危机，请蒋介石回南京的呼声日高。1 月底，蒋介石重返南京，旋被推举为“军委会委员长”兼军事参谋部参谋长。

在复兴社成立后不久，3 月初，又在南京中山东路“励志社”召开“三民主义力行社”成立大会，蒋介石到会主持。力行社是复兴社的核心组织。两个组织，一套班底。总部设在南京。领导体制是，总社下设干事会，干事会下设五处，戴笠任特务处处长。胡宗南是 12 干事之一。复兴社本来不允许带兵军官参加，尤其是师长以上的，非经特许，不能参加。只有胡宗南、黄杰、桂永清等少数人是例外。

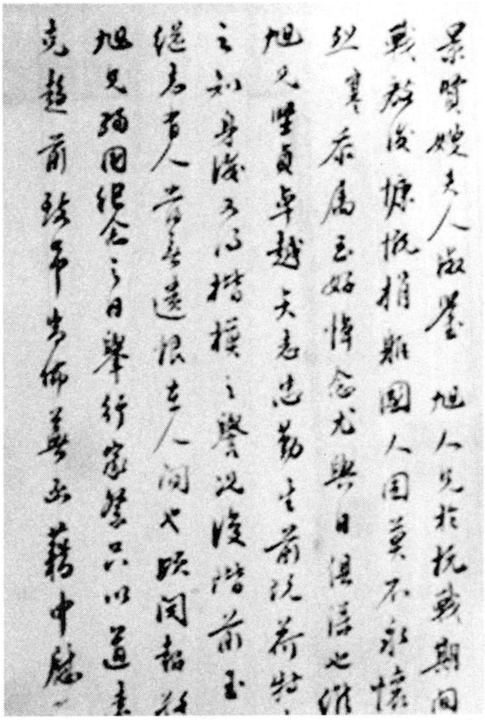

贺衷寒的楷书手迹

由于胡宗南戎马倥偬，南征北讨，所以，不可能时常参加复兴社或力行社的活动。但是，虽然“胡宗南在复兴社组织中没有负实际责任，并且从不轻易与人谈到或提及复兴社这个名称，好像他是并不热衷于任何政治活动似的。其实，他正是一个有极大政治野心、极热衷于政治活动的人……在屡次深谈中，我才发觉他有意图取中原作为基地，并有意于谋取统制复兴社整个组织，他的野心是正不下于蒋介石的。……他的实力日增，声望日隆，成为黄埔军人中无人可与比肩的第一位红人，他也俨然以黄埔系的天字第一号人物自居。同时，因为蒋介石特别把他提名为复兴社领导骨干之一，大家以为蒋必有其特殊用意所在，所以都对他特别表示尊重，凡有大事，无不征求他的意见……他便也俨然以复兴社组织的幕后人自居。黄埔学生一般都自命为蒋介石的嫡子，而胡宗南则更以'太子'自许……他在复兴社这个组织中，是一个核心中的核心，是一个发纵指使的幕后人物，实际上成为所有那些'太保'中的第一号'太保'。"可见，复兴社在胡宗南心目中占有很重要的地位。

第四章
进军大西北

第一节“尾追”红军

参与第四次“围剿”

蒋介石二度复出之时，淞沪抗战炮火尚未停熄。全国抗日呼声日高，蒋介石被迫下令援军上海，与日寇作战。1932 年 2 月 16 日，黄埔名将、“和平将军”张治中指挥第 5 军进击上海。不久，蒋介石又调陈诚第 18 军进军浙江，在江湾抗击日寇。3 月 2 日，日军在太仓浏河登陆，腹背受敌，全线后撤，翌日，宣布停战。5 月 5 日，中日签订《淞沪停战协定》。第一次淞沪抗战结束。

自从 1927 年第一次国共合作破裂之后，中共就在全国各地发动武装暴动，组建红军，发展根据地，建立苏维埃政权，其中影响较大的有赣南、闽西的中央苏区，大别山的鄂豫皖苏区等。鄂豫皖苏区的红 4 方面军地处鄂、皖、豫三省交界处，正是中国的心脏腹地。蒋介石曾在国防部作战会议上指出，共军占据大别山，“东可威胁京畿，西可威胁武汉，南可阻碍长江运输，在战略上对于政府是一个很大的顾虑”，所以，这几年连续发动三次军事“围剿”，均告失败。

淞沪抗战一结束，蒋介石就发动了对中共鄂豫皖根据地与红 4 方面军的第四次“围剿”。蒋亲任“鄂豫皖三省剿匪总司令”，指挥 30 万“剿匪”大军开向鄂豫皖地区。

第四次反“围剿”时，红 4 方面军总指挥为徐向前，参谋长为陈赓，主力有 2 个方面军 6 个师，总兵力 4.5 万人，控制面积约 4 万平方公里。

徐、陈二人也是黄埔一期生，蒋介石的门生。只是，胡宗南选择了“右”，徐、陈选择了“左”。徐向前（1901—1990），山西五台人，军事才能杰出：“运筹帷幄，指挥有方，智勇兼备，果断灵活，善于以弱敌强，以少胜多，运动歼敌。”刘伯承称：“我军有两个人最会打仗，一个是徐（向前）总指挥，一个是粟（裕）司令。”

陈赓（1903—1961），湖南湘乡人，人称“幽默将军”。当年华阳一役，蒋介石大败，陈赓力谏蒋介石突围，背着蒋介石夜行 80 公里，冲出敌人封锁。蒋介石退居台湾后曾感叹：“陈赓是个害群之马，五个胡宗南也不抵一个陈赓啊！”然而，陈赓为什么不跟蒋介石走呢？蒋介石作为一代枭雄，人民在他心里的分量并不重。而陈赓曾说：“天下人饥，我以个人温饱为耻。”但是蒋介石爱才，很想收罗陈赓。有一次，陈赓被抓，蒋介石亲自探望，一再说：“只要陈赓跟着我就行了，我不要什么共党的情报。”

陈　赓

1932 年 5 月中旬，第 1 师进驻安庆，进入战备状态，一个月后，启程经桐城、舒城向六安、霍山进攻。半月后，攻占六安、霍山，双方进入对峙状态。

胡宗南认为：“以军队剿‘匪’，军队去则‘匪’又来。若组织民众使抗‘匪’，则可省军队之力，使民众安居，知有生之乐，自不愿从‘匪’，‘匪’乃无所施其技，而‘匪’患潜消矣，此为根本要图。”所以，在对峙期间，胡宗南在收复区内安抚流民，发放救济粮食，办诊所、夜校，组织修筑道路与村落，发放救济基金，务求百姓安居乐业。自古得民心者得天下。胡宗南的这些举措体现了他的“以民为本”思想，他是想赢得根据地的民心，从根本上消灭红军。

胡宗南很有政治眼光。自从1927年蒋介石“反共清党”以来，胡宗南就一直思考中国的农民问题。他认为农民问题是关键，要解决不好，中国的命运就好不了。但是，农民问题的关键是什么？怎么解决农民问题？他思考过，也试着实施过，但都失败了。历史证明，解决农民问题的关键是土地问题，然而胡宗南和南京政府都不怎么重视。

1932年6月12日，蒋介石召开庐山军事会议，确定第四次“围剿”是逐次转移，各个击破，即先集中兵力进攻鄂豫皖、湘鄂西两根据地，然后转入“围剿”阶段，转移兵力进攻闽赣中央根据地。蒋介石在武汉设立总司令部，兵分三路杀向鄂豫皖与湘鄂西。三路大军共计24个师零6个旅，另外还有4个航空队。

河口镇功亏一篑

蒋介石以中路军“围剿”鄂豫皖主力，右路军助攻。战术与前几次“围剿”颇有不同，采用“纵深配备，并列推进，步步为营，边进边剿”新战术，一面进攻，一面巩固，稳扎稳打，避免被红军抓住弱点，此进彼退，各个击破。第1师编属于右路军，进驻皖西。

1932年7月，第四次“围剿”全面打响。由于蒋介石采用新战术，红军节节败退，从8月中旬到9月中旬，丢失红安、新集等要地。红军主力被迫东移皖西，又掉头南下，接着西进。10月初，重返红安，10月8日进抵河口镇以东，直逼武汉。

当时，驻守河口镇的只有湖北地方保安队1个团，战斗力薄弱，情况危急。蒋介石急调第1师、第13师等部星夜驰援，堵截红军西进。第1师接到增援令，立即前往河口。第1师第2旅罗

红军长征途中穿过的棉背心

历戎团最先赶到前线，此时红军尚未赶到。罗团立即部署阵地，准备阻击西来的红军。

10月8日，双方展开激战，战斗持续了一天多。这时，第1旅的廖昂团赶到，投入战斗。不久，胡宗南也匆匆赶到，指挥两团作战。同时，第13师、第88师某旅等部先后赶到，配合第1师阻击红军。

交战双方都是精锐主力部队，互不相让，战斗异常激烈。第1师的一个团和第88师的一个旅全被击溃，伤亡3000余人。胡宗南指挥第1师，坚不后退。红军伤亡也很大，红25军军长蔡申熙、红11师政委甘济时阵亡。红军被迫向黄柴畈转移。

10月10日，尾追红军的陈继承纵队前锋第2师追上，与各部前后夹击红军。不久，陈继承纵队主力赶到，配合第13师，分别从南面与东面进攻红军；马鸿逵纵队也南下支援；第1师与第88师一部从河口镇向北推进。

红4方面军主力渐被包围，四面临敌，岌岌可危。然而，正当“围剿”大功告成之际，红4方面军于10月11日夜，大规模突围而出，转向鄂西北。“围剿”功亏一篑。

大战鬼门关

红4方面军主力突围而去，于是，蒋介石重新部署“追剿”：令卫立煌部跟踪追击，刘茂恩第65师和冯鹏翥第67师依托沙河围追堵截，肖之楚第44师在南面沿京山至宜城的公路与胡宗南第1师在北面沿花园至襄阳的公路平行追击，企图四面合围，将红军主力围歼于襄阳、枣阳、宜城一带。

第1师沿花襄公路西进，不久，配合其他各部，在新集对红4方面军形成追堵合围之势。红4方面军再次突围西去，转向豫陕。蒋介石“追剿”大军穷追不舍。

1932年11月初，第1师长途跋涉，到达鄂豫陕交界地区，配合各部再次对红4方面军形成三面合围之势。红4方面军被迫撤向漫川关以东康家坪、任岭地区。

红4方面军进至漫川关以东，得知杨虎城已在漫川关布下重兵，堵住了红4方面军的进路；胡宗南第1师两个旅在南任岭、雷音寺地区，已经和红4方面军第12师展开了激战。

当时，第1师前锋袁朴旅李用章团来到一个交叉路口，顺利通过，并未发现红军；但是，袁朴指挥第2旅与罗历戎第4团，再次经过交叉路口时，却与红军遭遇。因为前锋团刚刚顺利通过，所以，袁朴以为是杨虎城的陕军，遂下令吹号联络，哪知遭到红军突然袭击。袁朴部猝不及防，四散奔逃。罗历戎赶到，拼命抵抗。胡宗南急调部队增援。双方在山顶鏖战多时，拼刺刀，拼手榴弹，伤亡惨重。红军渐渐抵挡不住，被迫后撤。

同时，蒋军第44师攻占了漫川关东北的张家庄至马家湾一线，继续“追剿”；第65师、第51师“追剿”到漫川关以东大沟口、当山一带；第42师经漫川关北的石窑子，大举南下“追剿”。几路“追剿”大军将红4方面军四面合围在漫川关以东的康家坪、任岭之间，只有十几里悬崖峭壁的峡谷中。眼看红军即遭灭顶之灾，胡宗南得意地说：“我们现在稳操胜券，漫川关，就是敌人的坟墓！”

的确，漫川关差一点就成了红4方面军的坟墓。漫川关崇山峻岭，悬崖峭壁，峡窄沟深，坡陡路险。当地百姓说：“进了漫川关，恰似鬼门关，风吹石头响，仰脸不见天。”

徐向前立即召开军事会议，研究作战方针。此时，经过一场场恶战，转战至今，红4方面军损兵折将1万多人，如果再硬拼下去，就会彻底垮掉，可是，如今陷入四面楚歌的危险境地，不硬拼，难道要坐以待毙？军委主席张国焘说：“红四方面军应该化整为零，分散游击，这样可以减少伤亡，保存实力。”徐向前坚决反对：“我们好比一大块肉，敌人一口吞不下去；如果分散，切成

徐向前

小块，正好被人家一口一口吃掉。所以，无论如何不能分散游击，要想尽办法突围。”

11月13日，红4方面军集中优势兵力，向北面蒋军第44师两个旅，发动猛攻。

这又是一场惨烈异常的恶战，硝烟滚滚，子弹横飞。红4方面军置之死地而后生，最终攻夺北山垭口，打开一条通路，突围而出。据参加突围的老红军罗应怀回忆：“漫川关战斗，是关系到红四方面军生死存亡的一仗。当时，我军处境之险恶，战斗之激烈、残酷，是前所罕见的。枪子和弹片把无名高地上的松树枝叶削得光秃秃的，只剩下一根根半截子树桩。我们营上去的五六百人，战斗结束时，只剩下八十多人。我打的旗，被弹片撕成一条条碎片，连旗杆也被子弹打穿了好多孔。二营撤离阵地时，发现有两个班的十几名同志由于长时间趴卧在冰天雪地里，竟被严寒夺取了生命……我们以一个团的兵力，硬是顶住了敌人44师两个旅的进攻，消灭了敌人大批有生力量，掩护了全军的胜利转移。这种顽强的战斗作风和勇敢精神，在全军传为佳话。直到事隔五十年后的今天，徐帅同我们回忆起当年的战斗情景，还无限感慨地说：漫川关突围，真是危险啊，多亏了34团在山垭口顶住了。”

红军再次突围而出，胡宗南大为惊诧。在这几个月的“追剿”过程中，红军几次在他眼皮底下突围而出，让他见识了红军坚韧顽强的作风，他日后遇上红军始终谨小慎微，不敢小觑。

进驻甘肃

红军以第11师、第12师为左纵队，第10、第73师为右纵队，分别经库峪、汤峪越过秦岭，于11月23日挺进关中平原。第1

师尾追，与各部先后追进关中。

1932 年 11 月底，第 1 师两个旅在炉丹村将红 4 方面军后梯队截下，配合南进和西进的各部形成三面包围之势。红 4 方面军前梯队迅速回转，与后梯队配合，发起猛烈反击。双方展开激战。最终红军转危为安，杀出重围，但是伤亡很大，第 10 师代师长曹光南阵亡。胡宗南第 1 师也伤亡数百人，第 2 团团长李庞阵亡；杨虎城的一个警备旅被全歼。

11 月 29 日，红 4 方面军翻越秦岭，经汉中盆地，于 12 月 9 日到达秦岭南麓城固县小河口。红 4 方面军决定停止西进，建立川陕根据地。12 月 10 日夜渡汉水，挺进川北。12 月 18 日，抵达通江县，建立了川陕边界革命政权赤北乡苏维埃政府。

第 1 师继续跟踪尾追到汉中，前锋第 1 旅和独立旅已追到川北大巴山中，与红军对峙。当时，四川军阀刘湘手下的田颂尧、邓锡侯等部借口阻止蒋军入川，并纷纷电告南京：自愿派兵“剿匪”。刘湘(1888—1938)，骁勇善战，外号“巴壁虎”，人称“刘莽子”。在四川内战中，逐步征服群雄，统一四川。为人严谨，手腕老辣，城府颇深，与蒋介石虚与委蛇，若即若离，堪称四川的一代枭雄。在他主政期间，四川始终是半独立状态，可称“国中之国”，南京从外省调一兵一卒入川都要经过他的首肯。

刘　湘

时任汉口行营主任的何成浚，也认为第 1 师久追力疲，不如在原地驻扎休整。于是，第 1 师就地驻扎，在川陕边境部署防务，防堵红 4 方面军北返。

当时，蒋介石接到四川自愿“进剿”的电报，立马与首席智囊杨永泰商议。杨永泰老谋深算：“让他们‘进剿’也好。胜了，咱们的心腹之患就消除了；败了，那个刘莽子就再也没有借口阻止我军入川了。胡宗南在大巴山北麓早就等得不耐烦了。”蒋介石未置可否。第 1 师一直在汉中驻军两个月，四川和南京方面都没有大动静。

1933 年 2 月，胡宗南接到蒋介石电报，要他率第 1 师开往甘肃，与原驻陕军第 17 师换防。当时杨虎城的孙蔚如第 17 师驻扎陇南天水，孙蔚如手下一个旅魏象贤部驻兰州。孙蔚如觊觎甘肃省主席职位，于是嗾使魏象贤在兰州寻衅闹事，驱逐甘省主席邵力子，兰州秩序大乱。1933 年 1 月，邵力子逃回南京。为了控制甘肃形势，蒋介石一面命朱绍良接任甘省主席，一面令第 1 师进驻甘肃，与第 17 师换防。2 月 17 日，第 1 师由汉中出发,3 月 3 日，进驻天水。

这场驱逐风波的背后，其实暗藏玄机。杨虎城一直想实现进军陕西、经略西北、联合苏联、南北团结的大西北主义理想。后来，他看到要实现这个理想，必须依靠蒋介石，只有蒋介石有力量消灭各地军阀。但他一直蠢蠢欲动。这次风波可以说是他一手策动的。另外，他手下的陕军与中央军的关系也比较紧张。

早在驻扎汉中时，第 1 师就与陕军赵寿山部发生矛盾。胡宗南一向轻视地方军阀，曾密令部下不得与赵寿山部来往。后来又因逃兵问题，矛盾不断加深。这段时期发生的一件事，最能说明双方关系紧张。有一天，南京派飞机为第 1 师空投生活物资，结果，大约有 2 万元钞票被赵寿山部抢走。胡宗南为此多次与赵寿山交涉，最后还有 8 千元没有下落，而赵寿山耍了一个花招，从监狱里提出一个死囚，冒称是指挥手下抢走钞票的营长，枪毙了事。

第二节 进驻大西北

“塞北小江南”

第 1 师进驻大西北，师部设在天水城。天水素有西北“小江南”之称。

第1师从汉中开往天水途中，路过汉代故地紫柏山时，胡宗南瞻仰故地，有感而发：“张子房，诸葛孔明皆第一流政治家，而能尽其心力辅助刘邦、刘备第二流政治家，戡平祸乱，中兴民族，人民蒙其福利，……吾人必须以全力拥护领袖，完成国民革命，或可免于未来之祸患。今过紫柏山下，缅怀张子房、诸葛孔明之功业，彪炳史册，而其高风亮节，一片真诚，为国为民之心尤为吾人所当效法。”从中可以看出胡宗南的雄心与抱负。胡宗南胸藏雄兵百万，自从军以来，一直有经营西北的雄心。

第1师驻军天水，一待就是两年。胡宗南坐镇陇南，着力经营大西北。

为了长期驻军西北，胡宗南着手研究西北的军事地理，重点加强第1师高原山地的作战训练，并改进武器装备。又研究各地的世情民生、风土人情，乃至少数民族的风俗习惯，务使第1师更好地适应当地生活。

为了提高军队的作战能力，提高军官的素养，胡宗南在天水成立“中央军校西北军官训练班”，选拔有战功的士官和优秀青年学生，实施为期半年的“养成教育”。训练班秉承“黄埔精神”，共办四期，共“养成”初级军官一千多名。

当时，第1师下辖3旅9团，不但兵力充足，而且装备先进，可称得上“甲种师”，但胡宗南一有机会就扩充。进驻天水不久，胡宗南就在郑州成立了一个补充团，又在天水成立了两个新兵团。1934年，应甘省主席朱绍良之请，胡宗南增兵驻防兰州，乘机将那一个补充团和两个新兵团合编成一个新旅——西北补充旅，旅长廖昂。此时，第

马步芳

1师下辖4旅12团，再加上1个骑兵团以及其他兵力，约有3万人。

第1师驻防陇南的主要任务是防堵红4方面军西进北上，同时警戒西北地方军阀，但一有打仗机会，胡宗南也不放过。1933年秋，为了防止孙殿英与冯玉祥联合，蒋介石调虎离山，任命孙殿英为“青海西区屯垦督办”。1934年初，孙殿英率军经宁夏赴青海就任。这时，蒋介石耍起了“令仇人杀蟒”花招，电令“三马”马鸿逵、马鸿宾、马步芳中途堵截。这时，胡宗南奉命配合“三马”征讨孙殿英，率领第4团和第5团一部，进军中卫。一两个月之后，战事平息。

除了军事，胡宗南也很关心政治，积极插手地方民政，拉拢民心。当时，西北在军阀的蹂躏下，经济凋敝，治安紊乱，官匪横行，百姓谈兵色变。胡宗南整顿军纪，使陇南百姓耳目一新。大街小巷上遍贴标语：“第1师不拉夫！不征粮！不派饷！现钱买卖！公平交易！”……全师所需粮秣杂物，均用现金向百姓购买。严令官兵一律在外露营，不许踏入民房一步。此外，令官兵打扫街道、修桥补路等。驻军两年，军民相处融洽。

胡宗南大力发展西北交通，兴修水利，整修古迹，“先由第1师官兵配合当地民工，修筑自天水通往陕西陇县的公路，由陇县转西安再通往东南各省，打开陇南各地对外交通门户，商旅称便，促进地方繁荣，风气民智为之大开。接着在一年之内辟建两个飞机场，一在东乡花牛寨，规模较大，……另一机场在县城东门外，系由第1师官兵胼手胝足所修筑，胡宗南将军每日亲临工地荷锸畚土，与士卒同甘苦，工程进展神速，历时仅二月即落成，……带给地方更多文明进步与繁荣。”

那一时期，鸦片泛滥西北，烟民遍布。胡宗南深恶痛绝，下令各驻地实施查禁：对百姓广事劝禁，有种罂粟的，责令改种五谷；有贩运鸦片的，一律驱逐出境；并派人到吸毒者家中遍搜烟具，销毁。1934年，南京政府倡导“新生活运动”。于是，胡宗南秉承上级指示，大力在天水倡导健康向上的文艺活动。

时间一晃就是两年。经过努力经营，胡宗南在天水的军政影响力越来越大，甚至超过了省主席朱绍良。因而天水已经代替兰州，成为甘肃乃至大西北的军政中心。

这也是胡宗南的过人之处。除了和其他黄埔将领一样关心军事，他还热衷政治。更重要的是，他心底还燃烧着一团火，他渴望在大西北建功立业！

川陕会剿

1932 年底，川军阻止第 1 师入川“追剿”，同时电告南京，请缨“剿匪”，最终，狡猾的蒋介石“沉思”之后，同意川军入山“追剿”，意欲借川军之手除掉红军。然而，红 4 方面军自 1932 年底被迫转入大巴山后，连续击退川军与陕军的多次“追剿”，建立川陕根据地，迅速壮大。

1933 年 8 月到 10 月，为了进一步扩大根据地，红 4 方面军先发制人，向仪南、营渠、宣达三地发起猛攻，歼灭川军 2 万人，并组建了一支新部队——红 29 军第 26 师，川东游击军改编为红 4 方面军第 33 军。此时，红 4 方面军已发展到 5 个军约 8 万人。

11 月，刘湘调集 20 万川军，“六路围攻”川陕根据地。红 4 方面军“收紧阵地”，先后击溃川军的 4 次总攻，于 1934 年 9 月彻底击垮川军。将近一年的大举“剿匪”，川军惨败，全川为之震惊。1934 年底，蒋介石为挽回川军败势，部署“川陕会剿”，调遣几路中央军入川。

时隔两年，第 1 师终于“名正言顺”地入了川。但想起两年前第 1 师被阻一幕，胡宗南仍然愤愤难平：“第 1 师要早入四川，共匪就不会发展到今天这步田地！”胡宗南显然有点瞧不起川军这种地方杂牌军，但他说这话有底气。第 1 师是中央军的精锐部队，实力数一数二，近两年又在大西北高原山地训练作战，养精蓄锐，实力大大提升。

养兵千日，用兵一时。第 1 师奉命火速接替川军邓锡侯部在广元、昭化的防务，防堵红军北上。1935 年 1 月初，丁德隆独立旅开往广元、昭化，第 1 师主力仍留在天水。1 月 18 日，独立旅在广元、昭化与川军交接防务。丁德隆命独立旅旅部与第 1、第 3

两团驻守广元，第 2 团驻守昭化。

这时，红军大部队正向广元、昭化步步逼近，形势紧张起来。于是，胡宗南又抽调第 1 旅李正先第 1 团与补充旅罗克传第 1 团和两个游击队前往增援，归丁德隆统一指挥。丁德隆命第 1 旅第 1 团防守广元城以西的制高点乌龙堡，乌龙堡与广元城隔嘉陵江相望，江上有座浮桥。第 1 团又调一个营防守三磊坝据点。补充旅第 1 团防守羊模坝。两个游击队在川陕边界的得胜关、转斗铺等地往来活动。另外，调派第 2 旅李用章第 6 团进驻广元以北的阳平关，与广元、昭化遥相呼应。

红 4 方面军大败川军以后休整了三个多月，于 1934 年 11 月中旬，在巴中县清江渡召开军事会议，讨论并通过了徐向前的“依托老区，收缩战线，发展新区”的“川陕甘作战计划”，重点夺取甘南的碧口和文县、武都、成县、康县等地，并伺机向岷州、天水一带发展，消灭胡宗南第 1 师，并在甘南建立新的根据地。1935 年 1 月中旬，为了贯彻清江渡会议精神，红 4 方面军决定迅速发起广昭战役，乘胡宗南的丁德隆部立足未稳，一举拿下广元、昭化。广元、昭化是川北的咽喉要地，拿下广、昭，有利于日后向文、武、成、康等地发展，进而粉碎蒋介石的“川陕会剿”计划。1 月 22 日，红 4 方面军发动广昭战役。

广昭战役

红军这次是专门针对胡宗南而来！此时，独立旅等部进驻广元、昭化才两三日，部署刚定，工事尚未完备，粮草还在筹集。再加上胡宗南有点轻敌，把主力留在天水，只调派部分兵力防守广元、昭化，而且驻地分散几处，势单力薄，处处不利，第 1 师入川部队立马陷入险境。

1935 年 1 月 22 日晚，红 4 方面军红 9 军、红 30 军的 9 个主力团，架浮桥渡过嘉陵江。23 日下午，包围了驻守羊模坝的胡部补充旅第 1 团。团长罗克传指挥两营新兵，凭借地形和装备，实行重点防御，组成强大火力网，抵挡进攻。同时，红 31 军向驻守得胜关、转斗铺的两个游击队发起猛攻，最终两个游击队大部分被歼。24 日中午，罗克传团的重点工事逐渐被夺，最终，补充旅第 1 团大部被歼，罗克传率残部撤向乌龙堡。

1 月 25 日，红军重点进攻广元、昭化两城。红 93 师围攻驻防昭化的胡部独立旅甘竟生第 2 团；红军主力第 4 军、第 31 军围攻丁德隆驻防的广元城。广元城的战斗非常激烈。为了防止红军夜袭，丁德隆下令每个据点，每到夜间就在据点四周点起火把照明，通宵不息。红军一时束手无策，于是又把矛头对准了乌龙堡。

乌龙堡地势险峻，由胡宗南第 1 师第 1 旅第 1 团防守。第 1 团号称“天下第 1 团”，是精锐中的精锐，团长李正先率部死命抗击红军。

1 月 29 日，乌龙堡外围部分阵地被夺，可第 1 团还是死守乌龙堡。同时，丁德隆派兵增援。战斗进入白热化，短兵相接。双方徒手肉搏，杀声不断，血肉横飞。乌龙堡岌岌可危，眼看就要不保，丁德隆恐怕城门失火，祸及池鱼，下令拆除嘉陵江上的浮桥，以保住广元城。最后，胡部第 1 团孤军奋战，个个如同“拼命三郎”，艰难夺回了失去的阵地。

一连几天进攻都无大进展，红军决定停止攻击，屯兵城下，等待时机。

广元、昭化被围数日，胡宗南坐镇天水，却不增援一兵一卒。其实，他早就算计好了：红军无重武器攻城，胡部只要固守，广元、昭化就坚不可摧，稳如泰山，况且红军远道来攻，唯有速战速决，拖得越久，对红军就越不利。红军若坚持攻城，攻久力疲，那时候，胡部配合川军里应外合，就可以一举将红军聚歼于城下；红军若主动撤退，广元、昭化之围，不救自解。要是现在增援，援军很可能在路上被伏击，或许就会正中红军的圈套。

胡宗南这么算计，而红军也清楚自己的处境：屯兵坚城之下，久攻不克，再这么僵持下去，局势将非常不利，于是改变作战计划，暂时放过胡宗南部，于 1 月 30 日撤围而去，西渡嘉陵江，配合中央红军北上入川。

这次战斗历时 8 天，双方互有胜负。胡部据守两城顽强抵抗，最终守住城池，并给红军的“川陕甘作战计划”造成很大的不利影响。

第三节　草地恶战

土门战役

红4方面军从广昭撤围后，于1935年2月突袭陕南，攻占宁强、沔县、阳平关等重镇。蒋介石急调3个师、1个旅和5个团前去增援。红军虚晃一枪，牵制了敌人，于2月中旬迅速回师川北，准备从嘉陵江中段渡江西进，与长征到达黔滇地区的中央红军会师北上。

1934年秋，红军开始战略转移。为了彻底“剿灭”共产党，研究红军北上的意图，蒋介石在广东召开军事会议，胡宗南发言：“共党为什么要放弃在江西多年的根据地而到处流窜呢？因为共党没有苏联的援助，连根据地也保不住！他们只有转移到新疆或者外蒙附近，才能取得苏联的物质援助，进出甘、青、新一带，打通国际交通线，伺机反扑。如果让共党达到这个目的，那就不好对付了！”

杨虎城

此时，红军会师北上，蒋介石认为红军正是要达到这个目的。为了防堵红军北上，“围歼”红军于川西，蒋介石决定以刘湘为四川“剿共”军总司令，兵分三路，围追堵截红军。第3路军包括胡宗南、杨虎城、邓宝珊、毛炳文等中央军以及马鸿逵、马步芳等回军。

胡宗南作为第3路军第2纵队司令，除了第1师，还指挥伍诚仁第49师、陈沛第60师、杨步飞第61师、王耀武中央第1补充旅、钟松第2师独立旅等27团，共计七八万人。第2纵队奉命进驻川西北阻击红军西进或北进。

1935年3月23日，第1师从天水开拔，廖昂率补充旅旅部和第2、第3团从兰州出发，第2纵队其他各部也陆续出发，向陇南碧口、文县集合。

3月28日夜，红4方面军成功强渡嘉陵江，一连几天攻占阆中、南部、剑阁、剑门关、昭化、平武等地，迅速控制了嘉陵江西岸地区。4月10日攻占青川，并在青川城北摩天岭布防，企图凭借天险阻挡胡部第2纵队从陇南南下。摩天岭地势非常险峻，是阴平古道最险要处。

4月中旬，胡宗南令补充旅第1团留守碧口，接应第60师与中央补充第1旅，其他各部从碧口大举南下。第2纵队兵分两路：左纵队为李文第2旅、丁德隆独立旅、廖昂补充旅，担任全军主力，向青川进击；右纵队李铁军第1旅掩护全军向平武方向进击。

李文第2旅率先来到摩天岭，一番激战，突破红军防线，攻占青川，又配合右纵队攻占了平武。于是，从碧口到青川、平武一路打通，第2纵队各部先后开入川西北，在青川、平武一线集结，与红军隔涪江对峙，企图配合薛岳第2路军南北夹击红军。

红军主力集中在涪江南岸休整待发。红4方面军在江油召开军事会议，为了防止被“剿匪”军东西堵截，南北夹击，打破合围，决定放弃“川陕甘计划”，先占领北川、茂县、理县、松潘，背靠西康，作为立脚点。徐向前深感遗憾：“川陕甘计划未能实现，非常失策，是关系整个革命命运的问题。如果当时实现了这个计划，我军将能得到更大补充，中央红军北上就有了立脚点，形势会不一样的。”

于是，红军主力转而向北川、茂县一带进发。

涪江支流湔江，自西北向东南穿越北川全境，形成有几十里长的北川河谷，河谷南面，矗立着蜿蜒绵亘约百里的高山，号称川西平原和成都坝子的“北边城墙”。

北川河谷是红军西进的唯一通道，红军决定发起土门战役。土门地处北川河谷中段，战略地位最险要。红军决定明修栈道，暗度陈仓，第一步南攻伏泉山、千佛山一带，控制北川河谷，迷惑对手，造成攻打成都的假象，牵制川军主力，使中央红军顺利北上；第二步，迅速突破土门，主力乘胜西进。

4 月底，红 88 师夜袭伏泉山，成功。5 月 6 日至 12 日，红军与川军在大垭口、千佛山等地激战，川军溃败。14 日，红军攻占土门、千沟，15 日，进占茂县。

15 日，蒋介石电令刘湘 5 月 17 日发动总攻，重新占领伏泉山、千佛山等阵地，封锁土门，阻止红 4 方面军主力向岷江西进。18 日，川军发起进攻，被击退。

5 月底 6 月初，土门战役已近尾声，红 4 方面军主力西渡岷江向西进发，先头部队正逼近松潘、镇江关一线。松潘是历史上有名的边陲重镇，称为“川西门户”，战略地位极为重要，扼岷岭，控江源，左邻河陇，右达康藏。

松潘位于平武西北，抢占松潘进而堵截红军从松潘北上的任务就落在了胡宗南头上。胡宗南令独立 32 旅等部防守青川、平武，钟松第 2 师独立旅在平武打掩护，其他各部连夜急行军，向松潘进发。胡宗南严令前锋李文第 2 旅，不惜一切代价，抢在红军之前占领松潘。

毛儿盖争夺战

第 2 旅昼夜兼程，长途跋涉，爬过 5000 多米高的岷山最高峰雪宝顶，终于在 6 月上旬抢先一步到达松潘，并在松潘内外各个制高点与重要阵地构筑工事，安排火力。

红 4 方面军前锋刚抵达松潘，就和胡部第 2 旅在松潘城南展开激战。第 2 旅凭借地形，以强大的火力固守，红军不敌，败退。不久，胡部陆续赶到，红军只好退守镇江关一线。

关于红军迟到一步的原因，徐向前说：“由茂、理到松潘，山高林深路险。又因地震关系，山石不断塌方，极难通行。部队一边排除塌方，一边行进，每天只能通过一个团。三十一军有个班，行进途中遇上塌方，全部牺牲。我军刚到川西北时，计划占领松潘，但因行进困难，才被胡宗南部抢先一步控扼，打了一下，攻不动，退到镇江关一带。这次调兵上去，准备再打松潘，是硬着头皮干的。”

藏族同胞送给红军战士的银碗

胡宗南对红军的“硬着头皮干”早有准备。红军要想夺路北上陇南，必得攻下松潘。然而，松潘城小而坚固，易守难攻。他一面指挥各部以松潘城为中心，建立从平武到松潘一线的坚固防线，一面积极与当地藏族土司联络协防。

胡宗南以第1师师部兼第2纵队指挥部镇守松潘城；廖昂补充旅主力配合第2师钟松独立旅镇守松潘城内外各个制高点和重要阵地；李文第2旅控制松潘以南的镇江关、松平沟、先姬山一带，镇守岷江大道；丁德隆独立旅镇守岷江以西；李铁军第1旅镇守岷江以东；作为全军总预备队的伍诚仁第49师，守松潘城北机场。

松潘城三面环山，西面是若尔盖大草原，这里“草甸之下积水淤黑，泥泞不堪，浅处齐膝，深处没顶。远远望去，似一片灰绿色海洋，不见山丘，不见树木，鸟兽绝迹，人烟荒芜，没有村寨，没有道路，东西南北，茫茫无垠。人和骡马在草地上行走，须脚踏草丛根部。沿草甸前进，若不慎陷入泥潭，无人相救，会愈陷愈深，乃至被灭顶吞没。……雨雪风雹来去无常，晴空迷雾变幻莫测。”当地土司也说：“上、下包座以北，尽是荒无人烟的沼泽草地，就是鸟儿也飞不过去。”然而，红军硬是飞过了这片“鸟儿也飞不过去”的汪洋沼泽，上演了长征神话。

上、下包座位于松潘西北约100公里，是甘肃通往松潘的松甘古驿道的咽喉要地，也是胡宗南部最重要的粮食供给地。胡宗南派廖昂补充旅康庄第1团约2400人驻守这里。

胡宗南布下防线后不久，就遭到了红军的猛袭。毛儿盖首当其冲。

原来，就在胡宗南抢占松潘，紧急布防的时候，红4方面军主力和从贵、滇北上的红1方面军在川西成功会师，并决定集中兵力消灭胡宗南部，进入陇南，然后北进，建立川陕甘根据地。但是，由于平武地势险要，三面环水，一面环山，攻击不便，所以，红军决定攻击松潘。

6月29日，红军制订了快、狠、稳、准的“松潘战役计划”，先攻毛儿盖，再取松潘城，消灭松潘的胡宗南部，并控制松潘以北以及东北各路，北向发展。

7月8日，红军向毛儿盖发起猛攻。早在第1师师部到达松潘的第二天，胡宗南就命令补充旅李日基第2营驻守松潘以西的毛儿盖警戒，并四处游击。毛儿盖位于若尔盖草原最南边，西山坡上有一座喇嘛庙。

红4方面军第30军第286团配合红1方面军第1军团侦察连，扫清了外围据点，将李日基第2营逼到喇嘛庙，重重包围。第2营据守喇嘛庙，顽强抵抗。

红军久攻不下。7月16日，坚守了八昼夜的李日基第2营弹尽粮绝，李日基急电胡宗南求援，胡宗南回电：“电到后该营即刻撤回，并将电台砸毁。回来士兵一人，赏洋十元，带回武器一支赏洋二十元。”然而，李日基在电报刚译到“将电台砸毁”之时，就下令砸了电台，率残部乘着夜色，逃回松潘。惊魂甫定，副官处叫他领赏，李日基还丈二和尚摸不着头脑，不知领什么赏。

松潘战役

打下毛儿盖，红军主力攻向松潘。

胡宗南早就做好防守准备，建筑碉堡，布防兵力，他知道，这场攻防战关系重大，他的责任重大，不能让红军突破通过，严令各部拼死力守。

1935年7月中旬，胡部第1师在校场坝、牦牛沟、镇江关、镇平一线，遭到红军攻击。双方鏖战数日，伤亡惨重。其中最激烈的是镇江关争夺战，第 4 团团长李友梅重伤，两位营长阵亡；驻镇江关北先姬山的李用章第 6 团伤亡近百；第 5 团也伤亡不少。

第 1 师渐渐不敌，校场坝、牦牛沟等阵地都被红军突破，各部齐向松潘撤退，集结于松潘城南白塔山。白塔山是松潘城的最高据点，地势最险峻，关系松潘城安危。危急之下，胡宗南下令组织敢死队，死守白塔山，队长徐保。徐保是第 4 团副团长，骁勇善战，与李纪云、李昆岗、麦宗禹号称胡宗南的“四大金刚”。徐保率队与红军拼杀两天两夜。胡宗南又急调第 1 旅、补充旅的部分部队增援，里应外合，终于守住了白塔山。

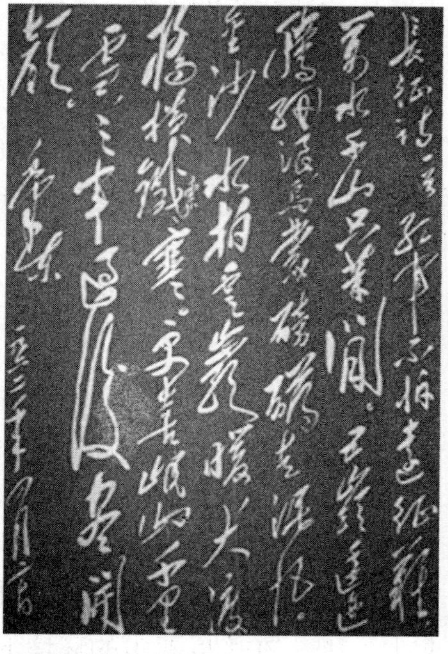

毛泽东长征诗（剪纸艺术）

虽然胡部兵力众多，火力猛烈，工事坚固，作战顽强，但是，当红军大军压境，胡宗南其实心里也没底，而且日子也不好过。由于青稞性寒，大部分官兵水土不服，吃了就腹泻。胡宗南绞尽脑汁筹粮，实在没办法，只能雇用挑夫，从二三百公里外的四川江油或陇南碧口，向松潘运粮。然而，道路崎岖，运力有限，仍然不够吃。胡宗南甚至下令全军勒紧裤腰带：“上至长官下至士兵，每天只吃一顿！”

而红军猛攻了二十多天，由于长征以来，重武器全丢了，只剩步枪和少量机枪，在各种碉堡面前束手无策，所以，不论怎么打——正面进攻、侧面进攻，甚至迂回袭击，都毫无进展。8 月初，红军放弃松潘，撤兵，“改为攻占阿坝，迅速北进夏河流域”，“以期于洮河流域消灭遭遇之蒋敌主力，形成在甘南广大地域发展之局势”。

这次进攻的确是“硬着头皮干”，由于松潘地处高原山地，气候寒冷，红军当时又缺粮，攻击部队每日两顿，一干一稀，肚子填不饱，冲锋就没劲。作战的同时还要筹粮，日子过得很艰难，强行进攻，只能白白牺牲。因而，红军总部下令停止进攻，撤军转战。

在松潘战役，毛泽东多次危在旦夕，差一点儿就遭胡部袭击了，不过，最终还是成功脱了险。而在第五次“围剿”中，胡宗南第1师由广元追击红军至松潘，苦战9个月。松潘一役，胡部占了一定的优势，尝到了一点“甜头”，从此，胡宗南对在军事上打败中共抱有一定的自信心。

包座大战

与其在胡宗南部的枪口下闯生路，不如在大自然里闯。然而，这个大自然是最无情的。有一首川北民谣唱道：“我从小听妈妈说，想活命就莫进日干乔。自古到今朝，看到有的鸟儿进去了，到如今，还没有见风儿送出一片羽毛。”日干乔是若尔盖大草原的一片沼泽地。

为了贯彻实施“夏洮战役计划”，红军总部混编红1、红4方面军，兵分左、右两路北上。右路军以毛儿盖为中心集结，过草地，向班佑、巴西开进；左路军以卓克基为中心集结，过草地，向阿坝地区开进；两路再到班佑、巴西会师，然后齐头并进，北进陇南。1935年8月15日，各路红军陆续出发。

在极度恶劣的环境下，红军穿草地，越沼泽，艰苦跋涉，历尽千辛万苦，终于在8月中下旬走出草地，到达松潘西北的阿坝、班佑，闯出一条生路，然而损失颇为惨重。据《历史的回顾》所述：“一方面军一直长途跋涉，体力消耗太大，实在禁不住恶劣环境的折腾，过草地减员尤多。但一方面军究竟牺牲了多少同志，至今也没有一个确切的数字。红四方面军三过草地，这样极端恶劣的自然环境，也使部队减员不少。”另外，张闻天夫人刘英回忆：“过草地牺牲最大。这七个昼夜是长征中最艰难的日子。到班佑，我觉得仿佛是从死亡的世界回到了人间。”

走出草地后，红军向包座进发。包座位于班佑以东，是红军北进陇南的必经之路。上、下包座相距数十里，群山环抱，地势险要，杳无人烟，一条包座河蜿蜒流淌其间。

胡宗南发现红军过草地北上，惊诧之余，急调伍诚仁第49师由松潘北部的漳腊，驰援驻守包座的补充旅康庄第2团和张孝莱的一个支队，并在上、下包座至阿西茸一线截击红军。

当初，康庄第2团进驻包座不久，团长康庄即得到胡宗南指示："如果红军一万人来攻，誓死力守；如果超过两万，师部自会派兵增援。"于是，第2团一面筹备粮草，一面构筑工事，布兵防守。上包座有座大戒寺，下包座有座求吉寺，两座寺庙都坐落在深山老林中，地势险峻，易守难攻。康庄命第3营驻守大戒寺，第1、第2营驻守求吉寺；并命各部以两座寺庙为中心，依照山势，建筑碉堡，布下一条坚不可摧的防线；另命张孝莱支队驻守下包座附近的阿西茸。

现在，红军大举北进，胡宗南除了于8月27日急派第49师增援，又于8月30日命李铁军第1旅迅速增援。

包座求吉寺中共西北局会议地址

8月29日黄昏，红军采取“围点打援”战术，同时猛攻上、下包座。一面命红30军第264团围攻大戒寺，红4方面军第10师围攻求吉寺；一面命红30军主力第88师、第89师埋伏于丛林中，围歼胡部援军第49师；其余主力据守各条要道，伺机而动。

战斗异常激烈。驻守上包座大戒寺的胡部第3营，经过一夜激战，被歼两连，支撑不住，退入大戒寺后山碉堡，继续力守。康庄在下包座指挥第1、第2两营，一面在求吉寺内死守，一面在各个碉堡和制高点上安插火力，组成强大、密集的火力网，打退了红军接二连三的进攻。第2团两营虽然占据天险固守，伤亡仍过半；红军伤亡也很多，红10师师长王友钧阵亡。

包座一时陷入险境。然而，援军伍诚仁第49师行动迟缓。直到8月30日夜，先头部队291团才进抵大戒寺以南。为了诱敌深入，红30军264团且战且退，撤到大戒寺东北的深山老林。当夜，第291团进占大戒寺。8月31日，第49师全部进抵大戒寺以南。师长伍诚仁以为红军不堪一击，即派出291、289两团向包座河西岸,294团向东岸，乘“胜”追击，企图将红军围歼在上下包座之间，却不知第49师已全部钻入了红军的伏击圈。

31日下午，红军突然杀出，红军第88师第268团像一把利剑，迅速插入第49师第291团和第289团之间，切断了东西两岸敌人的联系，第49师立马被分割成三段，阵脚大乱，首尾不相顾。

激战几个小时，第291团首先被歼，当晚，第49师大部被歼。伍诚仁负伤，率残部跳河逃走。固守大戒寺后山碉堡的第2团第3营见大势已去，全部投降，于是，上包座被红军占领。

不久，下包座的求吉寺也失守，第2团两营大部被歼。至此，红军北上入甘的通道被打通。而胡宗南的第2支援军——第1旅在途中听到包座失守，只好撤回松潘。

包座失守，蒋介石大惊，急命胡宗南派兵绕道文县开赴西固堵截。胡宗南则要求等待薛岳部到达松潘、漳腊、南坪接防后才能出动。结果，一拖再拖，导致陇南的文县、武都、西固、岷州一带，无人防守，兵力空虚。红军一路无险，长驱直入。

第五章
戏剧化的 1936 年

第一节 第 1 军军长

当选中监委委员

包座战役后，红军一部在毛泽东等率领下，北上入甘；另一部则由张国焘率领，脱离中共中央的领导，从阿坝南下，向天全、芦山地区退去。既然如此，胡部再驻守松潘就没有任何战略意义了。1935 年 9 月底，第 1 师撤离松潘，开回甘肃。这时，第 1 师原驻地陇南碧口一带已被王均第 3 军进驻，第 1 师只好在天水甘谷一带驻扎，直到 1936 年 3 月。

第 1 师驻扎甘谷时期，胡宗南和参谋长於达住在甘谷城西三十里铺的雪岩寺中。关于胡宗南这一时期的军旅生活，可以从大公报记者范长江 1935 年 12 月 5 日到雪岩寺拜访胡宗南时所记录的情景中获知一鳞半爪："胡宗南……的生活情形，据天水一带的民众和朋友谈起，颇有点儿特别……他不住甘谷城，住的是居民不满三十家的三十里铺，而且不是三十里铺的民房，是三十里铺半山上的一座小庙。……他住的正殿门窗不全，正当着西北风，屋子里没有火炉；他又不睡热炕，身上还穿的单衣单裤，非到晚上不穿大衣。我看他的手、脸、额、耳，都已冻成无数的疮伤，而谈话却津津有味。他会他的部下，就在寺前山下的松林里，把地上的雪扫开，另外放上几块砖头，就是座位。……"

而回师甘肃不久，胡宗南再次被提拔。至此，黄埔生只用十

新闻巨子范长江

年时间就打入国民党中央领导层中。

1935 年 11 月 12 日，国民党召开第五次全国代表大会，蒋介石又当选行政院院长，胡宗南当选中监委，而且，黄埔生曾扩情、贺衷寒当选国民党中执委委员，蒋派势力大为增强。胡宗南脚跨军政两界，由一介武夫变身为党政要员，由此从地方走进中央，从中层走向高层。

当时第 1 师下辖 4 旅 12 团，大大超编，引起不满。蒋介石责令第 1 师改编，以扩充胡宗南的军事实力。不满者向军委会提议，将第 1 师改编为 2 师 8 团。蒋介石力排众议，让胡宗南自行决定。而胡宗南将第 1 师扩编成 3 个师，变成一个军。同时，内部人事也有变动，积极为成立第 1 军筹备：黄埔一期生范汉杰为第 1 师副师长，第 1 旅旅长为李正先，第 2 旅旅长为李文，补充旅旅长为杨德亮。

这时，红军北进陕甘。1935 年 12 月，红 1 方面军瓦窑堡会议确定红军今后的战略走向是打通抗日路线，巩固、扩大苏区版图，把红军行动与苏区发展的主要方向放到山西和绥远等省。

当时，黄河被阎锡山晋军严密封锁。蜿蜒千里的黄河，耸立着一千多座高碉、暗堡，驻守着晋军 4 个独立旅。这道防线后面，还布有两三道防线。

1936 年 1 月 15 日，红军发布《关于红军东进抗日及讨伐卖国贼阎锡山的命令》，组建“中国人民红军抗日先锋军”。2 月 17 日，中共中央签发《东征宣言》，将红 28 军、红 1 军团、红 15 军兵分为左、中、右三路，蓄势待发。

2 月 20 日，红军强渡黄河，开始东征。当晚八点，红军从北起绥德的沟口，南到清涧的河口百余里岸线，同时发起攻击。成功突破防线，渡过黄河天险，接着分兵三路，长驱直入。

阎锡山晋军抵挡不住红军的进攻，频频向蒋介石告急，求援。3月底，蒋介石命陈诚任总指挥，率商震第32军、汤恩伯第13军、关麟征第25师、黄杰第2师第6旅等部，兵分三路，奔赴山西；又命陕西张学良东北军开向黄河西岸，以截断红军退路。

第1师奉命进驻潼关，策应山西作战。不久，胡宗南接到命令：派兵进驻山西同蒲路南段，保证铁路运输和风陵渡的安全。胡宗南即派第1旅进驻运城、闻喜、侯马地区，主力仍留潼关。第1旅在同蒲路沿线建筑工事，挖掘交通壕，巩固防线，历时两月。

为了避免大规模内战的爆发，争取和团结一切抗日力量，1936年4月中旬，红军与张学良达成协议：东北军、西北军与红军停止内战，联合抗日。5月，签发《停战议和一致抗日通电》。此时，红军已经“打了胜仗，唤起了民众，筹备了财物，扩大了红军”，于是回师西渡，主力先后从延水关、永和关、清水关、铁罗关一带渡过黄河，返回陕北。东征结束。

岂料一波乍平，一波又起。

“六一事变”兵不血刃

1936年6月1日，广东“南天王”陈济棠梦想着变成“南北天王”，就联合广西李宗仁，以“抗日救国”为号召，发动“六一事变”，宣称北上抗日，实则觊觎南京。当时，蒋介石被内忧外患整得焦头烂额，不但要应付日寇，还要应付红军和学生运动。

陈、李二人一面指挥粤、桂联军进军湖南，一面暗中策动湘省主席何键带兵起义。如果何键站在“南天王”一边，那么“南天王”就可兵不血刃，直捣武汉，问鼎中原，与南京抗衡；如果何键站在蒋介石一边，那么，陈济棠就不好过实力雄厚的湖南这一关。此时湖南举足轻重，动关大局。

“六一事变”发生后，蒋介石连忙调兵遣将，抢占衡阳，防堵粤、桂联军，同时监视何键湘军。6月中旬，胡宗南第1师奉命南下，进抵岳阳至长沙地区。这么一来，中央军抗击粤、桂的实力大增。

何键此时还犹豫不决，胡宗南就令第1师摆成将要包围长沙城的架势，再去见何键，故意说："何主席，我们第1师随时听你指挥调遣。这是蒋委员长的命令。"何键心虚，连连摆手："哪里哪里，我根本没接到命令。再说，我怎么敢指挥第1师呢？"胡宗南这一威胁，吓得何键避往常德。

而事变发生前，两广的智囊李品仙曾找何键密谋，何键一时举棋未定，就找刘廷芳商量。刘廷芳力主何键亲蒋，并答应从中斡旋。消息放出，粤军第1军军长余汉谋明白，只要何键亲蒋，粤军必败，计议一番，终于倒戈，归附中央。另外，蒋介石还收买了粤军的空军。陆、空两军尽失，7月18日，陈济棠通电下野。9月中旬，李宗仁与蒋介石达成妥协，"六一事变"闹剧正式收场。

天下第1军

1936年8月11日，蒋介石飞到广州召开军事会议，研讨全国时局，以及对日、对红军作战等问题。

在讨论到红军北上的意图时，胡宗南发言，他不同意有些国民党军政大员与将领宣称"红军北上纯属战败流窜"的看法，而据他对红军多日调查研究所得指出，中共之所以放弃南方的各根据地，是因为得不到苏俄的援助，保不住根据地，因而他们万里长征，就是企图转移到甘、青、宁、新地区，打通国际路线，取得苏联援助，伺机反扑。胡的发言比一般国民党军政要员浮泛而盲目的看法要准确与高明得多，但是，仍未看到红军北上抗日的意愿。会后，蒋介石宣布，第1师正式扩编为第1军，胡宗南升任第1军中将军长。这样，胡宗南就成为黄埔生中第一个升任军长的军官，而且是蒋记嫡系"天下第1军"军长。

9月初，胡宗南着手扩编、筹建第1军，最终将第1师3旅9团，扩编为2师4旅8团。经过扩编，胡部各级军官多有升调，士兵也多被提为下级军官。第1军范汉杰为副军长，於达为参谋长。下辖第1师和第78师。

第1师师长胡宗南兼，副师长李文，於达兼参谋长。下辖李正先第1旅和詹忠言第2旅。第78师师长丁德隆，副师长罗历戎，参谋长吴允周。下辖廖昂第232旅和李用章第234旅。

驻长沙期间，胡宗南对当地一批青年学生，如汪国栋、陈大勋、李兰芳等表示："如果有一天，抗战爆发，我一定请你们参加第1军，投笔从戎，抗日报国。"

1936年8月，红1、红2、红4方面军准备在甘肃会宁会师。蒋介石急调各部开往陕甘"围剿"。

作为蒋记中央军主力，第1军于1936年9月14日开始回师西北，分别由长沙、汨罗、岳州，经粤汉、平汉、陇海各路，于19日进驻咸阳、凤翔地区，胡宗南随军部驻咸阳。

第1军受"西北剿匪总司令部"直接指挥，编属于"西北剿总"朱绍良第1路军第2纵队。胡宗南兼任第2纵队司令，除了第1军，还指挥周祥初第43师、孔令恂第97师。

期间，胡宗南到西安拜见西北"剿匪"副总司令张学良。此时，张学良、杨虎城已和红军秘密达成停战协议，但表面上不动声色。蒋介石早有耳闻，也想乘这次总"围剿"一探虚实。如果二人不服从军令，就撤职查办，并将东北军、西北军调离西北。

张学良告诉胡宗南，蒋介石第一步是组织"通渭会战"，胡宗南第2纵队攻占甘肃西兰通道地区，并防止红军渡过黄河，北进宁夏或西进新疆；第二步是组织最后"围剿"，将红军主力挤压在黄河以东、西兰通道以北地区，分割、围歼红军主力。参与"围剿"的部队，还有毛炳文第37军、王均第3军、关麟征第25师、孙震川军、马步芳青海军、马鸿逵宁夏军、张学良东北军和杨虎城西北军。

1936年9月25日，第1军从咸阳出发，沿西兰公路，向静宁、会宁、定西地区进发。

这时，随着日军侵华活动的日益猖獗，中华民族到了最危险的时候。抗日救亡的浪潮空前高涨。北平"一二·九"学生爱国运动，掀起了最高潮，影响迅速扩大到全国。就在这种大形势下，中共提出抗日民族统一战线的方针，“联蒋抗日”、“逼蒋抗日”，一面派代表与蒋介石秘密谈判，一面派人与张学良、杨虎城、李宗仁、阎锡山等地方实力派联络，共同抗日。胡宗南自然而然成为中共重点争取的一个对象。

第二节　山城堡惨败

周恩来的密信

中共历来善于做统战工作，而在中共领导人中，周恩来的统战工作最为出色。据曾任胡宗南部西安办事处主任的张佛千说：“统战为中共造成极大的声势，由弱变强，由无变有，领导人是周恩来，他是中共最伟大的统战家，中共之得天下，周厥功最伟。中共统战对国民党的影响，使民心背离，也使士气低落，不止是士兵的气，而是将军们的气，‘匪谍’并非无所不在，只是将军们气馁而有草木皆兵之惧，奉命赴援都迟迟其行，使共军‘围点打援’的战法普遍得到胜利。”

在解放战争时期，很多国军将领，从傅作义到陶峙岳，都是认为大势已去，周恩来的统战就杠上翻番了。比如说，陶峙岳在新疆时就很坦白诚恳地对部下将领说：“当前形势已不可守，作战徒然牺牲，我无处可走，要为不走的官兵谋安全，凡是愿走的，我尽我的能力帮忙，不过愈快愈好，迟了我也无办法。”

中共领导人中，周恩来与胡宗南接触得较多。周恩来认为，虽然胡宗南在国共内战时期参与“围剿”红军，但他是一个颇具爱国热情的人，年轻时弃文从武，投身革命。日寇侵华，多次请缨抗日，他内心爱国，倾向抗日，比较容易争取。争取了胡宗南，凭他在国民党内的地位，就能影响一大批国民党将领，尤其是黄埔系军事集团，进而影响蒋介石与南京国民政府。

1936 年 9 月 1 日，周恩来给胡宗南写了一封密函：“……十年来，兄以‘剿共’成名，私心则以兄尚未成民族英雄为憾。……

然私表总以兄绝非勇于内战怯于对外之人，……兄素有志西北，试想今日之西北，岂能再容退让，亦岂能再操同室之戈？敝方……向贵党呼吁，立停内战，共谋抗敌。顷更致公函送于贵党中央，表示我们抗日救国方针及愿与贵党重谋合作之诚意。……惟合作必以停战为先。兄在黄埔为先进，亦为蒋先生所最信赖之人，果能力排浮议，立停内战，则颂之者将遍于国人。此着克成，……不致为日寇各个击破，陷民族、国家于万劫不复也。……”

10 月 18 日，毛泽东又以红 4 方面军总指挥徐向前的名义写了一封《致胡宗南信》，说：“黄埔一别，今已十年，……目前日寇大举进迫，西北垂危，山河震动，兄我双方亟宜弃嫌修好，走上抗日战线，为挽救国家民族于危亡而努力。敝部已……对于贵军及其他国民党军队停止进攻，……，国难当前，实不欲自相残杀，伤国力长寇焰也；……敝方各军仅为抗日之目的而斗争，深愿与贵军缔结同盟，携手前进。……吾辈师生同学之间倘能尽弃前嫌，恢复国共两党之统一战线，共向我全民族最大敌人日本帝国主义决一死战，卫国卫民，复仇雪耻，当在今日。……”

延安周恩来旧居

前后两封信，胡宗南皆未回复。但是，面对这两封信，胡宗南自然不能无动于衷。据熊向晖《我的情报与外交生涯》中所说：“胡受蒋重用，有知遇之恩，基于本身利害，对蒋效忠、服从。蒋抗日，他拥护；蒋反共，他追随。……他同戴笠关系极密，可指挥军统，并自建特务机构，侦察、破坏我党。但他也有另一面，你(周恩来)1936 年 9 月 1 日给他的信，他珍藏，给我看过，对‘兄以“剿共”成名，私心则以兄尚未成民族英雄为憾’很感慨；他反对降日，痛恨汪精卫之流，仍常函候张学良。……。黄埔杜聿明等率远征军出国作战，他很羡慕。……他的两面性很明显，既想抗日，又要反共。”

奉命“剿匪”

第1军从咸阳出发，于1936年10月初到达甘肃秦安，并与关麟征第25师取得联系。关麟征（1905—1980），陕西户县人，黄埔一期生，用兵以稳、准、狠著称，生性傲岸，人称“陕西冷娃”。1933年3月，关麟征率第25师北上参加长城战役。在与日寇鏖战中，全身多处炸伤，浑身是血，仍毫不退缩，从容指挥部下奋勇杀敌，终于击退顽敌。《大公报》赞他“爱国男儿，血洒疆场”。这回奉命“剿匪”，关麟征刚三十出头，少年得志。

抗日名将关麟征

当时，胡、关二人奉命进占通渭城。关麟征建议，两军配合在静宁、通渭、会宁地区，围歼北上的红军。胡宗南不同意。之前，他截获了红军在9月份制订的一份作战计划，矛头直指胡宗南：“四方面军以迅速进出于通渭、庄浪、会宁、静宁、界石铺地区，争取迅速与一方面军会合，相机消灭胡宗南部西进先头部队。”所以，胡宗南行军谨慎，不敢妄动。

1936年10月7日，红1、红2、红4方面军在会宁成功会师。10月11日，中共中央决定集中力量向北攻取宁夏，打通通往苏联的道路，扩大陕甘宁根据地。

针对红军的部署，蒋介石迅速做出调整，于10月16日，下达“进剿”令。“西北剿总”第1路军兵分三路，杀向会宁、静宁、通渭一带。10月21日，三路大军同时向红军发起猛攻。10月22日，蒋介石亲赴西安，严令各路在短期内聚歼红军于黄河以东。

西路军于10月22日攻占毕家岭，23日攻占会宁。中路军在占领通渭后，派关麟征第25师向靖远进击。10月30日，第25师攻到黄河边，与红4方面军激战于黄河南岸的靖远、打拉池地区，割断了红4方面军与红1方面军的联系。接着，进驻宁夏的中卫与定远营，并配合马鸿逵部，控制了红军北进宁夏的通道。

然而，胡宗南东路军行军谨慎，远远落在关麟征第25师后面。之前，关麟征约胡宗南一起围剿，胡宗南再次拒绝。于是，关麟征单独追击，"鸠占鹊巢"，顺便帮胡宗南打下打拉池，也因此受到蒋介石的奖励。

至此，河西与河东的红军已经被切断联系，战争形势对红军非常不利。11月8日，红军中止宁夏战役计划，各军改由陇东撤向陕北。11月12日，红军开始从同心城、李旺堡地区东撤，11月15日，撤到萌城、甜心堡、石堂岭、豫旺堡地区。

此时，"剿匪"各军都没有大行动。关麟征第25师驻扎宁夏中卫、定远营一带；毛炳文第37军正准备西渡黄河，配合马步芳部"追剿"红4方面军；第3军进占同心城后，停止前进；东北军王以哲第67军与红军达成协议，前进缓慢。然而，这次胡宗南却坐不住了。

他见红军一路东撤，以为红军已被打败，无心恋战，于是指挥各部兵分几路，追向豫旺堡一带。胡宗南对部下说："我们连日来小心谨慎，现在可要放开手脚大干一场！共军已经精疲力竭，弹尽粮绝，正是惊弓之鸟，穷途末路。现在他们跑得还不远，我们一定要抓住大好时机，穷追不舍，把他们消灭！"

山城堡惨败

1936年11月17日，胡宗南部从豫旺堡出发，兵分三路，杀向定边、盐池一带：右路为第78师的2个旅，向山城堡进发；左路李正先第1旅，向宁南的惠安堡、大水坑进发；中路詹忠言第2旅，向萌城、甜水堡进发。

山城堡一带地形复杂，进可攻，退可守，而且土寨子较多，便于部队隐蔽埋伏。红军各部于11月16日退入山城堡后，就分别隐蔽集结于山城堡的南北两区，只待胡部孤军深入，南北夹击。

11 月 17 日，胡部第 2 旅前锋刘超寰第 3 团正在两道深沟之间行走，埋伏沟里的红 4 方面军第 4 军、第 31 军突然杀出，迅速封锁前后两道沟口，展开围歼。同时，走在后面的第 2 旅旅部和李友梅第 4 团被一部红军牵制住，无法救援。

团长刘超寰一开始就被打伤腿部，官兵慌作一团，但是，作为胡宗南的精锐，第 3 团毕竟训练有素，作战顽强，很快就稳定下来，开始反攻。副团长陈鞠旅指挥各营将重机关枪集中各营长手里，轻机关枪集中各连长手里，集中火力扫射；步枪兵准备好刺刀、手榴弹，上阵肉搏。双方拼杀冲突，喊声震天，白刀子进，红刀子出，一直鏖战到黄昏，红军才撤退。这一场恶战，第 3 团和第 4 团损失惨重，共伤亡 600 多人。

11 月 18 日，蒋介石电令胡宗南，与高双成第 86 师和李仙洲第 21 师配合，前后夹击，迅速向定边、靖边一带“进剿”。

胡宗南以周祥初第 43 师部接替遭受重创的第 2 旅，仍是三路人马浩浩荡荡向东进发。11 月 20 日，左路第 1 旅攻占红井子，中路第 43 师向保牛堡前进；右路丁德隆第 78 师进占小台子、凤台堡，前锋廖昂第 232 旅及零 1 个团进入山城堡。11 月 21 日，第 78 师后续部队李用章第 234 旅一部也进入山城堡。

21 日下午，红军主力从东、南、北三面猛攻山城堡的第 232 旅。第 232 旅伤亡惨重。双方激战至黄昏，第 232 旅抵挡不住，撤向曹家阳台山地，凭借工事顽抗。

第 78 师师长丁德隆急调第 234 旅谢义峰第 468 团增援。然而，就在当夜，擅长夜战、奔袭的红军，悄无声息逼近廖昂第 232 旅阵地，然后石破天惊，一声呐喊，有如天兵下凡，突然杀进阵地。第 232 旅迅速土崩瓦解，四散逃窜。据当时参加了战斗的红 1 师第 13 团政委魏洪亮回忆：“胡宗南的所谓‘精锐’，白天打阵地战还有一套，可是，夜战碰上红军这些夜老虎，他们就绵羊也不如了。特别是被冲垮以后，兵离了官，官没了兵，完全变成了散沙一把，乱石一堆。有的士兵知道红军的俘虏政策，跑一阵，跑不动了，干脆找个坑坑蹲起来；有的夹在人群中，呼吁奔跑，不知天南地北。天亮，一看全是红军，把枪一丢，一屁股坐下去，不动了。……所有的俘虏兵，个个脸发白，嘴唇出血，他们除了惊吓以外，据说是两天多没喝一滴水了。”一场夜战，廖昂旅几乎被全歼，团长晏俭阵亡。廖昂、徐保等少数人突围逃脱。

与此同时，左路李正先第1旅在进到大水坑一带时，也遭到红军的猛烈进攻，被迫后撤。山城堡惨败，胡宗南只好命令各路后撤。

第三节 西安事变“主和”

傅作义绥远抗战

山城堡一战，胡宗南损失了整整一个精锐旅，虽然谈不上元气大伤，却也觉得惨败有辱第1军的声名，撤了丁德隆和廖昂的职，一连几日闷闷不乐。

山城堡这边，胡宗南内战惨败，然而，绥远那边，傅作义抗日大捷。

早在1933年，长城战役爆发时，傅作义就请缨抗日，率部在牛栏山西到昌平一带痛击日军。1936年11月，日军竟然兵分三路，主动来犯察、绥地区，傅作义“万不得已”，决定奋起反抗：“日寇占我察北，又犯我绥东、绥远，是我全军将士的耻辱。爱国军人守土有责，我们一定要打！”“岳武穆38岁壮烈殉国，我已过了38岁，为抗日死而无怨。”

11月15日，日伪军向红格尔图发起猛攻，企图打开绥东门户红格尔图，进而攻占整个绥远。傅作义亲临前线指挥。18日，击溃日伪军，首战告捷。

当时，日伪军在百灵庙囤积着大量武器弹药和粮食，并依附险峻山势构筑防御工事，布下重兵防守。11月22日，傅作义指挥各部，秘密集结百灵庙附近，准备进攻。23日夜半，发动突袭，经过艰难奋战，翌日上午，全歼守敌，取得百灵庙大捷。

关于百灵庙的详细战况，战地记者范长江曾报道："从战争条件上研究，我方远比对方为差……战争开始的 11 月 23 日，傅作义先生彻夜未眠，以全副精力注意前方一举一动。正式攻击是从 23 日夜间开始的。出发时，士兵即彼此传话：'到百灵庙喝水！'意谓此次只有打开百灵庙，才有水可喝，否则只有渴死。伪蒙军射击精确，子弹充足，日方军官督战甚严。机关枪林立山口，如暴雨式吐出子弹。傅军从子夜攻击到二十四日天明，仍未得手。……" 12 月 4 日，傅军乘胜收复百灵庙以东各地。至此，绥远抗战圆满落幕。

绥远战胜，全国军民无不扬眉吐气。《大公报》称"绥远抗战之役，不仅取得了中华民族史上光荣地位，且已作为中华民族史上重要的转折点，史迹昭垂，万世不磨。"蒋介石也称此役"实为吾民族复兴之起点"，但他却拒绝了张学良、杨虎城援绥抗日的请求，由此直接催生了震惊中外的"西安事变"。

西安事变"主和"

1935 年 10 月 2 日，南京政府"西北剿匪总司令部"在西安成立，任务是继续"剿匪"，蒋介石任总司令，任张学良为副总司令，代行总司令职务。

1936 年 4 月，张学良开始与中共秘密接触。9 月，双方正式签订《抗日救国协定》，解除敌对状态，中共红军、张学良东北军、杨虎城西北军共同构成"抗日民族统一战线"的"铁三角"。10 月 22 日，蒋介石飞抵西安，严令各部"进剿"红军，张学良当面反对，要求停止内战，一致抗日，遭蒋拒绝。10 月 29 日，张学良亲赴洛阳为蒋介石祝寿，再次劝蒋联共抗日，再遭拒绝。11 月 27 日，张学良、杨虎城联名上书，请缨援助傅作义绥远抗战，再遭拒绝。

1936 年 12 月 3 日，蒋介石再次飞抵西安，督促张学良加紧"围剿"红军，准备发动第六次"围剿"，决定在 12 月 12 日正式下达动员令。张学良、杨虎城进谏，要求抗日。蒋介石一口回绝，并说，要么进兵"剿匪"，要么东北军、西北军就调到闽、皖。12

月 7 日，张学良到华清池面见蒋介石，再三苦谏，要求“停止内战，一致抗日”，再次遭到拒绝。

12 月 9 日，西安群众游行示威，纪念“一二·九”运动一周年。军警竟开枪打伤一名学生，于是群情激愤，纷纷表示，要到临潼直接向蒋介石请愿。当晚，张学良再次劝蒋抗日，并要求放过爱国学生。蒋介石厉声喝问：“对付这些学生，除了拿机关枪打，难道还有更好的办法!?”张学良拍案反问：“放着日本人不打，机关枪是用来打爱国学生的吗?”

一时矛盾到了不可调和的地步。这边，张学良与杨虎城商议发动“兵谏”。那边，蒋介石把蒋鼎文、陈诚、卫立煌、朱绍良、钱大钧等军政要员调到西安，召开会议，宣布蒋鼎文为“西北剿总”前敌总司令，卫立煌为“陕甘绥宁四省边区总指挥”，陈诚指挥“督剿”，樊松甫、万耀煌为总预备队司令、副司令；中央军接替东北军和西北军的“剿匪”任务。

“西安事变”终于爆发。

12 月 12 日晨五点，张学良、杨虎城发动“兵谏”，东北军直奔华清池活捉、扣押了蒋介石，西北军扣押陈诚、邵力子、蒋鼎文、陈调元、卫立煌、朱绍良等人。当天，张学良、杨虎城提出以停止内战、抗日救国为核心的“抗日救国八项主张”，通电全国。

西安事变之初，胡宗南毫不知情，正奉命率军“进剿”陕北红军总部。12 月 13 日，当他获悉西安事变的消息：蒋介石被软禁，震惊不已，认为张学良、杨虎城此举“大逆不道”!

随着事态的发展，对于如何解决西安事变的问题，南京政府内部分化为两派：一派以戴季陶、何应钦等为代表，主张武力讨伐张、杨；一派以宋美龄、宋子文、冯玉祥等为代表，主张谈判，和平解决西安事变。而黄埔系、复兴社内部也分成两个阵营，针锋相对。邓文仪、贺衷寒、桂永清等人主战，胡宗南、戴笠、郑介民等人主和。

胡宗南是黄埔系“老大哥”、复兴社“头号太保”，因此特别受到两派的关注。何应钦命他率第 1 军向固原进发，监视东北军；

宋美龄、宋子文等，通过戴笠，向他传达指示：蒋介石的生命安全最重要，绝对不能轻举妄动。

胡宗南分析：假如出兵讨伐，张、杨不但不会屈服释放蒋介石，被逼之下，甚至可能彻底与南京决裂，投靠共产党。这样，不但蒋介石的生命更危险，国共内战的规模也会扩大，日寇正好趁机大举入侵，所以，动武有百害而无一利，坚决不行。

12 月 14 日，胡宗南、黄杰、李默庵、李延年、贺衷寒等 275 名黄埔系青年将领，代表 7 万多黄埔生，发出《忠告张学良电》与《告袍泽书》，宣称蒋介石“为我全国唯一之领袖，亦我国家生存所托命，委座之革命意志及其精神，久已普及于全国爱国同胞之脑筋，尤深刻灌注于吾军校同学每一个及全体将士之血液，此决非任何恶劣势力所得而劫持”，要求张、杨保证蒋介石的安全，“万一委座稍有差池，则吾全体同学誓必不顾一切，悉力以赴，决不与执事及与执事有关任何个人共戴天日于此世”。

同日，刘峙领衔胡宗南等 38 名将领也发出《箴劝张学良、杨虎城电》，声称“任何问题，无不可从长讨论，尽量采纳，见诸实施”，要求张、杨尽快释放蒋。著名学者傅斯年说：“最有力量安慰的人是青年将领的表示，他们的积极的迅速的有步伐的行动是保持蒋公安全、维护中国全局的主要因素。”

这段时间，第 1 军驻军惠安堡、同心城，按兵不动，而驻守宁夏中卫与定远营的关麟征第 25 师则蠢蠢欲动。关麟征主战，准备出兵讨伐，迫使张、杨释放蒋。胡宗南认为关麟征行事鲁莽，发电劝他不要轻举妄动，否则会害了蒋介石，还感情地呼吁关：“校长处于危险之中，雨东，雨东！何去何从……”关麟征不听，回电道：“校长乃全体同学之校长，非兄一人之校长。弟爱校长，急于拯救校长脱险，并不亚于吾兄。”

同时，胡宗南加紧部署兵力。胡宗南令第 78 师李文部绕道进驻瓦亭、平凉、泾川地区，堵住驻扎在甘肃平凉、固原地区的张学良东北军主力王以哲第 67 军的东去之路，“如使其不得东归，张必有所顾虑”。又亲率第 1 师进驻黑城镇，对王以哲部取钳形包围态势。

12 月 16 日，南京政府正式下令讨伐张、杨，“讨逆军”兵分东、西两路，杀向西安。“讨逆军总司令”何应钦，东路军总司令刘峙，西路军总司令顾祝同。胡宗南第 1 军编属于西路军。这时，胡宗南才率部开拔。

12 月 22 日，本着“正面处置严正，营救则多方运用”的原则，宋美龄、宋子文、端纳等飞赴西安，与张学良、杨虎城、周恩来等谈判。在飞机上，宋美龄把手枪递给端纳，说：“如果叛军对我有什么不礼貌的行动，你可以立刻把我枪杀！”

12 月 23 日，谈判开始，周恩来代表中共提出了停战、排逐亲日派、停止剿共、联合红军抗日等六项主张。张学良、杨虎城力挺周恩来，关于“排逐亲日派”一条，西安方面视何应钦为“亲日派”首领，必欲除之而后快。南京方面表示同意。那么，由谁来接替何应钦出任军政部部长呢？宋子文认为胡宗南或严重，比较有资历，能担此大任。由此可以看出，胡宗南在全国政局中日益重要的政治地位，以及他颇受认可的军事才能和个人影响力。

12 月 24 日，蒋介石同意“六项协议”，但是，蒋介石只是口头答应，并没有签字。张学良同意了，杨虎城却强烈反对“不签字放蒋”，最后，在周恩来的劝说下，达成共识：放蒋！ 12 月 25 日，张学良陪同蒋飞抵洛阳，把东北军交杨虎城指挥。12 月 26 日，蒋介石抵达南京，西安事变和平解决。

然而，蒋介石一回到南京，就扣留张学良，送交军事法庭审判，判决“张学良首谋伙党，对于上官为暴行胁迫，减处有期徒刑 10 年，褫夺公权 5 年”。

1937 年 1 月 5 日，蒋介石任命顾祝同为军委会西安行营主任，指挥 5 个集团军围攻西安，声称以“政治为主，军事为从”的策略，解决西安事变的遗留问题。第 1 到第 5 这 5 个集团军的总司令分别为顾祝同、蒋鼎文、朱绍良、陈诚与卫立煌。胡宗南第 1 军编属第 3 集团军。

五路大军，浩浩荡荡，分别从四面八方，对西安形成了包围之势。

王以哲遇害

1937 年 2 月 2 日，就是否对蒋作战的问题，东北军内部发生内讧，爆发“二二事件”。主和派首领王以哲被激进分子杀害。王以哲（1896—1937），字鼎芳，东北军骨干将领之一，颇具威信，深得军心。当时，为了顾全大局，他坚决反对内战，主张和平解决西安事变的善后问题，通过和谈营救张学良。“主战派”对此强烈不满，于 2 月 1 日晚，派人暗杀了抱病在床的王以哲。可怜王以哲身中九弹，惨死血泊中。

王以哲

王以哲被害的消息传到前线，激起广大官兵的愤慨，很多人宣称要替王将军报仇。据杨奎松在《西安事变新探：张学良与中共关系之谜》中所说，毛泽东当时也很气愤，“几次致电周恩来等，坚决主张：杀王首犯必须枪决，无论是左派是党员均应如此，否则无从弥缝东北军之分裂。即是从犯我们也不能收容”，最终，“枪杀王以哲的特务连连长于文俊被剖腹，高福源被枪决，4 个团长被扣，一个营跑走，政训处跑散，张学良公馆机要人员也跑光，机要文件被烧毁”，当时“东北军已危若累卵”。

2 月 8 日，顾祝同指挥第 1 集团军，进驻西安。杨虎城 17 军被迫移往三原。东北军各部陆续被调往豫、皖两省缩编。胡宗南第 1 军入驻凤翔。

西安事变善后问题解决后，第 1 军从凤翔开回陇东，分驻平凉、泾川、静宁各县。

第六章
走上抗日战场

第一节　淞沪抗战

徐州备战

1937年4月，第1军奉命移驻、守备徐州、海州一带。5月初，第1军驻军徐州，胡宗南趁机调整了第1军的编制，正式成立第1军军部，调整各部人事。新的编制如下：

军长胡宗南，副军长范汉杰，参谋长於达。参谋处处长胡长青，副官处处长袁杰三，军需处处长蔡翎祺，特别党部书记长沈上达。第1师，师长李铁军，副师长李正先，师参谋长詹忠言。第1、第2旅旅长分别为刘超寰、曹日晖，第1、第2、第3、第4团团长分别为王应尊、杨杰、陈鞠旅与李友梅。第78师，师长李文，副师长罗历戎，师参谋长吴允周。第232、第234旅旅长分别为周士冕、李用章。第464、第465、第467、第468团团长分别为文于一、徐保、许良玉与谢义峰。

第1军驻防徐州期间，日本侵华步伐进一步加快，重点是华北地区。

为了备战抗日，胡宗南举办短期训练班，集中连长以上的军官，学习训练。而且聘请南京陆大教官和中央军校教官，讲解对日作战的基本战术以及日军的基本情况，既讲授军事理论知识，又举行大规模陆空联合作战演习。

胡宗南还四处招揽军事人才。8月下旬，胡宗南请来了宣侠

宣侠父

父。宣侠父多年来一直研究对日作战，颇有心得。胡宗南向宣侠父请教对日作战方针，宣侠父说：对付日军，游击战争是最好的办法。胡宗南就请他写一篇文章，专论抗日游击战争。他欣然同意，一个通宵就写成《游击战争概述》一文。胡宗南恳请宣侠父留下来，并许以高官，被宣侠父婉言谢绝。他又劝胡宗南："当官就应像林则徐，领兵就应像关天培，为的是民族，对得起百姓。"而蒋介石怕宣侠父策反胡宗南，于1938年7月31日派人暗杀了宣侠父。宣侠父遇害，胡宗南的机要秘书熊汇荃要刺杀胡宗南以为宣侠父报仇。

除了办训练班，招揽人才，胡宗南还有意结识一些军政要员。他见黄埔系将领肖作霖领导的复兴社河南分社，势力很大，很有威望，就有意结交肖作霖。一次，他经过开封，特地拜访肖作霖。二人相见恨晚，谈得非常投机。从此，两人相交日深。

第二次淞沪抗战

1937年8月13日，日本侵略者在上海发动"八·一三"事变，第二次淞沪抗战爆发。8月14日，南京政府发表"自卫抗战声明书"，声明"中国为日本无止境之侵略所逼迫，兹已不得不实行自卫，抵抗暴力"。同时，军委会将京沪警备部队改编为第9集团军，张治中为总司令，扫荡上海虹口、杨树浦地区守敌；将苏浙边区部队改编为第8集团军，张发奎为总司令，守备杭州湾北岸，扫荡浦东守敌。

8月15日，日本政府狼子野心，发表声明，公然声称"为了惩罚中国军队之暴戾，促使南京政府觉醒，于今不得不采取之断然措施"，"与海军协同，消灭上海附近的敌人，占领上海及其北面地区的重要地带"。

不久，蒋介石下达全国总动员令，把全国临战地区分为5个战区，沪杭地区为第3战区，冯玉祥为总司令，顾祝同为副司令，陈诚为前敌总指挥。作战计划是：集中主力，扫荡淞沪的日本海军基地，切断敌军后援。

8月17日，张治中第9集团军向虹口、杨树浦地区的守敌发起进攻。第87师攻占日本海军俱乐部，击退日寇的多次反扑。第88师在八字桥、法学院、虹口公园地区，与日寇展开激烈的拉锯战。8月19日，第87师、第88师，配合宋希濂第36师，再次发起进攻，经过昼夜鏖战，终于突破防线，攻入汇山码头。第36师的第2营300多名官兵攻入华德路十字街口，在巷内与日寇展开白刃肉搏，不幸遭到日军坦克的猛烈袭击，全部壮烈牺牲。

8月22日夜至8月23日晨，日本“上海派遣军”司令官松井石根指挥日本援军在川沙口、狮子林、吴淞口、张华浜一带强行登陆，分兵向宝山、月浦、罗店、浏河地区发起猛攻，与第18军等部展开惨烈的攻防争夺战。

陈诚率部与日寇奋战多日，苦苦支撑。由于日本援军源源不断开来，又有空军、海军强大火力的支援；而中央军装备低劣，火力不够威猛，仅凭血肉之躯拼死抵抗，9月初，终于不支，杨步飞第61师溃退，夏楚中第98师阵地岌岌可危。就在这危急关头，胡宗南第1军以及其他援军，适时赶到，配合陈诚部对日寇发起反击。

9月初，第1军抵达南翔，增援宝山。然而，第1军刚走到刘行、杨行地区，宝山就失陷了。宝山位于吴淞江口，驻守宝山的是姚子青营。从8月28日开始，日本空军、海军，没日没夜地轮番轰炸宝山。9月3日，一部日军发起疯狂进攻。姚子青率领全营六百壮士与日军血战昼夜，全歼来敌。9月5日，大批日军再次强行登陆。姚营拼死力守，孤军奋战。9月6日，由于实力相差悬殊，经过两昼夜鏖战，姚营全部壮烈殉国。为纪念姚子青，宝山县更名“子青县”。

日军占领宝山后，继续向前猛扑。第1军各部在杨行、蕴藻浜和纪家桥地区就地驻扎，组织防御，准备阻击日军。

杨行血战

日军装备先进，火力强大，惯用海陆空联合作战，空军、海军轮番轰炸，步兵猛烈冲锋。面对凶猛的日寇，第1军将士同仇敌忾，拼死力守，打退敌人一次次的进攻。双方寸土必争，战况惨烈无比。血战几昼夜，第1军伤亡惨重：第1师伤亡高达八成，第2团团长杨杰与第4团团长李友梅阵亡，第1旅旅长刘超寰、第1团团长王应尊负伤；第78师伤亡也有七八成，营长除了一位幸存外，其余全部阵亡。

关于这期间作战情况，时任上海淞沪警备司令部参谋处作战科科长的刘劲持回忆："胡宗南部接防后，士气旺盛，作战顽强，对敌人寸土必争，每屋苦战，打了一个星期，始终守住阵地，因此伤亡惨重。胡宗南一声不叫。顾祝同知道了，在电话中说今晚派某部来换防，胡才说：'再不换防，明天我也要拿枪上火线顶缺了。'"

不久，第1军"转移阵地、逐次抵抗"，从杨行一线南撤至刘行、顾家宅、罗店地区。日军于9月11日占领杨行，立即扑向胡部阵地。

胡宗南指挥第1军以及增援的湘军陶峙岳第8师，配合罗卓英第18军，奋勇抗击。胡宗南在指挥作战中总结出一套防守经验："现在对日作战，敌人火力占优势，我们不能单凭勇气，必须在白天少活动，利用夜间修补，加强工事，才能减少损伤，持久与敌周旋。"

双方激战二十多天，互有胜负。9月底，第1军撤到昆山附近整补，第1军扩编为第17军团，胡宗南升任第17军团长，下辖3个师：第1师、第78师和陶峙岳第8师。

10月1日，驻守刘行地区的中国军队奉命撤至蕴藻浜、陈行、大场。日军穷追不舍，集中主力，向蕴藻浜一带进犯，企图占领大场，威胁第9集团军侧背，进而攻占上海。日军攻势猛烈，中国守军几乎伤亡殆尽。10月6日，防线被日军突破。第1军奉命紧急驰援。

这场战斗比前一次更激烈。几天下来，全军官兵伤亡达八成以上。关于这场恶战，陶峙岳回忆："我们必须与阵地共存亡。无论官兵，思想上只有国家民族，个人安危均已置之度外。因此，在敌强我弱的情况下，我们在蕴藻浜与敌人周旋了21个日日夜夜，阵地安如磐石。部队每天处在战火硝烟之中，休息和进餐只有在战斗的间隙里进行。战斗之频繁激烈为前所未见。我们由于缺乏空军和重武器，除偶然夜袭外，主要是防御，以免消耗实力。后来有人问我，在当时那种艰苦的条件下，怎么能坚守21个日夜的？我说，就是两个字'死守'。"因为伤亡惨重，第1军又被调至黄渡，再次整补。

10月25日，大场失守，中国军队被迫后撤至苏州河南岸，第1军驻防北新泾一带。各部官兵沿苏州河岸深挖战壕，构筑工事，阻止日军渡河。

中国守军采用"半渡而击"战术，每当日军乘汽艇、木船渡河至半，进退维谷之际，机枪、步枪才一齐开火，次次把日军打得人仰船翻。由于双方短兵相接，日军飞机、大炮不能轰炸。日军几次强渡都被打退。这几次作战没有前几次激烈，伤亡也不大。双方一直僵持到11月。在这几十天的火拼中，胡宗南始终在前线指挥，与官兵并肩作战。

这段时间，淞沪警备司令部作战科长刘劲持到第1军军部了解情况，军部参谋处处长傅维藩报告："我军四次补充兵员，五次接防换防，总算能顶住。以第1师为例，旅长两个，先后伤了三个，团长四个，先后死伤五个，全师连长，除通信连长外，其他都换了个遍。我军白天隐蔽在竹林村庄内，敌机轰炸扫射，都不理他。这样从容以对，守多攻少，更可以持久。"到11月5日凌晨，日军援军第10军在杭州湾北岸全公亭、金山卫一带登陆，迅速推进，攻占了金山、松江，切断了沪杭线，并准备从南面包抄上海。

淞沪守军就要被敌人四面包围、前后夹击，形势岌岌可危。11月8日，蒋介石下令各部放弃苏州河阵地，全线撤退。11月9日，日军攻占淞江，11月12日攻占上海。淞沪抗战结束。

胡宗南率部在淞沪会战火线坚守了 6 周，屡挫日军步兵、炮兵、空军的联合攻击，部队牺牲极为惨烈。眼看祖国大好河山就要被日军蹂躏，胡宗南悲愤难胜，打电话给第 8 军军长黄杰，话语之间难掩失意：“我们失败了，就要撤退向南京转进，我不能来看你了。……”

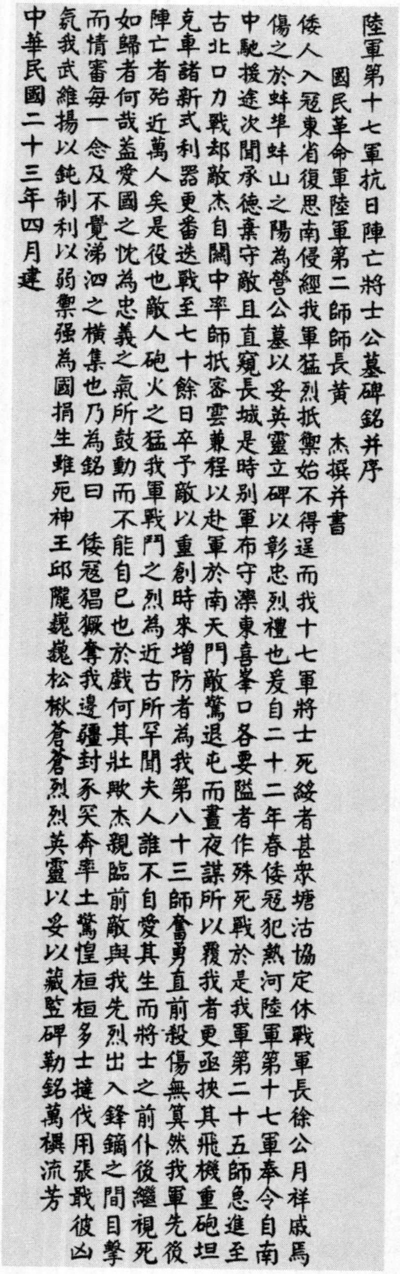
陸軍第十七軍抗日陣亡將士公墓碑銘并序
國民革命軍陸軍第二師師長黃　杰撰并書
倭人入寇東省復思南侵經我軍猛烈抵禦始不得逞而我十七軍將士死綏者甚衆塘沽協定休戰軍長徐公月祥感馬
傷之於蚌埠蚌山之陽為營公墓以妥英靈立碑以彰忠烈禮也爰自二十二年春倭寇犯熱河陸軍第十七軍奉令自南
中馳援遞次聞承德棄守敵且直窺長城是時別軍布守灤東喜峯口各要隘者作殊死戰於是我軍第二十五師急進至
古北口力戰却敵杰自關中率師抵密雲兼程以赴軍於南天門敵驚退屯而晝夜謀所以殲我者更亟挾其飛機重砲坦
克車諸新式利器更番迭戰至七十餘日卒予敵以重創時來增防者為我第八十三師奮勇直前殺傷無算然我軍先後
陣亡者殆近萬人矣是役也敵人砲火之猛我軍戰鬥之烈為近古所罕聞夫人誰不自愛其生而將士之前仆後繼視死
如歸者何哉蓋愛國之忱為忠義之氣所鼓動而不能自已也於戲何其壯歟杰親臨前敵與我先烈出入鋒鏑之間目擊
而情審每一念及不覺涕泗之橫集也乃為銘曰　倭寇猖獗奪我邊疆封豕突奔率土驚惶桓桓多士撻伐用張戢彼凶
氛我武維揚以鈍制利以弱禦強為國捐生雖死神王邱隴巍巍松楸蒼蒼烈烈英靈以妥以藏豎碑勒銘萬禩流芳
中華民國二十三年四月建

第 17 军抗日英勇史实碑铭（黄杰书）

由于南京总部指挥不当，没有对各部的撤退路线，作出明确指示，再加上日机的轰炸与日军的追击，中国军队在后撤途中一度失去控制，各部拥挤于上海到青浦的公路上，混乱不堪。第 1 军撤退到青浦西北，几乎损失殆尽，胡宗南几乎成了光杆司令。

日军继续迅速向前推进。11 月 16 日，第 1 军余部撤退到无锡，暂归第三战区江防军第 11 军团长上官云相指挥，在无锡、常州一带组织防御。

11 月 20 日，胡宗南给戴笠写信，感慨地说到无锡战况：“弟刻又在无锡进入阵地矣。此次前方撤退各军，秩序纪律毫无。官无斗志，士多伤亡，吴福线尚不能守，澄锡线更无论矣。黄埔部队多已打完，无人撑持，其余当然望风而溃矣。第二期革命已失败，吾人必须努力，培养第三期革命干部，来完成未来之使命也。”的确，胡部4万人马打到最后，只剩1200人。

不久，第1军由镇江渡过长江，到扬州休整，补充了三个新兵团，各师、各旅实力大力扩充，准备下一轮抗战。

南京保卫战

此时，日军正从上海沿太湖两岸，兵分东、南、西三路，围攻南京，只留下北面浦口一条通道。南京危在旦夕。

11月23日，蒋介石命唐生智为南京卫戍司令长官，罗卓英、刘兴为副司令长官，指挥十几个军的部队，在南京布下外围、内廓两道防线，抗击敌军。胡宗南奉命率第1军防守南京的北面门户：浦口至滁州一线。

大战在即，胡宗南预感南京即将不保，于是特地赶去拜别中山陵。他对刘醒吾说："你总看到报纸了，这次日本人在上海是集中了最炽热的火力，会出乎他们想象的，是我军在上海的英勇抵抗，壮烈牺牲！"突然语气一转，说："我刚从中山陵来，忽然想起李后主的词：无限江山，别时容易见时难……我们真是愧对总理，愧对领袖。"

12月5日，日军向南京外围阵地发动猛攻，南京保卫战打响。

中山陵孙中山先生灵柩上的卧像

12 月 8 日，南京外围阵地被破，日军紧接着猛攻内廓阵地，中国守军奋起抵抗，战斗十分激烈。为了激发官兵斗志，唐生智下令撤走长江中的所有船只，并指示胡宗南，不准南京的人员擅自过江。

这破釜沉舟的背城一战，双方血拼八昼夜，打得无比惨烈。由于日军装备精良，中国守军虽有抗日热情，终归抵挡不住，于 12 月 12 日，失败撤退。

第 1 军没有参加战斗，一直驻防浦口，南京保卫战失败后，奉命掩护各部渡江北撤。12 月 11 日中午，顾祝同打电话给唐生智，说："委员长已下令要南京守军撤退，你赶快到浦口来，我现在要胡宗南在浦口等你。"

12 月中旬，南京失守。第 1 军仍在浦口、滁州一带坚守，一直到 12 月下旬才奉命西撤，年底抵达安徽寿州，1938 年 1 月初，抵达河南信阳，原地驻扎待命。

第二节　迎战土肥原贤二

大战土肥原

第 1 军在西撤至安徽时，蒋介石打算把第 1 军拨归第五战区李宗仁指挥。但是，胡宗南却不买李宗仁的账，只愿听从蒋介石一人的指挥，不去向李宗仁报到，而是继续西进。

第 1 军到达信阳，蒋介石听从了西安行营主任蒋鼎文的建议：关中和甘肃东部一带战略地位很重要，东隔黄河与山西日军相望对垒，北防陕甘宁边区红军南下，屏障西北与西南，守护四川大后方。目前关中兵力空虚，急需有力部队驻守。第 1 军是精锐之师，又久驻西北，天时地利人和，是最佳选择。

1938 年 1 月中旬，胡宗南就奉命率第 17 军团进驻关中。胡部先驻凤翔，后移西安荐福寺。

在西安，胡宗南的司令部名称几经变化：从第 17 军团部到第

34集团军总司令部，从第八战区副长官部到第一战区司令长官部，再到西安绥靖公署，但司令部始终设在小雁塔。胡宗南则住在西安东仓门附近屋舍简陋的董子祠。

在此期间，胡宗南正式组建第17军团部。主官编制如下：军团长胡宗南，参谋长罗列。军团部参谋处处长傅维藩，副官处处长袁杰三，军需处处长蔡翎祺，机要组长王微。胡宗南不再兼任第1军军长，由师长李铁军改任。

胡宗南已经做好了长期驻军关中的打算，然而，战事紧张，蒋介石不得不动用胡宗南第1军这张王牌。

李宗仁在台儿庄大捷后留影（1938年4月7日）

1938年4月初，李宗仁第五战区各部大败日军，取得台儿庄大捷，之后，在徐州集中兵力，准备再次聚歼日军。日军改变作战方针，决定以部分兵力在正面战场牵制住第五战区各部，主力则向西迂回，企图从侧后包抄徐州，歼我主力。4月18日，日军发起牵制性进攻。5月5日，日军兵分南北两路，向徐州西侧迂回。到5月中旬，南北两路日军连陷多座城池，渐渐地对徐州四面包围。5月15日，李宗仁接获放弃徐州，向豫、皖边境突围的命令。5月18日，李宗仁率第五战区各部突围退向皖北。5月19日，徐州陷落。

徐州易手，日军以第16师团作为东路军，从丰县沿陇海线西进。同时，北路军土肥原贤二第14师团在濮阳地区突破黄河防线，迅速攻占郓城、菏泽等地，接着分兵两路，南下攻打考城、兰封，企图截断陇海线，与东路军配合，“围歼”国军主力于豫东，然后占领开封、郑州，与其他日军会师，拿下武汉。

日本认为，只要控制中原，就能支配整个中国；中国国民政府也知道，中原具有非常重要的战略地位。1938 年 5 月中旬，兰封战役爆发。

蒋介石想在台儿庄大捷之后，再来一个兰封大捷，于是亲临郑州，调集兵力，坐镇指挥：以薛岳为第一战区前敌总司令，李汉魂第 64 军、俞济时第 74 军为东路军，桂永清第 27 军、宋希濂第 71 军为西路军，首先一起围歼进抵仪封、内黄、民权、考城一带的土肥原师团；黄杰第 8 军驻守归德，堵截中岛今朝吾第 16 师团的增援。

然而，“围歼土肥原师团”的计划进展得很不利。土肥原师团是日军精锐，虽然身陷包围，仍然顽强抵抗，且战且退。5 月 22 日，土肥原师团开始突围，先后攻占罗王车站、罗王寨、曲兴集等地，随后进逼兰封城。5 月 23 日夜，兰封城守军第 27 军师长龙慕韩第 88 师竟然擅自弃城逃跑，致使土肥原师团兵不血刃，占领兰封。蒋介石大怒，6 月 17 日枪毙龙慕韩；第 27 军军长桂永清被撤职查办。龙慕韩是第一个被蒋介石军法处决的黄埔一期生。

土肥原师团占领开封，迅速截断陇海线，直逼开封。形势万分危急，蒋介石急派第一战区司令长官程潜开赴开封指挥作战，指示程潜：“此次兰封会战，关系整个抗日战局，胡、李、俞、桂、宋各军，应遵照薛总司令所示任务，务于本月 25 日午后 6 时 30 分全线总攻，务须于明 26 日拂晓前将兰封、三义寨、兰封口、陈留口、曲兴集、罗王寨地区间之敌歼灭。如有畏缩不前、攻击不力者，按律严惩；如战役中建殊勋或歼敌俘获最多者，当特予奖给。希饬所部凛遵勿违为要。”

蒋介石又急调胡宗南第 17 军团，配合其他作战部队，驰援豫东，企图全歼土肥原师团。第 17 军团于 5 月 24 日到达郑州后，迅速开往前线。5 月 25 日，第 17 军团进攻驻在曲兴集、罗王寨地区的日军主力。

土肥原师团兵力约2万人，为了便于从黄河北岸获得补给，主力集结于兰封以北靠近黄河的三义寨、曲兴集、罗王寨一带。土肥原师团正在等待增援的第16师团，然后配合反攻。日军第20师团在黄河北岸策应。

土肥原师团依靠坚固的防守，抵抗。胡宗南第17军团血拼数日，攻占罗王寨外围各据点。28日凌晨，攻占罗王寨。此前一天，5月27日，宋希濂部收复兰封城。土肥原师团退向曲兴集、三义寨，负隅顽抗。5月28日，第17军团兵分三路，杀向曲兴集：右翼第78师进攻青龙集；中路第36师进攻曲兴集；左翼第1师迂回包抄欧潭。三路大军终日鏖战。日军施放毒气。第17军团官兵前仆后继，终于攻破曲兴集阵地。而进攻三义寨的俞济时部，却始终未有进展。

5月29日，归德失守，黄杰第8军溃败。同时，日军第16师团赶到，迅速向兰封推进。至此，中国军队腹背受敌，形势危急。第17军团与其他作战部队被迫由攻转守。

当时，蒋介石指示程潜："兰封附近之敌，最多不过五六千之数，而我以12师兵力围攻不克，不仅部队复杂，彼此推诿，溃败可虞；即使攻克，在战史上亦为一千古笑柄。务请毅然决心。速抽6师以上兵力在侧后方作预备队，而指定李铁军、李汉魂、俞济时三军负责扫清当面残敌。即使被突破数点，冲出包围圈外，我可与之野战，则较为得计。此时东路敌军必于两三日内向西急进，由周口直出许昌、郑州，则后方在在堪虞。若我军不早为计，则如此大兵群集于狭小区域，且左限黄河。歼灭甚易。务希当机立断。即于本晚实施，一面整理战线。一面抽调部队，以备万一。并以此意转薛伯陵（岳）、胡宗南，决心遵行，勿稍延误。"然而，蒋介石的指示挽回不了败势，兰封会战失败。

国民政府军精锐主力12个师将近15万人的兵力，竟然没能围歼被困于黄河岸边弹丸之地的土肥原师团2万多人，实在是"千古笑柄"。总结失败原因，5月27日、30日，蒋介石说：主要是我军各部指挥官大多"指挥无方，行动复懦，以致士气不振，畏缩不前”，各军师旅团长等“作战奋勇争先者极居少数，大都缺乏勇气，鲜自振作，遂自战局迁延”。

很明显，“指挥无方，行动复懦”的指挥官，所指系龙慕韩、桂永清、黄杰，此三人都黄埔系骨干，与胡宗南同学。龙慕韩被枪毙，桂永清被撤职查办；黄杰失守归德，也被撤职。而胡宗南则被蒋介石放在少数“作战奋勇争先者”之列，与第61师师长钟松同获干城甲种奖章。

两次黄河掘堤

兰封会战失利，形势对中国军队越来越不利。日本人企图攻占兰封、开封与郑州，截断平汉线，故此，急令日军第10师团、第14师团、第16师团等部分路向豫中迅速推进。

1938年6月2日，第一战区前敌总司令薛岳命商震、孙桐萱等部掩护，“主力宋希濂军、胡宗南军团、李汉魂军、桂永清军、黄杰军、俞济时军分向禹县、郏县、汜水、巩县、密县、洛阳、襄城、叶县、沁阳转移”，撤向平汉线以西地区，以“避免与西犯之敌决战，并保持尔后机动力之目的”。

接到撤退命令，到6月7日，胡宗南所部第17军团及归他指挥的桂永清第27军、蒋伏生第36师等部，就退到了孙阁、荥阳南北一线。而日军迅速西进，6月4日重新占领兰封，6月6日占领开封，6月7日占领中牟、尉氏，逼近郑州；其中一部日军快速迂回穿插到郑州南面的新郑地区，截断了平汉路。

郑州形势万分危急，即将被日军合围。为了阻止日军西进，确保平汉线郑州南段无虞，争取时间部署武汉保卫战，于是，国民政府军委会秘密指示第一战区蒋在珍新8师在6月7日夜，于郑州东面决开花园口黄河南岸大堤，数十万人被淹死，1000多万人失去家园，水淹的地区有3千多万平方公里。

当时，第一战区司令长官部“派胡宗南担任决堤的监督指挥工作。后胡部调归陕西，改由商震负责”。据日本人古屋奎二记载，黄河掘堤后，河水“淹及豫省东南大平原的中牟、尉氏、扶沟各县以及皖、苏两省的一部分地区，使日军的车辆、战车、重

1938 年黄河花园口决堤后

武器等类陷入泥淖”，日军被迫“放弃了自中原南侵武汉的意图，而改取东侧陆路及溯江西上的进攻途径。不过，如由安徽陆路进军则非得穿越鄂、豫、皖边界的大别山区不可。”

防守信阳

1938 年 6 月上旬黄河决堤，粉碎了日军西进夺取郑州再南攻武汉的企图。而日本政府认为，“从历史上看，只要攻占汉口、广东，就能支配中国”，所以，“攻占汉口作战是早日结束战争的最大机会”。为此，这一年夏秋之间，日本侵华大本营调动几十万日军，重点进攻广州与武汉。

为了夺取武汉，日军迅速改变战术，分三路西进，任命日本“华中派遣军”司令官畑俊六为进攻武汉的总指挥官。从 6 月中旬开始，日军主力沿长江南北两岸西进，日军第 2 军沿大别山北麓进攻，“司令官为稔彦王中将，辖第十、第十三、第十六师团和骑兵第四旅团。”

国民政府军事当局很早就判明了日军进攻武汉的战略意图与三条进攻路线，因此，军委会在部署保卫武汉作战时，决定由蒋介石坐镇武汉，亲自指挥；长江以北的防务由李宗仁的第五战区担任，指挥的兵力约有 23 个军；长江以南的防务由陈诚的第九战区担负，指挥的兵力约 27 个军。

由于武汉保卫战战事的不断扩大，自 1938 年 6 月初撤至平汉路西休整不到两个月的胡宗南部，再次奉命驻防平汉线南段豫、鄂交界处的信阳、罗山地区，归第五战区李宗仁指挥。

在长江北岸，第五战区根据长江以北鄂、皖、豫三省一带的地形特点，预测日军西进攻打武汉的通道只有两条：一是顺着大别山北麓，从淮河逆流西上，占领潢川、商城，然后兵分两路，一路西进攻取信阳，断平汉线；一路走捷径，南下麻城，穿越大别山腹地，直抵武汉东北角。一是顺着大别山南麓到长江北岸间的条状地带，从长江逆流西上。上述三路协同作战，夹攻汉口、汉阳，最后与从长江南岸西进的日军会师。因此，在大别山南麓到长江北岸间的长条地带，李宗仁令李品仙率 13 个师布防；在大别山北麓，令孙连仲指挥 8 个师正面防御；而命胡宗南部负责大别山北麓的后路纵深防御，布防罗山、信阳之间，担当前方孙连仲部的后卫。

1938 年 8 月，胡宗南部开抵信阳、罗山地区。

豫南平汉路重镇信阳城紧邻鄂北。信阳南面是鄂北山地，北面是大平原。信阳南约 40 公里处有三座险要的关隘：武胜关居中，九里关在东，平靖关西侧，三关互为犄角。三关的西面是绵延的桐柏山，三关的东面是大别山，中间是鸡公山，山中一条坦途，平汉铁路就建在这条道上。罗山城位于信阳东，相距数十里之遥。

胡宗南率第 17 军团进驻信阳。第 17 军团实际只有第 1 军的第 1 师与第 78 师。随后，蒋介石为了增强信阳的防守力量，又下令调来当时中国唯一的机械化部队邱清泉第 200 师、川军陈鼎勋（字书农）第 45 军第 124 师和第 125 师、炮兵第 15 团、董钊第 28 师等一些部队，统归胡宗南指挥。其中第 28 师，此后成为胡宗南的骨干部队，而董钊则成为胡宗南部最重要的一员大将。

鸡公山

董钊，字介生。1902年生，陕西长安人，黄埔一期生。1924年经于右任函荐，与杜聿明、关麟征、张坤生、何文鼎等一起入黄埔军校。历任第28师参谋长、第28师师长，1937年年初，兼任西安警备司令。1938年5月徐州失陷，第28师向苏北且战且退，在沦陷区沿津浦、淮南各线迂回穿插，于8月撤回汉口，驻扎横店。10月，第28师奉命参加罗山、信阳战役。此后，董钊逐渐成了胡宗南“小黄埔系”的骨干。

第三节　第34集团军总司令

西安行营主任顾祝同

在驻防部署上，胡宗南决定第45军军部设在罗山与信阳之间的栏杆铺，以第28师为第一线，防御罗山以东的竹竿铺；以第124师固守罗山城，第125师增援竹竿铺；第1军两个师与炮兵第

15团共同防守信阳城与城东高地；第200师二线防守。

自1938年8月20日起，日军第2军所辖三个师团从合肥等地大举西犯，月底攻占六安、霍山，9月上旬突破富金山防线，9月16日占领商城，然后顺着商城、麻城之间公路南下，企图从正面突破大别山防线，出黄陂，攻武汉，但遭到孙连仲与宋希濂等部的顽强抵抗，激战多日，防线始终未被日军突破。于是，北路日军把主攻的目标改为防守罗山、信阳的胡宗南部与防守潢川的张自忠第59军。

1938年9月初，当日军第13、第16师团进犯大别山正面富金山阵地时，第10师团的濑谷支队就从叶家集北朝固始进犯，另一股约3000多人的日军由正阳关逆淮河西上，配合濑谷支队，9月6日固始失陷。9月中旬，日军第10师团集中力量进犯大别山北麓，一部进犯罗山、信阳一线；另一部于9月18日突破第59军防线，占领潢川，9月20日光山失陷。

9月17日，日军一部迂回绕过潢川城，进犯胡宗南部防区的前哨阵地竹竿铺。后来王仕俊率第125师赶来增防，沿竹竿镇东面的竹竿河布防。我军顽强抵抗数日，到9月22日，日军才突破竹竿铺。由于日军攻势猛烈，防守罗山城的第124师师长曾甦元怕遭“围歼”，竟擅自弃城撤逃，以致日军轻取罗山城，并趁机推进到罗山与信阳间的五里店，直逼信阳，威胁平汉路。

情况很危急。胡宗南立即指挥第1军与董钊第28师等部，在炮兵与装甲兵部队的配合下，在罗山与信阳之间正面设防，阻击与反攻日军。川军两个师在第1军的左、右两翼展开。战斗异常激烈，双方伤亡很大。第28师的一位团长屁股被弹片炸伤，坚持侧卧在担架上指挥作战，三天后才打电话给董钊请求下火线。战事紧急，董钊不准，说：“死也要给我死在阵地上！”那位团长只得继续在阵地上指挥。

这时，胡宗南又指示部队夜间偷袭罗山城南的小罗山日军阵地。夜袭部队杀死敌哨兵，钻进敌人阵地，一阵冲杀，打死、打伤日军数十人，生擒三人，虏获轻机枪一挺等战利品。在胡部有力的抗击下，日军进犯信阳十几天，未得逞，不得不退回罗山，等待增援。在罗山、信阳防御战中，从 9 月 17 日到 10 月初，胡部杀伤敌军数千。

期间，由于进犯屡遭挫败，日军竟借着风势，在阵地前向胡部官兵施放催泪性的与喷嚏性的毒气，有时一天施放多达五六次。胡部阵地第一线官兵多人中毒，死亡。在收复浏荅村时，我军缴获日军大批毒罐。

1938 年 10 月初，日军增援的第 3 师团主力抵达罗山，协助第 10 师团攻打信阳，并企图“围歼”胡宗南部。日军以第 3 师团主力从正面对信阳发起进攻，而以第 10 师团的骑兵部队为基干，配属炮兵与步兵，从隆光寺出发，穿越青山店山间羊肠小道，直逼平汉线上的柳林车站。柳林车站位于信阳以南、武胜关以北。

由于胡宗南在防守上忽视了青山店山间小道，日军骑兵得以成功钻隙迂回，占领柳林车站，信阳至武汉之间的铁路线也就被截断了。日军一部从柳林车站继续西进，迅速攻取平靖关、郝家店至浉河一线，切断花园至襄樊公路，对信阳形成合围之势。

蒋介石、李宗仁急令战区各部务必收复柳林车站，打通平汉线，歼灭西进日军。胡宗南率部从信阳南面出击，配合罗卓英部的方靖第 13 师、第 3 集团军孙桐萱部的第 22 师等部，夹击柳林一线日军。双方激战数日，我军歼敌 2000 余人，一度收复柳林车站。但日军主力仍据守柳林车站以北的铁路东西两侧高地，固守待援。日军援兵也源源不断地朝柳林推进。日军第 3 师团正从东、北两面进逼信阳。

在信阳即将被日军合围的险境下，胡宗南为了保存实力，未经请示，擅自决定信阳城只留下马戴文团留守，其他各部撤离信阳至罗山一线，撤至信阳西北的铜柏山区布防，守护西安至荆州公路。在日军再次进攻信阳时，马戴文团迅即撤逃。10 月 12 日，信阳失陷。

李宗仁对胡宗南擅自撤离信阳十分愤恨，说：“10 月 12 日信阳失守。我原先已电令胡宗南自信阳南撤，据守铜柏山平靖关，以掩护鄂东大军向西撤退。然胡氏不听命令，竟将其全军七个师向西移动，退保南阳，以致平汉路正面门户洞开。胡宗南部为蒋先生的‘嫡系’部队，在此战局紧要关头，竟敢不遵命令，……”

胡宗南擅自撤离信阳，信阳失陷，中国军队在平汉线上的防线被日军撕开了一个大缺口。日军从这个缺口突入，切断了平汉线，日军一部固守信阳附近。第10师团迅速向平汉路西的应山、安陆、花园等地突进，配合南面攻击武汉的日军，10月24日占领应山，25日占领武汉，26日占领安陆，从而在平汉路西形成了一个大包围圈，而中国第五战区尚有近10万部队仍在平汉路东面地区。

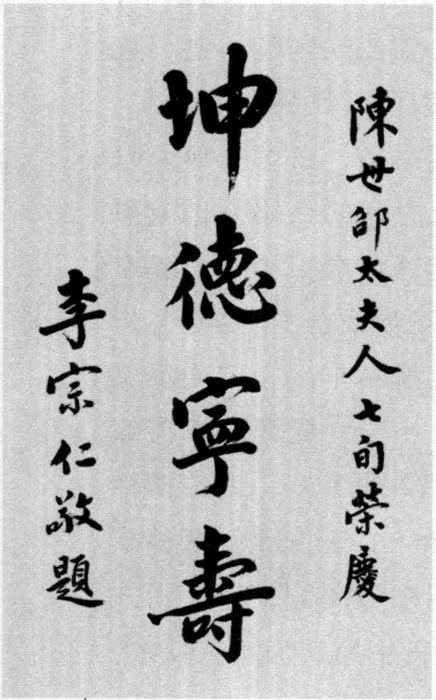

李宗仁行书作品

日军迅速收缩包围圈，企图全歼中国第五战区部队。幸好，罗卓英、刘汝明等部在信阳南部三关一带防守，凭险固守，与日军反复争夺，凭借有利地形拖住、推迟了日军南下的速度，成功地掩护路东第五战区部队陆续撤退到平汉路西。直到10月28日，日军才彻底控制了平靖关与武胜关一线，包围圈才得以完全形成。

这时，尚有少量中国军队还未从平汉路路东撤走，由于日军兵力不足，包围圈过大，中国军队仍能分散从路东退往路西铜柏山与大洪山区。日军围歼平汉路路东中国第五战区部队的奢望就化为了泡影。

此时，第五战区部队得以全身而退，第五战区司令长官部退居樊城。李宗仁对胡宗南的行径更气愤，就将胡宗南不服从命令、擅自撤出信阳、以致鄂东10万大军陷入日军重围诸事项，电告重庆军委会，强烈要求严办胡宗南。虽然李宗仁要求严办胡宗南，证据确凿，此事“如系其他任何非‘嫡系’将官所为，必被重惩无疑”，结果“军委会竟不了了之”，“于此均可见中央政府的治军、治政，全依人为依归。凡中央‘嫡系’部队，或与中央可以发生‘通天’关系的，因不听将令，不受指挥而失城失地的，都可不了了之，……”

整编扩军

关中地区以西安为中心，地处陕西中部，四周山川险峻，中间沃野千里，东瞰中原，西接甘新，北控塞北，南邻巴蜀，自然条件得天独厚，战略地位极其重要。西安城位于八百里关中平原的中心，北临渭河，南靠秦岭。

抗战时期，关中地区的战略地位更显突出：东隔黄河与山西日军对峙，北邻中共陕甘宁边区，西越甘肃、新疆就是苏联与外蒙，而在宁夏、青海与甘肃一带，马鸿逵、马步芳等回族军阀武装盘踞多年，根深蒂固，桀骜不驯。民国历史学家张其昀说：“保陕西即所以保四川。”

关中地区的形势，可谓是“三面临敌，内部不稳”，屏障着四川，卫护着陪都重庆。因此，蒋介石决定，一定要以最亲信最重要的将领，率中央军嫡系精锐部队，进驻与控制关中要地。蒋介石选中了胡宗南。

1938 年 10 月中旬，胡宗南奉命率第 17 军团从豫南回驻陕西关中。当时，军委会委员长西安行营是西安地区的最高军事机构，行营主任为蒋鼎文。第 17 军团是西安行营下辖的最重要军事力量。1938 年 6 月，蒋鼎文兼任陕西省政府主席。

西安时期的蒋鼎文

蒋介石决心迅速扩大胡宗南部的实力，迅速提拔、重用胡宗南，使他从一个军事将领成为自己在西北的代理人，替他坐镇关中。

首先，蒋介石全力支持胡宗南迅速壮大军事实力。

回师关中，胡宗南一方面大力扩充第1军，一方面利用监督进入关中地区整补部队的权力，迅速控制了多支部队。一番动作，胡宗南得以直接指挥的部队增至5个军的规模。

第1军是胡宗南的起家部队，军长李铁军也是亲信，原只辖第1师与第78师，这时，胡宗南借机编入川军赵锡光第167师，使第1军辖3个师，装备精良，一直成为胡部的王牌军。

胡宗南惯于偷梁换柱，移花接木。一有机会，他就吞并、消化与改造其他派系的部队，甚至于连其他中央军也不放过。湘军陶峙岳第8师入关中整补时，胡宗南以第8师与第24师等部合编为第76军，以陶峙岳任军长。不久，胡宗南让李铁军与陶峙岳对调军职。李铁军一上任，即着手“改造”第76军，使第76军胡宗南化。第90军到关中整补，胡宗南调升军长彭进之任第17军团副军团长，而以亲信李文任第90军军长，另一亲信刘超寰升任第90军第196师师长。这样，第90军与第1军、第36军就成为胡部三大主力军。

兰封战役后，第27军军长桂永清被撤职查办，第27军第46师师长李良荣亦去职。胡宗南荐第1军副军长范汉杰继任第27军军长，黄祖壎为第46师师长，并编入诚书农预第8师、刘进第45师。自此，第27军3师6旅之众皆归胡宗南所节制。

信、罗战役后，第28师与第61师移驻关中。胡宗南乃以这2个师与预第7师等部合编为第16军，以董钊任军长，派亲信陈鞠旅、冯龙任第16军的师长，由此控制了第16军。

此后，胡宗南采用类似的移花接木的整编手法，急剧扩大胡部的军事实力。同时，蒋介石这一边就不断抓住时机，一次次破格提拔胡宗南的军职与官阶，以便让他能够名正言顺地统率与指挥更多的部队。

武功军事会议

1938年年底，蒋介石分别召开了长江南、北两岸各战区的军事会议，总结抗战一年来军事上的得失与经验教训，研讨第二阶段抗战的方针与计划。

1938年12月中旬，长江以北各战区的军事会议从洛阳移到陕西武功农学院内继续举行，何应钦、徐永昌、陈调元、程潜、卫立煌、李品仙、朱绍良、赵戴文、蒋鼎文、鹿钟麟、于学忠、胡宗南、范汉杰、宋希濂、董钊等出席会议。

胡宗南与宋希濂是黄埔一期同学，这次一道从西安乘火车前往武功赴会。那天天气寒冷，雪花飘飘，因为武汉会战失败，胡宗南已获悉李宗仁控告他擅自撤离信阳等失职行为，要求军委会严办他，所以胡宗南一路上精神郁闷。胡宗南对宋希濂说：“老宋，我不干了！这次到武功，我要向校长请求辞职。”宋问：“为什么不干了？”胡宗南答：“桂系捣乱，他们控告我，我不能使校长为难。”

武功会议决定重新划分战区，减少部队指挥层级，裁撤军委会委员长西安行营，新设委员长天水行营，由程潜担任行营主任。名义上，天水行营下辖卫立煌河南第一战区、阎锡山山西第二战区、朱绍良兰州第八战区、蒋鼎文西安第十战区，以及冀察战区、苏鲁战区共六个战区，但实际上各战区皆由军委会直接指挥。

在军队编制中，决定撤销军团与旅两级指挥机构。第17军团扩编为第34集团军，隶属第十战区。蒋介石本想直接提拔胡宗南当第34集团军总司令，又考虑到胡的资历不够，而且，又因信阳事件遭控告，就听从了何应钦的提议，以蒋鼎文兼第34集团军总司令，而以胡宗南任副总司令兼代行总司令职权。

会议期间，蒋介石召见与会将领单独谈话。胡宗南在汇报时说桂系为难他，请求辞职。蒋介石不允，对他说：“一切事由军委会替你负责，你不必顾虑。”

会议最后那一天的晚上，蒋介石又召集胡宗南等嫡系亲信开了一次秘密会议，议题是专门研究防范与对付中共的发展。根据西北的战略位置与地理形势，蒋介石秘密给胡宗南确定了颇显军事战略家眼光的十六字战略方针，其轻重次序是东、北、西、内。防守重点一是日军，一是共产党。

1939 年 1 月 14 日，胡宗南出任第 34 集团军副总司令的任命公开发布。1939 年 8 月 4 日，胡宗南被正式任命为第 34 集团军总司令。由于是蒋记黄埔系的嫡系骨干，胡宗南不仅未因信阳事件受半点处分，反而得到了提拔、重用。就这样，44 岁的胡宗南又成了黄埔生中担任集团军总司令的第一人，成为关中地区拥有最高军职的高级将领。

宋希濂

当上集团军总司令后，胡宗南保荐宋希濂为第 34 集团军副总司令，保荐罗泽闿任集团军参谋长。第 71 军就被纳入了胡宗南军事集团的范围，而以胡宗南为核心的西北军事集团就迅速形成与发展壮大。此时，胡宗南直接控制与归其督训、节制的部队，遍及关中、甘肃与晋豫。除第 34 集团军建制下的陶峙岳第 1 军、董钊第 16 军、李文第 90 军外，另有李铁军第 76 军、刘元瑭第 12 军、宋希濂第 71 军、杨德亮第 42 军、范汉杰第 27 军、曹大中新 7 军、马禄骑兵师与第 19 补训处。这样一来，胡宗南部成为蒋介石最重要与最依赖的一支军事力量，尤其成为蒋介石控制与经营战略要地大西北的军事支柱。

根据蒋介石的指示，胡宗南调整所辖各军的布防位置：第 34 集团军守卫黄河河防，对付日军，其中第 1 军第 1 师守备潼关，第 78 师与第 167 师控制华阴、华县地区；第 16 军担任朝邑至宜川以东河防；第 90 军布防韩城、郃阳地区；第 27 军、第 36 军、第 76 军等为策应。不久，第 27 军开往晋南中条山，第 42 军驻防甘肃。以陕西与甘肃的地方保安旅协同部分主力部队封锁中共陕甘宁边区。

第四节　胡家军班底

第七军分校

胡宗南一向注意培养嫡系的军政干部，注重培训、提高军政干部素质。坐镇关中以前，胡宗南就举办过各种军官训练班，比如说，1931 年开封“第 1 师军官训练班”；1934 年天水“中央军校西北军官训练班”；1936 年长沙“第 1 军军官暑期训练班”；1937 年徐州“第 1 军军官短训班”等。此后，在兰州举办“西北干部训练团”，轮训甘、青、宁三省地方军政人员；还在西安、兰州、宝鸡、天水等地开办第七军分校、战干四团、游干班、骑兵、军医、工兵、财会等学校。

这些培训学校都取得了一定的成绩，培养与培训了为数可观的各种军政人才，不断补充到胡宗南各部与其他各部队中以及地方各级党政机关中，充实了中国抗战的总体力量，同时也扩大了胡宗南军事集团的势力与影响，构成了胡家军的人才班底。

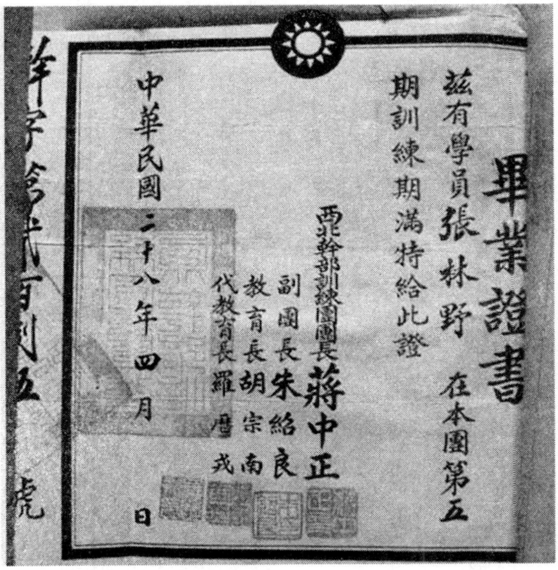
畢業證書
茲有學員張林野在本團第五期訓練期滿特給此證
西北幹部訓練團團長蔣中正
副團長朱紹良
教育長胡宗南
代教育長羅歷戎
中華民國二十八年四月　日

西北干部训练团毕业证书

早在 1928 年，南京国民政府正式成立“中央陆军军官学校”，简称“中央军校”，并在武汉、洛阳等地办分校。抗战开始，中央军校本部从南京内迁成都，与成都分校合并。如今，胡宗南驻节西安，手握重兵，就更重视培训军事人员，胡宗南主持创办的中央军校分校按序为“中央军校第七分校”，简称第七军分校。

1938年初，第七军分校开始筹建，胡宗南、罗历戎等六人为建校筹备委员。5月，校部迁至西安以南的王曲青龙岭，正式建校。校址为何选在王曲青龙岭呢？据说，传说青龙岭是后汉光武帝刘秀发迹之地，胡宗南也想在此“兴隆发迹”，就把青龙岭改名“兴龙岭”，把青龙脚的皇甫村改名“黄埔村”，梦想继承蒋介石“黄埔起家”的衣钵。依惯例，蒋介石兼第七军分校校长，胡宗南任分校校务主任，并先后委派顾希平、邱清泉等人为副主任，操办实际工作。胡宗南曾对亲信部下说：“委座统一中国，靠办黄埔；我们要继承大业，就一定要办好七分校。”而第七军分校政治部副主任余纪忠说，胡宗南为了办好第七军分校，可谓是“煞费苦心”，日夜操劳，“席不暇暖”，甚至学周公“一饭三吐哺”。

“黄埔大家庭成员”

从1938年4月开始，第七军分校招收第一期学员，生源主要有以下几方面：胡宗南1937年底率部从上海西撤过程中沿途收留的随军带往西安的青年；1937年年底到长沙招考的600多名青年学生；1938年2月，到淮海沦陷区招考的800多名青年学生。还从“湖南青年战地服务团”中选取了一些成员入学。胡宗南从这些青年学生中，考选了千余人，作为第七军分校第一期学员。殊不知，从“湖南青年战地服务团”招选学员被周恩来巧妙地利用起来，走出了一步日后事关延安中共中央生死的大棋。

第七军分校对入校学生与受训人员分科施教。开设两个政治训练队，进行政治教育训练，培养政工干部；两个军官大队，轮训中下级军官；一个特科总队，培养情报、安保等特工人才；步兵学生总队，进行军事教育训练，培养初级指挥官与参谋；一个边语训练班，专门教学外语与少数民族语言，培养外文与外交人才；两个军士教导团，培训基层政工干部。另有一个练习团与一个输送营。学制约为一年。全校师生最多时有2万余人，规模超过成都中央军校本部。

胡宗南将在1938年5月进入第七军分校的第一期学生，按照黄埔军校创办以来毕业班的序列，编为黄埔第十五期生。七分校共招收了五期学生，到黄埔第十九期结束，共培养3.8万余毕业生，被胡宗南称为“黄埔大家庭成员”。七分校毕业生不断地充实到胡部各军中，成为胡部中、下级军官增补的最主要的来源。对七分校的毕业生与受训人员，胡宗南十分看重，视为自己的门生与亲信，往往在工作上优先安排，在职务上优先提拔。

利用第七军分校，胡宗南不仅培养了大批青年军官，进一步控制了部队，提高了战斗力，提高了他在部队中的威信，而且，还轮训了一些杂牌部队的军官，使他们黄埔系化，化解了各部之间的一些矛盾，无形中逐步改造与吞食了各个非嫡系部队，推动了胡宗南军事集团的形成与发展。

“战干四团”与“西北游干班”

为了补第七军分校的不足，胡宗南又创办“战时工作干部训练第四团”，简称“战干四团”，专门培养文职政工干部。蒋介石兼任战干四团团长，第十战区司令长官蒋鼎文任副团长，胡宗南任教育长，周士冕、葛武棨等任副教育长，主持校务。

胡宗南把那些因体力不合格不能进入七军分校的青年学生招收进战干四团，通过教育培训，培养成军队与地方的政工干部。后来还把陕、甘、豫的地方干部招收进来，加以培训。战干四团经常受训的学生与干部达两三千人。

汤恩伯

此外，胡宗南又在西安南翠华山太乙宫，与第31集团军总司令汤恩伯部联合开办“西北游干班”。训练班由蒋介石兼任主任，军委会军训部部长白崇禧、军令部部长徐永昌任副主任，蒋鼎文为教育长，胡宗南为副教育长，汤恩伯为总教官。胡宗南派员主持训练班事务，汤恩伯主持教育训练，学员从第31集团军与第34集团军两部队军官中逐次抽调参加，后来扩大到绥远、察哈尔、甘肃、宁夏等地的部队。每期学员学制六个月。第一期成立了4个学员队，规模后有扩大。这个训练班共办12期，毕业学员被派到沦陷区开展游击活动，组织敌后武装力量，协同正规军抗日。

1939年以前，胡宗南部的用人标准是“黄陆浙一”，即是黄埔军校出身的、陆大深造的、浙江籍的或有在第1师从过军的；自此以后，改为“黄陆浙一七四游”，即在第七军分校、战干四团、西北游干班等毕业或受训的也成为胡部一条新的用人标准，由此扩大了胡家军用人的范围。

第七章
反共与抗日

第一节 “北制共匪”

相煎何急

抗日战争进入相持阶段以后，国、共两党关系开始趋于紧张。对中共力量的迅速发展，国民政府中的一些当权派日益恐慌，要求限制、防范与打击中共势力。

1938 年 10 月胡宗南率部回师关中，耳闻陕甘各专区与中共陕甘宁边区摩擦事件时有发生，对中共力量的增长日益担心，深感不安，常言谈中流露出反共情绪，思谋防范与应对之策。胡宗南常说：“抗日战争即使失败而亡于日本，还有复国的可能；若因抗战而使中共的力量扩大到动摇国本，则将永无翻身之日。”并建议蒋介石：“为长治久安计，必须加强对陕甘宁边区的封锁，削弱并压缩共产党势力，俾在有利时机一举而歼灭之。”

此前，在 1938 年武功军事会议期间的最后一天，蒋介石专门召集少数亲信将领秘密开会，并对防范与打击共产党方面作出了诸多指示。蒋介石说：“我们和日本人打了一年多的仗，中央的部队牺牲是这样大，但是共产党却利用了这个机会，大大扩充势力。它们的军事力量，不仅控制了山西的大部分地区，而且发展到了河北、山东、河南、安徽、苏北等地；他们政治的渗入更是厉害，在我们控制的地区里，也是大力发展组织，大量吸收青年到陕北去。这样下去，我们不是亡于日本帝国主义，而是会亡于共产党。"为此，蒋介石明令胡宗南驻防关中，不仅防范日军西犯，还要防堵中共力量在西北的发展。

1939年1月，《防止异党活动办法》被国民党五届五中全会秘密通过，正式确立了溶共、防共、限共、反共的方针。胡宗南作为国民政府在陕西前线最高军事总指挥，站在了防共反共战线的最前沿。他对宋希濂等将领说："我们必须准备和积蓄我们的力量，我们必须限制中共的发展。"

1939年8月，第34集团军总司令胡宗南专门去重庆向蒋介石汇报中共在陕、甘地区的活动，提出防共、限共与反共的多项建议。他说："今日本党的真正敌人不是日本帝国主义，共产党才是心腹大患。国际形势一天一天在变化，日本人要对付俄国，又要对付英、美，它不能再有很大的力量向我们进攻，所以日本人绝对消灭不了我们。但共产党却利用这个机会一天一天地壮大起来了，这是一个最可怕的敌人。……现在共产党的力量已经发展到了整个华北地区，而且还伸入到了江苏、安徽的大部分地区。……这样下去，恐怕不到三年，我们想维持这个局面都不可能了。这是多么可怕！"蒋介石正襟危坐，专心致志地倾听胡宗南陈述了两个小时。最后，胡宗南提议："我们必须和他们斗争。""我们必须在我们的区域里限制他们的活动。但这是不够的，我们应该以组织对组织，以宣传对宣传。我们还要和共产党争沦陷区。"

"北制共匪"

对中共的看法与所持的态度，胡宗南与蒋介石是一致的，所谓"英雄所见略同"。蒋介石让胡宗南坐镇大西北，给他的战略任务，第一项是"东御日寇"，第二项就是"北制共匪"。因此，从1939年开始到1946年底，胡宗南指挥所部，对中共陕甘宁边区，展开了有组织有计划的包围，摩擦，封锁，挑衅，甚至不惜挑起国共内战。在蒋介石的授意和指挥下，胡宗南军事集团力图在大西北筑起一道严密的"防共长城"。

抗战开始，国民政府指定陕西洛川以北、绥德以南以及甘肃、宁夏东部的部分地区，以延安为中心，划归中共管辖，称陕甘宁边区。中共中央在延安成立了陕甘宁边区政府，以林伯渠为边区政府主席，垦荒植树，发展生产，竟将地瘠民贫的边区建设成了中共的核心根据地，成为中共各解放区的总后方。

全面抗战初期，国共第二次合作全面展开，国民政府对陕甘宁边区的封锁是简单而随意的，中共对国民政府的反封锁也是因陋就简："所谓陕北封锁线，在抗战初期，原不过少数陕西省保安部队在有限之交通隘口，清查行人，照料衣食。'匪'方亦复如是。"

延安革命陈列馆内陈列的纺车

随着陕甘宁边区的壮大，尤其是1939年后，蒋介石国民政府对此越来越感不安。1939年6月10日，蒋介石密电朱绍良和胡宗南，指令他们加紧封锁陕甘宁边区，"利用涵潼及黄河天险"，布置重兵，严防"陕北奸伪"，还密令胡宗南在双石铺设预备指挥所。根据蒋介石的指示，胡宗南以天水行营的"党政军特联汇报"统一指导陕、甘、宁、绥四省党政军各部门，从军事上、政治上、经济上、文化上全面封锁陕甘宁边区。首先是建立军事封锁线，这一任务主要由胡宗南军事集团承担。

军事上，构筑军事封锁线，加紧封杀陕甘宁边区。据时任胡部第16军参谋长的褚静亚回忆：在构建军事封锁线的过程中，胡宗南根据"围剿"苏区时的办法，先根据地形绘制军队布置图，以胡部正规军为骨干，地方保安团为辅，规定各部设防位置，严格依照第十战区司令长官部的《碉堡构筑位置要图》，修筑纵深五道的堡垒群与封锁沟墙。选择在便于发挥火力的高地上与交通要道附近构建碉堡群；一个碉堡群一般能够容纳一连的兵力防守；碉堡形状，有四方形与五角形两种；每群由一个母碉和几个子碉构成；母碉大约能够容纳一排兵力防守，多为上下两层，预设步枪与重机枪射击孔；子碉大约能够容纳一班兵力防守，也设有轻机枪与步枪射击孔；碉堡与碉堡之间用交通壕联通起来，壕上加掩盖；朝向边区一方的碉堡外围，设有鹿砦、外壕、地雷，外壕上设吊桥。如此，通往陕甘宁边区的所有交通要道都被封锁线控制住了。

当时天水行营部署，对陕甘宁边区的军事封锁，高双成、邓宝珊部负责陕北榆林地区；马鸿逵、马鸿宾部负责宁夏地区；胡宗南部负责封锁陕甘宁边区的正面：东起黄河西岸，经陕西的秋林镇、宜川、洛川、宜君、铜川、耀县、口头镇、淳化、旬邑，接甘肃东部的宁县、西峰镇、镇原，入宁夏境内，经固原、黑城镇，至同心城，北接马鸿逵部的封锁线，总长达350余公里。这是国民政府对陕甘宁边区最主要的一条封锁线。胡宗南军事集团利用这条漫长的军事封锁线，扣阻与限制各种军用与民用物资进入陕甘宁边区，检查与阻挠双方人员的往来，逮捕与扣留投奔边区的全国各地青年与边区进出人员，借此把国统区与陕甘宁边区割裂开来。

政治上和经济上，协调陕、甘地方行政系统，实行政治、经济封锁与文化渗透。胡宗南又力促与协调陕、甘地方行政系统，采取在各地收编地方保安武装，建立严密的保甲组织，建立全面动员、军民统一的指挥体制等封锁措施；在国统区与陕甘宁边区接壤的关键地区，设立一种特殊的党政军一元化行政机构，以配合军队的军事封锁线，加强对国统区人民的控制，全面封锁陕甘宁边区。如在关中北面的黄龙山区，设立了“黄龙山设置局”。

抗战期间，为了加强对陕、甘地方行政的控制与影响，胡宗南对陕、甘两省地方行政系统的国民党党政实权派人物，刻意拉拢，党同伐异，培植亲胡派势力，如彭昭贤、李犹龙等，终为胡

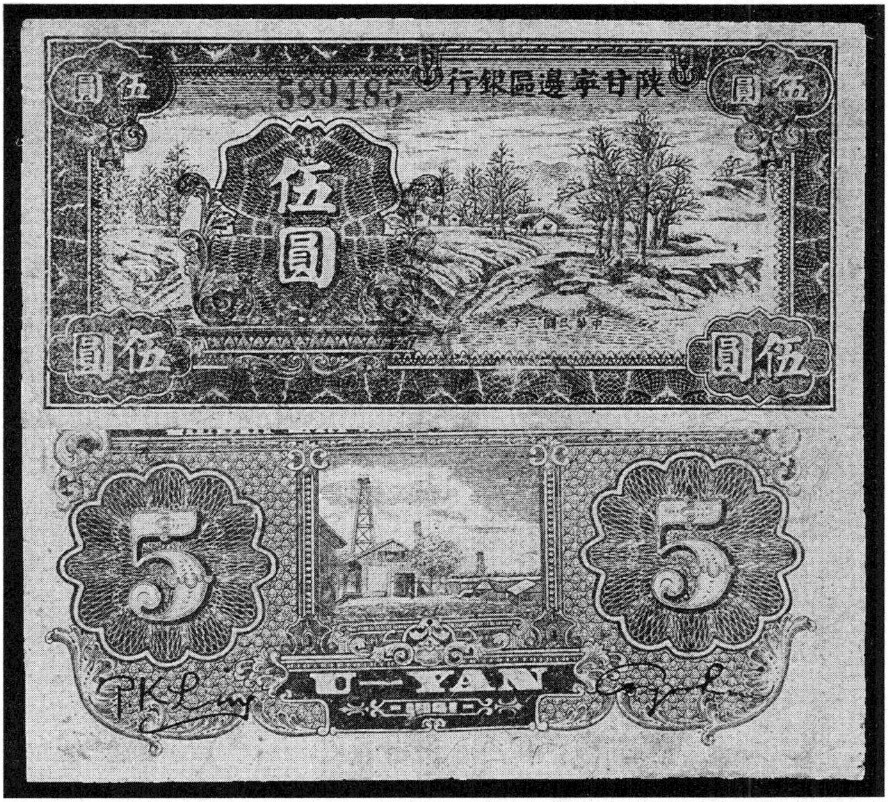

1941 年陕甘宁边区银行伍圆纸币

宗南所用。同时，胡宗南先后调派与推荐自己的亲信干部到陕、甘地方政府部门出任要职，采取掺沙子的办法，控制地方政权，如推荐赵龙文任甘肃省民政厅长，蒋坚忍任大荔地区专员等。另外，胡宗南指令下属把大批“战干四团”的毕业生派到各地任乡、保长与指导员。

1940 年 10 月，胡宗南在西安正式挂牌成立“陕西省军队组训民众动员总指挥部”，作为陕省组训民众的最高领导机构，总指挥由省政府主席蒋鼎文兼任，副总指挥由胡宗南兼任。但蒋鼎文从不过问事务，胡宗南是实际的操盘手。胡宗南通过“陕西省军队组训民众动员总指挥部”这个庞大的组织机构，更大量地与更直接地主导、干预地方行政事务，任免地方行政官员，从乡、保长至县长，借此进一步加强了胡宗南军事集团对陕、甘地方行政的实际控制能量。后又下设两个区指挥部：一个是商、同区指挥部，总指挥由军长李铁军兼任；另一个是彬、洛区指挥部，总指挥由军长董钊兼任。

侵犯“囊形地带”

在国民政府对陕甘宁边区的千里封锁线上，在陕、甘两省交界的正宁、宁县、淳化、旬邑、镇原五县地区，形成了一块向南突出的条状地带——陕甘宁边区关中分区。这块地带被胡宗南军事集团称为“囊形地带”。胡宗南认为，囊形地带的五县本不属于国民政府行政院划定的陕甘宁特区政府管辖范围，是中共非法霸占的；从军事战略地位来看，囊形地带地处洛川侧后，只要从此地插入国统区，向东可切断咸榆公路，向西可威逼甘肃，向南可进逼西安。胡宗南一直想夺下囊形地带，将从宜川到固原的封锁线拉直。

对于中共，1938年国民党五届五中全会确定为“以政治限共为主、军事限共为辅”，1939年五届六中全会修改为“以军事限共为主”。随后，从1939年底到1940年初，出现了抗战期间的第一次国共摩擦高潮，在冀、豫、晋、湘等地发生了一系列的国共武装冲突与流血事件。

1939年5月，胡宗南出兵占领旬邑县城；12月10日，胡部一个团，联合宁县保安队，夜袭宁县县城，驻在宁县城内的八路军罗营遭受重创，突围撤走，伤亡400余人；12月14日，驻防平凉的胡部第191师协同地方保安队，袭击镇原城八路军，占领镇原，并向西峰镇、马渠、屯子镇一线的八路军发起攻击；在12月底到1940年年初，胡宗南又命令第76军、第80军及预3师等部，攻取正宁、淳化两城。

在占领囊形地带五座县城后，胡宗南乃集结兵力，蠢蠢欲动，意欲向北推进，威逼延安。这时国共两党的关系，正如蒋介石侍从室第一处主任张治中所说：“从这一年（1939）开始，两党的摩擦纠纷，在各地发生，乃至有些地区发生武装冲突。”“十二月，胡宗南部又进驻陕甘宁边区的五个县，更加剧了两党关系的恶化形势。”

兵来将敌，水来土堰。对胡宗南部的北犯，延安中共中央采取了放弃胡部所占领的五座县城，转而控制以马栏为中心的五县广大乡村地区，并防止胡宗南部进攻延安，于是，一方面火速从晋绥地区调回主力部队第 359 旅，协同留守部队确保延安的安全；另一方面，把主攻方向对准延安以北的绥德地区专员何绍南，军政齐下，1940 年 2 月 5 日何绍南仓惶逃离绥德，中共军队迅速控制了绥德、米脂、葭县、吴堡、清涧五县。陕甘宁边区向北推进与扩大了一大片土地，人口扩展了 50 万，还与黄河对岸的晋绥解放区连成一片。

在这次国共军事摩擦中，表面上胡宗南拿下了垂涎已久的五座县城，同时却失去了整个绥德地区，而且，囊形地带的广大乡村仍控制在中共手中。到 1940 年 3、4 月间，胡宗南军事集团的对陕甘宁边区的第一次武装进犯停止了。期间，1940 年 3 月 5 日，毛泽东致电蒋介石、程潜与胡宗南，重申停止国共内战、一致抗日的政治主张，两党之间的紧张关系一度缓和下来。

陈立夫的惊天“计划”

1940 年夏，华侨领袖陈嘉庚回国慰问，遍访国民党军政高层及前线高级将领，大多评价不佳。在访问西北时，胡宗南单独在西安王曲总城隍庙设宴招待陈嘉庚，邀请他到第七军分校阅操，陪游南五台。陈嘉庚对胡宗南评价很高。陈嘉庚这次除了极口称赞“延安精神”之外，评价较为正面的是处在抗日前线的西北国共“五大总司令”：朱德、胡宗南、卫立

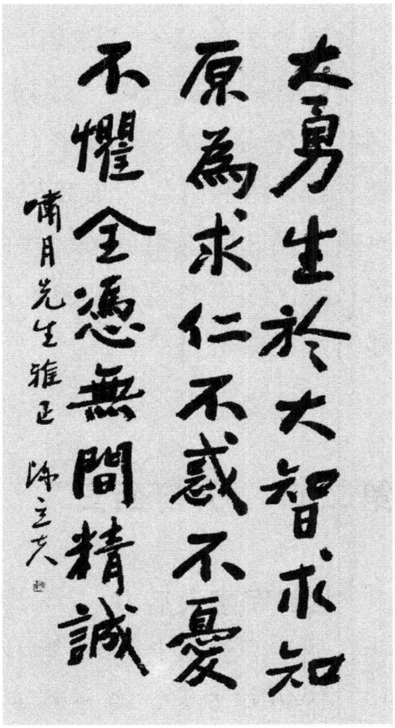

陈立夫行书手迹

煌、阎锡山和傅作义。

1940 年秋，国民政府教育部部长陈立夫来西安视察。在国民党内，论资历、地位与政治经验，陈立夫都在胡宗南之上，且陈立夫与蒋介石关系很深，所以，胡宗南一直以师礼来对待比他小 4 岁的陈立夫。

在西安，陈立夫检阅胡宗南部队，大胆地提出了一项异想天开的建议："你的部队是不是只摆在那里看看而已……如果我是你，我会集中军队和飞机，一个晚上占领延安。"陈立夫并以承继蒋介石的衣钵作诱惑，说："蒋公以北伐第 1 军之基本部队授兄，并以最佳美援武器补充兄，兄宜做一件轰轰烈烈之事以报之，则今后之天下，兄乃能承其绪。兄如有此魄力，我愿共负其责。我告以计划。"可是，胡宗南答道："老先生没有命令啊!"陈立夫不免大失所望，说："宗南兄不敢冒此险，我知其虽有大志而无大胆，不可以有为矣。"后来还评价胡宗南"真是蒋先生爱将，只是他自己没有气魄罢了。"

陈立夫的这一"计划"，即鼓动胡宗南军事集团袭击中共陕甘宁边区。陈立夫的"计划"非同小可！在当时全国一致抗日的国共合作大形势下，没有蒋介石的命令，胡宗南绝不敢冒天下之大不韪，去做这件"轰轰烈烈之事"。而当时国民政府的一些地方军政大员也不会赞同陈立夫的这一书生之见。1941 年 12 月 2 日，第八战区司令长官朱绍良在就秘密地指示胡宗南："现时收复囊形地带，亦殊不当。"

第二节 "开府西安"

抗日军事大后方

胡宗南刚当上第 34 集团军总司令，不久就再次青云直上。

1940 年 5 月，蒋介石下令，撤销第十战区，取消天水行营，在西安改设军令部西安办公厅，调军令部次长熊斌为主任；蒋鼎文则专任陕西省政府主席。到 1941 年夏，蒋介石又令熊斌与蒋鼎文对调职务。

名义上，军令部西安办公厅是胡宗南第 34 集团军的上级机构，但它却无军事指挥实权。而且，无论是熊斌还是蒋鼎文任办公厅主任，都对蒋介石的用意了然于胸，所以，都只当挂名主任，对第 34 集团军放任自流，让胡宗南独立行使与扩张势力。

胡宗南知道自己权位的提升，首先取决于军事实力的不断扩充与军事集团的壮大。因此，他继续利用一切机会抓部队，培植嫡系势力。当时，关中是河南第一战区与山西第二战区的大后方，第一、第二战区的部队在每次作战后常常开进关中整补；而从四川等地开往前线抗日的部队也常要借道关中。蒋介石就命令这些部队都由胡宗南负责补充与督训。借此机会，胡宗南名正言顺地重新整编这些部队，调整各部的指挥官，安插亲信，渗透势力，扩充自己的势力与影响，从而使这些部队逐步被纳入胡宗南军事集团中。与此同时，胡宗南根据第一、二战区的需要与请求，也不时派出嫡系部队开赴晋豫抗日战场，对日作战。

1939 年冬，日军进犯晋西第二战区阎锡山部。胡宗南即派第 90 军三个师渡过黄河，入晋作战。1940 年夏，钟松第 61 师克复侯马，胡松林第 109 师克复河津、稷山，曹日晖第 53 师克复汾城。1940 年 6 月，日军进犯晋东南太行山区。第一战区卫立煌发出请援，胡宗南即派第 27 军与第 80 军渡黄河入晋对日作战。

1941 年 5 月，日军向晋南中条山地区的中国部队发起大规模的进攻，双方鏖战二十余天，最后，中国军队在中条山地区失利，先后突围，其中，范汉杰第 27 军、孔令恂第 80 军、裴昌会第 9 军等，都陆续开入关中督训整补。在中条山战役吃紧时，胡宗南派遣李铁军第 76 军、第 1 军第 167 师等，东出潼关，开赴豫西灵宝一线，增援第一战区抗日，直到 1941 年 11 月回师关中。

而刘戡第 93 军与曾万钟第 3 军两军残部仍然坚持留在中条山地区，游击抗日。这时，中国军队唯一控制的黄河东岸渡口，就是胡宗南部第 16 军预 1 师夏尧村第 2 团把守黄河东岸河津县的禹门口。依靠这个渡口，中国军队保持了黄河东、西两岸的联络，向坚持在中条山地区作战的第 93 军与第 3 军提供后勤补给。

禹门口失陷

1941 年 10 月底，山西日军以优势兵力猛攻黄河东岸的禹门口与龙门山，企图突破国民政府黄河河防。夏尧村第 2 团防守禹门口渡口，与日军激战几昼夜，最终火力不支，夏尧村受伤，率部退到黄河西岸。11 月上旬，禹门口失守，日军进抵黄河渡口边。胡宗南闻报大惊，急令预 1 师师长谢辅三率第 3 团强渡黄河，务必夺回禹门口。当第 3 团渡到河中时，遭遇日军猛烈的炮火，炮弹如雨，伤亡惨重，第 3 团中途退回。

由于禹门口陷落，日军进抵黄河东岸渡口，不但切断了黄河东、西两岸中国军队的联络线，使留守在中条山地区的国军残部孤立无援，而且，日军掌握了黄河渡口，随时可以渡过黄河，西犯关中。关中黄河河防顿时非常紧张。

胡宗南为防日军由韩城一线渡黄河，火速调兵遣将，急调第 16 军周开勋预 3 师增援韩城河防，调李文第 90 军集结于集义镇，作为二线增援。1941 年 11 月 12 日，胡宗南任命陶峙岳为黄河河防总指挥，限令一个月内筑好河防工事。同时，为了整顿军纪，激励军心，胡宗南杀鸡骇猴，不惜错究防守禹门口的军长、师长、团长的失守责任，军长董钊记大过，师长谢辅三被撤职，团长夏尧村被枪决。

1941 年 12 月 7 日，珍珠港事件爆发，美国在太平洋地区对日本开战。这时，胡宗南向蒋介石请示，要求派兵过黄河反攻山西日军，未获批准。1941 年 12 月 2 日，第八战区司令长官朱绍良晓谕胡宗南："山西情况如何，不宜派兵过河，一过河而败，敌人随之过河，关中坐败矣，且过河不能消灭敌人，亦不能拔一据点也。"朱绍良还说，如河防失败，陕北共军必乘机南下："异党南下之时机，在河防失败以后，不失败不至南下。"

但是，胡宗南为了减少河防威胁，一直想夺回禹门口。1942 年 2 月农历除夕之夜，趁黄河冰冻之机，胡宗南派陈金城第 109

黄河禹门口渡口

师，强渡黄河，登上东岸，向禹门口制高点龙门山阵地发起猛攻。此前，胡宗南为了阻止日军派增援部队北上，已经命令谢辅三预1师派出一个加强连，配备工兵与电台，从朝邑县涉水过河，把河津至运城的公路和桥梁全部毁坏，协助第109师正面进攻。

战斗从除夕夜一直打到正月初一凌晨，由于日军防守坚固，预1师加强连反攻受挫，不得不退回黄河西岸。由于禹门口渡口未能够成功夺回，中条山地区的第93军和第3军的残部只得撤回关中。

这时，日军直逼风陵渡黄河边，隔河与潼关相望，以大口径臼炮不分昼夜地猛轰潼关胡部阵地。而胡部的一个游击纵队还坚守在黄河东岸的晋西南地区，纵队指挥官是胡宗南任命的令孤士达，以河津毗邻黄河的许家岩为据点，坚持对日作战。此后，胡宗南遵照蒋介石、朱绍良的指令，一直与日军隔黄河相对峙，再未派兵过河反攻。

"开府西安"

在1940年到1941年间，由胡宗南指挥、节制与督训的总兵力达十几个军之多，数倍于第34集团军的建制规模。于是，从1941年6月起，胡宗南数次向军委会呈文请求，要求将他节制与指挥的十几个军的兵力整编为三个集团军，一直未获批准。

1942年1月，重庆军委会调蒋鼎文任第一战区司令长官兼冀察战区总司令，汤恩伯任副职；因指挥中条山战役失败，原第一战区司令长官卫立煌调任西安办公厅主任。卫立煌抵西安两个月，心有不安，1942年3月被再度调离。重庆军委会乃命第八战区司令长官朱绍良兼任西安办公厅主任，胡宗南出任代主任，实际主持西安办公厅事务。

1942年3月23日，胡宗南到职。这样，胡宗南就成为西安地区国民政府军事上的最高领导人。同时，军委会批准，胡宗南指挥与督训、节制的部队整编为三个集团军，统归胡宗南节制、指挥。这时，胡宗南虽无战区司令长官的名分，却掌握了战区司令长官的实权。

三个集团军编制是：第34集团军，驻关中，胡宗南兼任总司令，副职李延年，下辖第1军、第16军和第90军；第37集团军，驻三原，陶峙岳任总司令，下辖第36军、第76军和第80军；第38集团军，驻平凉，范汉杰为总司令，下辖第3军、第57军和第42军。

如此，胡宗南直接指挥的正规部队有三个集团军之众，其军政权力甚至超过了战区司令长官。很快，到了1942年7月23日，军委会下令撤销西安办公厅，任命胡宗南为第八战区副司令长官，并特许在西安设立副司令长官部。

表面上，胡宗南副长官部隶属兰州第八战区，归朱绍良领导，但是，朱绍良秉承蒋的意旨，从不过问胡宗南副长官部的人事、军事、财务等，放任与支持胡独断专行。胡宗南独断其事，直接对蒋负责。有一次，军委会给第八战区一个新的军的番号，命在甘肃成立一个军。朱绍良长官部的人大喜，以为有调升的机会了，一些幕僚提出编组计划，建议保某人当军长，保某人当师长等。朱绍良却笑着说："这是要由胡副长官来办理的事情。"朱绍良的左右部属个个大失所望。

对于胡宗南，蒋介石深为器重，殷切期望。1942年，胡宗南

47岁。此时，在蒋介石的精心栽培与破格提拔下，胡宗南坐镇一方，统兵数十万，除直辖三个集团军外，还有配属的各特种部队，如骑兵、装甲兵、工兵、炮兵等，还有各军政院校与社会团体等，由此，胡宗南成为了国民政府在西安与陕西地区的最高军事长官，这在黄埔生中是第一人，在蒋介石黄埔系诸多将领中是唯一的“殊荣”。当时，舆论界称胡宗南“开府西安”。

而且，在蒋的授意下，朱绍良等人悉心指导与培养胡宗南的军政领导与指挥才能。翻检《胡宗南日记》，其中1941年12月2日就载有朱绍良秘密地向胡宗南传授许多重要的指示与经验：“一、党国前途，决于本集团军能否成功为准，在建军未成以前，应避免一切之摩擦，现事功未成而各方皆已畏惧，甚为不当。二、在军事上，应有共肺腑肝胆之人，而在政治上尤为需要，应尽力物色。……三、经济人才，一无所有。办大事而无经济之人，如何能成？四、本地人极力存贮而宝贵之。……”

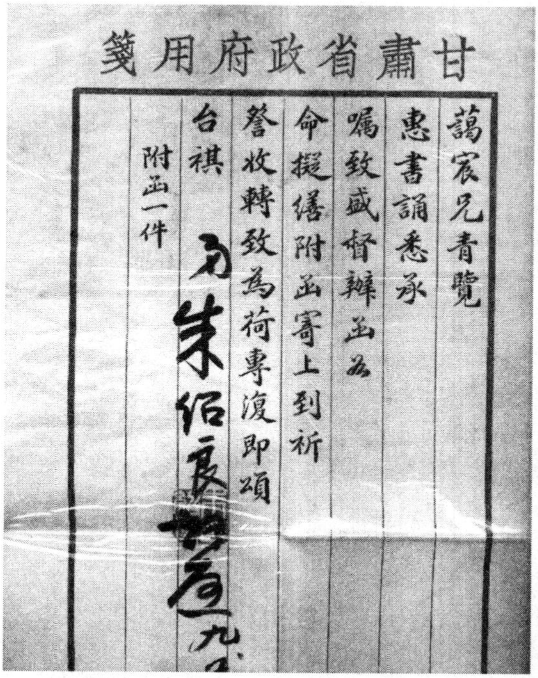
甘肅省政府用箋
藹宸兄青覽
惠書誦悉承
囑致盛督辦函茲
命擬繕附函寄上到祈
詧收轉致爲荷專復即頌
台祺　朱绍良
附函一件

朱绍良致盛世才手札

1942年年底1943年年初，重庆军委会指令一人专任一职，于是，胡宗南就专任第八战区副司令长官，李延年、李文分别升任第34集团军正、副总司令。

1943年初，胡宗南又保荐亲信将领李铁军，到甘肃西部任重新组建的第3集团军总司令，警备河西走廊，并拟入驻新疆，填补因盛世才内调而在新疆地区留下的军事空隙。这样，胡宗南的军事势力就深入到了甘肃西部与新疆。胡宗南的军事影响遍及大西北。

为了认真贯彻蒋介石的“东御日寇，北制共‘匪’，西防苏俄，内慑回马”的战略方针，胡宗南调整了西北地区的军事部署：李延年第34集团军担任黄河河防，防止日军西侵；陶峙岳第37集团军驻守关中；范汉杰第38集团军驻防陇东；李铁军第3集团军驻河西走廊。这样，四个集团军共同担负起防止察绥日军西进入甘、包围封锁陕甘宁边区、防阻苏俄向中国渗透、震慑西北地方武装等军事任务。

第三节 “闪击延安”

备攻陕甘宁边区

周恩来1945年4月30日在《论统一战线》中说，国民党“第三次反共高潮打西北”，“那个时候正遇上共产国际解散，蒋介石以为我们党内会有争论，于是就投这个机，来了一个取消中国共产党，而且还来了一个包围边区，打我们的心脏。”

原来从1941年底太平洋战争爆发以来，重庆国民政府的力量与在国际上的地位都得到了增强。1942年，国民政府顺利地解决了新疆问题。同时，苏联为集中力量抗击希特勒德国，1943年5月15日，莫斯科共产国际被宣布解散。

到了抗日战争晚期，由于国际国内形势发生了重大转变，国共两党的关系也受到了影响，国民政府对中共的态度日渐强硬，要求中共“取消军阀割据，交出军队，实现军队国家化”，甚至提出要解散中共，等等。

早在1940年2月1日，延安各界3万余人举行讨汪（精卫）大会，毛泽东在会上讲话，针对国民党反共顽固派借统一之名，要取消共产党、八路军、新四军和陕甘宁边区的论调，指出：“八路军、新四军几十万人挡住了五分之二的敌人，和40个师团中的17个师团，为什么要取消他们呢？陕甘宁边区是全国最进步的地方，这里是民主和抗日的根据地。这里一没有贪官污吏，二没有

延安杨家岭全景图

土豪劣绅，三没有赌博，四没有娼妓，五没有小老婆，六没有叫花子，七没有结党营私之徒，八没有萎靡不振之气，九没有人吃摩擦饭，十没有人发国难财，为什么取消它呢？”胡宗南看到这段话后，说：“只有老毛能吹这个牛，别人谁也吹不了，我们国民党吹不了。”

1942 年，中共让山西洪洞人、黄埔四期生、参加过国民革命军东征北伐战役的王世英出面，邀请胡宗南访问延安，胡也准备去协调一下国共双方的紧张关系，但为蒋介石所阻，未能成行。同年 8 月，蒋介石邀毛泽东到西安面谈，一时未能成功。

为体现和谈诚意，于是，中共派林彪代表毛泽东，于 9 月抵西安，10 月 7 日到重庆，与周恩来一道，从 1942 年 10 月起，与国民政府代表何应钦、白崇禧、张治中展开谈判，历时数月，终无结果。到 1943 年初，出现了抗战期间的“第三次反共高潮”。

“第三次反共高潮”的主角，就是胡宗南。1943 年 2 月，胡宗南接获蒋介石亲自审定的绝密件“对陕北奸区作战计划”，明令胡宗南军事集团“于现地掩蔽，作攻势防御”；一俟“转取攻势”

时机成熟，“先迅速收复囊形地带”，进而“收复陕北地区”。胡宗南立即火速命令各部进入作战状态。

1943 年 5 月初，军委会再次电令胡宗南，对陕甘宁边区“如有军事行动，即按既定计划歼灭之”。于是，胡宗南积极做好“闪击延安”的三手准备：一手是指令参谋处加紧制订进攻陕甘宁边区的具体计划与作战命令；一手是派人刺探情报，调查陕甘宁边区的工事、地形、粮食、交通与兵力部署；一手是开始调动部队，隐蔽集结于陕甘宁边区的封锁线上，赶运弹药粮食到前线。5 月 23 日，胡宗南将进攻陕甘宁边区的具体作战计划呈报蒋介石。

为了闪击延安与成功攻占陕甘宁边区，于是，胡宗南积极筹备内战，扩大军事进攻的规模。1943 年 5 月底，蒋介石又密电胡宗南：“确悉，奸党连年整风，内争激烈，共产国际解散对奸党是沉重打击；命胡乘此良机，闪击延安，一举攻占陕甘宁边区，限 6 月底完成部署，行动绝对保密，为此，对共产国际解散不公开置评。”明确指示胡宗南借机闪击延安。

1943 年 6 月初，胡宗南军事集团内部各军调动频繁，辎重相继朝洛川方向地区集结。6 月 1 日，军委会正、副参谋总长何应钦、白崇禧抵西安，与胡宗南密谋策划“闪击延安”行动。6 月 9、10 日，胡宗南陪同何应钦、白崇禧到耀县、三原地区视察；6 月 15 日，点验新 27 师与第 165 师，动员与检查部队战备。

6 月 18 日，胡宗南召开洛川军事会议，与会的有第 37 集团军总司令陶峙岳、第 34 集团军副总司令李文，以及师长级以上的将领。会上，胡宗南正式下达作战计划，决定由范汉杰第 38 集团军迅速攻占囊形地带，再协同陶峙岳第 37 集团军攻占陕甘宁边区，兵分九路，全线出击，各个击破。

但是，当胡宗南 6 月下旬从前线返抵西安时，情况发生了变化，范汉杰第 38 集团军不能按计划进攻囊形地带了。原来，在国统区内部，1942 年以来，甘肃南部出现了一些群众组织，打出“甘人治甘”、“反对征兵征粮”的口号，互通声息，互相配合，得到当地回、汉、藏民众的拥护与支持，影响逐步扩大。到 1943 年 5

月，在甘肃南部地区的“西北各民族抗日救国联军”、“西北农民义勇抗日救国集团军”等组织的武装力量达5万之众，活动区域达20余县，兰州一时大为震动。从6月5日起，朱绍良、胡宗南乃令范汉杰第38集团军武力镇压，原本想区区地方武装，能够速战速决，十日之内即能荡平，可是，到6月底仍未能如期扫平。

由于第38集团军6月底前无法东调，于是，蒋介石乃急令胡宗南调驻守河防的李延年第34集团军下辖的第1军和第90军来主攻囊形地带。胡宗南即刻调第90军的第28师、第53师，第1军的第78师、第167师，第57军的第8师，第16军的重炮营，驻西安的炮兵旅等部，开赴邠县、旬邑、淳化、三原、耀县、洛川、宜川、平凉、固原、长武地区。为避免过早泄露军事进攻企图，胡宗南密令各参战部队先派少量先遣人员，大部队在总攻前两日再开拔指定位置。预定1943年7月9日为总攻日子。7月2日，第37集团军总司令陶峙岳限令各部于8日前准备完毕。

1943年7月初，胡宗南调往闪击陕甘宁边区的前方部队，加上原驻防部队，共有20多个师的兵力，约50万人。而留守黄河河防对付日军的部队只剩5个师。而这一期间，在陕甘宁边区四周，国共双方的部队冲突不断。内战危机一触即发。

胡宗南军事集团50万大军秘密压境，对于延安中共中央和陕甘宁边区政府来说，或许这将是一场灭顶之灾，甚或会陷入万劫不复的地步。

朱德的一封电报

1943年7月4日，胡宗南突然收到八路军总司令朱德从延安发来的一封明电，电文称：“自驾抵洛川，边境忽呈战争景象。道路纷传，中央将乘国际解散机会，实行‘剿共’。我兄已将河防大军向西调动，弹粮运输络绎于途，内战危机，有一触即发之势。当此抗战艰虞之际，力谋团结，犹恐不及，若遂发动内战，必致兵连祸结，破坏抗战团结之大业，而使日寇坐收渔利，陷国家民族于危亡之境，并极大妨碍英美苏各盟邦之作战任务。”

胡宗南大吃一惊，从机要秘书熊汇荃手里接过电报，连看两

朱　德

遍，又让秘书念了一遍。他皱起眉头，说："这一手，厉害!"他疑虑重重地问机要秘书，这次军事行动是谁泄的密？这一仗还能不能打？

这封电报确凿地告诉胡宗南：进攻囊形地带与闪击延安的一切阴谋计划与军事调动，中共已经全部掌握。胡宗南的军事秘密已不成为秘密了。

胡宗南与机要秘书熊汇荃一番商议，立即召来军统西安站主任刘大军密谈，指示他秘密查出是谁泄的密，务必查个水落石出。

当晚，胡宗南开会讨论"这一仗打不打"。会上，有人认为，蒋委员长对共产党的判断完全正确，不应坐失良机，而且陕北兵力空虚，正规部队只有359旅一个旅，连年开荒，已失战力；我们出动5个军，可迅速歼敌，闪击成功，完成任务，所以，主张立即打。有人认为，对陕北共产党不可看轻，朱德的电报表明事机机密泄露，如日军闻讯，乘机渡河，鹬蚌相争，渔翁得利，到时候局面就难以收拾。现可按兵不动，听候委座指示，所以，主张暂缓进攻。

最后，胡宗南说："我们不能坐待指示，应为委座分忧，要主动提出可行性方案。委座原定闪击、偷袭，不料共党采取非正规手段，利用朱德电报大肆张扬。此时进军陕北，将给共党口实，损委座声誉，美国可能转而支持共党。我们只能停止行动，恢复原态势。"而且，他还说，如果仍然按原定方案进行，不但日军可能乘隙渡河，而且定会招致同盟国的指责。我们只能停止行动，恢复一致抗日的态势。

"闪击延安"仓惶流产

据会议形成的意见，参谋长罗泽闿起草电报，报呈蒋介石。胡宗南亲自核发电报，还参照机要秘书熊汇荃的意见作了一些修改。1943年7月7日，蒋介石复电：同意罢兵，但务必彻底查明胡宗南部有无"泄密"、"通匪"情事。

7月8日，胡宗南下令收兵，各部先遣人员返回原驻地。从7月12日开始，调往前线的部队先后撤回原驻地。此后几天，胡宗南陆陆续续收到延安中共关于此事的一系列文电：7月9日，朱德来电；7月9日，延安召集3万民众大会，通电全国；7月10日，朱德来电；7月11日，蒋介石与胡宗南分别电复朱德，假惺惺地表示国民政府军无意进攻陕甘宁边区，是中共误会了；7月12日，《解放日报》发表《质问国民党》的社论，等。

看到这些文电时，胡宗南哈哈大笑，心说共产党谍报太嫩，耳目不灵，不知他已于7月8日下令收兵，还对他的行动莫测高深。可是，事实恰恰相反：这一时期，正如毛泽东所言，凡胡宗南的一举一动，都在中共掌握之中。这么做，就是要演戏给他看。

不久，刘大军向胡宗南报告，"通匪"一事正在侦查，至于让中共产生了警觉的"泄密"情事有二：一为西安劳动营训导处长张涤非于6月12日召集9人开会，书面叫嚣中共随共产国际解散而解散；一为中央社7月6日西安电讯说，西安文化团体公开集会，致电毛泽东，让中共乘共产国际解散之机，"解散中共"，"取消边区割据"。胡宗南一听，破口大骂张涤非、中央社"混蛋"，两个"匪谍"嫌疑犯被刘大军送进了西安劳动营。

导致胡宗南军事集团"闪击延安"行动流产的真的是张涤非和中央社"泄密"所致吗？如果不是，那么，对中共来说，兵不血刃就致使蒋介石的"闪击延安"密谋行动功亏一篑的头号功臣又是谁呢？

第四节　引"谍"入室

"机要秘书"

早在全面抗战开始，国共合作形势一片大好的时候，周恩来认为，国共两党将来争夺抗日民族统一战线领导权的斗争、抗战胜利后争夺国家政权的斗争，势必会要发生，因此，他主张中共在处理与国民党之间的长远关系上，要未雨绸缪，趁着抗战初期这一有利时机，就要着手下闲棋——把谍报人员秘密安插进国民党与国民政府的各军政要害部门与党政军各要人身边。

就在胡宗南迅速壮大军事实力，手握重兵，飞黄腾达之时，共产党也在一旁密切地观察他，认真地研究他，秘密地开展工作。周恩来亲自策划指挥，也派遣了一位中共谍报人员，取得胡宗南的赏识与信任，打入胡宗南的权力核心圈，担任贴身侍从副官与机要秘书，长期潜伏。

如前所述，1936 年 7、8 月胡宗南驻军长沙期间，曾通过湖南省教育厅厅长朱经农，结识了长沙各学校中陈大勋、汪国栋、李兰芳等一批才华出众的青年学生，许诺他们：抗日战争发生，一定邀请他们投笔报国，参加第 1 军。抗战事起，1937 年秋，胡宗南就打电报邀请陈大勋等来上海，组织青年支持抗战。这一消息引起了正在武汉国统区工作的中共代表团和周恩来的高度重视，决计不留痕迹地布下一些棋子。

陈大勋等先在上海、苏州等地动员一批青年与童子军，成立抗日宣传队，支持前线抗战。后来，陈大勋等返回长沙，组织成立“湖南青年战地服务团”，李兰芳任团长。1937 年 12 月底，这个服务团从长沙来到武汉，经胡宗南面试，在信阳正式加入第 1 军。

在胡宗南部即将接收“战地服务团”成员之时，周恩来立即指示中共代表团中负责青年工作的蒋南翔，迅速选派一名中共党员加入“战地服务团”，蒋南翔最后选定了熊汇荃。

熊汇荃，1919 年生，祖籍安徽凤阳，家住湖北武昌，其父任湖北高等法院刑庭庭长。熊汇荃 17 岁考入清华大学，与蒋南翔同学，经过蒋南翔的介绍，于 1936 年秘密加入中共。熊汇荃出身官宦，年纪较轻，仪表不俗，言谈举止有爱国情结，又聪敏精细，受过高等教育与一二·九学生运动的锻炼，记忆力强，知识面广，能随机应变，完全符合周恩来提出来的人选要求。

抗战发生，熊汇荃正迁移到长沙临时大学就读，通过中共地下党员郭见恩，与蒋南翔重新接上关系。蒋南翔根据周恩来的指示，要熊汇荃留在长沙，保密中共党员身份，参加“战地服务团”。

“战地服务团”成员比较复杂，有从上海西撤的爱国青年，有从南京中央医院西撤的医生、护士，有 20 多名长沙临时大学的学生，大多数是北平、天津一二·九学生运动中的积极分子，北京大学学生会主席陈忠经就在其中。

“服务团”团长李兰芳，毕业于北平协和医学院。1937 年底熊汇荃参加“服务团”时，李兰芳就当面质问他是不是共产党人？1937 年 12 月底，“服务团”从长沙到了武昌。

别开生面的面试

1938 年 1 月初，胡宗南来到武昌，分批接见与考察“服务团”成员。接见时，胡宗南手执名册，依次点名，不分男女，都称“先生”。按事先规定的军礼，点到者起立，说一声“有”。胡宗南举目审视，说“请坐”，再提三四个问题；点到者回答时，胡宗南认真地听，认真地审视对方。问完，胡宗南在名册上记下他的印象与观感的符号，一般成员大多画上一个圈，少数成员的名字旁画两个圈，顶多画三个圈。

熊汇荃认真思索了胡宗南的个性与提问方式，很快就发现，胡宗南的提问中有一个是人人必问的问题：“为何要到本军来？”熊汇荃当即决定，要标新立异，以给胡留下深刻印象。

当胡宗南点到他时，熊汇荃故意违例，坐而不起，举起右手，说声“我就是！”果然，胡宗南感到惊讶，瞪眼望着他。

问：“贵庚？”

答：“再过三个月零四天满 19 岁。”

又问：“熊先生为何到本军来？”

答：“参加革命！”

问：“熊先生到本军来是为了参加革命？”

答：“孙中山先生遗嘱第一句话就是‘余致力国民革命凡四十年’，贵军是国民革命军第 1 军，到贵军来当然是参加革命。”

问:“怎样才是革命?”

答:“中山先生最初提出的革命任务是‘驱除鞑虏,恢复中华’,现在‘驱除鞑虏’就要抗日,抗日就是革命。”

问:“不愿抗日、反对抗日的算什么?”

答:“积极抗日的是真革命,消极抗日的是假革命,不愿抗日的是不革命,反对抗日的是反革命!”

问:“对反革命怎么办?”

答:“杀!”

孙中山遗嘱

熊汇荃的这番精心“表演”,胡宗南很满意,在名册上熊的名字旁画了四个圈。这是唯一的四个圈。

当晚,胡宗南就急切地派警卫长唐西园约熊汇荃来住地谈话。这时候,胡宗南不再矜持,随意性地漫谈,称赞熊“17 岁进大学了不起!”然后就盘查起熊的政治底细来。

问:“北平学生为何闹学潮,反政府?”

答:“不是学潮,是学生爱国运动。我参加的学生爱国运动不是反政府,而是拥护政府反对日本侵略,反对华北自治。学生的要求远不及蒋委员长在去年 7 月提出的‘地无分南北,人无分老幼,无论何人皆有守土抗战之责任。’”

问:“北平学生建立了什么组织?”

答:“有‘民先’,即中华民族解放先锋队。”

问:“为何取名‘中华民族解放先锋队’?”

答:“不是我起的名。但我记得中山先生讲过,民族主义就是‘中华民族自求解放,中国国内各民族一律平等。’”

熊汇荃在谈话中故意多次提到孙中山的言论著作,以致胡宗南这时候面露喜色，称赞熊汇荃“对总理遗教有研究！”

问：“共产党对北平学生的影响大不大？”

答：“我不清楚。我知道清华学生都来自中上之家，被认为是‘天之骄子’，埋头读书，还可出国深造。就我自己而言，看到日寇侵略，汉奸横行，感到愤慨，不愿做冷血动物。课余参加爱国运动，出于自觉自愿。现在投笔从戎，到贵军参加革命，决心上前线，洒热血，抛头颅，更是自觉自愿。”

熊汇荃说得既有分寸，恰到好处，又慷慨激昂，不露痕迹，胡宗南一心要充当识拔千里马的伯乐，此时满心欢喜，站起来与他握手。

随后，胡宗南问起熊汇荃的家境。一听熊汇荃老家就在武昌，熊父在武昌高等法院任庭长，就要熊汇荃写出家庭住址。翌日，胡宗南派唐西园将熊汇荃父亲请来，设宴招待。

胡宗南自信慧眼识英才，发现与网罗了一头千里马。可他万万没有料到的是，他竟亲手将中共秘密谍报人员网罗到了自己身边。1939 年初，中共八路军副总司令彭德怀路过西安，接触过胡宗南，对他的评价是：“此人志大才疏！”

在周恩来等人的策划布置下，一些堪称谍报精英的中共秘密谍报人员成功打入国民党军政要员身边，除了熊汇荃打到了胡宗南身边外，段伯宇出任蒋介石侍从室的少将高参，汪锦元担任汪精卫的随从秘书，阎又文担任了傅作义的秘书，赵荣生担任了卫立煌的机要秘书，余湛邦担任了张治中的机要秘书，谢和赓担任了白崇禧的机要秘书，等等。

张佛千在《我追随胡宗南》中说：“这里我要为胡先生解释，熊汇荃投效时是西南联大二年级生，还不满 19 岁，他的清新纯厚的气质，温和安静的形象，任何人都不会把他与中共间谍联想到一起。其敬事负责守分有礼的态度，令我十分欣赏。”

秘密潜伏十二年

一天，熊汇荃趁着月色秘密地从武昌到汉口，找到八路军办事处。当时周恩来正好不在办事处，董必武听取了熊汇荃的汇报，并将周恩来对熊汇荃潜伏胡宗南身边的指示详细传达给熊。周恩来与董必武送熊汇荃八个字："不入虎穴，焉得虎子。"

周恩来要熊汇荃应特别注意三点：其一，要甘当冷棋子，不要急于同中共组织联系。当时中共只有周恩来、董必武、蒋南翔三个人知道熊汇荃潜入胡宗南部的特殊使命，以后将由周、董等查明胡宗南部的新驻地，再设法联系熊汇荃。不论等待多久，都得耐心等待。其二，保持不左不右、爱国进步的政治面目，隐蔽中共党员身份，不发展中共组织，而要考虑加入国民党，相机推动胡宗南抗日进步，但要做得顺其自然。其三，在国民党里，宁亢勿卑，但也不宜过亢。要适应环境，同流而不合污，出污泥而不染。谨慎而不畏缩。有勇气，而不鲁莽。

1938 年 2 月，熊汇荃到达陕西凤翔，随"服务团"开展抗日宣传与医疗工作。

经过再次考察，胡宗南对熊汇荃更信任，决定进一步栽培他。1938年5月，胡宗南从西安到凤翔，对熊汇荃说："你是一棵幼松，我要把你培养成材。首先要你做革命军人，成为黄埔大家庭中的一员。"次晨，胡宗南让熊汇荃同车去西安，亲自将他送进第七军分校，成为"黄埔大家庭的一员"，还加入了国民党。

1938 年 10 月底，胡宗南从前线回师西安。他一直关注着正在第七军分校的熊汇荃，很快召见熊，说熊汇荃已经"像个革命军人"，还询问熊汇荃的家庭近况，安排熊汇荃父母移居西安，给予生活费用，还专门去看望熊汇荃父母。

熊汇荃也在暗中观察与思考胡宗南，一度认为胡宗南勇猛善战，可以争取到中共阵营来。但很快发现胡宗南对蒋介石忠心不二，遂放弃了争取的想法。不久，他听说中共情报人员宣侠父在西安被国民政府当局暗杀，一时血气方刚，企图暗杀胡宗南。1940 年，当他将这一想法汇报给中共情报部门负责人吴德峰时，吴德峰对他说："你不但不能害胡宗南，还要保护他。因为你在他身边的地位与工作，对我们太重要了。"

这里旁开一笔，说一个"'吴铁铮'审问吴铁铮"的笑话。吴德峰在西安做地下工作时，化名吴铁铮。后来，八路军西安办事处一个警卫员投降了国民党，供出中共负责情报工作的叫“吴铁铮”。一查，黄埔二期生、第七军分校办公厅副主任名叫吴铁铮，也是吴德峰同乡，也接近过共产党。于是，军统特务刘大军就怀疑他是共产党员，抓了起来。但是，查来查去，也查不出证据来，后被第3军军长罗历戎保了出来，任第3军副参谋长。到解放战争时期，第3军被打败，罗历戎与吴铁铮一起被俘，负责审讯的正好是中共中央晋察冀中央局敌工部部长吴德峰。结果，就出现了“‘吴铁铮’审问吴铁铮”的戏剧化的一幕。

1939年3月，胡宗南指定熊汇荃在第七军分校第一期毕业典礼上代表毕业生致辞。事后，胡宗南对熊汇荃说，他现在的局面比过去大多了，他需要一个既懂军事又懂政治的助手，他最终选定熊汇荃，决定让熊担任侍从副官兼机要秘书。

熊汇荃却故意表示他在清华曾领导过“民先”，有“左倾”嫌疑，现在到先生身边担此重任，恐才力不逮，难免会有风言风语。胡宗南自信地说：“你的情况，我完全了解。我一向是疑人不用，用人不疑。我做出的决定，谁敢说不？”还赠送给熊一把手枪与一只瑞士名表。

就这样，熊汇荃顺理成章地当上胡宗南的侍从副官兼机要秘书，成为胡宗南最重要最宠信的助手。熊汇荃在工作与生活中，表现得异常勤恳与忠诚。他身处胡宗南的总司令部，紧随胡宗南的鞍前马后，协助胡宗南处理军中各种机密文电与日常事务，为胡宗南起草文稿等。1943年秋，胡宗南轻车简从，只带熊汇荃与一个卫士，去西峡口会汤恩伯和戴笠，商议结盟一事。途中夜宿村塾，熊汇荃竟通宵警戒，彻夜未眠，半夜被胡发现，深为感动。据张佛千《〈地下十二年与周恩来〉读后》载：“胡睡后他才睡，胡未起他先起，如影随形，十分亲信。胡对熊的父母兄弟姊妹都加以很好的照顾，为对其他部属之所未有。”不过，此时李兰芳又旧事重提，追问熊汇荃是不是共产党人，也被熊汇荃巧妙地应付过去了。

很快，熊汇荃的谍报工作就发挥了巨大的威力。

“贼”喊捉“贼”

从1943年初开始，胡宗南紧急备战，部署进攻陕甘宁边区的军事行动，与此同时，机要秘书熊汇荃就源源不断地把这些机密军事计划，通过地下电台，迅速报告给了延安。中共立即采取对策，做好文武两手准备，文的准备，就是公开揭露蒋介石、胡宗南“闪击延安”的图谋，广泛发动舆论力量，谴责与阻止胡宗南部即将挑起的军事阴谋；武的准备，就紧急动员陕甘宁边区军民做好准备，严阵以待。

熊汇荃潜伏胡宗南身边约十年之久。在这十年中，熊汇荃巧妙而周密地掌握了胡宗南总部的一切军政机密，国民政府中央下达给胡宗南部的各项核心机密文件，胡宗南的人事交往，通过中共地下情报网，及时汇报给中共中央。以至于对中共来说，胡宗南总部及胡宗南军事集团，几乎无密可保，直到1947年5月熊汇荃被胡宗南送往美国留学为止。对熊汇荃的情报成果，毛泽东曾赞扬熊汇荃一个人的作用“顶几个师”。胡宗南做梦也不会想到，正是他的机要秘书将他的所有情报源源不断地窃往了延安。

胡宗南本人及其总部，却始终对此毫无觉察，足见熊汇荃是一位杰出的情报天才。熊汇荃潜伏很深，自我保护意识很强，在1943年7月4日，朱德的一封电报明示胡宗南“闪击延安”行动中共已经了然于心，熊汇荃甚至于上演一幕“贼”喊捉“贼”的好戏。

当时，熊汇荃见胡宗南一脸颓唐，像霜打的茄子，急忙向胡宗南献策：从这封电报看，“河防大军向西调动”，可能是“弹粮运输”暴露了；但“中央将乘国际解散机会，实行‘剿共’”，这是委座亲自掌握的绝密行动，胡先生只让西安有关人员与参战部队师以上将领知道，怎么会“道路纷传”呢？一定是有人泄了密，透露给了共产党；也许有共产党间谍混进来了。请胡先生指定专人，将西安和参战部队知道这一机密的人，包括我在内，秘密审查。以免打草惊蛇，表面上要做到若无其事，但从现在起，就不要让涉嫌的人参与机密。熊汇荃的这席话，既误导了胡宗南的视线，又恰到好处地撇开了自己“吃里扒外”的嫌疑。最终，让张涤非、中央社西安分社当了“替罪羊”。

中共谍报“后三杰”

保守机密为军队的第一生命。胡宗南将中共谍报人员栽培、遴选为自己的机要秘书与侍从副官，十年而毫无觉察，从而造成极为严重的后果，个中原因除了中共谍报人员部署周密、精明机警之外，还与国民党与国民政府党政军机关在组织人事制度上的严重缺陷，以及胡宗南个性与用人作风上粗疏自傲等致命弱点有关，以致熊汇荃等中共谍报人员能够长期在胡宗南身边成功地从事情报活动。

在熊汇荃打入胡宗南总部的同时，中共情报部门又派遣陈忠经、申振民等情报人员打入胡部或西安其他国民政府军政机关。陈忠经、申振民、熊汇荃利用他们所担任的重要职务之便，得以经常获取国民政府的各种情报，被周恩来誉为中共谍报“后三杰”。

延安中共中央情报部门先后派遣许立群、吴德峰、曾三、王中等重要谍报精英到西安与他们保持联系。1941 年夏，中共情报部门派遣高级情报人员王石坚长驻西安，负责联络与领导熊汇荃、陈忠经、申振民等人。

申振民，1915 年生，河北大城人，也是北平一二·九学生运动期间的活跃分子。1937 年 10 月在北师大加入“民先”，1938 年秘密加入中共。抗战期间，他在西安担任三青团西安分团书记、西北“工合”宝鸡事务所主任等；同时，他又是中共西安情报组织的秘密成员。

陈忠经，1916 年生，江苏仪征人。1934 年入北大学习。一二·九学运期间任北大学生会主席。抗战爆发，南下长沙，加入“战地服务团”；后到西安，进入胡宗南部工作，长期担任三青团陕西组训组组长等职。1940 年秘密加入中共，参加中共西安情报组织工作。

熊汇荃在胡宗南身边潜伏、活动十年之久，并未没有引起胡宗南部的怀疑。当然，胡宗南部的特工部门也曾收到匿名信，密告熊汇荃是“匪谍”，但都未引起胡宗南的重视与追查，以至于熊汇荃次次有惊无险。

第五节 文斗亦败

酒会上的较量

1943 年 6 月底，就在胡宗南紧锣密鼓部署“闪击延安”行动的时候，在重庆与国民政府谈判的中共代表团将借道西安，返回延安。6 月 28 日，代表团成员周恩来、林彪、邓颖超、孔原等及随行人员共一百多人，乘卡车离开重庆。7 月 3 日、4 日，毛泽东在延安两次致电西安八路军办事处，转达将到西安的周恩来，要他“就近向胡（宗南）提出交涉，退出侵占地区”，并“向胡商谈军事冲突对抗战团结之利害”。

7 月 9 日，周恩来抵西安七贤庄八路军办事处，即获悉毛泽东的来电，并遵照毛泽东的电示，在西安展开活动，首先会见胡宗南。

周恩来与胡宗南在黄埔军校时有师生之谊，两人的关系是复杂的。在国共关系剑拔弩张之际，周恩来驾临西安，胡宗南更为重视。

7 月 10 日下午，胡宗南举行酒会，招待周恩来一行。

酒会开始前，胡宗南就派熊汇荃代表他去迎接周恩来。熊汇荃乘坐胡宗南的专车来到七贤庄八路军办事处。周恩来虽是部署指派熊到胡宗南身边的总策划，却一直未与熊汇荃谋过面。这次熊汇荃奉命来接周恩来，周恩来照例问：“贵姓?”熊说：“熊汇荃。”周领着熊汇荃向门口走，熊小声对周恩来说了几句英语：“请小心，提防被灌醉。”

熊汇荃为何这么说呢？原来，胡宗南在接待周恩来一行之前，就做好了三项准备工作。其一就是对周以师礼相待，营造友好假象。胡宗南指定政治部主任王超凡，在小雁塔举办酒会，热情款待周恩来夫妇。胡宗南还明确规定，在酒会上，称蒋介石为蒋委员长，称周恩来为周先生，称他为胡宗南同志。并从在西安的黄埔前六期生将级军官中遴选三十来位，各偕夫人出席酒会，多敬

西安八路军办事处纪念馆

酒，最好把周灌醉。

周恩来一到小雁塔，胡宗南已恭候多时。一见周恩来下车，即行军礼，陪周入会场，双方在沙发上坐下，开始交谈，交谈重点是围绕陕甘宁边区西线、南线国共两军摩擦频起的军事形势。胡宗南看似真诚地表示，双方军事摩擦纯系误会。

酒会开始，王超凡说：“在座的黄埔同志，先敬周先生三杯酒，欢迎周先生光临西安。请周先生同我们一起，祝领导全国抗战的蒋委员长身体健康。请干第一杯！”

王超凡话音刚落，周恩来马上举杯起立，说：“王主任提到全国抗战，我很欣赏。全国抗战的基础是国共两党的合作。蒋委员长是国民党的总裁，为了表示国共合作共同抗日的诚意，我作为中国共产党的党员，愿意为蒋委员长的健康干杯。各位都是国民党的党员，也请各位为毛泽东主席的健康干杯！”

这番话使胡宗南愣了，一时不知说什么好。周恩来见机行事，说：“看来各位有为难之处，我不强人所难，这杯敬酒免了吧。”

酒会快结束时，周恩来举杯向胡宗南及其部属阐述中共的立场与看法，说：“我昨天到西安，看到朱德总司令 7 月 4 日给胡副长官的电报，里头说，胡副长官已经将河防大军向西调动，内战危机有一触即发之势。今天我问胡副长官，这是怎么回事？胡副长官告诉我，那都是谣传。胡副长官说，他没有进攻陕甘宁边区的意图，他指挥的部队不会采取这样的行动。我听了很高兴，我相信，大家听了都会很高兴。……希望我们一起努力，坚持抗战，坚持团结，坚持进步，打败日本侵略者，收复南京、上海，收复北平、天津，收复东三省，收复所有被日寇侵占的中国的山河土地，彻底实现孙中山先生的三民主义，把我们的祖国建设成独立、自由、幸福的强大国家！同意的，请干杯。不同意的，不勉强！"说毕，周恩来一饮而尽，胡宗南也一饮而尽。

酒会下的密谈

走出宴会厅，胡宗南仍让秘书熊汇荃送周恩来回七贤庄。

途中，周恩来佯装不认识熊汇荃。快到七贤庄时，周恩来说："熊秘书，到七贤庄后请你稍等。我有一些延安出版的书报杂志送给胡副长官。"熊汇荃领悟，这是周恩来要找个机会同他密谈。

一到七贤庄，周恩来就领熊汇荃走进里院小屋。一关上门，周恩来就紧紧握住熊汇荃的手，说："这几年，你辛苦了！"

周恩来就同熊汇荃密谈起来。

周恩来问：蒋介石、胡宗南会进攻边区吗？

熊汇荃说：胡宗南自 1938 年年底奉命率部移驻西安以来，就忠实地执行蒋介石的十六字方针："东御日寇，北制共匪，西防苏俄，内慑回马"，轻重次序是东、北、西、内。胡宗南还想扩军，但国统区日渐萎缩，法币贬值，兵源、粮源、财源皆缺，扩不了军。胡宗南现有三个集团军，对付四个方面，捉襟见肘。

在"西防苏俄"上，迄今为止，由于苏德战争爆发，去年盛世才投靠了蒋介石，胡宗南部第 3 集团军即将取道河西走廊入驻新疆地区，大西北一时没有后顾之忧。

在"东御日寇"上，自山西大部沦陷，潼关至宜川黄河防务关系重大，蒋介石电令胡宗南用主力第 34 集团军固守。如日寇打到黄河西岸，进逼八百里秦川，大西北国统区就不保了。前年，蒋介石派次子蒋纬国到胡宗南部第 1 师当职，一直驻守潼关附近，

西安八路军办事处周恩来卧室

这就说明了蒋对陕西河防的重视，也说明了蒋对胡宗南的宠信。珍珠港事件一发生，美国人要借助中国人的力量来牵制日军。但国军常败，美国人迭次失望。去年，美国总统特使威尔基来中国考察，蒋介石为了显示国民政府有力量、有决心抗日，乃刻意安排威尔基巡视潼关守军和工事，检阅国军精锐第 1 军的一个师。为了标榜抗日，获取美国人的支援，蒋介石就更需要胡宗南守住黄河河防。

在“内慑回马”上，宁夏马鸿逵、青海马步芳都是地方军阀，天不怕，地不怕，拥兵自重，蒋介石不得不给他们兵权、政权，但又怕他们坐大，以至于降日、反蒋、联共，所以，就需胡宗南坐镇西安，以武力来“慑”服他们。

在“北制共匪”上，胡宗南军事集团早就想扫平延安，但是，既要“内慑回马”，又要“东御日寇”，所以，无力北进，又怕中共“军事南下”。蒋介石的对“北”方针是“制”，故此，胡宗南军事集团力图将中共限制在陕甘宁边区范围内。这次蒋介石想改“制”为“剿”，但慑于国内舆论与国际局势，不敢公开“围剿”，乃密谋“闪击延安”，计划已定，朱德发电报揭露，击中要害，蒋介石、胡宗南只好黯然罢兵。“围剿”中共，不是不想，是势所不能，力所不及，方针仍是“制”。

周恩来又问：胡宗南反共坚决不？

熊汇荃接着说：胡宗南有积极反共的一面。他得到蒋介石的重用，有知遇之恩，基于利害关系，当然效忠、服从于蒋介石。蒋介石抗日，他拥护；蒋介石反共，他追随。胡宗南一方面在陕甘宁边区周围构筑了一条六七百公里长的封锁线，盘查甚紧；胡宗南自建特务机构，又与戴笠过从甚密，可指挥军统，侦察、破坏中共；胡宗南在西安设劳动营，关押共产党人与异己分子。

熊汇荃又说：胡宗南也有爱国抗日的一面，胡宗南反对降日，痛恨汉奸汪精卫之流；日美太平洋开战，他请求反攻山西；他很羡慕黄埔一期生杜聿明等率军远征缅甸。他平时要我起草“精神讲话”时，着重要求官兵做“革命军人”，鼓舞抗日斗志，强调民族气节，反对贪污腐化，反共论调不突出。这次“闪击延安”，虽事机败露，他也可蛮干；但他权衡利害，主动请蒋准予罢兵。根据目前的形势与所负的任务，他在军事上仍将“东御日寇”放第一位，“北制共匪”放第二位。

最后，周恩来再次紧握熊汇荃的手，说：“胜利后再见！”

熊汇荃走出小屋，看到七贤庄八路军驻西安办事处人员正将几捆包好的书刊送上专车，另将几本没包装的杂志递到他手中。

7 月 13 日，周恩来一行离开西安去延安，此前 5 天，在西安还分别会见了熊斌、孙蔚如、邓宝珊、彭昭贤、胡公冕等军政要人，由于胡宗南事前打好了招呼，统一了口径，熊斌等人都一口否认胡宗南有“闪击延安”的军事意图。

周恩来一离开西安，军统西安站就送给胡宗南一份有关周恩来一行在西安活动的情报材料，其中就说到有一个人坐胡宗南专车到七贤庄，接送周恩来。去接时，几时几分进门，几时几分出门。去送时，几时几分进，几时几分出，带走几大捆物件，等等。胡宗南的个性是：合他心意的，他哈哈大笑；点中他心病的，他也哈哈大笑。胡宗南阅后，大笑，高兴地说，周恩来在西安的一举一动，都逃不过他（指戴笠）的法眼。

第八章
抗战后期

第一节 “陕西霸主”灵宝抗日

撵走熊斌

1943年，虽然胡宗南军事集团在与中共的较量中输得很惨，但是，在国民党内部的派系争斗中，他却成功地撵走了熊斌，全面控制了陕西地方行政，成为集党政军大权于一身的“陕西王”。

熊斌，湖北礼山人，1894年生，陆军大学四期毕业，历任西北军冯玉祥部中将参谋长、总参议、军政部航空署署长、冯军前敌总司令部参谋长等职，后改投蒋介石，甚得蒋介石器重，历任军委会参谋总部厅长、次长等职。

在陕西，从1938年胡宗南驻军西安到1941年5月，蒋鼎文一直当陕西省政府主席。蒋鼎文与胡宗南交往多年，私交颇深，两人同为浙江人，同属黄埔系，自黄埔建军，蒋鼎文是胡宗南的教官，后来又是胡的长官。在蒋介石的授意下，蒋鼎文主政陕西省政府三年，事事不闻不问，让胡大权独揽，双方相安无事。

1941年6月，熊斌继任陕西省政府主席，自认为是军界老前辈，不把黄埔小字辈的胡宗南放在眼里，双方关系迅速恶化。而且，熊斌很反感胡宗南干预陕西地方行政，多次否决胡宗南的做法。熊斌为了收回省政府应有的职权，与胡宗南针锋相对。双方交锋主要表现在以下方面：

在干部培训方面，此前，胡宗南规定陕西省地方厅、县以下各级干部的培训事宜，一律由战干四团承担。熊斌一到陕西省政府主席任上，就设置“省行政干部训练团”，将地方厅、县以下各级干部的培训事宜从战干四团划出来，由陕西省政府掌握，不再让胡宗南过问。熊说：“厅、县以下各级干部，则依中央规定，设省行政干部训练团，分期轮流调训，因此开罪军事当局。”

在人事任命方面，此前，胡宗南常以“陕西省民众动员总指挥部”的名义，任意要求撤换与任免一些县长人选，特别是靠近陕甘宁边区的一些县。据说，有一次，胡宗南以“陕西省民众动员总指挥部”名义，派参谋长去见熊斌，出示一张名单，对熊斌说：“接近匪区某某、某某等四县的县长，胡先生请予撤换，并建议按此名单上的诸人接充。”被熊斌断然拒绝了。熊斌认为“县长为亲民之官，乃地方行政之最重要之干部，人选特须慎重。首订县长检定办法，组检定委员会，以全体省政府委员兼检定委员……无论何人介绍，愿为县长者均须经过检定，故对中央院部会长及当地军事当局介绍之人，悉据此办法应付，明知不合时宜，但为国负责，为事求人，不得不尔。”熊斌制订“县长检定办法”，组成“检定委员会”审查议定县长的任免撤换，于是，胡宗南在陕西省县长人选上就不能随心所欲地任意指派、随意撤换了。

胡宗南 1940 年 10 月成立、操控“陕西省民众动员总指挥部”，把军权和民权都抓住手中，上马管军，下马管民，严重干预陕西地方行政。熊斌说：“当时又有陕西省民众动员总指挥部之设，省主席兼任总指挥官，军事长官兼副总指挥官，实际指挥部组织及业务皆由军方主持，总指挥仅负一名义耳。……，以第、干部训练团毕业学生派充副乡镇保长，直属区动员指挥部，往往不通过县政府，径行处理地方事务，病民之事层出不穷，民怨沸腾。”

以上诸事，是熊斌与胡宗南争夺陕西省地方行政权力尤其是各级人事任免权力的集中表现。胡宗南作为一方军事首长，国民政府未曾任命他地方行政职务，插手干预地方行政，势必造成、激化地方军界与政界之间的矛盾。于是，熊斌“乘觐见之便，陈明有割裂行政系统之嫌。元首英明，谕令取消。明知军方不满，不敢敷衍误事。”既然熊斌出面拨乱反正，蒋介石也只得支持。但是，胡宗南正大力扩张军政权力，自然不会善甘罢休。胡宗南的当务之急就是赶走熊斌，扫除障碍，换一位至少不与他为敌、不给他制造麻烦的人来主政陕西省政府。

1942 年夏天，河南旱灾严重，农田几乎颗粒无收，灾民遍野。第一战区辖区内饿殍遍野。据熊斌回忆：“1942 年夏，河南大旱，饿殍载途。虽陕无余粮，本救灾恤邻之意，不顾军方及地方士绅反对，准杂粮百余万石出关救济。”熊斌顾全大局，以民生为重，调出陕百余万石杂粮救济河南灾民，本是仗义救命之举，却加剧了自己与胡宗南集团的矛盾，遭到了胡宗南集团的反对，也遭到陕西士绅的反对。

胡宗南从 1933 年驻军西北，已有十年；此时驻防西安，也已四载。这一期间，胡宗南的势力早就盘根错节地从军方渗入到地方，其影响早就无孔不入地渗透到陕西各界。所以，当胡宗南与熊斌争夺陕西省地方行政权力的矛盾激化到要撵跑熊斌时，陕西省参议会就出面，在 1943 年夏，掀起了一场矛头直指熊斌、试图搬倒熊斌的政潮，揭露、攻击省政府及其下属机关有贪腐行为。省参议会未经大会表决，就致电重庆国民政府，要求彻查陕西省政府的腐败之事。熊斌只好一面致电国民政府，请求中央派员秉公检查；一面私函蒋介石，报告实情，要求蒋另委要员接替。

西安党政军联席会议主席

蒋介石更倚重胡宗南，何况胡宗南在陕西所作所为实际上是得到了他的默许和支持的，军事第一，当然要为胡在西北进一步扩大军政权力扫清路障。既然熊斌自动请辞，蒋介石就顺水推舟。1944 年 1 月 29 日，重庆国民政府宣布：祝绍周接替熊斌任陕西省政府主席，林树恩任省政府秘书长，蒋坚忍任省民政厅长。这正是胡宗南期望的。林树恩、蒋坚忍均系胡宗南培植的亲信干部，听命于胡，自不待言。资深军人祝绍周会看小字辈胡宗南的颜色行事吗？

与此同时，国民党陕西省党部成员也朝着有利于胡宗南集团的方向变动，原军令部西安办公厅副主任谷正鼎调任陕西省党部主任委员，新增高文源、王德崇、张光祖、杨大乾为省党部委员，高文源兼组训委员，张光祖兼宣传委员。

1944 年 2 月 29 日，祝绍周飞抵西安。

祝绍周，浙江杭州人，1893 年生，1926 年 10 月北伐军攻浙，周凤岐反正，改编为国民革命军第 26 军，祝绍周得任第 26 军参谋长。自此，祝绍周归附蒋介石，与胡宗南在北伐、中原大战、一·二八抗战等战役中协同作战。全面抗战开始，祝绍周驻节汉中，任鄂陕甘边区警备总司令和军政部第四补给区训练总处长，负责胡宗南军事集团的后勤供应与兵员补充，与胡宗南关系密切。祝绍周追随蒋介石多年，很清楚蒋介石培植胡宗南军事集团的用意。所以，不同于熊斌的刚直做法，圆滑的祝绍周任主政陕西，当然会给胡宗南集团提供种种方便与支持。

随后，遵照国民党中央关于各地党、政、军主官联合组织“党政军联席会议”，协同配合，互通信息，联成一体，加强统一领导的指示，西安党政军联席会议组成，从成员构成来看，省党部谷正鼎、副主任委员章兆直、杨尔瑛三人，省政府祝绍周、林树恩二人，军方胡宗南、罗泽闿二人，省党部主任谷正鼎理当担任联席会议主席，符合孙中山、蒋介石以党治国、以党治军的政治理念，可是，在陕西，由于军方势力雄厚，胡宗南坐大，遂被推为联席会议主席，形成军方主导地方党政部门的非正常局面。1944 年 3 月 15 日下午，西安“党政军联席会议”在东仓门举行首次会议，胡宗南宣读蒋“委员长训词”，全面领导陕西省党、政、军各界。至此，胡宗南就成为国民党与国民政府在陕西地区党政军的最高负责人，俨然“陕西霸主”。很快，胡宗南就会成为“西北王”。

关中告急

全面抗战以来，虽然京汉铁路线黄河以北路段与信阳以南至武汉的路段为日军所占领，但是，国民政府第一战区部队一直紧紧地控制住了河南省黄河以南直到信阳以北的京汉铁路线及沿线的广大中原地区。第一战区司令长官部设在洛阳，下辖八个集团军总计约40万兵力的国军。

1944年开春以来，日军为打通中国大陆铁路交通线，发动了规模巨大的豫湘桂战役，于是，毗邻关中基地的河南第一战区的敌我双方形势骤然紧张起来。4月17日，日军第12军四个师团，首先在河南向国军第一战区发动猛攻，采取规模巨大的迂回穿插战法。第一战区由于派系庞杂，军队腐败，特别是由于准备仓促，判断错误，指挥失当，没有及时调整战术，仍按以往大兵团抗击日军进攻的经验作战，第一战区数十万大军抵挡不了日寇的进攻，以致迅速溃败。

1944年4月22日，第一战区丢失郑州，5月1日失许昌，日军完全控制了平汉线；同时，另一路日军沿陇海线西进，日军第1军又从山西渡黄河入豫，两路日军配合，扫荡豫西，5月14日取宜阳，16日占韩城，17、18日占洛宁、陕州，20日袭卢氏，25日，攻占豫西重镇洛阳。期间21日，国军第36集团军总司令李家钰壮烈殉国，刘戡继任。第一战区损兵折将，一个月就损失兵力20万人。蒋鼎文与汤恩伯率残部退往豫西南山区。

当日军向豫西进击、与第一战区部队激战之时，军委会电令胡宗南迅速派兵开出潼关，增援豫西，对日作战。胡宗南火速调遣李延年第34集团军进入豫西，抵御日军；同时，指示第1军许良玉第78师严守潼关，并在潼关设难民收容所。胡宗南亲到华阴，设前敌指挥所，以刘安琪第57军下辖的吴俊第8师一个团推进至陕州东面的张茅镇，作为全军前哨阵地，掩护第34集团军在灵宝、虢略镇地区布防，以陕州为前进据点，集结与构筑防御工事。胡宗南在潼关召集军师长和敢死队讲话，身后还带了一具棺材，说："如果这次不能打败日寇，这便是我胡宗南的棺木！"

1944年5月中旬，日军猛攻张茅镇、陕州及长水镇地区，5月18日占领陕州与长水镇，第一战区部队向西溃退，第八战区的前哨部队也向后收缩至灵宝地区。这时，胡宗南亲至灵宝、虢略镇前线，视察部队阵地。5月24日，胡宗南指令李延年赴第一线指挥，并从后方调派增援部队至前线。

李延年（1904—1974），字吉甫，山东广饶人，曾任国军闽绥靖第四区司令官、第十一战区副司令长官等职。1946 年初，任徐州绥靖公署副主任兼淮海指挥部指挥官。1949 年 8 月，福州绥靖公署副主任李延年部 7 万之众全军覆没，逃到台湾，被关押数年。

1944 年 5 月 25 日，洛阳失守，豫西战场形势更加吃紧。5 月 30 日，军委会办公厅主任林蔚向胡宗南传达蒋的指示："陕州攻取，颇有可能。令第 8 师长攻大营，大营下后，看情况决进止。"蒋介石和军委会意在指示胡宗南部从灵宝地区发动反攻，以夺回陕州、大营等军事要塞，挽回颓势。6 月 1 日，李延年指挥第 57 军第 8 师等部，反攻陕州一线要塞，激战两日，未能克敌。第 8 师副师长王剑岳以身殉国。胡部退回灵宝地区。其时，第一战区马法五第 40 军的 3 个师也在陕州以东作战。

此时，马法五第 40 军会同从洛宁过来的刘戡第 36 集团军，一起撤至灵宝。一时大批国军部队云集灵宝一带。日军指挥部注意到了灵宝地区中国军队的集结，特别是胡宗南第八战区的增援部队进驻豫西，集结灵宝地区。

日军第 1 军入豫以后，决定于 6 月初继续进犯灵宝地区，企图击溃第一战区主力部队，之后，再攻击第八战区主力部队，进一步削弱中国军队。灵宝会战计划获得日本华北方面军司令官冈村宁次的支持。冈村宁次并令日军第 12 军除防守洛阳、郑州等重镇与确保平汉铁路畅通之外,5 月下旬还派出一股日军增援第 1 军。

6 月 5 日，日军向灵宝发起攻势。数万日军从洛阳顺着陇海线南侧，扑向函谷关，来势汹汹，威逼潼关，顿时西安震动，关中震动，重庆震动。情势危急，蒋介石看到，豫西抗战，直接关系重庆安危，即刻直接任命李延年为前敌总指挥，统一指挥在灵宝一线的第八战区胡宗南部、马法五第 40 军以及刘戡第 36 集团军等。

豫西灵宝抗战

胡宗南、李延年指挥国军利用灵宝地区复杂的地形，从内到外部署了三道防御线：潼关到卢氏、灵宝到故县、阌乡到杜关，第 34 集团军各部防守第一线中间主阵地，刘戡第 36 集团军防守右翼，马法五第 40 军防守左翼。

1944 年，在豫西灵宝地区，国军阻击日寇大战开始了。6 月 7 日到 8 日，日军集中兵力猛攻国军第一线阵地中部第 34 集团军各部，激战夜以继日，惨烈无比。6 月 9 日，日军突破防守牛庄的第 57 军傅维藩第 97 师阵地，傅维藩擅自放弃阵地，撤至常家山，牛庄、培里、案里各阵地尽失。随即，日军攻入峪中，突破第 16 军第 109 师刘明第 325 团防守的夫妇峪，团长刘明弃阵后撤；第 109 师戴慕真师长随即率部且战且退；幸好第 16 军陈鞠旅预 3 师及时赶来，苦战苦撑，阵地才被国军坚守住。第 57 军军长刘安祺见部属丢失阵地，损兵折将，乃自带一团兵力，光着膀子，提枪亲赴前线，带头反攻，经过激烈争夺，全团伤亡过半，刘安祺也身负重伤，终未能反败为胜。由于日军突破了国军中部阵地，国军左、右两翼作战部队直接受到了影响，国军一线南北阵地呈马蹄形内陷。6 月 10 日，日军全面进攻国军灵宝中间主阵地，双方鏖战，进入白热化状态。

形势十分严重。如果日军顺利突破国军中间主阵地，再继续向纵深推进，势必撕裂国军防线，兵临潼关城下，那么，关中地区就岌岌可危了。李延年立即命令右翼第 36 集团军与左翼第 40 军，采用铁钳战术，同时腰斩日军西进的突击部队；并命令炮兵部队集中 100 多门大炮连续轰击日军后方，指挥战防炮部队猛烈轰击日军坦克；又电请空军出动 30 余架战斗机与轰炸机，一面迎击敌机，一面轰炸扫射敌进攻部队。

李延年则亲自在第 34 集团军中间阵地督战，彻夜不眠，死守防线。此前不久，蒋介石让他立下军令状，如果潼关失守，他将受军法严惩，同时，蒋介石还授予李延年尚方宝剑，对师长以下渎职、失职的官兵行先斩后奏之权。而且，此时陈诚奉蒋介石之命，偕同被胡宗南撵出陕西的熊斌一道，到豫西指挥第五战区与第一战区的部队作战，同时奉命监督检查胡宗南部对日作战。

这时，胡宗南雪中送炭，适时从后方增调司元恺第 29 师、袁杰三第53师、李振清第106师、王隆玑第167师等国军精锐主力增援前线。其中第106师为保卫中国攻防炮阵地，与日军血战多时，终于击退了日军。

面对国军的顽强抵抗，日军进犯连连受挫，伤亡惨重。随后，李延年以退为进，指挥国军主动撤到二线阵地，日军一度进占了两座到处都是尸首与鲜血的废墟——灵宝城与虢略镇。日军已成强弩之末，处境艰难，当时日军的电报反映了日寇此时的狼狈："遭到有力的敌军阻截，前进更为缓慢，甚至秦岭山脉的山路也被敌军占领。要突破该地，无论付出多大的牺牲和时间也难以奏效。"

日军由于西进受挫难以快速奏效，而日本侵华大本营要迅速集中兵力南下展开湘桂战役，延至6月13日，乃令西进日军主动从灵宝战场后撤到洛阳一线。胡宗南、李延年趁机指挥各军乘势发起大反攻，双方激战三日。陈鞠旅预3师向虢略镇追击，司元恺第39师向灵宝追击，6月15日两要塞皆被克复。日军退守洛阳，历时10天的灵宝会战结束。

与第一战区部队一败涂地的豫中会战比较，灵宝会战稳定了西安与西北地区，粉碎了日军西犯潼关进逼关中的阴谋，扭转了国军在河南战场的颓势，虽然未能全部"围歼"西进日军，但沉重地打击了日军的战力与气焰，振奋了中国人抗日必胜的信心。胡宗南、李延年誓死保卫关中的决心、指挥上的灵活与果断，各部官兵勇敢顽强的作战与不怕牺牲的爱国精神，保证了这次攻防战役的胜利。

灵宝会战获胜，军委会赏罚分明，奖功罚过，既嘉奖了胡宗南、李延年以及参战有功各部，又惩处了在作战中违反军纪、弃地而逃的部队长官。奖功方面，李延年获得抗日一等勋章，调升山东挺进军总司令；李振清第106师保护攻防炮，司元恺第39师收复灵宝，陈鞠旅预3旅苦战夫妇峪，均记大功。罚过方面，师长傅维藩丢失牛庄阵地、325团团长刘明丢失夫妇峪阵地、第167师贺一迟团长作战中擅自撤逃，被处决，师长戴慕真被宣判无期徒刑。

灵宝会战后，国军与日寇在豫西灵宝与陕州之间对峙，不时发生小规模的正面交锋。第 34 集团军各部陆续撤回关内，胡宗南部署第 40 军驻防灵宝地区，第 4 集团军防守洛宁、卢氏地区，第 31 集团军驻防西峡口地区，分别监视盘踞陕州、宜阳的日军。

第二节　第一战区司令长官

“马前一卒”

戈士德在《胡宗南与戴笠》中说，胡宗南和戴笠对蒋介石“简直可以说是孝顺。‘先意承志’，不仅承奉其志而行之，而且预先逆知其意而为之。都是以领袖之喜怒为喜怒，以领袖之忧乐为忧乐。”的确，在蒋介石的所有学生与部下中，在对蒋介石的死忠这一点上，一个戴笠，一个胡宗南，无人能及。

据说，第七军分校的政治教官向学生讲述胡宗南的“革命史”，胡宗南一听，立即召集全校师生员工训话，说：“我胡宗南不过是领袖的马前一卒。只有领袖，没有胡宗南。”

1938 年底，胡宗南回师关中，驻节西安，就下令在西安翠华山麓创办了以蒋介石名命名的“中正中学”，吸收军官子弟与沦陷区青年入学。胡宗南对这所中学分外重视与关心，由胡宗南总部供给所需经费与物资，供给学生衣食，还任命亲信将领盛文为校董事长。

1940 年，戴笠来西安，就与胡宗南商量：校长来西安，住什么地方？商量就住在张学良住过的青龙岭。但胡宗南总感到张学良住的地方，再给蒋介石住，不太好。刚好发现了西安市神禾塬南坡半壁之处，地势险要，后面是山，开有窑洞，比较安全。就在这个地方建起了一处常宁宫。1942 年 9 月西安会议期间，蒋介石就住在比较简陋的常宁宫：1 间办公室，1 间卧室，1 间起居室，会议室 3 间，连在一起。

1946年10月31日，逢蒋介石花甲寿辰，胡宗南在西安发起为蒋介石庆寿献忠活动。期间，胡宗南特地在临潼华清池建纪念亭，起名“正气亭”。在亭上摩崖书写西安事变时蒋介石回南京后对张、杨的训话全文，特请戴季陶手书。“正气亭”奠基之日，又特设“六十诞辰奖学金委员会”，资助、奖励陕西青年求学。

据说，胡宗南军1947年占领延安，蒋介石要到延安视察，胡宗南为蒋备了一处考究的住所，视同“行宫”。后来，国防部部长白崇禧先来到延安，招待人员准备以这座“行宫”让白崇禧暂住。胡宗南立即阻止，说：“领袖住的房子，怎么可先给人家?”

愚忠蒋介石

为了倡导对蒋介石的无限忠顺，树立蒋介石的绝对权威与最高领袖地位，胡宗南还有一套理论，以表明绝对效忠蒋介石的心迹，又号召部下誓死维护蒋的领袖地位。胡宗南喜欢向部下谈隋唐之际李靖辅佐李世民得天下的历史掌故，说：“李卫公手提三尺龙泉，纵横天下，大有不可一世之慨。当他会见李世民后，觉得李世民有高瞻远瞩之见解，英明果断之魄力，并兼有可与天下争衡之军事实力。认为取隋而能主天下者，非李世民莫属，于是他扶助李世民，鞠躬尽瘁，直至老死而不辞。此即所谓‘士为知己者死’，值得吾人效法。”

蒋介石每次到陕西各地视察，胡宗南更是竭忠尽智。事前，他亲自准备与指挥部署“行宫”，抽调四五百人服务。他派专人携带设计图与尺寸，飞抵迪化采购特制地毯；请戴笠帮忙从美国购置防弹车；在木器店定制特设家具，又让西安驻重庆办事处购置一批化妆品，备宋美龄用。蒋介石喜欢吃宁波竹笋罐头，他就准备了几百斤。蒋介石“驾幸”前夕，胡宗南必到“行宫”检查是否安全舒适，坐坐沙发，躺躺床铺，蹲蹲马桶……。蒋介石在陕期间，胡宗南每天晨昏必问：“委座胃口怎样?”“委座睡得如何?”……

在蒋介石要公开露面时，为了既保证蒋的安全，又能让蒋接近民众，胡宗南别出心裁，提出“安全第一，亲切第一”的口号。

胡宗南曾对部下说：“领袖不高兴我们用三步一岗、五步一哨的做法来保障他的安全，认为这是把他外于民众的做法。因此，迎接领袖时，既要注意保安，又要注意亲切热烈。”

胡宗南数十年对蒋介石的死忠与效命，赢得了蒋介石的宠信与宠爱。蒋介石让胡宗南接掌他的起家部队，从第 1 师到第 1 军，再到第一战区，一再破格提拔，从师长到军长，从集团军总司令到战区司令长官，从“陕西王”到成为统兵数十万、总揽西北军政大权的“西北王”。这在黄埔生中是唯一的一个。1941 年，蒋

蒋介石、宋美龄视察西北

这是蒋介石、宋美龄视察西北时与张学良、胡宗南等人的合影，左起依次为马少云、马福寿、胡宗南、张学良、蒋介石、宋美龄。

介石将幼子蒋纬国送到第 1 军中服役，任职数年，让胡宗南做蒋纬国的监护人，连蒋纬国的婚姻大事都交胡宗南一手操办。蒋纬国对胡宗南也待之如兄长，胡宗南 1962 年去世之际，蒋纬国多有感触，说：“追思往昔，涕泪凄怆。”

当胡宗南在国民政府与国军内部遭到责难时，蒋介石总是公开出言维护胡宗南。1945 年初，蒋介石就在会议上说：“近来有些人对胡长官宗南有许多指责，除了胡部确有部分军队纪律不

好，应责成整饬外，我认为我们应从全局来看问题。大家要知道，八年来如果没有胡宗南这支力量在西北顶住，则我们的抗日根据地——四川这个地方，就会受到严重威胁，这样，我们就不能争取抗日的胜利。”

的确，胡宗南为蒋介石鞠躬尽瘁，死而后已。据张佛千在《我追随胡宗南》中说：“胡先生的‘衣’更为简单，经常是粗布军装。西北严寒，冬天气温在摄氏零下一二十度，他不穿棉军装，也不穿大衣。戴笠送他一件毛衣，穿了二十年，又破又烂，死时尚穿在身上。冬天室内从不生火，客室有火盆，非来客不生火。双手、双耳、面部都是冻疮……野外埋锅造饭，他与士兵同坐地上，吃同样的菜饭，不要人为他盛饭，一切自已来。他实践着自己的话：‘生活士兵化。’可以说：‘虽古名将，无以加之。’他一天到晚都在工作，工作，无休息，无享受，无娱乐，如一苦行僧。”

借力高层人脉

除了绝对忠顺、亲近蒋介石之外，胡宗南还善于编织关系网，竭力联络、拉拢国民党内的一些党国元老、派系头目与军政实权人物，与他们建立亲密与良好的个人关系。

对党国元老、国府政要以及民国学者、名流，比如说，宋美龄、戴季陶、于右任、陈立夫、张继、居正、张钫、何应钦、顾祝同、蒋鼎文、张治中之流，胡宗南或往访，或邀来讲演阅兵，或重用其亲友子婿，以种种手法来赢得对方的好感与交情。

胡宗南每次邀请于右任、居正、张继、何应钦、张钫、顾祝同等人到军中讲演时，总是亲自接待，亲自主持，而且，在整个大会过程中，他总是毕恭毕敬地站立讲台前沿，常常是一站数小时不动。台下官兵在胡宗南的指挥与影响下，也都立正听讲，全场鸦雀无声，以致来讲演的元老、政要、名流、学者，对此莫不感动、敬佩，个个赞誉胡治军有方。

对中统，胡宗南因与陈家党首脑人物既是湖州同乡，又与陈果夫、陈立夫叔父陈其采有师生之谊，所以，与二陈私谊非比寻常。

对军统，他因与戴笠关系特殊，而与军统亲如一家。军统改组，胡宗南与郑介民、毛人凤关系亲密如故。戴笠失事死亡，胡宗南痛哭失声。1946年冬，胡宗南到南京，还在一个风雪交加的深夜，到郊外灵谷寺祭戴笠，于墓前行礼致哀数十分钟。

陈立夫

胡宗南权势日增，“声誉日隆”，与这些党国要人的宣扬与提携有莫大关系。

胡宗南对一些杂牌军的关键人物，或是国民党政要、元老的亲友，尽管这些人物的身份与学历并非“黄陆浙一”，但是，从政治上考虑，为了达到自己更重要的目的，还是破例、破格，给以宽容与重用。胡宗南通过对这些人的任用，以结好于他们的父兄师友。

比如说，胡宗南特地任命李宗毅为长官部副官处处长，李宗毅与冯玉祥亲戚，借此通过李宗毅联络和拉拢归胡指挥的原西北军的一部分军队。胡宗南先后任命张治中女婿周嘉彬，为七军分校副主任、西安警备司令、第111军军长等职；任命白崇禧的友人张卓，为七军分校副主任；任命顾祝同堂弟颐希平，为七军分校副主任、天水行营政治部副主任、西北训练团教育长、西安绥署政治部主任等职；任用居正之子居伯强，为七军分校教官；任用张钫之子张广勋，为七军分校边语训练班主任，等等。

抗战胜利，胡宗南奉命派第34集团军去华北受降，划归第十一战区孙连仲指挥，胡宗南为了取信于孙连仲，得到孙连仲的支持，即聘孙连仲女婿夏新华当私人秘书。

由于对蒋介石的死忠与竭力，从而得到蒋介石的赏识、宠爱与提拔，得到党国元老、国府要员的称誉与声援，胡宗南得以顺利地登上“事业”的巅峰，登上“西北王”宝座。在抗战胜利后

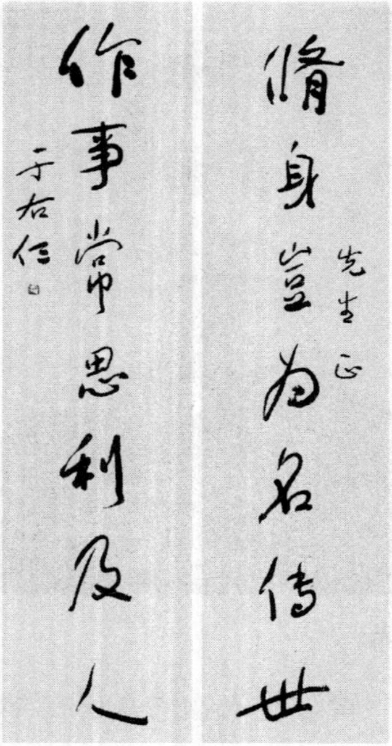

于右任行书七言联

国民党军事“三鼎甲”中，汤恩伯当然难以望其项背，只有陈诚可与他比肩，较量。

以退为进

1944 年 7 月 4 日，胡宗南飞抵重庆，面见总裁蒋介石，汇报豫西战役情况。蒋介石严厉指责了胡宗南在指挥上的错误以致未能全歼豫西日军以及较多撤换部队军官、用人不当等过误，而胡宗南却不认为自己有过误，指挥所部援助豫西，在灵宝会战反败为胜，稳定了豫西战场，卫护了潼关，有功，不应受到指责，为自己辩护，说：“此次灵宝作战，检讨错误，仅预备队使用不当，如能加上两个师必获大胜。第七十九师傅维藩部擅自退却，乃出意外。至于用人，实为最公平而又考核最正确者。全国优秀分子多在西北，故军队自团长以上皆甚优秀，此在人事考绩上可证明。第九军五十四师并未换动一人，战绩尚不如第二十四师。第二十四师团长年龄有至五十岁以上者，出发令下，自己不愿带队而请长假。此等团长如不撤换，将何以战？此两点实不敢自承错误。”

“难道是陈诚在蒋介石面前说了我的坏话？”胡宗南心里揣测，很可能是政坛劲敌陈诚使的坏。

随即，蒋介石说要调整战区，即将任命陈诚为第一战区司令长官、胡宗南、郭寄峤只能给他当副手，胡宗南心中大为不满。胡宗南既不愿第八战区并入第一战区，又不愿当陈诚的副职。胡宗南心中一百个不愿意，却不便直言，只是委婉地向蒋介石诉苦：“关中本来仅河防、陕北两正面，并入第一战区后，加上卢氏、西坪、汉中三正面，以现有兵力欲参加五个不同正面之作战，殊非易事。”

陈诚，字辞修。浙江人，1898年生，26岁入黄埔军校任特别官佐，后随蒋介石南征北战，战功卓著，为蒋特别看重，常被蒋介石任命为最重要也是最艰难的方面军统帅。抗战后期，国民政府军渐渐被集中到了陈诚、胡宗南与汤恩伯三大黄埔名将手下，人称“三鼎甲”，而陈诚的地位在汤恩伯与胡宗南之上。

此前，胡宗南与陈诚同为蒋记黄埔系最重要的军事实力派，分庭抗礼，夺权争宠，自成派系。胡宗南任第八战区副司令长官，职权等同于战区司令长官。现在关中一并入第一战区，胡宗南当副手，寄人篱下，今后势必就得听命于陈诚了。苦心经营两年的、独自为王的副司令长官部被解散，胡宗南哪里心甘？

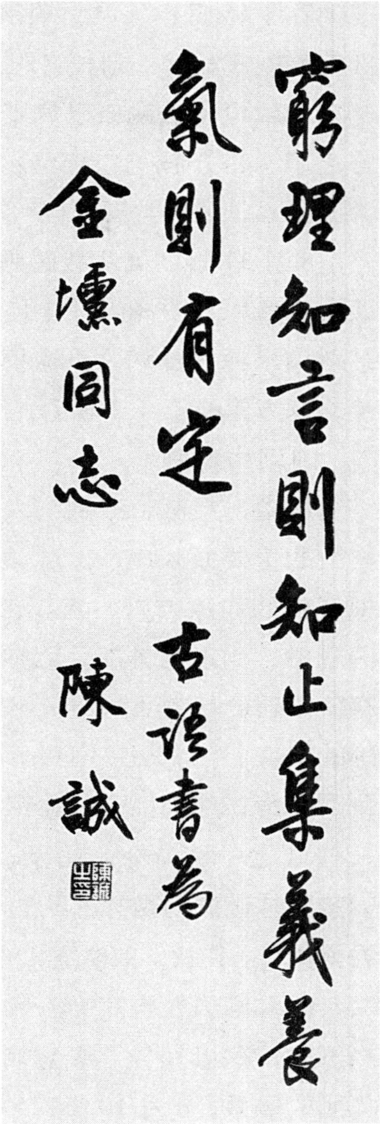

陈诚行书作品

7月5日，胡宗南离开重庆之前，去向蒋介石道别。蒋介石知道胡宗南心中的小九九，自己也另有考虑，也不多说，只是嘱咐他去见军政部长何应钦与陈诚。

7月6日，军委会明令：撤去第一战区蒋鼎文与汤恩伯之职，任命陈诚为第一战区司令长官兼冀察战区总司令，胡宗南、郭寄峤为第一战区副司令长官；裁撤西安第八战区副司令长官部，将关中地区从第八战区划出，并入第一战区，移第一战区司令长官部至陕南汉中。

7月15日，陈诚、胡宗南、郭寄峤在汉中第一战区司令长官部宣誓就任长官、副长官职。随即，胡宗南返回西安。8月25日，胡宗南致电蒋，说自己病了需好好休养，请辞第一战区副司令长官之职。蒋介石一口拒绝："当此整军雪耻之时，正应积极负责，力图自强，报效党国，岂可有此消极养病之表示乎？所请不准。"

8月31日，第八战区副司令长官部正式裁撤，改为第一战区西安指挥所，罗泽闿任主任。9月4日，胡宗南二次致电蒋介石，继续请求辞职养病，仍遭拒绝。胡宗南消极不满，蒋介石一口回绝，双方僵持了4个多月。

闹剧与喜剧

朋党与宗派，派别与内耗，这是国民政府军政涣散以至最后惨败的重要原因之一。陈诚自接掌第一战区司令长官帅印，即行拟订新的作战方针，重新部署第一战区，检查、整顿原蒋鼎文、汤恩伯、胡宗南各部。此举更招致胡宗南的不满。一次，陈诚视察陕东朝邑县黄河河防，召集胡宗南嫡系第34集团军团长以上级别的军官训话。胡宗南获悉，训斥第34集团军军师长不应让陈诚到胡宗南各部训话，并秘密商定对付策略，对策主要有三：其一、凡陈诚之一切命令、指示，未经胡宗南副署，概不生效；其二、如接到陈诚调动指挥部队的一切电令，都须经请示胡宗南同意后，方得执行；其三、部队之人事任免必须由胡宗南亲自决定。

胡宗南虽在与蒋介石闹意气，请辞养病，可对军政权力却紧抓不放，积极领导，事必躬亲，尤其阻止让陈诚插手胡宗南军事集团的嫡系。8月10日，筹划送少工总队赴新疆；8月24日，亲往陕西省党部主任谷正鼎家，请他主持西安劳动营；9月12日，派遣钟松第36军赴重庆；接着，空运刘安祺第57军到桂林。9月18日，胡宗南到王曲，为七军分校师生讲解灵宝会战；9月27日，赴潼关检阅第1师；10月4日，到赤心检阅第167师。

1944年9月上旬，日军发动湘桂战役，柳州、桂林战事激烈。军委会急调关中部队南下增援。到了11月，蒋介石与军委会重新调整人事安排：拟调第一战区司令长官陈诚到重庆接替何应钦任军政部部长，让胡宗南升任第一战区司令长官。11 月 21 日，国民党中常会正式决定：任陈诚为军政部部长。11 月 22 日，蒋介石特派陈诚到西安，约胡宗南同来重庆。

11 月 27 日，蒋介石召见胡宗南，问："一战区司令长官陈诚调长军政部，由你代理一战区司令长官，还是另派他人担当，你看如何？"

胡宗南答："学生资历、学识皆浅薄，不能负此重任，请委座另派他人为妥。"

蒋介石又问："如由你代理，是否比较容易行使职权？"

胡宗南故意推辞："以现时环境如由职代理，不仅不能达成任务，且必累及钧座，仍请另行派人。"

蒋介石见他推辞，说："有人提及刘经扶，你看如何？"

刘经扶即刘峙，原是胡宗南的老师与老上司，胡宗南当然不能出言反对，但胡宗南这时也不欢迎他来，所以，王顾左右而言他，说："钧座无论派定何人，职等极端服从。"

蒋介石

11 月 28 日，胡宗南去成都医牙，12 月初回重庆。

12 月 12 日，胡宗南又去见蒋介石。

蒋介石又问："一战区事由你代理如何？"

胡宗南仍就推辞，说："如此适足为钧座之累，以另行派人为妥。"

蒋介石仍坚持要他当，并说，让他任战区司令长官，责任重大，就是要练就他成为方面军统帅，独当一面。

随即，蒋介石训示胡宗南在就任第一战区司令长官之后练兵、指挥作战诸事宜，尤其是如何防止中共夺权。蒋石向胡宗南透露了将进一步受到重用的信号：“你担任一战区司令长官，借此可以造就自己的声望，并可大力培养新起人才。将来政治、党务皆各有中心，各负责任，需要有大量的有为人才团结在一起，才能使国家政权将来不致被异党篡窃。你现在做了独当一面的将帅，气度胆量必须与之相称。听说你的军师长安分守己有余，开创有为不足。并非安分守己不是，而是在此局面下，必须有敢作敢为之人，才能打开局面，而况你将来所负责任，恐不仅如今日之二三倍，如无此种干部培养，将何以打开局面乎？”

12 月 19 日，蒋介石又一次对胡宗南就任第一战区司令长官耳提面命：“现时国军精华都集中在第一战区，如第一战区失败，就将动摇国本，真不可为人矣。现时政府中心工作为补充兵员问题，大家应集中全力为之，在陕西征兵 5 万人，速令陕省主席祝绍周办理。能在明年 3 月前运送 10 万新兵到重庆，方能应急济难。”

12 月 21 日，胡宗南以新任第一战区司令长官身份，愉快地偕同范汉杰等从重庆飞回西安。胡宗南用二十年的时间，就爬到了战区司令长官这一高职。在黄埔生中，仅此一人。

1945 年 1 月 12 日，胡宗南飞抵汉中，宣誓就任第一战区司令长官职。1 月 16 日，胡宗南飞回西安。第一战区司令长官部也从汉中迁回西安，与西安第一战区指挥所合并，曾万钟继任副司令长官，龚浩为总参议，范汉杰、李昆岗为正副参谋长。

曾万钟，字鼎铭，云南大关人。1892 年生。云南讲武堂将校班毕业，历任滇军连长、营长、团长、旅长、师长，参加过反清、辛亥革命、护国、护法、北伐。1935 年升中将，任第 3 军军长，第 5 集团军总司令，1942 年任第一战区副司令长官。

第一战区所辖区域极其广阔又极其重要，包括陕西关中、汉中、豫西、豫北、晋南等战略地区。胡宗南成为这一地区国军最高统帅，成了名副其实的“西北王”。据说，当时阿谀者制造传闻，说在洛阳掘出一方古碑，碑上有“一轮古月照中华”诗句，正好就应在胡宗南的“胡”字上。

第一战区所属部队，共约六七十万人。除胡宗南原辖的第34、第37、第38三个集团军外，还有原蒋鼎文、汤恩伯所属各部，另外，兰州第八战区的李铁军第29集团军、赵寿山第3集团军及河西警备总司令陶峙岳部等，也都属于胡宗南军事集团的势力范围。

再次飞升出任方面大员，胡宗南工作热情高涨。1月27日，他赶到老河口，会晤汉中行营主任李宗仁、豫省警备总司令刘茂恩、第五战区副司令长官郭寄峤等；1月28日，飞抵南阳，会晤第2集团军总司令刘汝明；1月29日，赶到镇平县冀察战区总司令部；1月30日，赶赴丹水，视察部队；1月31日，经西峡口到达西坪；2月1日，到达第98军军部，又前往青油镇第31集团军总部，会晤王仲廉；2月2日，回西安，9日，又飞到陕北榆林，10日，祭奠陕西地方部队将领高双成。

1945年5月，胡宗南在中国国民党六大上当选为国民党中执委。

第三节　两面作战

豫西南抗日

1945年3月下旬，在中国战场平汉路河南段，日军出动五个师团约7万余人，分路猛攻平汉路西的南阳、老河口、襄樊一线的中国第五战区部队与淅川、西峡口一线的中国第一战区部队。豫西南形势顿时十分吃紧。

当日军进攻豫西南时，军委会即命令胡宗南：派第一战区部队赶赴前线抗日，支援力量薄弱的第五战区。接获命令，胡宗南即以第31集团军总司令王仲廉为前线总指挥，指挥第31集团军，并配属谢辅三第27军等部，朝西峡口至内乡地区推进，阻击日军。3 月 24 日，第五战区司令长官部从老河口转移到均县；3 月 25 日，驻防老河口的美军撤退。

3 月底，王仲廉第 31 集团军的前锋部队第 85 军在西峡口地区，与日军展开激战。西峡口地区接近南阳盆地，地形宽平，日军战车进退自如，攻防优势尽展，加之日军兵力上又占优势，故攻势甚猛。4 月 2 日，吴绍周第 85 军退出西峡口，再撤到魁门关布防，继续抗击日军。日军几次猛攻，飞机、战车轮番轰击。4 月 4 日，第 85 军行诱敌深入之策，撤至重阳店西面的马鞍桥。王仲廉则集中优势兵力，设伏以待。日军不知是计，继续推进到重阳店地区，2000 余人、战车 15 辆陷入国军包围圈。双方激战一整日，日军受创，死伤近千。国军乘胜夺回了重阳店以东阵地。

在重阳店激战时，胡宗南调拨轻战车交王仲廉指挥，增强第一线战斗力。同时，为了防止日军突破国军防线西犯，胡宗南部署第二道防线，调动精锐第 167 师推进至西坪、荆紫关之间，暂 4 师推进到武关；4 月 7 日，第 61 师推进至雒南。

4 月 5 日至 7 日，在重阳店、范家沟、丁河店、槐树营各地，敌我双方激战三日。4 月 10 日，国军重创日军，攻克凤凰嘴及附近高地。胡宗南决定趁热打铁，下令前线各军全力围歼西峡口地区日军。

这时，驻洛阳的日军采取围魏救赵之策，派兵南下攻击洛宁地区的国军，以增援西峡口前线。4 月 19 日，西峡口日军乘机疯狂反扑。各地战况十分激烈。如果西峡口前线军队抵挡不住日军的反扑与攻击，溃败下来，日军势必深入陕南汉中，逼近关中与四川，故胡宗南严令前线各部严守阵地，特别致电新 4 师，如新 4 师败退到中蒲塘以西，师长谭毓麟必遭枪决；如失掉霸王寨，亦必军法严究。

国军坚守住西峡口寨外阵地，与日军对垒半月余。5 月 7 日，胡部各军发起反攻：王仲廉部及第 65 师，从南翼豆腐店及 1180 高地反攻，夺取庞家店、霸王寨；谢辅三部及新 1 旅反攻，从北翼包围土地岭日军。胡宗南电请南阳刘汝明第 2 集团军发兵配合，牵制日军。5 月 8 日，各部同时猛攻日军，迅速收复豆腐店及 1180、1140 高地，歼敌 1000 多人。

从洛阳出发的日军增援部队，一路进攻官道口、卢氏，策应西峡口日军，历时十余日，已到洛宁地区。胡宗南考虑到这路增援日军，所携粮弹必少，必将撤退，必易歼灭，乃令李兴中第 4 集团军在卢氏围攻龙头寨日军，阻其西进，并进击宜阳的日军；令南翼王仲廉部继续猛攻庞家店、霸王寨；谢辅三部攻取 2651 高地，合拢包围圈。

此后，胡部各军利用豫西的复杂地形，扼守高地山寨，逮住机会就出手，与日军展开了为期 3 个月的艰苦的攻防拉锯战，虽未全歼日军，却阻住了日军的攻势，双方在豫西形成对峙胶着状态。

北犯陕北

胡宗南一面在豫西南抗击日军，一面又北犯陕甘宁边区的“囊形地带”，还与挺进河南的中共部队发生了激烈的摩擦与冲突。

自 1939 年底胡宗南部侵占了中共关中分区囊形地带 5 座县城后，5 县乡村地区仍为中共控制，这一局面使胡宗南一直惴惴不安，屡欲拔之而未果。

到 1944 年夏季中原战役后，日军占领了郑州、洛阳之间广大地区。胡宗南第一战区各部退到灵宝、卢氏地区与日军对峙。于是，中共组建“河南人民解放军”，准备控制中原这块战略要地。从这一年 6、7 月开始，中共从陕北、晋南、豫北、冀鲁豫、豫鄂边等革命根据地，调派徐子荣、皮定均、王树声等部，挺进河南，进入豫西，建立以嵩山、伏牛山为依托的豫西根据地。

中共豫西根据地的开辟，引起了蒋介石、胡宗南的震惊与恐惧。1945 年 6 月，当豫西日军的攻势一被国军挫败，胡宗南就迫不及待地指令袁杰三第 53 师配合地方团队，组成“胜利兵团”，攻击中共豫西根据地。因嵩山、伏牛山崇山峻岭，中共军队擅长游击战，时而化整为零，“胜利兵团”进攻无果，不得不改由地方团队从事伏击、搜索、警戒、破坏，而主力国军隐蔽集结，伺机出击，猛力“围歼”。

1945 年 7 月 1 日至 4 日，蒋介石视察西安。胡宗南再次汇报了陕甘宁边区的发展及其对西安的巨大威胁，说：“以共‘匪’居心叵测，封锁线必须加强，否则关中一有动摇，势必影响整个战局。”

蒋介石首肯了胡宗南的提议：将第 36 军扩编为特种军，下辖第 28 师、第 48 师、第 165 师、暂编第 15 师和暂编第 59 师，每师下辖 4 个团，总计近 5 万人马，专门负责警戒陕甘宁边区封锁线，守备线长达 600 多公里，西起甘肃的固原，东至宜川。

7 月中旬，在囊形地带胡宗南部占领区突发“淳化事件”：胡部驻防淳化城陕西保安第 2、第 3 两团发起兵变，投奔陕甘宁边区，以至于从通润镇到万里镇的国军封锁线被撕破。胡宗南认为，淳化事件是中共策动的。7 月 19 日，胡宗南致电严词责问朱德。7 月 21 日，胡宗南公然出兵，派盛文暂编 59 师和马禄骑 2 师，进入囊形地带，进攻淳化地区。7 月 27 日，占领中共关中分区首府马兰镇南面战略要地爷台山及其周围 41 个村庄。后又调派陈鞠旅预 3 师增援。

从 7 月底 8 月初，八路军正、副总司令朱德、彭德怀与中共陕甘宁晋绥联防军司令员贺龙先后数次致电蒋介石、胡宗南等，要求胡部火速停止进攻爷台山地区，并建议组织调查团，考查真相。胡宗南置之不理。

8 月 5 日，胡宗南离开西安，视察豫西前线，并召集王仲廉、谢甫三等部军、师长检讨豫西各战役得失。8 月 8 日，中共调新 4 旅第 16 团与第 358 旅第 8 团等主力部队，夜袭胡宗南部，歼灭胡部 5 个连，夺回爷台山地区。

接着，重庆调查组赶赴爷台山调查。重庆军委会也电示胡宗南放弃爷台山，退回到事变前的封锁线一侧。爷台山战事结束。

郑州受降

1945 年 8 月 15 日，日本天皇宣布无条件投降。

蒋介石电令，第一战区负责受降洛阳地区日军，胡宗南为受降主官。8 月 29 日，胡宗南部“宗字第 1 号备忘录”送达洛阳地区日军第 12 军第 110 师团师团长木村经宏中将手中。

不久，国民政府变更受降地点，第一战区受降范围扩大为郑州、洛阳、开封、新乡四地区，投降部队为日军第 12 军所辖各部，投降代表为第 12 军军长鹰森孝中将。

胡宗南成立“第一战区日军投降接受委员会”，拟定受降办法，指定各地受降主持人。胡宗南决定亲赴郑州主持日军第 12 军的受降仪式。

同时，胡宗南立即着手部署进军河南四地受降诸事宜：王应尊第 27 军挺进郑州，接管郑州与武陡防务；张耀明第 38 军挺进开封，接管豫东防务；严明第 90 军挺进洛阳，接管豫西洛阳至巩县的防务；王仲廉第 31 集团军挺进黄河北岸的新乡、汲县，接管豫北防务。到 9 月上旬，各部先后抵达指定位置，胡宗南军事集团各部就占领了中原战略要地——河南大部分地区。

抗战胜利时期的蒋介石

9 月 6 日，胡宗南派人赴郑州将“宗郑字第 1 号备忘录”送交日军第 12 军。9 月 18 日，胡宗南从西安飞抵郑州。

9 月 22 日，郑州日军受降礼，即颁发日军投降命令受领仪式，在郑州中华圣公会大礼堂里举行。上午八点五十五分，身着中将军服的胡宗南，带领各受降人员进入礼堂。礼堂内全体人员起立，鼓掌。胡宗南在受降席正中就坐。左有第一战区副司令长官兼参谋长范汉杰中将、副司令长官刘茂恩中将和马法五中将，右有第一战区副参谋长李昆岗少将、副司令长官裴昌会中将。

还有王仲廉、李竹亭、李兴中、谢甫三、张耀明等第一战区将领，以及美军代表魏德上校、包瑞德上校、威尔逊中校等，另有其他地方官员及新闻记者，总计 70 多人参加了胡宗南主持的郑州受降仪式。

约八点五十八分，在胡部第 1 师师长黄正诚少将的引导下，日军鹰森孝等 5 人进入礼堂，在受降席前排成一排，鞠躬，敬礼。再在投降席坐下。范汉杰宣布摄影三分钟，日方代表垂头丧气，面容沮丧。

随后，鹰森孝起立，面向胡宗南，说："本人今日前来拜受命令。"

胡宗南问："贵官有无证件？"

鹰森孝将身份证呈上。

胡宗南阅毕，连同"宗字第 1 号命令"交范汉杰转递鹰森孝。鹰森孝恭立接受，在"命令授领证"上签字，盖章，再呈送胡宗南。

胡宗南说："希望贵官切实执行我的命令。"

鹰森孝答："是。"

礼毕，胡宗南命日军代表退席。鹰森孝等起立，向受降席敬礼，集体退出礼堂。受降仪式结束。

随即，胡宗南当场发表了简短的演说："郑州、洛阳、开封、新乡日军到今天才正式接受命令，开始缴械。本战区当面任务，得以顺利完成，甚为愉快。回想八年以来……"

上午十点四十分，胡宗南率官兵与来宾赴郑州市广场，举行升国旗典礼。被日军侵占约两年的中原名城郑州，又高高地飘扬起青天白日旗。

向晋冀地区渗透

胡宗南一面亲赴郑州受降，控制河南中原地区，一面根据蒋介石的命令，将触角伸向华北各地，派遣所部进入河北、北平、山西，抢占战略要地。

1945 年 8 月底，胡宗南令第 34 集团军总司令李文率集团军总部暨第一梯队李正先第 16 军，从陕东朝邑渡黄河，集结于运城，沿同蒲线北上。接着，又令第 38 集团军罗历戎第 3 军，从甘肃定西出发，由潼关渡河入晋，转归第 34 集团军编制，随第 16 军一道开往河北。

第 34 集团军入晋，在晋南同蒲路沿线各城接受了驻防日军的大量武器、马匹与其他军用物资。10 月底，第 34 集团军两个军的四个师部队先后抵达石家庄，归属第十一战区，听从孙连仲节制。

这时，第十一战区马法五等部在邯郸遭中共军队“围歼”，孙连仲急忙从北平电令李文派李正先第 16 军从石家庄南下增援马法五。第 16 军先头部队才到达高邑，马法五等部就已被全歼。孙连仲只得令第 34 集团军在石家庄接受日军一个旅团的投降，然后以第 34 集团军第 3 军守备石家庄，李文率第 34 集团军总部及第 16 军开赴北平。

抗战期间，晋军被严重削弱，阎锡山已无力完全掌控山西，特别是晋南地区，处在中共太行、太岳部队的威胁之下。在第 34 集团军离晋不久，阎锡山就向蒋介石求助。胡宗南奉命乘机派精锐第 1 军李昆岗第 167 师进驻运城，控制了盛产粮棉的晋南地区，为后来胡军大举入晋搭好了桥头堡。胡宗南军事集团由此逐步渗入山西。

此时胡宗南的军事实力如何？据国民党军史评论家王禹廷在《勘乱军事的形势大略》中评价：胡宗南部“兵力最盛时拥有四个集团军五六十万人之众，堪称是抗战‘剿匪’的总预备队，可见当局对他倚畀之殷和寄望之重。抗战胜利前后，虽然以一部远戍新疆，一部调赴华北，但留在他掌握中的仍然是当时国军最完整强大的兵团。”

第九章
国共内战战场

第一节　胡宗南的“班底”

“黄陆浙一七四游”

胡宗南能够成为“西北王”，除了绝对忠顺蒋介石、手握抗日与反共的重兵之外，还有很重要的一点，就是他有比较深厚而广泛的以干部为班底的群众基础。多年来，胡宗南处心积虑地在部属中识拔、培养、重用了一批具有军政才干的中下层干部，这些人既绝对忠于胡宗南，又能帮助胡宗南带兵打仗，施政安民，然后，通过这些中下层干部，控制与指挥胡宗南军事集团几十万兵马，形成了一个以胡宗南为核心与领袖的庞大的军政集团。

胡宗南识拔选用干部有一套政策与做法，这就是“黄陆浙一七四游”：黄埔生；中央军校与第七军分校生；陆军大学将官班或参谋班毕业生；浙江籍人；曾在第1师从过军带过兵；战干四团生与西北游干班生。要在胡部站住脚跟，得到升迁，至少具备这七个基本条件的一个。具备的条件越多，爬升就越快。

胡宗南军事集团任用中上层军官首选黄埔生和陆大生，以致胡部大军是清一色“黄埔系”的天下，胡宗南就是胡记“黄埔系”的领袖。集团军总司令，一律都是黄埔一期生，是胡宗南的同期同学与好友；军长、师长则多为黄埔前六期生；团长、营长多用中央军校生；连长、排长多用第七军分校生。而且，师长以上级别的将领与幕僚多经陆军大学学习与培训。这样，对于那些非黄埔与陆大毕业的中下层军官，只能够在胡部大军中任闲职，当副手，拿“干薪”。

为了进一步发展自己的势力，就必须提前储备人才，所以，从 1945 年至 1946 年初，胡宗南乘抗战胜利之机，在集团内部挑选了一些青年学生，保荐资送去欧美留学深造。胡宗南对机要秘书熊汇荃说：他在考虑多选几个人去欧美，多几个留学欧美的博士、硕士，对他今后的事业有助益。

在胡亲自挑选的 20 名大学毕业青年中，一半是陕西名绅子弟，借此与陕西地方人士加深了关系；一半是胡部青年军官与干部，他们帮胡打拼多年，也得到了胡的垂青。机要秘书熊汇荃以及熊的妹妹熊汇芝、三青团组训组组长陈忠经、三青团西安分团书记申振民都被胡遴选上了。

胡宗南

胡宗南的确爱才。熊向晖要出国留学，胡要北大学生出身的孔令晟来接任熊汇荃当侍从副官和机要秘书。孔辞谢，说：“主任（胡）不是训勉我们要下部队吗？”胡就一口同意了孔的要求。孔令晟也是胡宗南喜欢的一位年轻人，后来做到了蒋介石的侍卫长，陆战队司令，警政署长。孔令晟当年在胡部与熊向晖颇有交情，数十年之后，他在台北退休了，到内地后仍去看望熊汇荃（此时已经改名为熊向晖）。孔令晟就说过：“胡先生气魄大，认为熊为正直青年，他可以用之。何况当时国共合作，爱国青年投入抗战行列，胡用熊并没错。”

十八位主将

在胡部大军的高级将官中，胡宗南把那些很早就追随他南征北战，又曾在他任师长的第 1 师中任过职的各届黄埔生与陆大生，视为患难战友，信任有加，委以重用。

胡宗南部18位主将的简况如下：

李延年，黄埔一期生，陆军中将，历任胡部第34集团军副总司令与第34集团军总司令。

李铁军（1904—2002），广东梅县人，黄埔一期生，中将军衔，历任胡部第1旅第3团团长、第1师第1旅旅长、第1军第1师师长、第1军军长、第76军军长、第3集团军总司令与第29集团军总司令。

范汉杰（1897—1965），广东大埔人，黄埔一期生，中将军衔，历任胡部第1师副师长，第1军副军长、第27军军长、第38集团军总司令、第一战区参谋长与第一战区副司令长官。

丁德龙，1904年生，湖南攸县人，黄埔一期生，陆大特别班四期生，历任胡部第1师独立旅旅长、第1军第78师师长、第38集团军副总司令、第37集团军总司令与西安绥署干训团副主任。

袁朴（1904—1991），湖南新化人，黄埔一期生，陆大特别班二期生，国民党陆军二级上将，历任胡部第1旅第1团团长、第1师第2旅旅长、第七军分校办公厅主任、第8师师长、西安警备司令、第16军军长与西安绥署干训团教育长。

李文（1905—1977），湖南新化人，黄埔一期生，中将军衔，历任胡部第1师第2旅旅长、第1军第1师副师长、第78师师长、第90军军长、第34集团军副总司令、总司令与第五兵团司令。

宋希濂（1907—1993），湖南湘乡人，黄埔一期生，中将军衔，历任胡部第71军军长与第34集团军副总司令。

董钊（1902—1977），山西长安人，黄埔一期生，陆军中将，历任胡部第28师师长、第16军军长、第34集团军副总司令、第38集团军总司令、整1军军长与陕西省政府主席。

刘戡（1906—1948），湖南桃源人，黄埔一期生，陆大六期生，追赠陆军上将，历任胡部第93军军长、第七军分校第十总队长、第37集团军总司令、整29军军长。在国民党六大上当选中央候补委员。

钟松(1900—1995)，浙江松阳人，黄埔二期生，陆大将官班，中将军衔，历任胡部第61师师长、整36师师长、第36军军长、西安警备司令、第五兵团副司令。

廖昂（1902—1967），四川资中人，黄埔二期生，陆大特别班四期生，陆军中将，历任胡部第1旅第2团团长、第1师西北补充旅旅长、第1军第78师第232旅旅长与整76师师长。

罗列（1905—1967），福建长汀人，黄埔四期生，陆军中将，1932年至1935年入陆大学习，胡部历任第1军参谋长、第34集团军参谋长、第48师师长、整1师师长、第一军军长、西安绥署参谋长与西南军政长官公署参谋长。

盛文（1906—1971），湖南长沙人，黄埔六期生，陆军中将，历任胡部暂编第59师师长、第34集团军参谋长、第一战区参谋长、西安绥署参谋长、第3军军长与成都防卫总司令。

徐保，生年不详，察哈尔怀安人，黄埔四期生，追赠中将军衔，历任胡部第1师营长、第1军第78师第465团团长、整36师之整28旅旅长与整76师师长，1948年死于战场。

张新（1902—1985），浙江浦江人，黄埔三期生，少将，历任胡部第1师营长、团长、整76师之整24旅旅长。

陶峙岳（1892—1988），湖南宁乡人，保定军校毕业，原湘军将领。历任胡部第8师师长、第76军军长、第1军军长与第37集团军总司令。

裴昌会（1896—1992），山东潍坊人，保定军校八期生，陆大特别班六期生，原孙传芳部属。历任胡部第一战区副司令长官、西安绥署副主任、西安绥署前进指挥所主任、第五兵团司令与第七兵团司令。

张灵甫（1903—1947），汉族，陕西长安县人，黄埔四期生，历任第1军排长、连长、营长、团长等职，后任号称国军“王牌”、“模范师”、“抗日铁军”的整第74师师长，中将军衔。

可以看出，在胡宗南部掌握军政实权的主将中，有16个是黄埔生，2个是保定军校生，几乎是清一色的“黄陆浙一”学历与出身。在15个黄埔生中，其中一期生9个，二期生2个，三期生1个，四期生3个，六期生1个；其中有6个还是陆大生。裴昌会、陶峙岳非黄埔出身，一直未被胡宗南视作心腹，只是用其所长，带兵打仗。

随着胡宗南军事集团的逐渐扩大，他手下的军官与干部越来越多，胡宗南就在军队中成立一个秘密核心组织——“铁血救国团”，成员皆为胡部高级军政骨干，如赵龙文、李铁军、李文、罗列、袁朴、罗泽闿、盛文、李正先、许良玉、陈鞠旅、钟松、李日基（第76军军长）、李振西、王应尊、廖昂、何文鼎、王微、程开椿等人。入团形式需两人以上介绍，并经考核，举行秘密仪式，歃血为誓；铁血团的任务是确保胡宗南在胡部全军的绝对领导与最高权威，维护军令畅通，肃清内部异己，加强高级军官之间的团结，监督全军官兵。平时，铁血团负责考察军官思想言行，起核心领导作用；战时，铁血团执行督战任务，执行战时军令与战场纪律。铁血团成员拥有直接向胡宗南告密、保荐各级部队长官直至和自己同级部队长官的特权。胡宗南利用铁血团，大大加强与巩固了他对全军的绝对指挥权。

浙江人胡家军

大概受曾国藩、左宗棠、彭玉麟等晚清湘军统帅的影响，胡宗南多用湖南人为带兵统帅，以籍贯论，在18个主将中，湖南人最多，有7个，占得半壁江山，而浙江人2个，另外，广东人、陕西人、山东人各2个，四川人、福建人、察哈尔人各1个。

18主将中浙江人只有2个，看似胡宗南并不看重、重用浙江同乡，其实不然，胡宗南是十分注重使用、安插浙江人。在胡宗南部各级司令部，特别是在长官部中，处长、科长多用浙江人充任，其中许多还是胡宗南在孝丰王氏小学的同事与学生。

胡宗南认为，浙江地理环境得天独厚，舒适安逸，民风好逸恶劳，欠缺刚毅与吃苦耐劳精神，在艰险的军事斗争中，浙江人是不适宜担任带兵将领的。所以，胡宗南用浙江籍人，多用为幕僚或机要、党务、文秘等文职工作，很少任命他们为带兵打仗的主官。当胡宗南听说俞济时要出任第三战区建国军司令时，曾说："俞济时也可以去带兵吗？俞济时是宁波人，宁波人只能做生意，带不了兵。"真有点五十步笑一百步的味道，胡宗南就不自知，自己也是浙江宁波人呢！

胡宗南在孝丰教书 8 年，有一批同事，教过 300 多名学生。后来，胡宗南发迹崛起，一些早年的同事和学生就赶来归附他。如王微，胡宗南孝丰王氏小学同事，长期任胡部机要处长重任，相当于"军师"；刘大军，王氏小学学生，先后任副官处处长、侍勤队队长等职；唐西园，浙江嵊县人，原是戴笠特务训练班学员，经过戴笠推荐，充当胡宗南随从副官与侍勤队长，虽是一介中校，其职权超过许多将军，致使西安军界有"上将中将不如芝麻将"之调侃；徐康良，王氏小学学生，在胡部任职，后被胡宗南保荐任空军华北司令；程开椿，王氏小学学生，充任第七补给区司令，掌管胡宗南部几十万军队的后勤供应。另外还有奉化人蒋坚忍、宁波人沈开樾、义乌人赵龙文、孝丰人戴涛等，都长期在胡部任要职。

驭人迭出奇招

胡宗南一向标榜以"仁义"治军。他对部下的亲信军官宠爱有加，对他们的过错也百般呵护。1935 年，胡宗南部驻军天水，部下团长张灵甫，追随胡宗南多年，能打善战，战功累累，因怀疑妻子吴海兰在外与人有染，竟枪杀了她，西安舆论一时为之大哗。而据凤凰卫视 2007 年访谈张灵甫的遗孀王玉龄，曝出枪杀吴海兰的内幕：张灵甫不是因怀疑吴有"外遇"，而是一个"政治事件"。当时，张灵甫发现吴擅自拿走了自己的军事文件，去盘查吴，不料吴海兰保持沉默，惹得他气急，怀疑吴被人利用或是"通共"，一时失去了理智。因为事涉通共之嫌，事发后张灵甫怕传出去有口难辩，才借口"感情纠葛"。

当时，胡宗南闻悉，虽严词指责张灵甫草菅人命，却有意回护手下爱将，所以不让西安公安局抓人。而对手却不善罢甘休，鼓动西安妇女集会游行抗议，联名上书国民党妇女部与宋美龄。

邓颖超接见王玉龄

蒋介石乃电令胡宗南将张灵甫送南京法办。这时，胡宗南不得不对张说："你的事闹大了，蒋委员长亲自过问，我是爱莫能助了。"胡宗南却制造机会让张灵甫出逃，避风，非但不派兵押送，还给张灵甫一大笔路费，让他一人去南京。张灵甫居然没逃走，去南京见蒋介石，被判 10 年徒刑，关在南京江东门陆军监狱。

胡宗南还常用种种奇特的方法网罗、笼络与控制各种军事人才，为其所用。

徐保是胡宗南麾下的一大主将，以勇猛善战著称。徐保当团长时，以好赌出名。一次他去师部领下全团军饷，一夜之间竟输得不剩一个铜板。翌日，他回到团部，团军需主任来请团长把钱交给他发饷。徐保身无分文，却不做声，只说："叫值星官集合全团，今天团长亲自发饷。"军需主任带了名册，跟随团长到集合场，徐保对全团官兵说："这个月的饷，团长领来了！"士兵听到团长亲自发饷，喜形于色，接着，徐保嬉皮笑脸地说："他妈的，我们全团运气不好，昨天晚上团长将钱统统输光了。弟兄们，不要急，团长今晚再去把钱翻回来，明天全团发双饷，好不好？"全团官兵一时被他搞糊涂了，竟齐声说："好！"

胡宗南闻之，将徐保召去，拍桌打椅，厉声责问："古来名将，谁是赌棍出身？"徐答不上来。胡宗南哼了两声，就一脸怒气走出去了，直到天黑才回来，见徐保还是站立原地，丝毫未动，不觉暗喜，呵责道："答不出吗？没有用的东西。去，向经理处再领全团一个月的饷。下次不得胡来！"胡宗南恩威并加，徐保先惧后喜，对胡感激敬佩，自后拼死效命，成为胡宗南部的"四大金刚"之一。

一脸麻子的张新也是胡宗南手下的著名战将，曾任整 24 旅旅长。1928 年在浙江省防军工作，与胡宗南不熟识。一次，黄埔同学在杭州聚会，胡宗南了解了张新的底细，就主动上前大声责问他："你是黄埔三期同学，为什么贪生怕死，不到前方去？"张新被问得莫名其妙，随口答道："到前方什么地方去？"胡宗南说："到浦口第 1 师第 1 旅去。"原来胡宗南这时正任该旅旅长，千方百计搜罗黄埔学生到其部队中。这样，张新就投到了胡宗南麾下，追随胡 20 年之久。

1932 年，第 1 师独立旅团长周士冕克扣军饷，盗卖军用物资，搞得官兵满肚怨气。周士冕召集全团官兵训话，命令原地坐下，故意问营连长："对团部的经理有意见吗？"冷不防营长张新站起来说："有！"周士冕厉声责问："有什么？"张新一时激于气愤，便大声说："团部克扣军饷，变卖士兵短裤。"周士冕盛怒之下，骂一声"混蛋！"张新怒不可遏，举拳猛击一拳，其他营连长都吓得目瞪口呆，士兵们都站了起来，大喊"打得好！"周士冕见事不妙，悻悻而去，告到胡宗南那里。随即张新被押到师部，单独禁闭在胡宗南安庆司令部楼下，傍晚，师部参谋胡受谦到禁闭室宣读胡宗南的手令："张新在全团官兵集合之际，有意侮辱直属长官，蛮横不法，开国民革命军未有之先例，为了整饬纲纪，着即……"读到这里，就没有读下去。张新着急地问："着即什么？撤职？还是枪毙？"胡参谋还是不说明白，最后说："反正你自己明白。"就走了。事后知道，下面四个字是："着即枪决！"随后，胡部开赴天水，张新被押解到武昌留守处，禁闭了 40 天。开释后，胡宗南让张新官复原职，命他押解辎重去天水。胡见到他，温和地对张说："有勇无谋，不成大器啊！"如此一打一拉，张新对胡宗南感激涕零，以死相报。

第二节 "直捣延安"

整编强军

1945年9月，重庆国民政府决定晋加胡宗南上将军衔。这在20多万黄埔毕业生中，胡宗南是第一人，而且，他是国民政府在大陆时期唯一晋升上将军衔的黄埔生。10月10日，胡宗南又荣获国民政府颁赠的胜利勋章。这一时期是胡宗南一生"事业"的巅峰。

1946年2月15日，胡宗南到重庆参加陆军总司令部第二次军事复员与整军会议。3月16日，蒋介石电令胡宗南将第一战区所辖十个军列为国军第一期整编。当时，胡宗南第一战区所辖的正规军，因李文第34集团军赴华北划归第十一战区，李铁军第29集团军划归第八战区，故只剩下第4、第31、第37、第38共4个集团军，共计10个军25个步兵师、1个骑兵师和7个特种兵团。

4月1日，胡宗南召开第一战区军队整编会议。耗时近月，将所部按国防部规定整编完成，计有4个整编军（相当于原兵团）、10个整编师（相当于原军）、20个整编旅（相当于原师）、55个步兵团，连同各直辖部队与特种部队，总兵力为25.6万人。

旋即，蒋介石在豫新设郑州指挥所，以刘峙为主任。胡宗南的河南防区与王仲廉、李兴中两个整编军改归刘峙节制。胡宗南第一战区就只直辖两个整编军：一是整编第1军，军长董钊；一是整编第29军，军长刘戡。

胡宗南雄心壮志，既然第一战区被整编缩减了，编制规模缩小了，那么，就得从提高军政素质与战斗力上下工夫，因此，他就决定将主要力量投入到严格训练部队上。胡计划"训练成极坚强之五个常胜师二十六个铁团，从提携培养锻炼中造成方面大将十七人，优秀幕僚十七人。"

这一期间，因范汉杰调升全国陆军副总司令，李昆岗被调任整 167 旅旅长，胡宗南任命盛文、薛敏泉分任第一战区正、副参谋长。

“攻略陕北作战计划”

1945 年 10 月 12 日，即国共双方代表签下《双十协定》的第三天，胡宗南就接获蒋介石发来的密令：重新发动“剿共”战争。蒋指令胡印发 1933 年制定的《剿匪手本》，要胡宗南及其所部做好精神准备与物质、人力的准备。胡宗南心领神会，积极贯彻。

1946 年春，国共关系日趋紧张，双方战争愈演愈烈，关内关外战火不断。中共中原解放区临近长江北岸，北接河南，西逼武汉，东近南京，为国民政府的“心腹大患”。国民政府决定，在 5 月 5 日“还都”南京之前，必先铲除中原解放区，以保“还都”之行无虞。而胡宗南坐镇的陕西关中、豫西地区，却相对平静。

1946 年 4 月 11 日，蒋介石密令胡宗南：从 5 月 4 日起，参与进攻中原解放军李先念部，5 天时间完成“围歼”，5 月 9 日结束战斗。接蒋密电，胡宗南就紧张部署，准备将几个整编师投入战斗。

蒋介石给胡宗南的密令，又迅速被熊汇荃—王石坚这一中共秘密谍报线转报延安。重庆国共和谈中共谈判代表周恩来获悉这一重大情报，立即先发制人，透露给国共谈判三人小组的美方代表马歇尔、国府代表徐永昌，揭露蒋介石的假和谈阴谋。蒋介石一时迫于无奈，只得令胡宗南暂停执行密令。

1946 年 5 月，驻防河南巩县、堰师、孝义一带的张耀明整编第 38 师的一部分军人，在副军长孔从洲（此人后为毛泽东亲家）和整编第 55 旅旅长孙子坤的率领下，第 55 旅官兵 3000 余人在巩县宣布起义，进入伏牛山区与中共晋冀鲁豫边区部队会合。

尽管当时国共大规模的内战还未正式爆发，胡宗南却在寻求彻底打击中共的办法。胡宗南军事集团长期包围中共陕甘宁边区，偷袭延安、进攻陕甘宁边区，是胡宗南多次筹划、未付诸实践的战略目标。随着国共内战的战火越烧越旺，“西北王”胡宗南日益按捺不住，跃跃欲试。经过多日筹划，5 月 18 日，胡宗南呈报“攻略陕北作战计划”给蒋介石：胡部向陕甘宁边区突发奇兵，“犁庭扫穴”，直捣延安，摧毁中共首脑机关。胡宗南对“攻略陕北作战计划”与闪击行动充满自信，但蒋介石复电“暂缓”。

内战全面爆发

1946年6月底，国共之间大规模内战正式爆发。内战初期，南京国民政府计划在3到6个月内统一全国，其作战方针是：第一步，出兵攻占中原解放区与苏皖解放区，解除中共军队对南京与武汉的威胁；第二步，进攻延安，扫荡沂蒙山区，清剿山东，平定华北；第三步，消灭中共东北军队。这样，全面内战一开始，首先由郑州绥署主任刘峙指挥12个整编师，围攻以宣化店为中心的中原解放区。

当刘峙挥军进逼中原解放区时，很想动用胡宗南驻豫部队参战。当时，第一战区王仲廉第31集团军驻豫北，整编15师驻豫西。刘峙想调整编15师到豫鄂边境“进剿”。刘峙了解胡的个性：胡只能使用和吃掉别人的人马，绝不会同意别人动用、指挥他的人马，所以，刘峙只请王仲廉部防止晋冀鲁豫军区刘伯承、邓小平大军南下支援，而始终未向胡宗南提出抽调整编15师参战一事。

刘峙大军压境，中原解放军抢先分路突围。李先念、王震率中原解放军主力约1万多人，越过平汉线，向陕豫鄂边界疾进，企图取道淅川、荆紫关地区，入秦岭山区。刘峙急令跟踪追击，并几次请胡宗南派兵进入豫西阻击，参加淅川作战。胡宗南概不理睬。当时，刘峙气愤地对参谋长赵子立说：“蒋铭三说过，不要说让胡宗南服从我们，就是我们想服从胡宗南，他鬼头鬼脑，我们也摸不清他的意图。真伤脑筋。”

1946年7月中旬，李先念、王震率中原解放军主力成功突围，抵达豫南内乡县师岗地区，分两个纵队疾速西进，扑向豫陕交界处，准备夺路入陕。这时，蒋介石一面严令刘峙督兵追击，一面急令胡宗南派重兵星夜赶赴鄂豫陕三省交界处荆紫关地区，防堵中原解放军入陕。

在蒋介石的明令下，胡宗南才急忙汽运驻潼关至豫西一线的主力部队整24旅和整144旅、整1旅、整61旅等部，至荆紫关、南化塘、漫川关地区设防。中原解放军一到此地，见胡部在荆紫关一线防守严密，正面无法突破，于是，挥军南渡丹江，绕道攻击赵川至南化塘一线。7月20日，一场激战，解放军突破胡部赵川至南化塘防线。7月21日，解放军进入秦岭，即兵分两路：李先念率中原解放军第二纵队等在秦岭山区建立鄂豫陕根据地；王震率第359旅沿秦岭西进，穿越川陕公路，取道甘肃东南部，向陕甘宁边区的陇东庆阳疾进。

胡宗南看着中原解放军突围部队在第一战区里纵横驰骋，杀向陕甘宁边区。7月底，他派重兵在渭河与西兰公路沿线构筑封锁线，进行防堵；又从甘肃平凉与兰州急调何文鼎整17师的两个整编旅，运进秦岭山区，跟踪、追击王震359旅。359旅在胡军的前堵后追下虽损失不少，但主力在次年初冬终于返回陕甘宁边区。

与此同时，胡宗南又调武廷麟整15师、张新整24旅及整135旅、整144旅等，配合地方保安团，由第一战区商县指挥所主任文朝籍统一指挥，反复"围剿"秦岭山区。但秦岭地形复杂，山高林密，李先念部又化整为零，打游击，因而胡军"围剿"成果很小。

在刘峙、胡宗南等部"围歼"中原解放军的军事行动中，中原解放军的兵力虽被部分杀伤与削弱，却未被彻底消灭。"围歼"计划失败，国民政府在《绥靖第一年重要战役提要》中检讨，认为：中原解放军打得主动灵活，"自由选择时间地点突围"，"一遇抵抗即折换方向"，"行动轻捷"；而刘峙、胡宗南等围追部队，"欠机动，常不能适时集中绝对优势兵力，致匪常得乘隙流窜。""围歼"失败的严重后果是，中原解放军突围部队"窜回陕北"，及"窜入苏北、豫、鄂、陕、川边区之匪，利用山地蔓延滋长，实皆本次战斗之失。"

同一时期，胡宗南还不得不面对着另一场更大的"剿共"军事失败，那是在晋南战场，胡宗南的王牌与起家部队——整第1旅的全军覆没。

第三节 痛失“天下第1旅”

闻夏战役

1946年6月底中原解放军突围之时，晋南形势顿时吃紧。为策应中原解放军成功突围，中共太岳军区陈赓部向同蒲线发起攻势。阎锡山晋军一再向蒋介石求援。蒋介石为了既保证关中与豫西的侧翼安全，又迫使陈赓部退往晋东南，割裂陕甘宁边区与晋冀鲁豫解放区的联系，为下一步进攻延安做准备，所以，蒋介石令胡宗南一面派兵入晋南，配合晋军，打通同蒲线，一面派兵追堵中原解放军。

陈赓小胡宗南七八岁，同为黄埔一期生，两人一生针锋相对，从军校斗到战场，一斗就是二十几年。在战场上，陈赓屡次打败胡宗南。1936年山城堡战役中，身为红1师师长的陈赓就成功“围歼”了胡部第78师。

1946年6月底7月初，胡宗南派整1军军长董钊任总指挥，率整78旅、整31旅、整47旅等，渡河入晋南，会合驻运城的整167旅。从7月3日起，董钊指挥这四个整编旅、附重炮团、特务团等部，从运城沿同蒲路北进，企图协同从北面洪洞、灵石地区南下的晋军，南北夹击解放军，打通同蒲线。

头几天，胡军各部进展顺利。7月11、12日，从正面进攻的整31旅与整167旅占领闻喜城与堰掌镇、胡张镇地区；负责右侧后警戒的整47旅进抵夏县；整78旅抵水头镇；余部尚在夏县以南地区。胡军先头部队深入解放区70公里，尚未与解放军主力碰触，以为解放军望风而逃，因而骄纵麻痹，戒备疏忽。

却不知陈赓部行诱敌深入之计：以小股兵力监视与牵制北面晋军，而于7月13日夜间以主力袭击“围歼”胡军整31旅。“闻夏战役”打响。

胡军轻敌麻痹，在遭到解放军突袭之后，“因为事前没有准备，临时被迫应战，仓皇失措，一开始就陷于混乱。”首先，从13日夜到14日夜，解放军在胡张镇、朱村、如意、下晁地区全歼了胡部整31旅，仅旅长刘钊铭逃脱。14日，整167旅499团从闻喜城南援，两个营也被歼灭。整27师师长王应尊令整167旅固守闻喜县城，急调驻夏县的整47旅139团增援。在峨眉岭，139团遭到解放军顽强阻击，伤亡惨重。19日，驻水头镇的整78旅北上增援，其232团一营又在东西韩村被全歼。经过10天激战，胡军整31旅被全歼，整47旅、整78旅与整167旅也遭重创。7月22日，解放军停止攻击，闻夏战役结束。胡军余部龟缩闻喜等地待援。

闻夏战役是胡宗南在又一次走上国共内战战场以后，第一次与解放军正式交锋的第一次失败。

7月25日，陈赓在总结闻夏战役敌我双方的特点时，准确地指出了胡部的弱点与在战场上失败的原因：“敌人装备优良，兵力多，有时还有空军配合，但不勇敢，不善于夜战，恐惧我军的手榴弹、刺刀，缺乏肉搏勇气，又不能各自为战。如果采取夜战、近战，我军的长处可以得到充分发挥，敌人的弱点也将充分暴露。每次战斗一打响，就和敌人扭在一起，他们的飞机、大炮都用不上，火力再强也没有用。敌人的长处不能发挥，斗志也会严重挫伤。夜战也是敌人最害怕的。夜间观察困难，敌人援兵不敢运动，害怕在野战中被我歼灭……”

闻夏初败，胡宗南很恼火。一面急令驻潼关的罗列整1师师部及所辖黄正诚整1旅、严明整90师与在豫西的鲁崇义整30师同时开进晋南增援。同时，董钊等人也被严加申斥，整31旅旅长刘钊铭被撤职惩办，整31旅第91团团长李国培与第92团团长柳际春被判刑。

8月17日，胡宗南飞抵运城，召集军事会议，部署新攻势，决定整1师与整30师为一线攻击部队：整1师顺同蒲铁路北进，整30师顺铁路东侧经绛县、翼城北进，企图把解放军主力挤压到洪洞、赵城地区，再与晋军南北夹击，一决雌雄。整27师集结于一线主力侧后为预备队；后方由整 90 师的整 53 旅守备。各部仍归董钊总指挥。

9 月中旬，整 1 师各旅进抵临汾、史村、蒙城地区；整 30 师进抵绛县、翼城、曲沃地区。9 月 20 日，董钊在临汾城获报，陈赓部主力集结于临汾东面浮山地区，即令整 1 师与整 30 师派兵攻向浮山。

痛失“天下第 1 旅”

没想到，陈赓又一次布下口袋，诱敌深入。陈赓这次的胃口是胡宗南的王牌与起家部队——整 1 师的整 1 旅。

整 1 旅可是胡家军嫡系中的嫡系，有“天下第 1 旅”之称。在整编前是第 1 师，前身是大革命时期的第 1 军。1929 年缩编为第 1 师。第 1 军是蒋介石的起家部队，从黄埔建军起，历经北伐、内战、“剿共”、抗日，一直是国民革命军中的王牌主力。胡宗南自 1930 年起当上第 1 师师长，苦心经营多年。后来，胡宗南青云直上，仍然特别宠爱与重视第 1 师，始终视第 1 师为起家部队与嫡系中的嫡系，不仅派最为亲信的将领任第 1 师各级主官，而且配备装备最精良，战斗力也最强。

抗战胜利，胡宗南更让第 1 师全部换上美式武器装备，士兵都是久经沙场的老兵，军官军衔也比其他部队高一级：旅长黄正诚是中将，曾留学德国军事学院，第 1 团团长刘玉树、第 2 团团长王亚武皆衔少将。

这一仗，陈赓精心设计“诱敌攻浮，围点打援”计划。董钊果然钻进了陈赓的圈套。

临浮战役打响了。

1946 年 9 月 20 日，进驻翼城的整 30 师的整 27 旅顺着翼浮公路北进，从南面攻向浮山；驻史村的整 1 师整 167 旅，沿临浮公路东进，从西面进攻浮山。9 月 22 日，两旅占领空城浮山，即遭解放军的强大围攻。陈赓料事如神，在临汾的董钊一接到求援报告，急令整 1 师的预备队整 1 旅从临汾增援浮山。

整 1 旅增援浮山，旅长黄正诚仅派王亚武第 2 团约 2000 人，

9月22日先行东进，准备在临浮公路线上的官雀村宿营、驻防，承担护路与支援浮山胡军的任务。

第2团进驻官雀村数小时，立足未稳，陈赓根据中共中央军委“坚决消灭第1旅”的命令，集中绝对优势兵力，于深夜发动猛攻。陈赓指挥主力第四纵队的李成芳第11旅攻官雀村，周希汉第10旅防阻临汾敌军东援，陈康第13旅阻浮山敌军西援。李成芳部对官雀村敌部勇猛穿插，分割包围，猛打猛冲，逐个消灭。

王亚武是胡家军中有名的闯将，打仗凶猛。他指挥所部从22日夜到23日白天，顽强抗击李成芳部的猛攻，与李成芳部逐屋争夺，用刺刀、手榴弹拼杀，肉搏。

整1旅第2团被解放军“围歼”、处境艰难，王亚武不断向临汾呼救。胡宗南十分着急，指示第一战区长官部用电话向董钊查询情况。董钊立即令黄正诚率整1旅第1团团部及整78旅一部从临汾东援，令整167旅、整27旅从浮山沿临浮公路西援。

这次，董钊又一个团的兵力从临汾增援官雀村，结果是肉包子打狗，有去无回。整1旅旅部与第1团又重步第2团的覆辙：23日上午，进至陈堰村附近，即被解放军周希汉旅迎头拦住。黄正诚部凭借美式装备，借助于炮火的支持，连续发起十几次进攻，从上午攻到下午五点半，全被击退。至此官雀村形势更加危急。董钊急了，觉得不能够再坐镇临汾指挥了，赶到陈堰前线，看到黄正诚连一个小山头也拿不下，大骂黄无能。临天黑之际，董钊转回临汾。黄正诚在陈堰进退两难。傍晚，整1旅旅部与第1团被解放军包围。

是夜，王亚武团在官雀村激战一夜一天，最终彻底瓦解。最后，王亚武亲自持枪，赤膊上阵，率残部反攻，被击毙，余部被俘。在陈堰村，整1旅旅部与第1团多次反扑，失败，被全歼。黄正诚、副旅长戴涛、团长刘玉树等皆被俘。至此，“天下第1旅”全军覆没。

次日天亮，罗列率援军从临汾赶来增援陈堰、官雀村时，整

1 旅被俘官兵及全部美式装备已被解放军带着转移了。随即，蒋介石命令他继续与晋军南北夹击，打通同蒲线。

再次“暂缓”攻延安

1946 年，从 7 月到 9 月，在全国各战场，国军共有 25 个旅被歼。其中，在晋南，胡宗南部两个整编旅被歼，占国军被歼部队数的 8%；而且，其中一个是“天下第 1 旅”。这给胡宗南一个极其沉重的打击。他难过得痛哭了一场。

10 月 3 日，胡宗南飞抵临汾。在听取部下汇报第 1 旅被歼经过时，胡宗南又一次以泪洗面，叫嚣要为整 1 旅复仇。他训话说，整 1 旅的失败决非装备不好，而是指挥错误。

此前整 1 旅整编时，因限于编制，原第 1 师的第 1 团、第 2 团被编入其他部队。而今为了遮掩败绩，胡宗南指示尽快恢复整 1 旅，将两个团原班人马调回，再加上一些其他部队，重组出了一个新的整 1 旅，派心腹爱将吴俊任旅长。为了再次进攻晋南解放区，胡宗南又调整 24 旅、整 61 旅增援晋南。

从 1946 年 10 月 5 日开始，胡宗南共集中了 11 个整编旅，从临汾沿同蒲路由南向北发起进攻。各部“齐头并进”，畏首畏尾，行动迟缓。解放军则避实就虚，实施战略转移，10 月 21 日，胡军在南关镇与南攻的晋军会师。至此，同蒲路终被打通，胡军控制晋南富饶之地。

这时，胡宗南侦察到陕北解放军计划北攻榆林，乃于 10 月中旬再次向蒋介石提议：突袭延安、占领陕甘宁边区。这一提议立即获得了蒋介石的同意。

10 月底至 11 月初，胡宗南从晋南调回整 1 师与整 90 师，会同原在陕、甘的部队，共集结约 10 个整编旅，准备北犯延安；另以宁夏马鸿逵部东攻延安，晋军杨澄源部驻在晋西，以作策应。同时，胡宗南从西安空运整 36 师的徐保整 28 旅至榆林，增强北方兵力。但胡宗南的这次军事行动计划，又一次被泄密。随即，中共中央抽调晋南陈赓部队与晋绥贺龙部队赴陕北增援。

当时，周恩来尚在南京与国民党政府谈判，遵照中共中央指示，1946 年 11 月 17 日，在南京《新华日报》上揭露“胡宗南在南线集中 10 个旅，……国民党政府（对延安）将作试探性进攻”。这时，蒋介石不得已，再次电令胡“暂缓”进攻延安。

再失“粮仓”晋南

1946 年 11 月下旬，胡宗南令整 1 师、整 90 师从禹门口渡黄河，重回晋南。12 月中旬，董钊指挥 6 个整编旅，扫荡吕梁山区解放军陈赓部，历时近月，毫无斩获，反而损兵折将，损失整 30 师第 67 旅旅部与所辖第 200 团，副旅长阎德治、参谋长王树民被俘，团长姜长泰战死，在晋南后方守备垣曲和皋落镇的第 55 旅，其一个团亦被歼大半。

1947 年 2 月底，胡宗南接获蒋介石进攻延安的命令。此前，胡军各部一直龟缩在晋南城镇中，只守不攻。这时，胡宗南下令：整 1 师、整 27 师、整 90 师于 3 月初渡黄河，开往陕北，于宜川集结；整 30 师负责晋南广大地区的防务，西至黄河，东起浮山，南至侯马，北起霍县，纵横数百里，大小县城市镇与重要据点数十个。

1947 年 4 月，趁着晋南胡部防务空虚，陈赓率部发起反攻，迅速重新占领了广袤富饶的号称“粮仓”的晋南地区。4 月中旬，胡宗南不得不从陕西抽调整 10 师增援晋南。整 10 师到晋南立脚未稳，就丢失了精锐主力第 28 团。整 30 师苦守临汾，整 10 师被困运城，孤立待援。

胡宗南从 1946 年 7 月出兵晋南，作战几个月，损失几个整编旅，才控制了晋南地区。但到 1947 年 3、4 月间却一下子就几乎尽失晋南。而胡集中大军进攻贫瘠的陕北地区，又经年不见战功。1948 年 3 月 27 日，上海《观察》周刊发表《现阶段的战局总检讨》一文，说，“胡宗南这个神秘的不娶将军，居然因为延安攻下，素志得偿而结婚了（抗战胜利时他并没有结婚）。他该是如何兴奋高兴，以为从此西北可以稍安了，十年戍守自此可以稍松一口气。哪晓得当时就有晋南富饶之区的易手，山西人讽刺他是以一只肥牛换来了几条鸡肋。中共中央始终没有离开陕北，新华社广播电台还在那里呼喊。”结果因晋南的得而复失，胡宗南的第一战区与阎锡山的第二战区反而陷于“分离”状态，而中共解放区“陕北与晋西、晋东南连成一气”。

第四节 进攻延安

夺取囊形地带

自1946年6月国共内战全面爆发以来，到1947年2月，国民党军开始仗着军事力量优势，全面进攻人民解放军，虽占领解放区大小城镇105座，却损失兵力70多万。蒋介石清楚，近一年来，国军在各个战场都越打越不妙。而且，随着国军占领区的扩大，战线的拉长，能够投入的机动兵力大为减少。再说，国统区人心浮动，经济恶化。所以，蒋介石才改弦易辙，决定从1947年2月起，停止对解放区的全面进攻，转为重点进攻山东解放区与陕北解放区。在这一思路指导下，胡宗南积极备攻陕甘宁边区，决定首先攻取关中分区这一囊形地带。

如今，要进攻陕北，第一步必须攻取囊形地带，不仅可以除掉积患，而且便于人马从陇东、关中和晋南向宜川、洛川前线集结，扫除进攻延安大军左侧背的威胁，保障后方补给线畅通。胡宗南命令刘戡整29军拟订主攻囊形地带的作战计划。

2月9日晨，胡宗南率第一战区长官部人员，来到三原整29军军部，举行作战会议，裴昌会、刘戡及整29军旅长以上的将领共20余人与会。胡宗南首先谈了自己对战局的看法与进攻囊形地带的意义，说:“我们要消灭共产党，必须首先消灭它的武装力量。要达到这一目的，最重要的是拿下延安，消灭它在陕甘宁边区的主力军，摧毁它的首脑机构。我相信可以在两个月内解决陕甘宁边区的军事问题，6个月内消灭整个共军，解决全国对共军作战的军事问题。现在决定先夺取囊形地带。这一战关系尔后我军向延安进军能否顺利进展。希望大家努力达成任务。”

接着，整29军参谋长文于一报告作战计划，拟采取四面合围战术，以消灭囊形地带内的共军。但是，与会的第一战区副参谋长薛敏泉根据胡的授意，在文于一报告后，对整29军的军事计划提出异议。薛说，这次作战在于迅速拿下囊形地带，不赞同四面合围，封闭袋口，主张只从南、东、西三面进攻。文于一和整29军的师、旅长钟松等人相继发言，坚持整29军原作战计划，主张以消灭共军有生力量为主，以夺取地方、控制空间为辅。而且，拿下囊形地带的下一步就是夺取延安，所以，更应以歼灭对方有生力量为主，而不应放开口袋，任共军后撤。

这一次，胡宗南早有盘算：希望在不受重大损失的条件下占领囊形地带，进而再占领延安，而不希望与陕北共军拼个你死我活，而只希望把陕北共军赶过黄河，迅速结束陕北战事。至于陕北共军过了黄河，自然就由河东晋军负责"清剿"，互相拼杀，等到两败俱伤或晋军招架不住时，胡宗南就可以跨河东征，挺进山西。

因此，当薛敏泉与整29军将领相持不下时，胡宗南也不征询刘戡的意见，即止住争执，正言厉色地说："不必再争论了，决定按薛副参谋长提出的意见执行，一切责任由我负。参战部队从东、南、西三面进攻，预备队控置于三原附近。定于2月14日拂晓开始攻击。所有参加作战的部队，统归刘军长指挥。"与会将领一时无语。

2月14日拂晓，刘戡命令张新整24旅为先锋，整47旅李奇亨部为预备队，指挥整36师钟松部、整76师廖昂部及整17师的整12旅、整48旅从东、南、西三面进攻囊形地带。

进攻部队越过封锁线，挺进囊形地带。原想有一番激战，谁知解放军已经主动坚壁清野地北撤了，撤退前还疏散了群众。胡部所到之处，一片死寂，除了整12旅在爷台山一度与掩护大部队撤退的解放军短暂交火外，其他各部几乎没放几枪。马栏镇是囊形地带的核心，也是中共关中分区首府。张新整24旅推进到此地时，只见人去屋空。

胡宗南电询张新："攻打囊形地带有何战果？"张新无奈地回答："占了马栏。"

占领囊形地带后，胡宗南就谋划下一步的军事行动。他想出一招调虎离山的"妙计"：先派兵进攻陇东的庆阳与合水，控制陕甘宁边区的侧翼，吸引陕北共军主力救援陇东，然后以主力从洛川、宜川一线乘虚攻入延安，进而一举拿下边区。

这时，整 48 旅旅长何奇从囊形地带赶回西安，向胡宗南献一策：首攻陇东，吸引解放军主力西去决战。这与胡宗南的"妙计"不谋而合。备受胡宗南重视的何奇又自告奋勇地要求担任进攻陇东的先锋。

何奇，黄埔六期生，后东渡日本士官学校进修炮科，回国后又入陆军大学，是胡宗南手下有数的高级军事人才，为人倔傲自负，常自比孙吴，在胡部素有"何大炮"之称。

胡宗南大喜过望，当即令整 76 师师长廖昂为总指挥，率何奇整 48 旅、张新整 24 旅等 5 个整编旅，进攻陇东中共占领区庆阳、合水。其中，张新旅辖三个团，何奇旅下辖两个团，两旅共约 1.5 万人马，均为胡部精锐，是这次陇东战役的主力军。

2 月下旬，各部开抵陇东宁县一带集结。2 月 27 日下午，廖昂召集各整编旅的团以上军官开会，部署陇东作战，以整 24 旅进攻庆阳，整 48 旅进攻合水，其他部队协同配合。廖昂还遵胡宗南指示，给出了各部进攻与撤退时的行军路线。

"攻略延安方案"

蒋介石认为，山东解放区是中共的军事中心，陕北解放区是中共的政治中心。蒋介石希望胡宗南部在 3 月中旬攻占延安，打击中共的政治中枢，削弱其影响，扭转全国战局，提高国军士气，提高蒋介石与国民党政府的威信，使蒋介石可以理直气壮地参加六届三中全会。因此，陕北战役意义重大。

1947 年 1 月，美国特使马歇尔调停失败离华。3 月 7 日，中共南京、上海办事处及《新华日报》人员董必武、钱之光、童小鹏、王炳南、梅益等 74 人分乘美军四架飞机返回延安，标志着自西安事变之后的第二次国共合作正式走进了历史。

而在中共代表团离开南京之前的1947年2月28日晨，胡宗南接到蒋介石从南京打来的急电，要他即刻飞抵南京。胡宗南带上参谋长盛文，当日中午飞南京，下午四点被蒋介石召到官邸。

蒋介石火速召见胡宗南，是要他立即向中共老巢陕北延安采取军事行动，限定他3月10日发起进攻。蒋介石说，据准确情报，美、英、苏、法四国外长内定3月10日在莫斯科开会，美国国务卿马歇尔、苏联外长莫洛托夫必然在会上会重提中国内战问题。蒋介石还说，3月，南京将召开国民党六届三中全会。会上，必然要总结与检讨国共内战发生近一年来的形势。

为了给莫斯科四大国外长会议一个强烈的印象，表明中共已被国民政府彻底击败，不再成为一个重要的政治力量，他当机立断，下令胡宗南即刻进攻陕甘宁边区，直捣延安。

蒋介石给胡宗南的任务是，迅速夺取延安，“包围歼灭”陕北共军主力。蒋介石问胡宗南：“陕北作战有把握否？”胡宗南一向善于体察蒋介石心意，立即表示：陕北作战有十分的成功把握。

其实，胡宗南虽对进攻延安早有准备，但现在突然要立即组织实施，困难真还不少。当时，胡宗南部两个机动兵团的大部分兵力均在外作战：整29军主力正在陇东作战；整1军留在陕西的只有一个整编旅，余部皆在山西。蒋介石规定在3月10日发起进攻，只有9天的准备时间，让各参战部队开到指定地点集结并做好进攻准备，势必是紧张与困难的。而且，最困难的是，共军惯于运动战、游击战，如陕北共军不以主力防守延安，要完成“围歼”任务就不是3个月能办到的了。

蒋介石要胡宗南立即与国防部商订出具体的“攻略延安方案”。蒋介石并训示胡宗南：现在“剿共”，仍要“三分军事，七分政治”。

当晚八点，蒋介石设宴招待胡宗南。席间，蒋介石再次问他：“陕北作战有把握吗？”胡宗南仍答：“有把握。”只是要求蒋介石多派空军支援。

接到蒋介石下达的紧急任务，胡宗南不敢怠慢，与盛文协商研究，拿出 1946 年 5 月制订的那份“攻略陕北作战计划”，于 3 月 1 日上午来到国防部，同作战部门商讨修改，制订出一份新的“攻略延安方案”。

当日，胡宗南就将这份新方案呈蒋介石审核。蒋当晚即核准。

3 月 1 日晚，在“攻略延安方案”被蒋介石核准之后，胡宗南立即电令在西安的副参谋长薛敏泉，按方案从晋南与陇东等地，急调各部集结于宜川、洛川地区，限 3 月 9 日前集结完毕。至于作战命令，为防泄密，等各部集结完毕后再下达。

“七分政治”

1947 年 2 月 28 日晚，胡宗南与盛文研究进攻延安的军事计划时，就在思考着如何打好一场政治宣传战。胡宗南认为，第一战区政治部王超凡等人，只会骂娘，不懂革命，做不了这种事。要起草对陕北共区军民的宣传材料等事，必须要有既懂军事，又懂政治的秀才来干。这时胡宗南想到了一个人。

1945 年底，胡宗南选送一批陕西青年留学美国，熊汇荃也在其中。因办理留美手续，直至 1946 年 11 月，熊才正式离开西安。熊汇荃 1947 年元月在南京与谌筱华完婚，请到蒋经国作证婚人。熊汇荃本拟 1 月底乘船赴美，但因舱位售罄，只订到 3 月上旬的船票。2 月 22 日，熊汇荃夫妇去杭州游西湖。离开南京前，熊汇荃向胡部驻南京办事处处长徐先麟辞行，请徐代他问候、感谢胡宗南的栽培之恩。

胡宗南从徐先麟那里得知熊汇荃正在杭州，就请保密局毛人凤以最快、最秘密的方法把熊找到。毛在 3 月 1 日晨密电保密局杭州站，找到了熊汇荃，当晚将熊汇荃送上火车。3 月 2 日晨，熊汇荃就来到胡宗南身边。

胡宗南当即在南京召见熊汇荃，要他推迟 3 个月出国。胡宗南说：“要打延安了，打完这一仗，你再走。”胡宗南要盛文将进攻延安的敌我形势与军事计划告诉熊汇荃。然后，胡宗南对熊汇荃说：对陕北军事进攻和政治进攻同时进行，先要准备好传单、布告、宣传品，重点准备一份“告陕北民众书”，提出国民党在陕北地区的施政纲领。胡宗南还将两份绝密文件——“陕北共军兵力配置情况”和蒋介石核准的“攻略延安方案”——交熊汇荃，要熊汇荃根据这两份文件，画一份草图，中午交给他，让他在下午见蒋介石时，供蒋参阅。

这天上午，胡宗南与盛文去国防部开会。熊汇荃则留在房间里画“进攻陕北军事草图”，同时，还将“攻略延安方案”等两份绝密文件抄存下来。当晚，熊汇荃背熟了这两份文件。熊汇荃做情报工作，根本不像有些特工那样要自己挖空心思去找，而是自然到手，如同是天上掉下来的“金元宝”，不要也不行。

接着，胡宗南要熊汇荃着手抓“七分政治”，草拟国民党陕北施政纲领，并指示施政纲领的名称为《国军解放延安及陕北地区后施政纲领》，主旨是“彻底实行三民主义”，“要比共产党还革命”。熊汇荃根据胡宗南的指示，写成施政纲领草稿，其要点包括：“实行政治民主，穷人当家做主”、“豁免田赋三年，实行耕者有其田”等。熊汇荃又写成各种传单等宣传品，其内容除有“拥护中国国民党”等组织口号外，还有“不吃民粮，不住民房，不拉民伕，不征民车”等口号。胡简单看了看这些草稿，就要熊汇荃据此定稿，不需再送他审阅，直接交刘大军秘密印就，届时散发。

熊向晖和谌筱华的结婚照

胡宗南又指示熊汇荃回西安再办三事：一是找一台质量最好的收音机，以便他每日亲自收听延安中共电台的广播；二是指定几人专事全文抄录中共新华社有关陕北战况的消息和评论，送他览阅；三是备好《水浒传》、《三国演义》等小说，随侍在他身边。胡宗南得意地说，他下达作战命令后，由军、师、旅长执行，由幕僚监核，他就只需等着看捷报了。在此期间，翻翻小说，闲情逸致，才显大将风度。

第十章
“陕北大捷”

第一节 西华池惨败

西华池惨败

1947 年 2 月 28 日清晨，胡宗南接获蒋介石的电话，命令他当日飞抵南京。这一天拂晓前，按照昨日的军事部署，何奇率整 48 旅从宁县出发，越过封锁线，挺进陇东解放区。上午十点，仅遭解放军的微弱抵抗，即攻占赤城镇。3 月 1 日黄昏前，未发一枪一弹即占领板桥镇。接着，连夜进军，夜渡马莲河，跋涉在羊肠小道上，3 月 2 日下午四点，顺利占领合水城。合水城又是一座空城，全城一番搜索，只找到一位老人和一只山羊。何奇因几日来顺利占得赤城镇、板桥镇与合水城，误认为解放军惧其声威，望风而逃，更加益发狂妄，麻痹轻敌。却不知道中共善于乘虚蹈隙，吃掉对方……

与此同时，张新率整 24 旅由西锋镇出发，经益门镇，占领庆阳城。也是一座空城。原来，在张宗逊与习仲勋的指挥下，陕甘宁边区的解放军主力第 358 旅、新 4 旅与地方部队警 1 旅等部，对合水、庆阳等地预先彻底空室清野，主动撤离，从 2 月 21 日起就隐蔽集结于合水南面的西华池。

3 月 3 日晚，分别占领了合水、庆阳的何奇、张新，同时接到廖昂转来的胡宗南命令，要他们迅速从原路退回彬县集结，开往洛川。原来，3 月 3 日上午，胡宗南、盛文与熊汇荃一行，从南京飞回西安。根据蒋介石的命令，紧急部署进攻延安。

一回到西安，胡宗南立即指令裴昌会、薛敏泉、王超凡等先行前往洛川，筹组“前进指挥所”，作为这次进攻延安的前线指挥机关。何奇、张新两个整编旅是胡宗南这次进攻延安的主力之一。

3 月 4 日晨，何奇立即率部出发。狂妄轻敌的何奇认为，再循原路回去，绕道费时，还要徒涉马莲河，冰冷彻骨，不如取道捷径，从西华池回宁县，村落密集，补给容易，昼夜兼程，一日可达。于是，违背胡宗南规定的经原路回宁县的指示，带领全整 48 旅两团人马走捷径，3 月 4 日午后三点就可以到达西华池。

西华池镇距胡宗南封锁陕甘宁边区的碉堡线大约 40 公里，地处合水南面的黄土塬上，是甘、陕交通要道与物资集散地，像座山顶寨子，四周峡谷纵横，沟壑陡直，特别是镇东、镇西两条大沟，南北走向，把镇子高悬起来。

何奇丝毫没有觉察，解放军已集中了三倍于他的优势兵力，埋伏于西华池附近，并有一部分解放军化装成老百姓，埋伏在西华池镇内。

何奇预先派出侦察兵到西华池，镇上张灯结彩，百姓不仅没有逃，还到镇外欢迎他们。对此反常现象，何奇尚未警惕。第 142 团团长陈定行提醒他：绝对不宜在此久留，应速回宁县。但何奇却命令部队就地宿营，筹集粮钱。他率旅部与杨荫寰第 143 团驻西华池镇，派第 142 团驻防地处西华池西面三四公里远的七里店。何奇部在西华池一住下，官兵们就忙于拉夫筹粮。

当晚，解放军就以优势兵力对何奇部发动猛攻，兵分两路。解放军新 4 旅围攻西华池镇何奇旅部与第 143 团；第 358 旅围攻七里店第 142 团。在火力的掩护下，解放军发起冲锋。何奇指挥旅直辖部队与第 143 团仓惶应战，占领镇中制高点，集中数十挺重机枪与重迫击炮扫射轰击，拼命抵挡解放军的进攻。同时，电令第 142 团朝西华池旅部靠拢。解放军的马克沁重机枪，流弹飞舞，尖锐刺耳，凄怆黯然，给何旅官兵杀伤很大。

双方战斗非常激烈，延续到3月5日中午，解放军再次发起猛烈冲锋，双方展开白刃肉搏战。解放军攻击部队与镇内伏兵紧密配合，步步逼近何奇旅部。何奇手中已无兵可使，又慌又急，登上门楼眺望，被射中大腿。直至此时，他才电告胡宗南，整48旅在西华池遭“围歼”，请求火速派兵支援。

胡宗南接到何奇求援电文，气急败坏，指责何奇不听指挥，擅自行动，贻误大局，命令何奇死守待援，同时紧急电令张新整24旅就近前往增援。接到胡宗南的来电严斥，何奇自知罪责难逃，加之腿负重伤，血流不止，迅速毙命。副旅长万又麟封锁何奇丧命消息，继续率部顽抗。

3月5日午后一点，陈定行第142团从七里店撤出，从南面冲进西华池增援。双方激战至3月6日上午。这时，援兵张新旅进逼西华池。解放军获悉整24旅渡马莲河增援，遂停止攻击，主动撤离西华池。

而整48旅副旅长万又麟下令，搜索西华池全镇，对抓捕到的可疑人员一律枪杀。到6日上午十一点，整48旅余部离西华池南撤。这时，整24旅方才赶到，冲进西华池，与解放军掩护部队战斗约一小时。

整24旅一赶到西华池，胡宗南就电询张新：“救出何奇没有？”张新爱开玩笑，就回答说：“已救出来了。”后来，胡宗南得知何奇已死，责问张新，张在报话机上说：“胡先生没有指示对何奇救生不救死。我救出了何奇的尸体，总算完成任务了。”

西华池这场近两日两夜的激战，双方伤亡都很大。胡宗南袭击陇东吸引歼灭解放军主力的计划破产，还折了一位少将。

“攻延方案”秘送延安

就在胡宗南回到西安的当晚，熊汇荃就秘密来到王石坚家，详细报告了胡宗南部的“攻略延安方案”以及胡宗南部近期情况等等。胡宗南进攻延安的军事计划这一军事机密还未下达到部队，他的军、师、旅长都还蒙在鼓里，军事行动还未开始实施，就都被中共中央掌握了。所以，毛泽东不过黄河，敢于大着胆子留下来跟胡部捉迷藏；胡部开到他所在的村子外围，他都不怕……

整 48 旅在西华池惨败，旅长何奇 3 月 5 日阵亡，胡宗南令康庄接任旅长；整 1 军在从山西开往宜川集结途中，整 90 师中将师长严明折断右腿，胡宗南令陈武代理师长。尚未出师，先损两员战将。

3 月 7 日，胡宗南接到蒋介石密电，由于美军驻延安军事观察组尚待撤离，要他将原定进攻延安的日期推迟 3 天。但蒋仍命令胡在莫斯科四国外长会议期间迅速夺取延安与歼灭陕北共军主力。

彭德怀在延安保卫战前作动员

3 月 8 日晚，胡宗南携带随员秘密离开西安，前往铜官，并命盛文留西安主持第一战区司令长官部日常事务。到了铜官，胡宗南、熊汇荃及卫士都换上灰布棉军服，3 月 9 日晨，转乘吉普车，午时到达洛川。

一到洛川前线，胡宗南就急于收听延安电台的新闻广播。延安电台正在广播：3 月 8 日下午，延安召开“各界保卫边区、保卫延安动员大会”。胡宗南看到了五则《新华社延安 9 日电》电讯稿油印件，其中有朱德、彭德怀、周恩来在大会上的讲话。

胡宗南研读了这些文稿，兴致很高，说：从周恩来、朱德的讲话来看，共产党和平观念很深，毫无准备，事到临头，开个动员大会也扭转不过来，只剩下几天，来不及坚壁清野，更谈不上长期作战。

胡宗南思索一会儿，突然发现了问题：这次延安动员大会，毛泽东怎么没讲话？他又说，中共方面称周恩来为将军，称朱德为总司令，是将军大还是总司令大？在中共中央，论资历，周恩来比朱德深，朱德入党还是周恩来介绍的……如今中共称周恩来为将军，一定是让他指挥作战。胡宗南了解周恩来，熟悉周恩来，他说："周恩来这个人很难对付。"

当时，毛泽东亲自谋划与部署了中共在陕北的作战，将主力置于延安南部，延缓国军的攻势，为党中央撤出延安争取足够的时间，并决定与周恩来、任弼时坚持留在陕北，一面指挥全国解放军的作战，一面吸引与拖住胡宗南军事集团，直接指导彭德怀率领西北解放军与胡宗南部对阵。

枣园中央书记处小礼堂

3 月 10 日，胡宗南用于总攻延安的胡部主力军共约 15 万人，如期赶赴宜川、洛川地区，完成集结，共 6 个整编师计 15 个整编旅，按每旅 9000 人计，15 个整编旅共 13.5 万。外加每个军、师的直辖部队及临时配属的特种部队，共约 2 万。

在宜川的是董钊整 1 军 3 个整编师共 7 个整编旅，附重迫击炮营等。在洛川的是刘戡整 29 军 3 个整编师计 7 个整编旅，附战车、重炮部队。整 76 师的赖汝雄整 144 旅，在后方铜官集结待命，兼负保卫西安至洛川通道。

3 月 10 日夜十点，胡宗南在洛川召开军事会议。参战部队旅长以上级别的高级军官全部与会。会议先举行“布达式”，胡宗南宣布任命总攻延安的指挥机构——“前进指挥所”组成人员：主任裴昌会，参谋长薛敏泉，政治部主任王超凡，参谋处长汪承钊，机要秘书熊汇荃……

随即，胡宗南正式传达“攻略延安方案”，下达作战命令：

以整 29 军、整 1 军分别组成左、右两兵团，取钳形攻势，“包围歼灭”陕北共军主力，占领延安。攻击重点置于右兵团。3 月 13 日晚六点前进入总攻位置，14 日拂晓发起总攻，要求 3 月 17 日占领延安。4 天完成战役。

延安清凉山名胜万佛寺

右兵团为整 1 军军长董钊指挥 7 个整编旅，顺着金延大道两侧进攻延安，最后占领延安及其东北地区，到拐峁待命；左兵团为整 29 军军长刘戡指挥整 4 个整编旅，进攻延安，占领延安西南地区，到枣园待命；作战地境分界线为洛川东四十里铺、南泥湾通延安的道路线为两兵团作战地境分界线，线上属左兵团；总预备队为整 24 旅和整 144 旅，集结于洛川至铜官地区，随右兵团后尾前进，策应两兵团作战；整 48 旅、整 84 旅，担负保卫铜官到洛川及洛川以北的公路交通线，保证前方粮弹补给。

总攻前，空军会先行轰炸延安地区，宁夏马鸿逵部与榆林邓宝珊部会从西面与北面围攻边区，配合胡部大军。

接着，参谋长薛敏泉、参谋处长汪承钊具体布置部队行军、作战注意事项，规定了通讯联络、后勤保障及便于空军识别的标志等。进军方式主要有“方阵式”、“蛇脱皮”、“钻隙战术”等，其中有第一战区长官部新研发出来的战术以及国防部指导的新战术；为对付共军的埋伏与夜袭，规定各部进军延安，全部轻装，携带 7 日干粮，晓行暮宿。每日进军时，先派前卫占领阵地，掩护本队前进，首尾相顾，左右相联，布成横直一二十公里宽的方阵，走山不走川，只走山顶，不走大路。遇小股敌军即行消灭，遇大股敌军可先绕道而行，迅速快捷，吸引敌军于延安附近以便“围歼”。

最后，胡宗南信心十足地说：领袖授命我们总攻延安，彻底摧毁中共中央根据地，诸位要不负领袖重托，奋勇作战，3 日之内占领延安。

胡宗南对中共中央撤离延安后的去向也分外关注。当时，南京保密局研究室主任魏大铭带着美国最新侦测无线电台方位的设备及专业人员，专程从南京赶赴洛川，编为一个分队，听命胡宗南差遣。连日侦测共区，侦测到山西兴县无线电信号最密集，据此判断中共首脑机关转移至兴县。尽管美国人的玩意儿很先进，但也不易侦测到无线电信号弱的电台。胡宗南多次约见魏大铭，要他力求侦知判明陕北共军各级指挥部的位置。

而此时，面对 18 万国军三面压境，在陕北的中共解放军总共只有 6 个旅，主要有罗元发教导旅、张贤约新 4 旅以及张宗逊第一纵队（辖 358 旅与独 1 旅）、王震第二纵队（辖 359 旅、独 4 旅），总兵力约 2.6 万多人，只有胡宗南总攻延安军队的 1/6。再加上陕甘宁边区地方部队警备第 1 旅与第 3 旅，也只有 3 万多人，总人马也不过胡部军队 1/5。若将邓宝珊部与马鸿逵部计算在内，则陕北解放军与国军的数量比为 1 比 8。而且，解放军武器装备差，弹药奇缺。

第二节 “华而不实的胜利”

总攻延安

1947年3月10日，作战命令一下达，胡宗南果然“闲情逸致”起来。

3月13日，胡宗南命令参战各军正式总攻延安。

3月14日晨，从西安与太原起飞的国民党空军的轰炸机群轮番空袭延安地区。同时，胡部大军在地面上开始发起全线攻击。右兵团整1军辖3个整编师，是总攻延安的重点部队。整1师从瓦子街北地区进攻南泥湾东侧，整27师从宜川以北地区进攻临真镇，整90师从英旺以北地区进攻金盆湾。左兵团整29军从洛川出发，进攻甘泉地区，牵制解放军，掩护右兵团顺利攻打延安。

右兵团整27师在空军的掩护下，穿过梢林，涌向临真镇，首先遭遇解放军教导旅侦察分队，双方接火，接着，又遭遇解放军教导旅2团和警卫营，双方展开激战。同时，罗列整1师与陈武整90师采取集团进攻与迂回包抄方式，扑向南泥湾东侧与金盆湾的解放军教导旅1团。

陈武整90师与解放军教导旅1团在金盆湾交火，战斗打得最激烈。陈武指挥整53旅与整61旅分为左右两纵队齐头并进，师部尾随整61旅跟进。开始只遭到解放军的微弱抵抗。当推进到金盆湾阵地时，就遇到解放军的猛烈火力，前进缓慢。当晚，陈武部停止进攻，露营山头。

随后，陈武观察战场，审时度势，发现解放军教导旅第1团与第2团结合部是一个薄弱环节，遂改变战术，调集重兵进攻结合部，就突破了解放军的防线。解放军则节节后撤，退到金盆湾北部山地上防守。

到3月16日，整90师占领了金盆湾阵地，又被解放军预埋的各种地雷炸死炸伤不少。同时，整1师占领了金盆湾以西高地；

整 27 师占领临真镇。

激战 3 日还未能拿下延安，胡宗南十分恼火，从洛川连连用电话催逼董钊与刘戡加大攻击力度，尽快向前推进。

左兵团整 29 军的既定目标是顺着咸榆公路进攻，占领甘泉北面的崂山制高点，牵制解放军主力。可总攻延安开始以来，刘戡不敢孤军深入，派出搜索部队侦察，又处处受阻击。在既不熟悉地形，又不了解敌情的情况下，老谋深算的刘戡就采用“蛇脱皮”战术，缓慢而又谨慎地向前推进。进至崂山地区，就遭遇了解放军的有力抵抗。刘戡一边指挥作战，一边等候右兵团的消息。

右兵团董钊整 1 军于 16 日占领金盆湾阵地，17 日火速调整部署：改整 90 师为右纵队，顺着金盆湾至延安的公路北侧地区进攻；改整 1 师为左纵队，顺着公路南面进攻；以整 27 师为预备队，同军部一起在公路上前进，随时策应左右两纵队。当日，右兵团与解放军逐山争夺，战斗非常激烈。

宝塔山风光

3 月 18 日，整 90 师竭力进攻。整 61 旅旅长邓钟梅亲上前线督战。这一天，整 90 师推进较快，占得狗梢岭，当晚宿营杨家畔，离延安只有咫尺之遥了。而左纵队整 1 师这时才进到杨家畔左后方，落后整 90 师七八公里远。

整 90 师在总攻延安的行动中一直冲杀在最前面。这时，整 61 旅参谋长报告陈武说，他们窃获延安解放军总部给南线守备部队的命令："迅速撤离战场，到延安待命。"这就是说，解放军将主动后撤，不再防守延安。这时，又传来胡宗南的命令："首先攻入延安的部队可得赏金法币 1 千万元。"陈武兴高采烈，说："这下子我师可得占领延安首功！"整 90 师官兵以为这次必定名震天下，名利双收。

当日夜半，陈武又接到董钊的一道命令，命令整 90 师在 3 月 19 日午前九点从杨家畔开始进攻宝塔山至清凉山之线及其东面地区。接获这道命令，陈武气愤地说："为将帅者要取信于人，最宝贵的是待下公平，其次是赏罚严明。如果存私心，图私利，必然招致上下不和、士不用命的结果。我们整九十师从 17 日起连续两天担任强攻，牺牲很大，而第一师未遇激烈战斗，并且行动迟缓，落后十五里。现在眼看延安唾手可得，却来限制九十师的行动，偏袒第一师，要他去立功。真他妈岂有此理。"

整 90 师不得进延安城，刘戡整 29 军各部也被阻于延安南二十里铺东西之线，不得先入延安城。这些命令都是胡宗南在洛川精心安排的。厚此薄彼，胡宗南这样做，就是要让整 1 师先进延安城，夺得总攻延安的第一功。而在整 1 师的 3 个整编旅中，胡宗南还要分先后次序，又要让整 1 旅先于整 78 旅、整 167 旅进延安。当时，按照整 1 师的部署，沈策整 78 旅是主攻旅，担任正面进攻，应首先入延安城。但在胡宗南的严令下，整 78 旅又不得不让道，让整 1 旅赶到前面。

再说，陈武骂娘归骂娘，还是以"服从命令为天职"，令整 90 师让路。3 月 19 日上午八点，整 1 师赶到了整 90 师前面，向延安城区前进。整 90 师于午后二点占领宝塔山。

陈武登上宝塔山，用望远镜观察延安地区地形，看到在延安老城的西山顶上、城西南高地上及延水北面的清凉山上，只有解放军少数掩护部队，在宝塔山西南角下，机枪声也是时断时续的。陈武不禁叹道："过去有人出胡宗南的洋相，说他只是个作连长的材料，今天我看董钊的才能，只配当一个排长，不配作军长，更不配作兵团司令。今天如果敌方有一支强大部队进行反击，我看在延安城下非闹出大笑话不可。"

陈武看出了胡宗南与董钊在指挥上的严重缺陷与进攻部署的杂乱无章，幸好解放军主动撤出延安，打掩护的兵力也不多，才未酿成严重后果。陈武指挥所部涉过延水，占领清凉山。

延安清凉山

3 月 19 日下午三点左右，吴俊整 1 旅才在飞机的掩护下，突进延安城。一看，竟是一座空城。突击营营长应启新带兵冲进毛泽东居住的窑洞时，也人去洞空，窑洞里毛泽东的茶杯还是温的。中共上演了一出"空城计"。毛泽东就从国军的眼皮底下成功撤退，只留下一座空城。日后，国军自我检讨，"前锋部队只差 400 米之遥，没追到毛先生"，甚至于说"突击营向导是共产党派来的"。解放军在撤离延安前已把延安居民全部疏散出去了，此前的 18 日，毛泽东、周恩来才撤出延安。整 1 旅发现城西凤凰山顶有解放军的踪迹，派两营兵力追击。到黄昏之际，解放军扫了一阵轻机枪，就沿着山头朝延安西北方的安塞撤去。

空城延安

胡宗南大军终于占领了延安，可是，为什么是一座空城呢？难道中共中央和解放军有遁地术不成，三日之间就从延安彻底蒸发了？

原来，胡宗南洛川军事会议的最新机密又一次在他的眼皮底下被泄密了。

1947年3月10日夜，当时，熊汇荃听到了薛敏泉、汪承钊在洛川会议上的发言，又了解到魏大铭带来了无线电侦测分队。胡部的这些最新机密事关中共中央安危与解放军能否成功对敌作战。可他身在洛川，一时无计可施，于是，他冒险将这些情报明明白白地写在纸上……

西安西大街有一家“研究书店”，经理潘裕然一天突然接到一封信，信封用的是第一战区司令长官部长官专用信封，上书“西安西大街研究书店潘裕然经理亲收”，送信人是胡宗南总部往来于西安到洛川之间的机要交通员，并索要了收件人回条。

潘裕然打开一看，是熊汇荃写来的，内中还附信一封，信封上写的是王石坚的代名。熊汇荃还交代他：附信勿拆，速交收件人。

潘裕然是北京大学名教授潘家洵之子，又与陕西省政府主席祝绍周是亲戚。他与熊汇荃在“战地服务团”相识，在抗战期间曾受过胡部的政治培训，曾供职西安三青团。此时被研究书店聘为经理。很快，熊汇荃的信就到了王石坚手中。

就这样，中共中央又迅速掌握了胡宗南洛川军事会议上的一切最新机密，包括胡部总攻延安的路线、日期、计划、战术、兵力部署等。

面对国军尤其是胡宗南部绝对优势兵力的大规模进攻，中共中央迅速采取了应对措施，确定了基本方针是：诱敌深入，必要时撤出延安，与敌在延安北面的山区周旋，把敌军拖入疲惫、缺粮的困境，再抓住战机，集中优势兵力，在运动中分批吃掉敌军，把胡宗南集团主力牵制在陕北战场，以利解放军在其他战场打击国军。

当胡宗南部向陕北发起总攻时，为了掩护延安安全撤退，中共中央命令：罗元发教导旅在延安南面临真镇、金盆湾、南泥湾地区，依托工事，展开防御；张宗逊第一纵队与张贤约新4旅秘密东进，驻防道佐镇、甘泉、大小崂山地区；王震第二纵队从山西火速渡过黄河，西进增援。

中共中央掌握了胡宗南部总攻延安的一切机密和部署，能够进退自如地采取对策，所以，当胡宗南部顺利进占延安时，当然就只剩下一座空城了。

“捷报”南京

1947年3月19日，胡宗南在洛川一直密切关注着前线消息。中午前后，胡先后接到裴昌会的电话汇报：整167旅进抵延安城郊，整90师攻占宝塔山，等等。裴昌会请示胡宗南，是否即时向南京报捷。胡宗南却回答：“不！”参谋、副官们都对此感到奇怪。午后三点，前线传报：整1旅挺进延安城。胡宗南得悉，大乐，亲自拟电发给南京蒋介石“报捷”，电文如下：“我军经七昼夜的激战，第一旅终于19日占领延安。是役俘虏敌五万余，缴获武器弹药无数，正在清查中。”

“捷报”发出，熊汇荃问他：“为什么要等整1旅占领了延安才给南京报捷？”胡宗南哈哈大笑，说：“这是为整1旅恢复名誉。”

胡宗南部总攻延安7天，因解放军有计划后撤，胡军进展顺利，双方只打了一两场硬仗，胡部送回后方的伤兵都少得可怜，而且，当时陕北解放军，总兵力不过3万人，岂能被俘5万余呢？解放军武器弹药奇缺，又岂能被缴获无数呢？

接着，胡宗南指令前进指挥所连续开会，研讨如何向新闻界发布攻占延安的消息。总攻延安谈不上什么辉煌战绩，照实直说，无法交代。经过反复推敲，群策群力，胡宗南才在下午四点通知西安的盛文，告中央社发布下列两则电讯，内称：“国军……昨

（18日）下午进抵距延安10公里处，经一度激烈战事后，今（19日）上午十时，已收复延安，……战果正调查中。”又说：“共军之老巢延安，于本日上午十时为国家收复。……据初步统计，共军伤亡约一万余，投诚二千余。国军乃于本日上午十时，完全占领延安，刻正抚缉流亡中。”

两则电讯迅速被中央社发往海内外，国民政府统治区的各家报刊纷纷抢出号外，报道这则“特大新闻”。3月20日，南京国民政府《中央日报》头版头条标题为“国军收复延安，生俘共军一万余人”，还配发题为“国军解放延安”社论。一时间，胡宗南成了中外瞩目的风云人物。

延安枣园中央书记处小礼堂旧址

3月20日，胡宗南接到蒋介石“手启寅马府机电”，笑得合不拢嘴。内称：“延安如期收复，为党为国雪二十一年之耻辱，得以略慰矣。吾弟苦心努力，赤忱忠勇，天自有以报之也。时阅捷报，无任欣慰。……至对延安秩序，应速图恢复，特别注意其原有残余及来归民众与俘虏之组训慰藉，能使之对共匪压迫欺骗之禽兽行为，尽情暴露与彻底觉悟。……最好对其所有制度、地方组织，暂维其旧，而使就地民众能自动革除，故于民众之救护与领导，必须尽其全力，俾其领略中央实为其解放之救星也。”

胡宗南拿着蒋介石的电报兴冲冲地给裴昌会、薛敏泉等人看，说：“你们看，我军攻占延安，蒋委员长是多么高兴啊！”

正在南京召开的国民党六届三中全会也给胡宗南发来了祝贺长电。西安城更因“收复延安”而热闹非凡。陕西省政府主席祝绍周令全城悬挂国民党政府旗帜，张灯结彩，庆祝“陕北大捷”。旋即，南京国民党政府颁布奖叙名单，自胡宗南以下皆获晋升颁奖。

在轰轰烈烈欢庆“陕北大捷”的时刻，南京国民政府中一些人就对胡宗南的“捷报”心存疑问。甚至陆军副总司令范汉杰——在西安专门负责蒋介石与胡宗南之间的联络——也多次电询胡宗南与裴昌会，要求核实战果实情，但都被胡、裴二人含糊其词，敷衍过去。而一般老百姓不明真相，认为解放军日趋壮大，延安为中共中央总部，必有重兵把守，怎么几天之内就被胡家军给拿下了？惊讶之余，也误以为胡家军确实能征善战。

延安城南面的安澜门

欺骗历史必将会被历史所愚弄。历史很快证明，胡宗南以15万大军侵入贫瘠的陕北地区，占领一座空城——延安，在政治上与军事上都是得不偿失。

3月20日，延安中共新华社发出电讯：“我主动撤出延安空城，中共中央仍留陕北指挥全国爱国自卫战争”，内称：“十九日我人民解放军以任务已达，撤出延安。此次作战，……蒋介石、胡宗南的竭尽全力的窜犯，除得到一个空城外，毫无所获。……我人民解放军的战略，向来不死守一城一地，而以消灭敌人有生力量为目的。此次延安保卫战，则着重于破坏其突然袭击，保证首脑机关的安全转移，现在可以宣告于世人者，就是此项目的已经圆满完成，……”

1949年，美国政府《白皮书》说得更直白：胡宗南占领延安“是一个既浪费又空虚的华而不实的胜利。”1952年，“国民政府”“新闻局”局长董显光在《蒋总统传》中指出：胡宗南部占领延安，“在声威上一大胜利，使南京在这个逆运的时期顿感兴奋，可是所付的代价也特高。共党配合刘伯承所部在河南的行动，突然占据陇海路的西段。此举使蒋总统调往参加延安战役的最精锐部队四十万人……无异被冻结，……”

第三节　决战无目标

解放军到底在哪里？

1947 年 3 月 20 日，胡宗南在洛川接到延安董钊等来电，报告部队经连日行军作战，疲惫不堪，而解放军撤出延安，去向不明，请示下一步如何行动。胡宗南当即指令裴昌会等人具体安排前线部队的部署与行动，说：“由整编第 1 军之整 27 师担任延安城防，并以一部进驻拐峁镇构筑工事，同时远出进行威力搜索后，相机推进至青化砭固守，使主力尔后向北进出容易；整编第 1 军主力即在延安以北与西北地区集结待命；整编第 29 军在延安、鄜沿公路线构筑据点工事，确保补给线的安全。”

可是，直到 3 月 23 日，进驻陕北的胡部前线部队仍未能侦察到解放军主力的动向，而两个整编军十几万军队的粮食、弹药补给却越来越困难。胡宗南急于寻求解放军主力决战，“肃清延水以北共军”，又被解放军误导，错误地判断解放军主力撤向了安塞，于是就下达作战命令：董钊率 5 个旅从 24 日晨起朝安塞方向搜索前进，如无敌情，就由安塞以北地区向东回旋，协同刘戡整 29 军捕捉、围剿解放军主力于蟠龙以西，延安以北地区；刘戡率 4 个旅扫荡延安东北、蟠龙以西地区，协同董钊整 1 军在蟠龙以西地区围歼解放军主力；整 27 师继续戍守延安地区，建立秩序，并以一部从拐峁镇远出侦察，掩护董、刘两部主力的侧后安全。

这时，延安地区的军事形势基本稳定下来，胡宗南判断拐峁镇以北地区无解放军部队，于是，3 月 24 日凌晨，胡宗南乘坐吉普车，离开洛川，以一个战胜者与征服者的姿态，得意洋洋地率前进指挥所进驻延安。

胡宗南自己选定原中共边区银行窑洞居住，办公，断断续续地住了近8个月。

到达延安的当天，参谋长薛敏泉就报告，自3月19日占领延安以来，国军最大的问题有二：一是敌情不明，一是后方补给困难。胡宗南命他转令各部加强搜索，节约粮食，并抓紧向陕西省政府催粮。

为了查明中共首脑机关与解放军主力撤离延安后的去向与隐藏地点，胡宗南又向随军行动的保密局魏大铭无线电侦测分队了解情况。魏大铭报告说，自攻占延安，就没有再发现陕北有固定大型电台的信号，有时捕到小电台的征象，但忽闪即逝，飘忽不定，难以据此判定共军指挥部的方位。

延安城门

为何会如此呢？魏大铭使用的可都是美国最先进的侦测设备啊！原来，中共中央在获悉熊汇荃的情报后，为了对付无线电侦测分队的最新技术，严格规定了中共各级各单位无线电台的保密使用。撤离延安时，曾下令中央各电台停工3日，并指令各野战军在作战前部署期间以及在作战中，为了保密各级指挥所的位置与作战机密，不用无线电联络，改用小电台拍至大电台代转。这些措施就给魏大铭小分队的侦测造成了很大的困难。

接着，政治部主任王超凡报告，已经以胡宗南的名义向延安等地发表了《告陕北民众书》，颁布了《施政纲领》。胡宗南就指示王超凡转令各部政工干部要努力维护好革命军队的声誉，严格检查军纪，如有违纪，要严格处罚，情节严重的要枪毙。

陕甘宁边区政府右边大门

这是记者团出入之处，墙上的各种政治标语是胡宗南部人员写上去的。

王超凡还向胡宗南报告接待中外记者的准备情况。听完汇报，胡宗南指示：不要忘记了国民革命和北伐经验，一定要唤起民众，化敌对为亲善，不只是为了接待记者，如果丢掉了民众，我们就连向导也会找不到。对中共的“劳动英雄”、“参议员”、“妇女代表”，要想方设法争取几个过来，与我们紧密合作，由他们作榜样。

为了做好接待中外记者工作这一表面文章，胡宗南还暗中授意王超凡说，选两个人装成被俘的共军团长，选一个人装成旅长，要装得像。他将亲自查问。当然，他也表白自己说：我不赞成弄虚作假，但为了革命，不得不为之，凡事要有重点，作假也要有重点。

送狼入虎口

1947 年 3 月 25 日，胡宗南让机要秘书熊汇荃等人陪他去看了看毛泽东、刘少奇、周恩来等中共领导人在延安的原住处：王家坪、杨家岭和枣园，最后，车子一直开到延安北郊十里铺，到了鲁迅艺术学院。一路上，胡宗南看得非常仔细。在枣园，在毛泽东住过的窑洞桌屉里，意外地看到了一张纸条："胡宗南到延安，势成骑虎，进又不能进，退又退不得。奈何！奈何！"胡宗南一看，哈哈大笑。

果不其然，胡宗南笑声刚落地，就接到了紧急报告：整 31 旅旅部及所辖第 92 团被解放军重兵包围在延安东北面的青化砭，处境十分危急。

王家坪内部建筑

王家坪的建筑清楚可辨，右为原中共中央军委大礼堂，左为原中央军委总务科。

原来，3 月 21 日，当董钊、刘戡两主力兵团从延安地区分路出发，北向安塞、蟠龙等地追击扫荡时，胡宗南为卫护这两个兵团的侧翼安全，直接电令驻临真镇的整 31 旅及所辖谢养民第 92 团共约 3000 人，由临真镇取道川口，渡过延水，进至延安东北约 25 公里左右，即到交通要道青化砭地区，构筑工事，建立据点，并限令整 31 旅 24 日务必赶到青化砭。

中共中央在撤出延安时，预计胡宗南部占领延安后必然非常骄横，指令彭德怀率西北野战兵团集中优势兵力，相机行事，打运动战，以一部兵力同胡部保持接触，诱敌深入，故意示敌往西北方向撤退，而主力隐蔽延安东北方向。

如今，轻敌的胡宗南既不明敌情，仅派一个旅部率一个团，孤军深入，防守要地青化砭，正好给解放军提供了“围歼”之机。青化砭位于南北走向的蟠龙川中，川长 20 多公里，咸榆公路沿大川而上，穿过青化砭地区，公路两侧为连绵起伏的山地，地形似口袋，便于伏击。

3 月 21 日晚，彭德怀部截获并破译了胡部的一份电报，获悉整 31 旅将在 3 月 24 日孤军推进青化砭。彭德怀立即调派野战兵团 5 个旅的全部主力，在 3 月 22 日晚与 23 日拂晓前隐蔽集结，秘密埋伏在青化砭附近蟠龙川东西两侧及以北地区，静候整 31 旅进入伏击圈。

果然，李纪云率整 31 旅由临真镇沿成榆公路北上，3 月 23 日进至延安东面的李家渠。3 月 24 日，整 31 旅第 91 团进驻拐峁镇东面的安塞，而旅部率第 92 团进驻拐峁、川口地区，因需补给粮食，暂住一宿，未能按命令于当日抵达青化砭。

李纪云进驻拐峁、川口之际，侦察兵报告说，青化砭地区发现有不少解放军。李纪云即把侦察报告与自己的敌情顾虑直接报告胡宗南。胡宗南这时判断拐峁以北无解放军主力，所以，为了掩护北进主力侧背，命令整 31 旅迅速进占青化砭，还回电痛骂李纪云“贪生怕死，畏缩不前，非军人气魄，绝对要按规定北进，迅速占领青化砭，否则，以畏缩不前论罪”。最终，胡宗南轻率地将整 31 旅送进了“虎口”。

青化砭惨败

3 月 25 日晨六点左右，李纪云胆怯而又谨慎地率部从拐峁镇朝青化砭推进。这时，从西安飞来的两架野马式侦察机，对青化砭地区侦察扫射一阵。接着，李纪云又派出一个连和另一个排分别顺着延榆公路两侧山地搜索前进。可是，解放军已经埋伏在这里两日两夜了，由于隐蔽得好，居然蒙过了对方。国军空中与地上的侦察，都未发现敌情。

这下李纪云就放心了，放心地带着人马沿着延榆公路推进，中午十一点左右进入青化砭地区，一部占领东南高地上的大寨子，本队到了石绵羊沟，后卫亦过了房家桥与惠家砭。

突然，一声枪响，数倍于李部的解放军从前后左右紧紧包围过来。整31旅自踏上陕北土地，还未遭遇过如此异常猛烈的打击，又突如其来，整31旅指挥官全懵了，茫无头绪，士兵也一下子就乱了阵脚，全被挤压在沟道内，一时无法展开队形反攻。

胡宗南在延安获报整31旅在青化砭被“围歼”，焦急异常，急令董钊迅速从安塞调回整1师、整90师来增援解围。

而在青化砭战场，野战兵团占领了惠家砭，这就堵住了整31旅的退路；接着，野战兵团又占领了石绵羊沟东西山梁。在这进退不得的危急时刻，李纪云指挥部队，妄图抢占石绵羊沟西侧山梁，但只硬冲到半山腰，就被野战兵团打了下来。野战兵团沿石绵羊沟和石家圪崂一线山梁，猛烈冲杀整31旅，双方短兵相接，肉搏战非常激烈。前后约一个半小时，野战兵团就夺占了整31旅的最后抵抗阵地。整31旅迅速崩溃，全线瓦解，青化砭之战结束。

整31旅旅部及所辖第92团全部共约3000人被野战兵团全歼。旅长李纪云、副旅长周贵昌、参谋长熊宗继及第92团团长谢养民等被俘。全部枪支、弹药、装备、给养物资等，都为枪弹奇缺的野战兵团缴获，无异于雪中送炭。

当董钊亲率援军赶到青化砭时，解放军野战兵团早就带着缴获、押着俘虏撤离了青化砭。董钊的援军只在战场上收容了几十名伤兵。董钊随即向胡宗南报告，解放军在战后迅速撤退，如今又不知所踪，请示军队如何行动。

3月26日，中共中央在清涧县枣林沟开会决定：党中央和解放军总部继续留在陕北，指挥西北和全国战局；刘少奇和朱德等组成中央工作委员会，到晋察冀解放区平山县西柏坡村去落实中央的工作决议。

青化砭惨败，是胡宗南总攻延安、踏上陕北土地后遭到的当头一棒。胡宗南懊恼而又沮丧，一度不知所措。当时在他身边的裴昌会后来回忆：“狂妄而又愚蠢的胡宗南一向的做法是，顺利的时候就随兴之所至，无所谓计划，轻举妄动，部队东调西调，乱指挥一气；遭遇到大的失败，就一筹莫展，把军队畏缩在一起不敢动了。”

延安刘少奇旧居

对整31旅在青化砭被围歼，胡宗南下令所部知情者要严格保密，不得外传，不得上报。但是，1947年3月28日，《晋察冀日报》消息：“人民解放军总部发言人公布陕甘宁兵团首次捷报。我陕甘宁兵团一部于本月25日在延安东北七十里之青化砭附近歼灭胡宗南军整27师31旅旅部及其一个整团，共四千余人。总部发言人指出，这一歼灭战有三个特点：第一是快，从战斗开始到结束，只用了两个钟头；第二是干净彻底，该部敌人自旅长到士兵，没有一个逃脱；第三，敌我伤亡是二十比一。综合以上三点，堪称模范战例。此次歼灭战距我军撤出延安仅六天。”

胡宗南听到中共陕北广播电台播报的青化砭全歼国军整31旅的新闻广播，地点、番号、人数基本正确，至此，胡宗南知道再也无法对外界隐瞒了，就授权裴昌会与参谋长薛敏泉酌情处理青化砭之战怎么报，报给谁。

第四节 “陕北大捷”战果

制造“战果”

这时，胡宗南接获南京来电，由南京国防部新闻局副局长卿汝楫率领、沈昌焕带队的代表国内外39家报馆通讯社的中外记者团，定于1947年4月初参观访问延安，报导国军“陕北大捷”。

根据蒋介石对陕北要“三分军事，七分政治”的指示，这就意味着过去共产党利用延安作为反国民党的宣传样板，如今国民党也要利用延安作反共产党的宣传样板，那么，国民党也要在延安争取人心。而共产党已经在延安苦心经营了13年，胡宗南来延安才几天，就要展现重大成果，能做得到吗？唯一的方法就是大方撒钱，甚至到处做假。

胡宗南在延安，虽为整31旅的被歼难过一阵儿，但很快就镇定下来。他认为，青化砭之战，一个团与一个旅部，只算是疏忽而致的一个小挫，实际损失不及三千人。两个强大的整编军仍在，攻占延安的“光辉战绩”可以掩盖一切。因此，他一面迅速整补恢复整31旅建制与人马，一面令董钊、刘戡率两个整编军主力，扫荡延安东北的延川、青涧

历史的见证者

在今日延安城窑洞前的这棵大树是中共领导人当年亲手栽种的，它无疑是一位无声的伟大历史的见证者。

地区，与解放军主力决战。

接到南京来电，胡宗南对接待中外记者团一事更注重，召集前进指挥所处长以上干部开会研究，指定由王超凡与情报处长刘庆曾具体负责。

为了布置起“战绩陈列室”，根据胡宗南的指示精神，王超凡与刘庆曾绞尽脑汁，想出如下一些办法：

为了显示被俘的共军人员多，他们在延安10公里内设置了十处“战俘管理处”，把从陕北乡村抓来的青壮年编成的青训队500多人，还从延安城防部队整27师中挑出伶俐士兵1500人，混合编成几个“俘虏队”，穿杂色服装，当作“共军俘虏”，教他们一套编好的“对答”。还奖励这些装扮假俘虏的人每人每日津贴一元。

为了显示有共军“高级将领”被俘，王超凡根据胡宗南“选两个人装成被俘的共军团长，选一个人装成旅长，要装得像，这是重点”的指示，挑选出一个在“战干四团”受过训的、会演戏的湖南人扮“共军旅长”，并教他如何回答记者的提问。

为了显示攻延激战与共军被歼之众，在延安东北延水两岸，抽调部分人马连夜造起许多假坟，一边是蒋军的阵亡烈士，一边是共军人员的坟墓，插上木牌，分别标明。

为了显示缴获了大批“共军武器”，所有武器都贴上标签，注明缴获时间、地点，步枪抽调驻甘泉的整17师的三八式和汉阳造来冒充，不足部分和一些轻重机枪就由延安城防部队整27师中分别抽调，枪支白日送来陈列，黑夜送还部队使用。还抽调、训练一些参谋人员与政工干部，担任“战绩陈列室”的介绍与讲解工作。

中外记者团本拟于3月底飞抵西安。西安绥署参谋长盛文请示胡宗南何时让记者团去延安。因延安的接待准备工作还未完全到位，胡宗南指示盛文借口延安地区气候不宜飞行，以推迟行程。同时，胡宗南加紧督促王超凡与刘庆曾伪装好“战绩陈列室”，亲自偕同机要秘书熊汇荃做了重点检查。

胡宗南去查问“被俘共军旅长”，此人即向他立正，敬礼，弯腰。胡问其姓名、职务，他按王超凡的编造一一回答。胡对此人

“共军旅长”被安置在这里

的表演很不满意。胡批评王超凡不懂革命，选来的这个人就像绵羊，满口国民党腔调，根本不像共产党，更不像共产党旅长，共产党旅长态度应该强硬，开口就骂娘。王超凡很委屈，说：“胡先生早有指示，不要骂娘。”胡宗南说：“不是要他骂他们，是要他骂我们，骂得越凶才越像，越往上骂才越像。”

胡宗南见王超凡不在行，就让熊汇荃去导演。熊汇荃把王超凡领到另一个窑洞里，说：“胡先生指示的关键是，越往上骂才越像，他不好捅破窗户纸，意思就是痛骂国民党，痛骂总裁蒋介石。”

熊汇荃和王超凡一起去见“被俘共军旅长”。熊汇荃对他说：“你演过戏，要合乎共军旅长的身份，态度要强硬，不要讲姓名、职务，不要有问必答，要用共产党的语气讲话，把总裁叫做蒋介石，骂蒋介石是卖国贼，骂国民党是刮民党。”可此人说：“我不敢。”王超凡对他说：“你要听话，现在就按旅长标准开伙食，做得好，升你的官，但若说出是谁布置的，就砍下你的头。”这的确是一幕真共产党导演假共产党的绝妙好戏。

接待记者团的闹剧

1947 年 4 月 3 日早晨，中外记者团一行 55 人搭乘 3 架国民党空运大队的运输机，由南京直接飞往西安。记者团计有外籍记者 7 名、女记者 2 人，包括大公报记者周榆瑞、东南日报记者赵浩生、新民报记者宋凯沙、国民党中央广播电台记者潘启元、和平日报记者谢蔚明、上海申报记者俞振基、上海大晚报记者邹启元、中央日报记者龚选舞等人。

4 月 4 日，盛文陪同中外记者团从西安飞抵延安。年纪轻轻的龚选舞很兴奋，后来写道："三架飞机编了队一齐向西北飞行，起先我们还能欣赏到大地上片片初生的嫩绿，可是，一过了淮河，映在眼前的便是无边无垠的黄土。……国人每以淮河分南北，从机上俯瞰，颜色可不就是最好的分野……从窗口下望，只看见无边无际的一片土黄颜色，既无青山，也无绿草，唯一与大漠有异的是，在一片黄土中偶尔还有些疏疏落落的小村落。飞机在一片黄土的机场上依次下降，在滚滚黄沙阵里大家虽然难以见面，但彼此都知道早已变成一个个地道的黄人——自顶至踵，尽沾沙尘，

中外记者团乘坐吉普车驶向延安市区

须眉以上，平添淡褐。”

国防部新闻局局长邓文仪，胡宗南长官部政治部主任顾希平、副主任王超凡，西安警备副司令赵才标，肤施（延安）县长白崇熙在延安机场迎接，并在机场举行了一场阅兵仪式。盛文也带来了南京国民政府与蒋介石颁给攻延有功将领的勋章：胡宗南荣膺二等大绶云麾勋章，裴昌会、盛文、薛敏泉、董钊、刘戡及有功师、旅、团长分别荣获三、四等云麾勋章或一、二、三等干城勋章。

然后，记者们分乘6辆美式吉普车南下，到了陕甘宁边区政府大礼堂，根据胡宗南的指示，听取盛文主持的战情简报，了解了胡家军攻占延安的经过。下午，记者们参观了枣园、中央大礼堂、杨家岭毛泽东与周恩来等居所、中共党校、凤凰山麓。特别是1942年落成的、中共中央七大会议地址的中央大礼堂，建筑宏伟，记者团赞不绝口。晚上，记者们下榻在由边区政府办公室改造而成的“招待所”。

记者团下榻处

胡宗南一向不大见记者，不过，记者团到达延安的当晚，他就迫不及待地约见了沈昌焕与周榆瑞。以“中央社记者”身份来延安的沈昌焕本是蒋介石的英文秘书，胡宗南必然要约他来见面，借此向蒋介石传递口信。沈昌焕写出来的通讯稿，满纸官样文字，难窥真相。

而《大公报》是有公信力的民间媒体，资深记者周榆瑞观察敏锐，文笔深刻，堪称新闻界的奇才。周榆瑞从吉普车下来，爬上一百多层的台阶，就到达了边区银行的顶层。胡宗南正独自在院中散步，两人见面寒暄了几句，就走进了一间会客室，室内挂满了军事地图。周榆瑞的专访就开始了。

周榆瑞提问:“胡将军，全国内战何时可以结束?”

记者团参观延安中央大礼堂

胡宗南很肯定地回答:“平汉线和徐州那一方面我不能判定;陕西境内的战事大约可于 5 月底结束。”

“中共现在的计划如何?”

胡宗南端起红茶呷了一口，然后说:“中共现在退守他们的第三根据地绥德，那个地方比延安富足得多。当然，他们是不肯离开陕北的!”

没等周榆瑞再提问，胡宗南继续不慌不忙地谈到他在陕北的工作原则:“我现在有两个办法:一、大胆释放俘虏，并且发给他们路单和旅费。共军的军需卫生人员被我们俘获时，几乎都是立刻把他们放走的。这样可以使中共说我们杀害俘虏的宣传不攻自破。二、大胆任用土共;陕北本地的共产党员对我们很好的。而且，他们在本地是有领导作用的。”

说到这里，胡宗南稍作停顿，接着说:“依照我的计划，将来要选择他们之中的开明贤达分子，让他们当县长或其他地方行政人员。我相信绥德和清涧一定都有优秀人物的；可惜高岗到东北去了，如果他在此地，是可用的人才。”

刚好4月3日午夜国军进占了瓦窑堡，胡宗南站起身，走到军用地图旁边，手指着上面说：“瓦窑堡是可以控制绥德的。”随即话锋一转：“刚才我所说的两个原则实行起来是很有成效的，同时也有配合的条件。我们现在最着重如何收拾人心，给予人民工作和衣食以解决他们的生活问题，我们已有对待的办法。”

此时，胡宗南满脸笑容，提高了声调，得意地说：“在延川干谷镇永平镇这一带我们获得了四百万担共产党没有搬走的粮食，所以粮食不成问题。还有，他们没把壮丁拉走，到处皆是。这些壮丁暗中帮国军的忙；例如军用电话线没有被剪断过，伤病兵从前方退下来也没有被杀害。这些事实证明了上述的两方略是可以实施的。”

“至于我们的士兵，他们都明了只要共产党能参加政府，就可以了事。事实上，此地的老百姓都是八路军。粮食、枪械、骡马和壮丁都是共产党的生命。而且来归的壮丁中一定还有从前他们

胡宗南部将延安的壮丁集中训练

的干部，不去说破它，就等于招抚八路军。”

周榆瑞的采访记虽不长，但从中很能窥出胡宗南当时的处境和想法，尤其是他准备在陕北施展的政治手腕。很清楚，陕北战事胜负的关键是政治，所谓“三分军事，七分政治”。胡宗南尽量启用本地人管本地事，过去的事既往不咎。出于政治考虑，胡部对百姓撒钱施恩，陕北人民一年不收田赋，胡部粮草和地方政府给养都由南京中央供应。胡部供需庞大，很快就入不敷出，捉襟见肘。

记者团的所见所闻

国民党军人在边区政府前举行升旗典礼

1947年4月，国民党军人在陕甘宁边区政府前举行升旗典礼，象征“光复延安”，供中外记者团摄影。

4月5日，记者团早上参加升旗典礼，上午参观“战绩陈列室”，与被俘的“中共官兵”接触，问答。在一间阴暗的屋子里，记者们见到了“被俘共军旅长”陈国栋，他斜倚在床上，沉默不语，一旦打开话匣，又刻意表现出“不屈不挠”的态度。龚选舞在1947年4月13日的报道中写道：“屋子里住的是中共一个旅的副司令员，胖胖的，腮下黑黑的。是二十天来没有‘清算’过的胡子。他不愿讲话，讲起话来却是一大堆硬派的名词：‘斗争’，‘消灭国民党军’，‘你们阵地战，我们就运动战’，‘你打进我们延安，我们也可以打下你们西安’。当记者向他透露瓦窑堡已被国军克服的消息时，仍是摇头喷鼻，表示不相信这是事实。”

除了“旅长”陈国栋之外，开放给记者团采访的所谓“重要共军战俘”还有二位，其中一位是“团司令员”吴守先，国共两方面都无史料记载，因此很可能也是国军自己造的假。这一位他也沉默不语，对共产党的事情的确毫不知情。不过，另一位被称为延安“公安局科长”的韩继恩，的确是延安老百姓都熟悉的，在边区政府机关里工作多年，知道边区政府的很多事，而且延安地方史料中也能找到韩继恩这个名字。

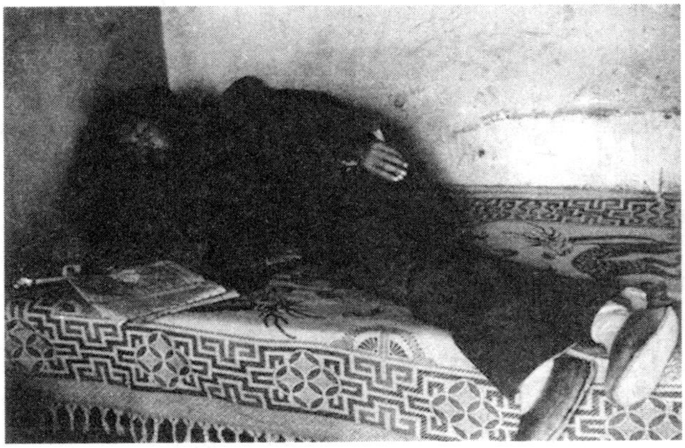

“共军旅长”陈国栋

根据周榆瑞的描述，主动来归的韩继恩自告奋勇，主动讲了一大堆话，跟记者团批评起共产党来滔滔不绝，话一开口就说个不停，立刻成为记者们追问的对象。记者们捧着笔记本，认真地记下他说的每一个字。韩继恩的表现正是胡宗南声称的“陕北本

在延安工作多年的“公安局科长”韩继恩在和记者们交谈

地的共产党员对我们很好”的一个例证。

“被俘共军旅长”陈国栋的表演和“韩科长”的侃侃而谈，的确迷惑了一些记者。但是，许多记者头脑清醒，很快就看出了许多破绽：

一些记者参观“战俘管理处”时，发现有些“俘虏”在几个“战俘管理处”重复现身，就提问：“我不是昨天在某一战俘管理处见过你吗？怎么你又到这里来了？”被问的“战俘”不知怎样答复，只好挺起胸脯，一言不发。

在参观“被缴获的共军武器”时，一些记者问：“这些新式轻重机枪、中正式步枪，共产党军队是从哪里得来的？”作解说的参谋、政工干部只好支吾其词。

这样的窘境在参观中时有出现，甚至在龚选舞1947年4月17日的报道中也透露出来：“当肤施县政府命令一大群孩子给记者们表演秧歌舞时，‘反动派’，‘卖国贼’，‘封建’，依然在孩子们的口里震天地响着，‘他们可知道他们在唱些什么’？记者不由得掉出了一颗同情的泪水。”

4月5日晚，胡宗南宴请记者团。记者们希望借此采访他，听到他公开谈一些话。可是，胡宗南在晚宴上的表现让记者们很失望。晚宴上，胡宗南只向大家挥手，连声说好好，随后便一直沉默不语。其实，他要说的都已经在前一天和沈昌焕与周榆瑞说了。

4月6日上午，记者团参加民众大会，中午时分，2000多男女老幼聚集在延安县府广场。经过授意安排，共产党树的劳模张永泰、女参议员左淑秀站出来对共产党批评了一番。接着，大家排队领取绥靖区难民急赈总部派人发放的救济金，每人2万元。

周榆瑞写道：“我信步走到街心，眼看着每个人极忍耐地在灼热的太阳下等候，当四张崭新的五千元大钞递到他手中的时候，他擦一下头上的汗，笑了，笑得有点迷惑。”

纯朴的陕北老百姓并不太清楚国军为何要发钱给他们？可是，有钱领自然就去拿吧，不管是救济金什么的。

延安老百姓的心里话

4月6日下午，是记者们自由采访的时间。周榆瑞急欲了解延安老百姓的真实心态，就上街四处采访，后来写下了《延安人的话》，这篇随笔式的报道即使今日读来，仍值得好好品味：

延安虽然是中共13年的根据地，但是当他们撤退得只剩下空房子和家具器材的时候，只有逐渐回来的老百姓才是记者们寻求真实的对象。因此，我们纷纷地在街头上，在店铺里，在山坳，找老百姓和我们谈话。

起先他们对于我们总是保持着相当的距离，说话时多少有点拘束；他们把我们叫做“国军的记者”，以为我们是来“说服”他们的。随便问他们之中任何一个人对于中共的看法，他一定赶紧答道：“共产党不好得很，毛主席是坏人；蒋主席是好人，他给我们一个人两万元。”后来因为我们时常在街道上走来走去，又常常和他们说话，彼此之间的距离也就缩短了。

大体上说，他们对于“八路军”的军纪都相当地赞扬；因为共军的部队全是自供自给，不打骂老百姓，不拿老百姓的东西。在政治方面，他们对于“斗争”和“清算”的办法是非常反对的。“这种办法只有流氓地痞才能得到好处，不仅是地主，就是我们一般农民也是不赞成的。”一位六十来岁的庄稼人向我表示他的意见。他和其他的人们一样，很直觉地说出他所认为的“是非”。

有几个人告诉我们说中共的医院是办得很好的．在从前，延安根本没有医药设备。“共产党的医院有外国医生，他替咱们老百姓治病打针不要钱，这是很好的。”他们都这样地说。还有，他们认为从前中共审判的方法是不错的，有理没理都可以弄得清白。对于开会，他们都十分地反对，他们认为从老远的地方跑来，听中共干部人员说一大套他们不大懂的话，又费时间，又没有意思。

赵成业是我所接触的老百姓中最肯说话的一个人，他大约有五十多岁的光景。他最先在北门外种地，后来又开了一爿小店。当他看见投诚的韩继恩正在会议厅中向许多的同业陈述毛泽东与陈绍禹的冲突时，他不禁伸了一下舌头，我便问他认识不认识韩，想从他的口中听到关于这位“科长”的一些故事。

“延安人哪一个不认识韩科长？我们从前怕他，现在还是一样的害怕。他最贪污，到处问人家借钱不还；而且他还吸鸦片烟，他的老婆也是强娶过来的。”赵老头这样地告诉我。

接着，他又补充了一句：“他甘心情愿替共产党做情报，常常派人到我们的门外偷听我们私下的谈话。”听了他的话之后，我不免看了韩继恩一眼；一个朴实农民的叙述简直把他的脸谱给勾出来了。

……

他对于共军的军纪也称赞了一番；此外，在他的心目中，医院和学校都办得很不错。“看病和娃娃们读书都不要钱的。”他对我说。

卖香烟的一些老百姓告我们说，他们的香烟是国军发给他们售卖的，并不需要先付批货的钱，等将来卖完香烟后再算账。我觉得这确实可以帮助他们解救目前的窘迫，再过些时候复业救济一开始，希望可以解决大多数人民的问题。政府对于陕北一带人民的态度委实值得我们的赞扬；除掉发给救济金之外，还公告豁免本年度的田赋征实。本来，从任何观点来看，老百姓是没有罪过的。

后来，另一个的偶然机会使我遇见了一个三十岁左右的青年。他说这次战役中被国军俘获的多半是民兵，正规的“八路军”早已撤退了。“现在回来的老百姓虽然不少，假如没有集中训练的话，回来的人更要多。”他很坦白地告诉我。

问他对于内战的看法，这位青年农民以极坚决的口气答复我说：“再也不能够打仗了；内战不停止，倒霉遭殃的是我们老百姓!”在他洪亮的声音中，我恍惚听到了四亿五千万人民在做同样的呼唤!

从这些家长里短的文字叙述可以看出，尽管延安老百姓说话小心谨慎，但对于是非仍有着直观的标准。他们批评边区政府“清算”、“斗争”行为，讨厌老是开会，抱怨自己被监视，厌恶狗腿式的人物。虽然陕北老百姓也有抱怨，但他们分得了田地，享受着免费医疗，免费上学，治安环境良好，儿子参加八路军，这些情况决定了他们对共产党有着国军不可取代的归属感。

记者团的延安之行预期只有3天，依照行程，原定4月7日飞离延安，不料却碰到一场春雨，走不了。这些过惯了大都市热闹日子的记者们，在无事可做的时候，很快就适应不了延安单一的景色和生活，只好困在室内打牌，聊天。龚选舞写道:“下雨天被困在屋里已经叫人气闷，连绵大雨中局处在窑洞的陋室里更令人有寂寥空落之感。……为了打发时间，外国记者们围着几张桌子，打他们的桥牌，中国同业找不到麻将，只好三五成群，天南地北地闲聊。‘这鬼地方，住了几天便觉难受，也亏毛泽东、朱德、刘少奇、彭德怀他们有耐性，一住下来便是十年。’一位同业找出这么一个话的题目。‘而今，一有地方跑，他们不也自动自发地走了?’另一个同业开玩笑以应。可是，毛泽东他们又跑到哪里去了呢? 问军方，他们也说不出一个所以然，只说刘戡、董钊两个大兵团都分别出去追剿了……”由于无聊，记者们纷纷在边区政府前的土台拍照

记者在边区政府前的土台上留影

以作纪念。

8日，天空放晴，记者们终于成行，周榆瑞延安之行的结尾是：

“八日的清晨一睁开两眼就在院子里跑，看到满地阳光的时候简直从心里笑出来。大家匆匆地吃完饭，迫不及待地分乘着六辆汽车赶到飞机场去。明明知道飞机不会这么早来，但是总觉得非在飞机场上等着不可。飞机终于来了，我们鱼贯地爬上飞机，十分钟后，我们已经高高的在天空上了。当我们的飞机在延安上空盘旋一周的时候，我禁不住又俯视我们这三天中留下无数脚印的小城。对于那些善良的灵魂和那些纯朴诚恳的脸孔，不期而然地起了依恋的情绪。”

只有短短三天的行程，只能看到表象的记者团的报道有价值吗？当然有，毕竟是第一手的资料。而且，中外记者团还有一个重要的贡献，就是他们拍摄的延安市街和百姓生活的一系列照片，填补了延安市井生活画面的空白，在中国影像史上无疑具有珍贵的价值与意义。

旋即，西北地区党、政、军、团各系统纷纷组团，来到延安，慰问胡宗南及其部队，“安抚”与“赈济”陕北老百姓。其中，中央社西安分社社长王文德、陕西省民政厅厅长蒋坚忍、甘肃三青团支团干事部干事长寇永吉、陕西省参议员营尔斌各自率慰劳团，四路人马同到延安，好不热闹。各路慰问人员竟相给胡宗南的“丰功伟绩”歌功颂德。营尔斌竟提议：“把延安改为宗南县，以表彰胡长官克复延安的伟勋。”

胡宗南没有阻止改延安为宗南县的提议，因为他知道：为了褒奖卫立煌，蒋介石在安徽设了一个立煌县；为了褒奖刘峙，在河南设了一个经扶县；为了纪念姚子青，宝山县更名子青县；如今我胡宗南攻占延安，为何不能设一个“宗南县”呢？于是，就有人将这份提议正式呈报南京政府。

第五节 “滚筒式”战术对决“蘑菇”战术

羊马河惨败

接待记者团的闹剧还未结束，1947 年 4 月 14 日，胡部整 135 旅在羊马河被歼，代旅长麦宗禹被俘，兵力损失近 5000 人，损失人数是青化砭惨败的近一倍。幸亏中共新华社手下留情，直到中外记者团 4 月 8 日离开延安后才播发整 135 旅羊马河被歼的消息。

原来，胡宗南总结 3 月 25 日整 31 旅在青化砭被歼的教训，认为一是兵力单薄，孤军深入，二是疏于侦测，粗心大意，三是不走山地而专走川道，遇伏击不能立即占领高地作坚强之抵抗而使全军覆没。有了前车之鉴，胡宗南再次通令全军采取“方形战术”行进，实行宽正面集团式的“滚筒式”推进。同时，胡宗南根据解放军为诱敌深入指示的情报，错误地判断西北解放军主力退向延安东北地区。

3 月 25 日，胡宗南下令“以主力由延川、清涧地区先切断黄河各渡口，尔后向左旋回包围匪军于瓦窑堡附近而歼灭”解放军，决定再搞一次大扫荡，命令整 1 军与整 19 军共 11 个整编旅，从安塞、延安、临真镇地区出发，兵分三路，经延长向延川、清涧地区前进。

3 月 27 日，董钊、刘戡指挥 11 个整编旅约 10 万人马，采取“方形战术”与“滚筒式”战术，浩浩荡荡地扑向延川、清涧，谨慎缓慢地走了三四天，占领了延川、清涧，结果又扑了一个空。

这时，胡宗南根据无线电侦测小分队的报告，判断解放军在瓦窑堡西南方向集结，于是，又电令董、刘两军折向西，扫荡瓦窑堡、永坪一带。然而，当两军跋涉几日，4 月 3 日到达目的地，发现瓦窑堡又是空城一座。

胡宗南又判断解放军主力北逃，命令整 76 师留守延川、清涧，整 135 旅留守瓦窑堡，董、刘两军其余主力继续北上绥德；

后因晋南告急，董、刘两军主力又严重缺粮，4 月 5 日两军先行南下蟠龙补给。

在胡宗南的遥控指挥下，在这十几天里，董钊、刘戡两军约 10 万人，就这样忽东忽西，忽南忽北，缓慢而又艰难地“武装大游行”，在千山万壑间爬上爬下，几度回旋，处处扑空，一直未觅到解放军主力之所在。由于中共发动陕北民众坚壁清野，展开游击战，以致胡军官兵只能啃干粮，睡草地，胆战心惊，士气沮丧，病员与逃兵日多，兵民关系更紧张。当时胡部官兵之间悄悄流行一首顺口溜，讽刺胡宗南在军事指挥上的盲目与无能：“胡长官一张嘴，下面跑断腿；胡长官放个屁，下面跑断气。”

4 月 6 日，刘戡部南撤时，在永坪地区遭解放军伏击，损失 600 多人。胡宗南据此判断，西北解放军主力已转移到牡丹川与李家川之间地区，企图“逐次扫荡牡丹川以北各山沟并向右回旋，会同瓦窑堡南下之一部包围匪军而歼灭之”，所以，就命令董钊、刘戡两军集中 8 个整编旅，分别从蟠龙、青化砭向西北地区扫荡；命令驻瓦窑堡的整 135 旅南下策应北上大军，瓦窑堡由清涧调来的整 24 旅 72 团接防。胡宗南如此部署攻防，就给解放军制造了一个全歼整 135 旅的战机。

陕北解放军利用国军追击求胜的心理，不断集中优势力量围歼胡部某一可被歼灭的一部，如此积小胜为大胜，真让胡部防不胜防。4 月 11 日，胡宗南调清涧第 72 团接防瓦窑堡的机密情报就被中共西安秘密谍报组织截获。彭德怀接到情报，根据战场形势，判断整 135 旅可能要离瓦窑堡南下，靠拢整 29 军主力，途中必经瓦窑堡至蟠龙的大道，乃紧急调动兵力，把主力埋伏在瓦窑堡南面的羊马河，而一部佯装解放军主力，将南面胡部主力引到蟠龙西北，以使胡部主力来不及救援即将被“围歼”的整 135 旅。

果然，这一次，胡宗南很快就中了计。4 月 13 日到 14 日，董钊、刘戡两军主力 8 个旅北上途中，遭遇佯装解放军主力的第一纵队两个旅的顽强抗击，被步步诱向蟠龙西面。胡宗南得报，断定与共军主力决战的时机已到，乃一面令董、刘两军向西猛追，一面令整 135 旅火速从瓦窑堡南下，协同主力“围歼”共军。

4 月 14 日上午八点，整 135 旅离瓦窑堡，为防伏击，顺着瓦窑堡—蟠龙大道两侧高地逐山跃进。上午十点，整 135 旅同解放军负责诱敌的小股部队交火。旅长麦宗禹指挥部队且战且走，全部进入羊马河以北高地，陷入西北解放军主力第二纵队与教导旅、新 4 旅的包围圈，形成了以 4 个旅围歼 1 个旅的绝对优势。

整 135 旅猝不及防，仓促应战，前不能进，后不能退，“发生空前激战，肉搏十余次”。当时，麦宗禹急电胡宗南速派援兵解围。胡宗南急令刘戡援救。刘戡急命右翼钟松整 36 师援救，钟松又命令李日基整 165 旅援救，整 165 旅与整 135 旅只隔两座山头。李日基旅拼命夺下一座山头，却再也拿不下另一座山头，虽迭遭申斥严令，却始终不能相援麦宗禹，尽管他们之间相距不过 5 公里远。

援兵无望，整 135 旅在羊马河的处境越来越危急。虽有几架飞机赶来助战，也无济于事，因双方呈胶着状态，炸弹不敢投，机关枪不敢扫射。黄昏时，解放军再次发起冲锋，整 135 旅阵脚大乱，狼奔豕突，土崩瓦解。结果全旅近 5000 人被歼，麦宗禹被俘。当刘戡部主力打到羊马河时，解放军早就带着战利品撤走了。

整 135 旅是胡部在陕北被歼的第 2 个整编旅，麦宗禹是被活捉的第 2 个旅长。经此一战，胡部全军士气低落，对胡宗南的军事指挥越来越没信心。相反，中共在撤出延安，与胡军周旋，一个月内就取得了两次歼灭性的胜利，总结出打败胡军的经验——“蘑菇”战术。4 月 15 日，毛泽东指示西北解放军继续采用“蘑菇”战术，“使敌人达到十分疲劳与十分缺粮之程度，然后寻机歼击之”。

胡宗南下令向记者团封锁羊马河败讯。4 月 17 日，中共新华社报道羊马河之战，新华社发表题为“战局的转折点——评蒋军 135 旅被歼”的评论，揭露了胡宗南总攻陕北种种新战术的破产和目前的艰难处境，指出：“胡宗南是蒋介石的最后一张王牌”，“可以预计，4 月开始后的两三个月内，蒋军将由攻势转变为守势，人民解放军将由守势转为攻势。……”

想学李鸿章

经过两次惨败，损失两个整编旅，急于决战、盲目指挥的胡宗南还未走出“盲目乱动”的误区来。这时，空军侦察报告显示，陕北共军主力向北撤退，就判断中共中央机关与西北解放军主力决定东渡黄河。于是，4月26日，胡宗南除留下整编第1师的整167旅协同陕西自卫军第三总队，守卫陕北后勤补给基地蟠龙外，再次命令董钊、刘戡两个整编军的9.5个整编旅，从蟠龙、永坪分两路北上，携带七天干粮，向绥德急进；命令榆林的第22军等部南下，南北夹击，企图一举在咸榆公路以东、黄河以西葭县、吴堡之间的狭小地区把陕北共军主力歼灭掉，或赶过黄河。

据新华社记者所述：“当胡军主力由蟠龙地区向绥德前进时，人民解放军在山头上看着他们蹒跚通过，每个兵带着武器、工作器具、背包和几天干粮，穿的是露出背脊和屁股的烂棉衣。笨重和褴褛得像狗熊一样，专挑没有道路的黄土高山爬上爬下。天气也像故意和胡宗南作对，在胡宗南前进时下了一场透雨，弄得胡军个个淋得像落汤鸡，跌得像泥菩萨。”

胡宗南又一次掉进了圈套。西北解放军针对胡宗南的弱点，又一次布下疑阵，诱敌深入，在永坪东北地区秘密集结主力，又以一部兵力伪装成主力，对董钊、刘戡两军主力节节抵抗，步步后撤，诱敌北上，沿途故意丢下臂章、符号、军装、担架等，伪装出仓皇败退假象。胡宗南一看，继续指挥董、刘大军，火速向北直追，到5月1日抵达绥德城，一看，又是一座空城。但董钊仍呈电报功：“5月1日占领绥德，毙敌甚多，残敌向东北方向狼狈逃窜……”

董钊、刘戡两军主力近10万人马汇集绥德地区，补给困难，严重缺粮，敌情不明。彼此对下一步的行动有分歧，于是请示胡宗南。胡宗南在延安也情况不明，难做决断，遂与盛文等商讨下一步作战方针。盛文建议放弃陕北，理由是部队两次遭伏，损失惨重，延安军事价值不大。胡宗南认为这一步棋走得太远。

经反复商讨，胡宗南策划了一个新方案：鉴于陕北地形复杂，部队不易展开，而共军时聚时散，主力不知所在，很难“围歼”，且后方补给艰难，不能就地取粮，为此，拟学李鸿章“剿捻”之法，主力不再分兵出击，而是驻守延安，守株待兔；同时请蒋介石令宁夏马鸿逵、青海马步芳的兵力向陇东推进，北面则依仗榆林邓宝珊据点，东面则以黄河为障，把解放军困成笼中之鸟，迫其就范。

胡宗南拟在 5 月亲飞南京，面报蒋介石。可是，还没等他去南京，这一陕北作战新方案就被泄密了。

5 月 2 日晚，胡宗南得报：共军主力在蟠龙一带露面，猛攻蟠龙守军第 167 旅。李昆岗一再求援。蟠龙在延安正北约 50 公里处，北距绥德约有 120 公里远。蟠龙地处交通要道，被胡宗南作为在陕北各军的后勤补给基地，从西安等地运来的军粮、武器、弹药、军服等，都存放于此。

胡宗南大吃一惊，陕北共军怎么会有如此胆量和力量？此时董钊、刘戡两军主力北上绥德，只留下李昆岗率一个步兵团、一个炮兵营及陕西自卫军第三总队，守卫蟠龙。胡宗南判断：在青化砭、羊马河，共军都是以伏击取胜，而要打蟠龙，却是一场攻坚战。而且，此时共军主力在北部，正准备渡河东去，蟠龙一带应该没有大股共军。然而，出人意料的是，解放军主力就在蟠龙出现了；解放军对蟠龙的攻坚战也开始了。

胡宗南想，蟠龙真的太重要了，李昆岗能守得住吗？李昆岗是胡宗南手下著名的战将，一向为胡宗南所赏识与宠爱。胡宗南评价他有雄才大略，又精明强干，是胡部“四大金刚”之一。整 167 旅，是胡部整编第 1 师的精锐。但是，该旅留驻蟠龙的部队只有一个团多一点，共约 6700 多人，兵力实在太单薄。

为了紧急援救蟠龙，胡宗南紧急命令：董钊、刘戡大军火速从绥德回师救援蟠龙；西安空军立即起飞到蟠龙轰击解放军；第 251 团从青化砭北上，以坦克开路，救援蟠龙；电令李昆岗死守蟠龙待援。但是，这些命令很快就一一落空了。

为防中埋伏，董钊、刘戡大军绕道小理河西行，再折经老君殿、南沟岔、瓦窑堡，因路途遥远，5 月 8 日才赶到蟠龙。而整 84 旅第 251 团遭到解放军教导旅的强力阻击，坦克几乎被俘，狼狈逃回。

蟠龙镇惨败

从 5 月 2 日晚起，蟠龙守军就遭到解放军 4 个旅的猛攻。毛泽东、周恩来在距蟠龙五六公里远的一个村庄里协助彭德怀指挥作战。李昆岗部顽强坚持，可是，只有一团步兵及一营炮兵，兵力实在太少，到 5 月 4 日，就全军覆没了。

解放军攻上蟠龙城墙

胡部蟠龙失守。除了死亡的外，李昆岗、副旅长涂健及团长肖伯廉以下官兵共 6000 多人全部被俘。蟠龙基地的全部军用物资与粮食，包括 2 万多套军服，都成了解放军的战利品。

胡宗南又一次惨败，也是他总攻陕北以来的第三次惨败，而且是最严重的一次惨败。蟠龙一战，由于胡宗南指挥不当，不仅丢失了蟠龙基地，而且一部分王牌军被全歼，旅长被俘。

蟠龙惨败，胡宗南在延安坐卧不宁，几日不见客，不理公事。后来，他痛苦思索，写了一篇《论蟠龙之失》的检讨文章，把惨败的主要原因归结为敌情不明，将不用命，失于主动，士气不振。

5 月 8 日，延安新华社播报了长篇评论:《评蟠龙胡军被歼》，历数胡部进攻陕北以来的败绩，揭示胡军屡败的原因。同一天，新华社还播发了“胡宗南凶焰剧烈下降——胡军顾此失彼已感疲于奔命”的记者述评。述评指出，解放军歼灭胡部 135 旅后，“不管胡宗南今后继续进攻或者转为防御，他的凶焰从此下降，西北战局已经到了转折点。”

这篇述评还说：“战局的发展完全证明我们的论断，胡军凶焰是在下降，胡宗南的指挥无能使这个下降来得更快、更剧烈。打油诗曰：‘胡蛮胡蛮不中用，延榆公路打不通；丢掉蟠龙丢绥德，一趟游行两头空。官兵六千当俘虏，九个半旅像狗熊；害得榆林邓宝珊，不上不下半空中。”文中引用的这段顺口溜，尖锐而深刻，讥讽了胡宗南在军事指挥上的无能与作战中的惨败，惟妙惟肖，生动形象。

5 月 12 日，新华社发表了一篇出自于周恩来手笔的题为“志大才疏阴险虚伪的胡宗南”的评论：“蒋介石最后的一张王牌，现在在陕北卡着了，进又进不得，退又退不得，胡宗南现在是骑上老虎背。……事实证明，蒋介石所依靠的胡宗南实际上是一个‘志大才疏’的饭桶。……”“胡宗南‘西北王’的幻梦必将破灭在西北，命运注定这位野心十足，志大才疏，阴险虚伪的常败将军，其一生劣迹必将在这次的军事冒险中得到清算，而且这也正是蒋介石法西斯统治将要死灭的象征。”

毛泽东转战陕北

5月14日下午，周恩来、彭德怀等在延安以北数十公里的安塞县真武洞公开露面，出席“陕甘宁边区军民庆祝青化砭、羊马河、蟠龙镇三战三捷大会”。这一消息就把胡宗南的三战三败公诸于世。在大会上，周恩来公开宣布：“毛泽东同志和中共中央，自从放弃延安后一直留在陕北，与边区军民共同奋斗。”熊向晖打电话问刘庆曾，这是真的吗？刘庆曾说，千真万确。

到这个时候，胡宗南才发现中共中央机关与西北解放军主力并未东渡黄河，而是一直坚守在陕北地区，化整为零，与他周旋。此后，胡宗南好几天不再收听中共电台的广播，不再看新华社电讯，而是一个人把手揣在裤袋里，在延安边区银行隔壁的小院里踱来踱去，不言不语。毛泽东、周恩来近在咫尺，自己却无可奈何。

此后，胡宗南军队在陕北陷入了人民战争与蘑菇战术中，进退不成，左右两难，正如国民党《戡乱简史》所述：“战斗遂行中，我军因情报搜集无法深入‘匪’区……影响于指挥及部队间之行动不小。”而解放军“始终凭借其严密之情报封锁，灵活之小后方补给，以避实击虚，钻隙流窜……”

蟠龙镇惨败之后，为了防止再遭解放军的突然袭击与歼灭，胡宗南令董钊、刘戡两个兵团主力在延安以北的蟠龙、青化砭地区集结，休整补充，主力缩成一团，解放军就无机可乘。同时利用飞机、地面与无线电的侦察，寻求中共中央首脑机关的潜伏地点，准备采用针灸战术。

第十一章
逃离陕北

第一节　陕北形势逆转

边区是强大的战争机器

中共和毛泽东为何敢于凭借只有2.6万人马的西北野战军与18万人马的胡宗南部在陕北长期缠斗下去？一个重要的原因，就是共产党拥有、主导了整个陕北地区的军事、政治、经济以及社会生态。

延安边区政府建设与中共早年的苏区很不相同，其区别在于修正了过去在苏区推行的“极左”的政治与经济政策。当年的苏区，建立在华南地区的广大农村之上。而宗族是华南农村地区的细胞组织，地主和佃农常为同一家族成员，如果从肉体上消灭了地主，势必会激起同一宗族成员本能的反抗，一旦富农甚至中农也被归入“地富分子”这一类，宗族的对立性就更强，即使佃农被共产党分得了土地，他们也生活在不安和恐惧之中，对共产党和红军的向心力就不强，由此导致红军突围之时因民众后援不足而损失惨重。

到了陕北，中共以灵活、务实的态度和做法，来处理“土改”所造成的社会矛盾。取消苏维埃，改为边区政府，实际上就创造了更宽阔的政治空间。分田政策方面，基本上不杀地主，只以“清算”、“斗争”的方式分其田地，同时，还让地主保留一份田地，以维持一家正常的生计。为了有效地刺激生产，

延安军民纺纱织布

在革命年代，延安军民共同努力，发展生产，纺纱织布，解决了战士和学生的被盖与穿衣问题，粉碎了国民党的“饿死八路军，困死八路军”的诡计。

繁荣农村经济，鼓励富农发展生产，甚至于做得好的还要授予“劳动模范”称号，以凝聚人心。比如说，毛泽东再三称赞延安富农典型吴满有，就是一个明证。政治方面，经过一定的民主投票形式，地方士绅、商贾、知识分子等被推选为边区政府参议员，参政议政，有了一定的话语权。这些措施对中共搞好统一战线，团结地方人士，建立开明形

陕甘宁边区参议会大礼堂

象裨益良多。

中共除了在生产上讲求实效之外，政治上也进入一个新的境界。八年抗战期间，中共通过“大生产运动”，“整风运动”，以及各种大大小小的政治集会，已经将陕甘宁地区建设成军事、政治、社会、生产紧密相连的复合体，一旦动员起来，能立刻转化为一台功率强大的战争机器。在这台机器中，解放军的兵源、补给、情报构成一个相互支持的完整体系，进退灵活，从而确保中共能够完完全全地掌握住战争的主动权，即使面对数倍于己的强敌，也能够凭借人民战争的优势而有恃无恐。

而且，陕甘宁边区政府这种组织严密的政治、军事、社会、经济的复合体，在中国历史上还是新生事物，它不仅有效地解决了作为占人口绝大多数的农民的生存问题，也解决了百年来一般老百姓迫切需要的秩序、安全与尊严的问题。

南泥湾精神

南泥湾是中共军垦事业的发祥地，是南泥湾精神的诞生地。1939 年 2 月，党中央及时地提出“发展经济、保障供给”的总方针和“自己动手”、“丰衣足食”的号召，动员军民开展大生产运动。1940 年，朱德总司令亲赴南泥湾踏勘调查。1941　年春，八路军 359 旅在旅长兼政委王震的率领下，奉命开进南泥湾，开荒种地，风餐露宿，战胜重重困难，将南泥湾变成了“平川稻谷香，肥鸭遍池塘。到处是庄稼，遍地是牛羊”的陕北江南。

如今主动放胡宗南进来，就等于是放一头猛兽进入一张扎得密不透风的巨网。胡宗南虽然知道共产党不好对付，但绝没有料到对方决心在陕北跟他缠斗到底，用人民战争的方式一步步地消耗他的生力军，不断地作弄他，最后将他彻底打垮。据史料记载，胡宗南大军至少有两次与毛泽东的队伍只隔一个山头，却还是找不到对方。后人与其嘲笑胡宗南是“饭桶”，毋宁说是陕北的政治、军事、地理形态导致了这个结果。

所以，胡部进驻延安后，胡宗南估计陕西境内的战事5月底可以顺利结束，这应该是他当时一个真实的评估，这是立足于他13年前在第五次“围剿”中建立的自信，而今看来，他显然轻估了陕北的政治情势，没有看到时空已发生了根本性的转变。而胡宗南的自信导致了致命的轻敌意识，最终招致了一连串的失败。胡宗南部进入延安不过一周时间，一个旅就在青化砭被全歼，随即又一个旅在羊马河被围歼；5月4日，又一旅在蟠龙镇被歼，最后一个整编军被吃掉，不得不灰溜溜地撤出陕北地区。

当然，谈到在陕北争取民心，胡宗南不一定没机会，但他时间太短，不可能取代共产党与延安人民长期培养起来的深厚感情，更何况此刻征战陕北的解放军战士，多半还是延安老百姓的子弟，陕北人心向着谁？答案非常清楚。

继续留在陕北

同一时期，国军在内战各战场形势吃紧，连遭失败，特别是1947年5月16日汤恩伯的王牌军——张灵甫整编74师在沂蒙山区孟良崮战役中全军覆没；4、5月间解放军陈赓部几尽攻占了晋南地区，临汾、运城危急，“山西土皇帝”阎锡山连连呼救……

此时，蒋介石急于知道胡宗南部总攻延安以来的陕北形势，企图在所谓“陕北大捷”后将胡宗南集团这支战略总预备队调往其他战场作战。

1947年5月25日晨，胡宗南接到蒋介石的电召，当日即从延安直飞南京。下午三点，一见胡宗南，蒋介石就开门见山地问：“陕北军事何时可以结束？”

胡宗南汇报了陕北地区国共两方的军事情况，说：“毛泽东现在绥德以西周家釜附近，朱德、周恩来、彭德怀、王震、贺龙亦皆在陕，企图再与我决战。故今日对陕北作战，必须更积极行动。”建议胡部兵力暂不他调。

蒋介石同意了胡宗南的提议，明确指示：毛泽东尚在陕北，陕北兵力暂不南调，并要胡与参谋次长刘斐协商研究下一步的军事行动，但明确要求胡在一个半月到两个月内肃清陕北。胡宗南根据自己在陕北作战近三个月的经验，私下里认为蒋介石的这一要求是痴心妄想。

的确，毛泽东、周恩来、彭德怀、王震是留在陕北。但是，朱德这时已和刘少奇去了河北平山县，而贺龙一直留在黄河以东的晋绥地区。而胡部主力继续留在陕北，这正是中共与毛泽东所追求的战略目的。

5 月 26 日，参谋总长陈诚约胡宗南晚餐，商谈陕北战事，进一步确立了胡部在陕北地区的作战方针与计划，决定胡部主力要千方百计侦察寻找中共中央与毛泽东的隐蔽处，予以全歼。

延安城南面的安澜门

而此时，领教过解放军的厉害的胡宗南，他心里越来越认识到，这次国共内战将是艰难的、长期的、十分危险的。在这种心境之下，52 岁的胡宗南决定立即落实人生的另一件大事。

“不娶将军”当新郎

1947 年 5 月 27 日，胡宗南从南京飞回西安。行前向蒋介石辞行，他突然向蒋报告，在回西安后他立即举行婚礼，请蒋介石批准。蒋介石一听，顿感吃惊，因为胡宗南这个时候提出这一事来实属突然。胡宗南的婚事已拖延多年，在国民党军政上层是一个难解之谜。

胡宗南在报考黄埔前，曾在老家娶过一房妻室，可那位原配不久即病逝。此后，胡宗南南征北战，一直未娶，独居二十年之久，成为民国时期有名的“不娶将军”。

当然，手握重兵的胡宗南很难终身不娶。许多国民党党政要人，从蒋介石、宋美龄到陈立夫，都分外关注胡宗南的婚事。宋美龄深知蒋介石器重胡宗南，一度积极撮合胡宗南和外甥女孔二小姐结秦晋之好。宋美龄想一箭双雕，即希望为孔二小姐找到如意郎君，又想把胡宗南纳入孔宋家族体系内。

另有一说，说是陈立夫，而非宋美龄，在抗战发生前后曾穿针引线，欲把孔祥熙次女孔令俊介绍给胡。孔祥熙也有意招青年将领胡宗南作乘龙快婿，但胡宗南了解到孔二小姐言行奇特，生活浪漫，难合自己的心意，且有损自己黄埔名将的形象，就在给陈立夫的信中写下了一段著名的推辞：“国难当头，正我辈军人抗敌御侮、效命疆场之时，匈奴未灭，何以家为?”这段话后来被传得很远，颇给胡宗南增光长脸。后来，胡宗南还多次公开宣布，抗战不胜，他就不娶，等到抗战胜利，他将到光复的北京城太和殿举行婚礼。这样，胡宗南就成了一位著名而又神秘的“不娶将军”。

孔令俊（左一）和宋美龄（中）

“不娶”为胡宗南博得一些声誉，但也招致了不少流言蜚语。有的说胡宗南有“隐疾”，先天残疾；有的说胡因医治牙疾，与成都一位漂亮的女医生有关系。其实，胡宗南到重庆，故意穿士兵服，以拒绝宋美龄的说媒，还说，抗战期间不谈个人问题，不结婚，为了避免违背对宋美龄，实际上也是对蒋介石的承诺，所以，在抗战期间，胡宗南一直不结婚。

其实，1937 年前，戴笠就给胡宗南推荐了女友叶霞翟。戴笠为何要给胡宗南介绍女友呢？胡宗南长子胡为真认为，当年，胡宗南和戴笠是铁哥们，胡宗南常在蒋介石面前为戴笠美言，戴笠感恩戴德，投桃报李，就介绍才女叶霞翟给他。胡为真在 2010 年 3 月说："母亲叶霞翟从小思想新潮，初中就离家到浙江丽水住校，之后又读了高中。后进入杭州警官学校，成了戴笠的学生。"

叶霞翟与胡同乡，浙江松阳人，体态丰盈，极其能干。叶霞翟光华大学毕业，入军委会特务处供职。由于她写得一手漂亮的毛笔字，很受戴笠器重。后来叶也一直称呼戴笠为"雨师"。

胡宗南结识大学生叶霞翟，虽然两人相差 18 岁，可双方交往多时，感情日深，1937 年初双方即有嫁娶之约。胡宗南赠诗叶霞翟，写道："纵无健翮飞云汉，常有柔情越太华。我亦思君情不胜，为君居处尚无家。"叶霞翟也崇拜胡宗南，称颂胡是："梦里的王子，风流儒雅的将军。"但胡宗南对此一直秘而不宣。因全面抗战爆发，胡、叶婚事就给耽搁了。1939 年，叶霞翟被戴笠送赴美国留学，行前，她收到了胡宗南的亲笔信："吾妹此次远渡重洋，去国离乡之感，美国儿女之情，离愁密密，思绪纷纷，梦寐劳神，感慨必多。兄因职务在身，未能亲来话别，尚希旅途保重，俾免悬念。"叶霞翟一去 5 年，到 1944 年获威斯康星大学政治学博士，回国入成都金陵大学教政治学。抗战胜利，她随校返回南京。

得到了蒋介石的同意，胡宗南当日就携 35 岁的叶霞翟飞回西安。胡刻意对外保密，不事张扬，当时西安几乎无人知道此事，包括对参谋长盛文和机要秘书熊向晖，事前都保了密。胡宗南这样做，是为了稳定军心，为了能给自己留下"尽忠国事，严于律己"的好形象。

1947 年 5 月 28 日，胡宗南与叶霞翟在西安王曲兴隆岭别墅举行了极简单的婚礼。他只邀请了 8 个人出席：陕西省政府主席祝绍周、陕西省参议会议长王宗山、第一战区副司令长官石敬亭和高桂滋、参谋长盛文、政治部主任顾希平、陕西名人张钫与刘楚材。当夜，蒋介石给胡宗南发来特急电报，祝贺他喜结连理，白头偕老。

新婚燕尔，胡宗南放不下陕北前线的战事，因此，婚后第3天胡宗南就将叶霞翟匆忙送回到南京，自己返抵延安。叶霞翟和胡宗南从谈恋爱到结婚，一拖就是长长的10年，而新婚蜜月只有短短的3天，真是该短的不短，该长的不长。

其实，在占领延安后，胡宗南拒绝了盛文几次电话请他返回西安指挥全局的请求。中共叛徒周天甚至说："你打延安，是和毛泽东打对手；打下延安后，你再驻延安，就变成和王震做对手。"周天用这等言辞来刺激他，都被他断然拒绝了。许多人都不知道胡宗南此时心里是怎么想的？熊向晖说，其实胡宗南是想打一个大胜仗，然后再漂漂亮亮地班师回西安。

陕北战场形势逆转

从1947年5月底到6月初，彭德怀西北野战兵团从安塞地区西进陇东，与东犯陕甘宁边区的宁夏马鸿逵部、青海马步芳部激战，先后进行了陇东战役与环县战役，后又挥师收复了三边。这就使胡宗南合围陕北解放军的计划流产了。

蒋介石一见陕北解放军主力在陇东，即命令胡宗南将整29军南调至宜君以西地区，防止解放军南下关中；命令马鸿逵部加强警备，防止解放军北上；命令兰州西北行辕加强防守固原地区，防止解放军袭击陇南。就这样，国民党军自1947年3月以来对陕北的重点进攻就迅速改为守势。

胡宗南调整36师从延安南下旬邑、彬县、长武布防，保卫关中后方基地；通过地上、空中以及无线电侦察，终于嗅到了以毛泽东为首的中共中央前委机关的信息，摸清了毛泽东就隐身在陕北安塞县王家湾村。胡宗南立即命令董钊部从安塞北上，刘戡部沿咸榆公路前进，命令西安空军紧密配合地面作战，合围王家湾。

6月5日，据南京国防部命令，第一战区司令长官部易名"西安绥靖公署"。自胡宗南以下，主官多未变动，绥署主任胡宗南，副主任裴昌会、高桂滋等，参谋长盛文，总参议龚浩，副参谋长薛敏泉，秘书长赵龙文，政治部主任顾希平。

但是，董钊、刘戡率7个整编旅的人马，在陕北地区扫荡经月，来回奔波，处处扑空，总不见中共中央总部的影子。各部连日爬山越岭，筋疲力尽，却一无所获。整29军参谋长文于一说："我们得不到老百姓的帮助，总是摸不到敌情。老打青光瞎子仗，致常坐失战机，并且为共军所乘。"师长罗列也说整1师："竟日行军，每于拂晓出发，黄昏人暮始克到达。夜则露宿，构工戒备，毫无休息。是以人则疲劳，马则困顿，伤落倒毙者日渐增多，战力消耗极剧。"在陕北作战的胡军各部此时不但地形不利，情报不灵，补给困难，而且人困马乏，士气低落，损兵折将。

毛泽东在王家湾村住过的窑洞

而胡宗南也感到，内战旷日持久，规模日益扩大，而他这时只有整1军和整19军的八个多整编旅，能用于机动作战，越来越不能应付陕北、晋南与豫西的战局，于是，6月14日致电蒋介石，要求另编新军："窃思两年来国内形势日益恶劣，国军于整编之余，力量锐减，而'匪'军则到处裹胁丁壮，又受俄方支援，兵力日增，致当前我军几均处于劣势，危机之深，甚于抗战。……为安定国本，清除'匪'患，拟请于万分困难中，另编新军以应此艰巨任务，而免'匪'势再予蔓延。"国共内战全面爆发才一年，胡宗南就现实地承认国民党政权与军队遇到了前所未有的严重危机，但扩编新军就能扭转南京政府的不利处境吗？

从进攻到防守

1947年6、7月间，为了打破国军对陕北与山东解放区的重点进攻——所谓"哑铃战术"，中共针锋相对地实施"中央突破，三军配合，两翼牵制”的战略方针：以刘伯承邓小平部、陈赓谢富治部、粟裕部三支大军突破黄河，在江、淮、河、汉之间的中原地区布成“品”字形阵势，协同作战；而在战线的两翼牵制，华东解放军一部在胶东展开攻势，把重点进攻山东的国军引向海边；陕北解放军出击榆林，吸引胡宗南军北上。于是，全国内战战场的形势就发生了变化，陕北战场的形势也发生了重大变化。

8 月初，解放军彭德怀部主力围攻榆林。榆林是陕甘宁边区北面重镇，为国民党政府“晋陕绥边区总部”邓宝珊部防地，控制着北方交通要冲，与南面胡宗南部、宁夏马鸿逵部互为犄角，共同形成对陕甘宁边区的包围圈。胡宗南认为，假如榆林失守，则宁夏孤立无援，胡宗南也将失去北面的作战配合，整个西北战局必将大受影响。

蒋介石为了同胡宗南商议救援榆林与西北作战问题，8 月 5 日，蒋介石亲率国防部作战司司长罗泽闿、空军副总司令王叔铭等飞抵延安。当晚，蒋介石亲自主持军事会议，胡宗南、裴昌会、薛敏泉以及董钊、刘戡两军军长及其参谋长，共约 10 人与会。罗泽闿先介绍了全国各战场形势及对胡部的作战要求。蒋介石指示说：今后在陕北作战，不要稳扎稳打，要用急进猛打的战法，补救过去的缺陷。现在共军围攻榆林，想诱我们去解榆林之围，在米脂以北地区设伏歼灭我军。现在，我们再不上他们的当了。此次解榆林之围，以胡部主力缓缓地沿咸榆公路北上，乘机占领陕北各县；而另以整 36 师由左翼疾进出击横山，沿长城北边东进，侧击榆林共军。榆林解围以后，乘共军撤退之时，以北上主力配合从榆林南下的整 36 师，南北夹击，在榆林、米脂间同陕北共军决战，歼灭共军或将共军赶到黄河以东。

胡宗南提出，其部主力全部北上决战，后方交通线缺乏掩护部队，时当雨季，运输困难，部队补给就成了大问题。蒋介石指示以空军空投补给。

胡宗南展开了攻占延安以来第二次大规模北上的行动：一面电告榆林守军坚守待援；一面命令整 1 军、整 19 军主力共 8 个整编旅，从安塞、保安分两路进击绥德、葭县；命令整36师组成援榆“快速兵团”，空投补给，轻装兼程，进抵榆林；整27师仍担任延安城防。

解放军决定围城打援，吃掉整36师。由于钟松整36师急行军，8月11日顺利开赴横山以北地区，成功增援榆林守军。解放军围城打援计划落空，8月12日主动从榆林撤围。8月13日，整36师开进榆林城。蒋介石来电慰勉，“悉心讨彭，并嘉奖将士”。

援榆成功，胡宗南为之一振。据无线电台侦测与部队侦察报告，说西北解放军正“仓皇逃窜”，到了葭县已弹尽粮绝，胡宗南断定西北解放军主力将渡黄河入晋西北，立即严令各部“迅速追击，勿失此千载良机”。于是，整29军军长刘戡率5个旅沿咸榆公路北上，向葭县急行军，8月16日进至绥德义和镇；钟松部立即从榆林南下，与北进主力南北夹击，“追敌于两河（黄河与无定河）之间决战”，在榆林、米脂、葭县之间三角地区围歼陕北共军。

解放军突击队冒着敌人炮火攻打榆林城

钟松因援榆有功受嘉奖，甚至于吹嘘“共军可以吃掉别的军队，就是吃不掉整36师”。接到命令，钟松扬言要“一战结束陕北问题”，不顾疲劳，8月14日，除让徐保整28旅留守榆林外，率整123旅与整165旅离榆林南下。

第二节　惊天谍报案

保密局处长西安之行

1946年，3月26日戴笠摔死，7月1日，军统局改组为国防部保密局，由戴笠亲信毛人凤主持。胡宗南仍同毛人凤关系密切。

国共内战全面爆发以来，保密局及其全国各分站，加强对中共在各地谍报组织与地下电台的侦破力度，尤其注意侦查中共打入国民政府党政军机关与各要害部门的谍报人员。

熊向晖在美国读书的硕士照（1948）

1947年，3月初熊汇荃回西安，就在新华巷1号后院安家，出国前常邀西安绥署与西安党政机关的熟人回家聚会，以此为王石坚牵线搭桥。5月20日，胡宗南令熊汇荃照原计划赴美留学。7月，熊汇荃、申振民、陈忠经等人赴美。

8月24日，保密局北平站会同局本部，侦破了中共谍报组织设在北平东四牌楼的地下电台，逮捕了中共电台台长李政宣、张厚佩夫妇、陈布雷之女陈琏夫妇，以及其他一些中共谍报人员。

随即，李政宣叛变，供出了中共地下谍报组织的许多机密，牵连到国民政府在各地军政部门的高层人事与核心机密。根据中共叛徒提供的线索，毛人凤特派保密局局本部行动处处长叶翔之紧急行动，顺藤摸瓜，在北平、南京、沈阳、保定、西安、兰州等地连续破获了中共的一些谍报组织。中共的一些重要谍报人员——据时任保密局少将专员王业鸿1963年春所撰材料表明，——保定绥靖公署孙连仲部作战处少将处长谢士炎、军法处少将处长丁行、设计委员会主任余心清，北平空军第2军区司令部作战情报科中校参谋赵良璋，东北行辕新闻处处长王书鼐等人不幸被捕。

9月中旬，叶翔之来西安，逮捕了王石坚等人，捣毁盐店街地下电台，破获西安联络点奇园茶社。

王石坚叛变

王石坚，1911年生，山东文登人，1931年入北京大学，1932年秘密加入共产党，曾任“反帝大同盟”河北省委党团书记，1933年被国民党政府逮捕，判刑10年，关押在南京监狱；1937年经周恩来交涉获释，后进入中共情报部门，通过陈忠经在西安找到合法职业，开办书店等，建立秘密电台，迅速及时地将熊汇荃等人提供的情报报告延安。

被捕后，王石坚吐露了一些机密，但没有泄露熊汇荃、陈忠经、申振民这三个人的真实身份，只说是在利用他们。保密局在西安查抄了熊汇荃住所，搜走了住所里的全部东西。

叶翔之依据王石坚供词以及搜查到的材料分析，认定熊汇荃、陈忠经、申振民均是中共重要谍报人员，受派遣而打入胡宗南部。这可是一起极其重大的“共谍案”。

因为熊汇荃、陈忠经、申振民等人是胡宗南的亲信，追随胡宗南多年，在胡部任要职，特别是熊汇荃，是胡宗南的机要秘书，参与军政机密。事关胡宗南，叶翔之不敢轻举妄动。他与当时正在西安处理面粉事务的保密局总务处长沈醉协商。据沈醉所述：“1947年秋冬间，……叶翔之正在西安搜捕西北中共地下党组织。在清理出来的线索里，发现胡宗南的秘书和他的西北通讯社的负责人当中

沈　醉

有中共党员，已经活动了多年。……胡在西北执掌军政大权，连对日抗战都不发一兵，而是全力对付共产党。现在发现在他身边居然有共产党暗中活动，这使胡最为丢脸，是非给蒋介石痛骂一顿不可的。……”

毛人凤得到叶翔之报告后，不惜打破保密局的常规做法，次日即“复电指示，说涉及胡部下的问题，应先向胡详细报告，有关案卷都可送他去看。”

西安惊天谍报案

1947 年 9 月底，叶翔之遵照毛人凤的命令，将破案详情与牵连胡部下一事，详细报告了胡宗南。其时，胡宗南正被各地不断传来的败讯搞得焦头烂额，接获这个报告，又吃惊，又丧气。自己的亲信中居然隐藏着共产党间谍，尤其是机要秘书兼侍从副官熊汇荃竟是中共高级谍报人员，胡宗南气得脸色发青。

这么多年来，熊汇荃参与了各种军政核心机密，窃去了多少重要情报！为什么在陕北一败再败？胡宗南至此时如梦初醒。可是，转念一想，此事若被外传，自己不仅会被同僚耻笑，而且定会招致蒋介石的痛骂甚至严惩。

胡宗南既恼恨，又不愿声张。他一面积极支持保密局办案抓人。据沈醉所述，“当他听到叶翔之说兰州方面还有线索的时候，他马上叫叶翔之乘他的小飞机赶去。结果飞机在平凉上空发生故障，几乎把叶摔死。胡又请空军另派一架专机从平凉把叶送到兰州，又逮捕了几个中共人员，一同由叶翔之带回南京。”他一面又通知保密局，此案件中关涉他的部下亲信，都由他来处理，叶翔之不必过问；连保密局向蒋介石汇报此案时，也要把胡部亲信人员择出来，万不可让蒋介石知道。凭借私人交情，保密局与毛人凤、叶翔之这一次都保了胡宗南的驾。

不过，熊汇荃谍报案发生后，胡宗南除了中断了熊汇荃的留学公费之外，熊在南京的妻子及其父兄竟都安然无事。这的确让熊本人都深为不解。当时，周恩来分析，一定是胡宗南不敢声张，怕蒋知道了会责怪他。现在看来，除了“不敢声张”这一点外，爱惜人才是胡宗南不为难远在美国读书的熊汇荃的更为重要的一个考虑。

就这样，西安胡部这件重大“共谍案”及胡宗南的严重失职，被胡宗南瞒天过海地不了了之了。内部的“奸细”被清理出来了，胡宗南是否可以高枕无忧了？胡部的反共作战进展是否会“顺利”一些了呢？

第三节　决定性的转变

沙家店之败

1947 年 8 月 17 日，胡宗南与刘戡电告沿无定河西岸进抵镇川堡的钟松整 36 师：刘戡率北进主力已抵达葭县东南吉镇以南，整 36 师火速占领镇川堡至乌龙铺，与北进主力在乌龙铺会合，“围歼”解放军。当日，钟松即将整 36 师分成两个梯队，自己率师部与李日基整 165 旅主力殿后，从镇川堡经沙家店东进，而让刘子奇旅长率整 123 旅及整 165 旅孙铁英团为前锋，由镇川堡突进葭县西的乌龙铺，联络、靠拢刘戡主力。

8 月 18 日上午，整 36 师孤军突出，前后两梯队均遭遇解放军，双方小交锋。时逢天降大雨，整 123 旅当晚就在乌龙铺北山露营；钟松率师部与整 165 旅在沙家店附近高地赶筑防守工事。这时，钟松发觉陕北解放军主力并未渡河东逃，而在整 36 师周围集结，企图“围歼”整 36 师，遂连夜急电整 123 旅从乌龙铺回援，向沙家店靠拢。

此时胡宗南、刘戡仍未弄清陕北解放军主力的所在，更未摸清陕北解放军的作战意图：伪装东渡黄河，麻痹胡军，主力实际上在榆葭地区秘密集结，埋伏，正准备集中全力歼灭整 36 师。所以，在 18 日整 36 师与解放军交锋后，刘戡仍以为是共军残部扰乱，而未派兵增援钟松，仍遵照既定部署，率 5 个整编旅继续北进，于 8 月 19 日占领神泉堡与霞县县城。

8 月 19 日，解放军集中优势兵力，以一纵与二纵包围了沙家店的钟松师部与整 165 旅，教导旅与新 4 旅包围在常家高山的整 123 旅。三纵许光达部等阻击刘戡援军。整 36 师的前后梯队被分割两地，无法相顾。

沙家店战役打响（1947 年 8 月 18 日）画作

8 月 20 日拂晓，解放军向两地发动猛攻。战况十分激烈。钟松连连向胡宗南与刘戡求援。整 36 师两个旅孤军深入，官兵疲惫，虽是半美机械化的武器装备，也渐渐难以抵抗解放军优势兵力的猛攻。

接到钟松的呼救电报，在延安的胡宗南大吃一惊，一面急电钟松与刘子奇，“固守待援，将派飞机参加战斗。”一面急令在葭县的刘戡增援。刘戡致电钟松说：“已令整 55 旅就近增援，主力继后赶到。”但是，刘戡援军遭到了西北解放军的奋力阻击，前进艰难。在激战中，解放军一度冲散了刘戡的警卫队。直至黄昏前，刘戡援军距钟松的阵地还有十几公里远。

在常家高山，整 123 旅激战一天，形势也急转直下。各个阵地俱遭到解放军猛烈炮击，工事多被摧毁，守兵不断伤亡。先遣队队长被击毙，残余官兵被俘。解放军由正面和右侧同时发动反攻，以泰山压顶之势从两面高山杀下，向整第 123 旅全线阵地猛冲，有的阵地被轮番连续冲击，发生白刃肉搏，死伤枕藉。干部伤亡很多，炮兵营长亦遭炮火击毙，山炮一门被击毁，两门因无炮弹已成瘫痪，骡马四散乱奔。派往后面任掩护并与援军联络的一个加强排也无影无踪。在战斗紧张时候，虽由西安派来 3 架次飞机参战，投下几枚炸弹，对解放军丝毫不起作用。

整 123 旅下辖两个团。第 368 团最先被消灭；第 387 团阵地随即失守。混战至黄昏时，电台被打碎，联络断绝，全旅覆灭，旅长刘子奇与残余官兵全部被俘。

与此同时，在沙家店，整 36 师只能孤军抵抗，垂死挣扎。钟松苦战经日，盼援无望，暴跳如雷。眼看形势直下，电台被毁，阵地相继丢失，部下伤亡惨重，便和旅长李日基等人化装，趁黑逃回镇川堡。

只一天的激战，沙家店战役就结束了。

陕西沙家店地区风貌

沙家店大捷是胡宗南部总攻陕北以来，陕北解放军打得最关键最重要的一仗。自 1947 年 3 月以来，西北解放军一直战略性地撤退，经此一战，解放军不仅全歼了胡部最精锐的三大主力之一的整 36 师，而且，只用半年时间，就从根本上扭转了陕北战局，改变了国共两军在陕北的军事格局。此后，解放军转入主动，开始转入内线反攻；而胡宗南部对陕北的进攻自此逆转，被迫收缩兵力，放弃陕北占领区，向南撤退，集结于从绥德、清涧到延安一线，取战略守势。

1947 年 8 月 22 日，解放军陈赓兵团从晋南平陆茅津渡乘机强渡黄河，挺进豫西，占领了许多中小城镇与大片土地，威逼洛阳与潼关，关中一时大震动。到这个时候，胡宗南才发现，自己 8 月初派遣大军北上榆林中了共军“打北图南”之计。

关中兵力空虚，胡军大本营西安告急。胡宗南急令董钊、刘戡大军 8 月 26 日在绥德集结，除了让李日基整 165 旅留守绥德之外，整 76 师廖昂师部率整 24 旅防守清涧，整 24 旅第 72 团高宪岗部留守瓦窑堡，其余各部都归董钊统一指挥，从绥德经清涧，沿咸榆公路南撤回延安。

董钊命整 90 师为先锋，顺着咸榆公路南下，抢占要隘关口九里山、石嘴驿，然后回头掩护董钊率领的主力，按照整 1 师和整 47 旅、刘戡整 29 军、钟松整 36 师残部和姚国俊整 55 旅依次向南撤退。不过，胡军在南撤途中，又被解放军长途追击，损失严重。

清涧又被克

陈武整 90 师从绥德撤退到清涧，途中在九里山、石嘴驿等处与解放军王震第二纵队一部交火。因阴雨连绵，解放军兵力不多，一度被阻截，即行撤退。南撤部队到达清涧，廖昂整 76 师驻防于此，董钊就以为此后南下途中将不会再遭解放军的阻截了。然而，事情并非如此简单。9 月 9 日，整 167 旅第 500 团在清涧、永平间的曲思教地区掩护汽车运输，即被解放军二纵伏击，被俘、伤亡几近 200 人。

在清涧南面，有个地方叫关庄河，关庄河东西走向，南北是陕北地区特有的很高的塬，分别绵延到远处，关庄、岔口是关庄河的两个沟口，关庄在东边，岔口在西边。

关庄河川就像一条袋子，是很理想的伏击地。9 月 14 日，胡军南撤部队进抵关庄、岔口时，再遭西北解放军强大主力的伏击，双方激烈战斗，伤亡惨重。

14 日上午九点，董钊率部南撤，越过关庄，进入河川凹道东口，前锋部队罗列整 1 师就发现解放军占领了凹道南北两侧高地，当即发起进攻。随后，董钊、刘戡研究，令钟松指挥整 12、整 55 两旅攻占南侧高地，罗列指挥整 1 师攻占凹道北侧高地。激战一天，成功占得两侧高地。高地一得手，董钊急忙指令各部采取“蛇脱皮”战术，相互打掩护，朝西边岔口突围。

15 日，解放军继续攻击。董钊与刘戡两军的辎重勤杂人员争相逃命，秩序混乱。16 日，两军主力突出河川凹道，但姚国俊整 55 旅和沈策整 78 旅未得成功撤退。这两个旅负责后卫，陷入解放军的三面包围之中，不得不一边抵抗，一边追赶主力。双方打得异常激烈，难分难解，伤亡惨重。姚国俊后来回忆这次恶战时说：“我们早晨从关庄川道东口出发没多久，就打起来，边走边打。起初感到共军兵力不大，后来觉着不是那么回事。空军掩护不起作用……如果那天再打下去，后果是不堪设想的。”

这时候，董钊与刘戡搜集警卫部队与工兵部队的弹药支援，并派出军、师的警卫营与直属部队参战，胡宗南也派飞机援助。“胡军主力在解放军包围下，激战三日，伤亡惨重，为胡军从 3 月到 9 月进犯陕甘宁边区所遇到的规模较大的一次战役。”就在双方鏖战正酣之际，突然天降倾盆大雨，夹杂着拳头大的冰雹，解放军才主动撤走。董钊与刘戡各部得以脱困，部分幸免于难。

董钊、刘戡两军于 15 日从岔口成功突围，于 9 月 20 日左右回驻延安地区。

而自解放军陈赓、谢富治兵团 10 余万兵力 8 月 22 日从晋南渡黄河，挺进豫西，威逼洛阳和潼关。蒋介石急令李铁军指挥第 5 兵团 8 个旅和谢甫三指挥陕县到潼关以西一带 4.5 个旅组成的陕东兵团从东西两面夹击陈赓、谢富治部，以重新打通陇海线。

兵贵神速，9 月初，陈赓、谢富治部乘陕东兵团还未组建成型，即神速西进，迅速铺开，横扫陕县以西的函谷关地区。9 月 10 日，陈赓一部攻占卢氏及附近广大城镇，陇海铁路豫西段大部分被陈赓部破坏。9 月 12 日，陈谢兵团攻下灵宝、阌乡，新 1 旅旅长黄永赞、副旅长胡秉锐以下 5600 余守军全部被俘；9 月 17 日，拿下陕县，第 206 师第 2 旅旅长蒋公敏以下 4700 多守军全部被俘。

在这半个月内，陈赓部前锋就进抵阌底镇，离潼关只有十五公里远。陕东兵团被陈赓部歼灭 3 万多人，总指挥谢甫三落荒而逃。一时关中震动，西安危急。

9 月 20 日，蒋介石再次飞抵西安，就应对豫西逆变与稳定关中的对策与胡宗南进行密谋。尽管蒋介石扬言“三个月内彻底肃清共匪，半个月内彻底打通陇海线”，但实际上是在密谋部署关中地区的防御。

天险潼关

为捍卫关中地区的屏障，蒋介石从进攻大别山的国军中抽调李振整 65 师空运到西安。又指示胡宗南：调董钊整 1 军南下黄龙山地区增援；为阻止陕北解放军南下，刘戡整 29 军驻防延安地区。胡宗南也将驻防榆林的徐保整 28 旅和驻防临汾的鲁崇义整 30 师主力空运回西安。

关中地区的国军兵力数日之间就增至 10.5 个旅，而胡宗南在陕北的防守却露出了巨大的破绽：刘戡整 29 军重兵把守延安、甘泉、鄜县一线；而在延安以北，只有不足两个整编旅的兵力防守从延川、延长、清涧、瓦窑堡到绥德的一百多公里的交通线上，其中，防守延川、延长等据点的只有整 24 旅的一个营的兵力，防守清涧的是整 76 师师部率张新整 24 旅旅部及第 70 团，防守瓦窑堡的是整 24 旅的高宪岗第 72 团，防守绥德的是整 36 师的李日基整 165 旅。在延安以南，胡军后方宜川附近的黄龙山区，也只有

6个团的兵力分散防守，这就为解放军提供了打歼灭战的机会。

一见关中地区国民党军兵力大为增强，陈赓部主力却迅速调头东进，猛攻郑州、洛阳之间的李铁军第5兵团，并以一部进入商洛山区开辟陕南根据地。

10月1日，西北解放军三纵和教导旅首先攻击延川、延长，迅速得手，全歼整24旅一个营。接着，解放军一纵攻占清涧城南的三十里铺。

清涧是陕北重镇，北接绥德，南连延安。自1947年3月胡宗南部进占陕北以来，一直由中将师长廖昂整76师师部和整24旅防守。在陕北形势逆转后，廖昂见整76师孤军守清涧，兵力薄弱，几次要求撤离，都被胡宗南否决。胡宗南仍认为，清涧位置重要，地形险要，工事坚固，解放军攻不破。

10月4日，西北解放军主力围攻清涧守军。此时，廖昂再次电请胡宗南，要求派重兵增援，否则就只能放弃清涧。而胡宗南仍然回电廖昂："加强工事，准备歼灭来犯之敌，并继续查明情况具报。"既无援军，又不准撤退，廖昂六神无主，在清涧城内用牌九占卜吉凶。

原来，胡宗南在行"钓鱼战术"：以清涧等据点为诱饵，引诱解放军来攻，以坚固工事消耗解放军的战斗力，再出援军，内外夹击，企图借此歼灭解放军主力。

10月7日，解放军加大对清涧的攻击力度。面对廖昂一日数次的求救电报，胡宗南这才觉得事态严重，清涧确实岌岌可危，乃于10月8日下令刘戡率5.5个旅从延安火速增援清涧，但半路上遭解放军强力阻击。

10月10日上午，解放军攻占了清涧城西险要高地笔架山，彻底肃清了清涧胡部外围据点。当晚，解放军总攻清涧城，炸开城东门与北门，冲入城中，与整76师激烈巷战。

10月11日晨，解放军攻占清涧，全歼整76师师部与整24旅主力，师长廖昂、参谋长刘学超、旅长张新以下官兵数千人皆被俘。而赶来增援的刘戡5.5个旅还只打到清涧城二十公里处。

胡宗南最终鱼没有钓到，而诱饵也失了。

清涧易手，这时在延安以北，胡宗南军就只剩绥德、瓦窑堡两个孤立据点了。刘戡害怕遭"围歼"，不敢踏足清涧城，将驻绥德的整 165 旅与驻瓦窑堡的整 24 旅第 72 团接应出来，就撤回延安。

延、清战役，胡宗南部损失兵力 8000 余人，在延安以北的占领区尽失。本是胡宗南自己指挥错误，可他却追责于军长刘戡与代师长陈武援救清涧不力，给刘戡以警告处分，给陈武以撤职留任处分。

在延、清战役前后，西北解放军四纵、二纵也袭击了陕北地区南线黄龙山一带胡宗南部的防地。黄龙山地区是联结关中与陕北的枢纽，是关中地区的北大门。胡宗南急令董钊整 1 军率整 1 师、整 90 师、整 27 师的整 47 旅从延安南下增援黄龙山。从 9 月下旬到 10 月下旬，解放军先后攻下黄龙、白水、韩城、宜川等县城，歼敌 3000 余人，俘获宜川城中将指挥官许用修。当董钊率部赶到时，解放军早已撤出战场。

10 月底到 11 月初，解放军二次围攻榆林，胡宗南部此时已无援兵可派，在宁夏马鸿逵部与绥远傅作义部的增援下，才再次解了榆林之围。

为了战事，胡宗南情绪很低落，常常彻夜失眠。1947 年 11 月的一个早晨，胡宗南骑着小红马，独自在小雁塔附近奔驰，心中想着战事，一不留神就从马背上跌了下来，这一摔，当下就失去了知觉，昏迷了一天一夜才醒。与此同时，叶霞翟早产，进了南京鼓楼医院，家人怕胡宗南坠马的消息影响到她生产，就一直瞒着她。

西安小雁塔

1947 年 12 月上旬，长

子胡为真出生，年过半百的胡宗南终于做了父亲了。胡为真出生当晚，胡部驻南京办事处处长徐先麟打长途电话到西安，向胡宗南报喜。胡宗南问的第一句话是“夫人安否?”

胡宗南伤愈，在圣诞节前夕，从西安飞到南京，办完公事，直奔鼓楼医院探望产后的叶霞翟，上楼来就大踏步地走进房里，口里嚷着：“我们的新妈妈身体可好?”叶霞翟笑着指指旁边的小床说：“我很好，快去看看你的儿子吧!”他走近一看，很得意地笑着说：“这小家伙蛮漂亮的嘛，我看倒有点像我呢!”

“独眼龙将军”刘戡

1947年底到1948年初，全国战场形势对蒋介石国民党政府愈加不利，胡宗南西安绥署的处境也越来越严峻。

由于在1947年6、7月间中共三路大军挺进中原，河南形势吃紧。为了稳定中原形势，蒋介石决定：西安胡宗南集团与九江白崇禧集团、徐州顾祝同集团互相配合，共同进击中原战场，先打通陇海路潼洛段与平汉路北段，使西北与中原、华北连成一体，力保郑州、洛阳、西安三大城市要地。

蒋介石重新划定防区，将洛阳守军青年军整编第206师，改归西安绥署节制，并指令胡宗南出兵豫西。

为了贯彻蒋介石的指示，胡宗南不得不收缩陕北兵力，将整1军下辖的3个整编师及粤军李振整65师，重组第5兵团，由裴昌会任第5兵团司令官，钟松兼第5兵团副司令官，开赴豫西新安、陕州地区。1948年2月，第5兵团到洛阳筹设西安绥署洛阳指挥所。整1军军长董钊接替祝绍周出任陕西省政府主席。

陕北兵力收缩，留在陕北战场的只有刘戡整29军，下辖整17师，整27师与整90师等部。1947年12月底，胡宗南下令延安前进指挥人员撤回西安。

陕北地域广袤，刘戡部兵力不足，胡宗南为了阻止陕北解放军南下，卫护西安，乃令刘戡采取“重点机动防御”，将所部收缩到延安以南，构成从延安至黄龙山的北方防线。

在这个北方防线上，胡宗南对宜川的防守分外重视。深居于黄龙山山区中的宜川虽小，却地处洛川正东，延安东南，西安东北。宜川与延安、洛川，几乎形成一个等边三角形，既可与洛川构成一道防线，又可支援延安。若宜川一失，解放军就可直捣黄龙山区，洛川孤立，延安难保，西安也岌岌可危。

1947 年 10 月 19 日，西北解放军二纵、四纵袭占宜川城，胡宗南急调董钊率 3 个整编师奋力夺回。自此，胡就即令整 27 师副师长兼整 24 旅旅长张汉初防守宜川城，并嘱咐张："如遭到共匪攻击，你必须坚守一星期，以待援军。"

由于以前在陕北与解放军交锋中，胡部每次损失都不足一个整编师，因此，胡宗南的如意算盘是，解放军不敢也无力量歼灭一个整编军，宜川一旦遭敌围攻，就让张汉初率部据险防守，同时即遣整 29 军主力来增援，而一旦整 29 军出动解围，解放军就会知难而退。

到这时，陕北战场上国共双方军事力量已经发生了根本性变化。到 1948 年初，胡部兵力更被削弱，士气更为低落。而陕北解放军的力量与装备已今非昔比：兵力猛增 7.5 万余人；装备大为改善；有能力打攻坚战。而胡宗南在陕北实施"重点机动防御"，正好给解放军创造了"围城打援"与"钓鱼式"战役的战机。彭德怀精心部署的"围点打援，诱歼整 29 军主力"计划马上就开始了。

宜川城背靠黄河，三面环水，一面靠山，悬崖峭壁，城周围有三四丈高的城墙，如同铁箍，合抱城池。整 24 旅到宜川后，依托险峻地形，在原有防御工事上，又大量增设附属防御工事。张汉初派高宪岗团驻守宜川南部黄河岸边的韩城。另在城外修筑外壕，将城东门的河水引入城内。又确定防守工事的核心为城西的外七郎山、城内的内七郎山与城东北的凤翅山三处，派整 24 旅主力赵仁团与蔡仲芳团，以及旅部直属部队和一些地方部队分别驻守三地，在两山山麓山腰筑外壕，设置鹿砦、铁丝网和大量地雷，筑成梅花形地堡群，配备威力很强的火力。

1948 年 2 月中旬，胡宗南获报：陕北解放军主力已从清涧、延川南下，经延长，在临真镇一带集结；晋南地区的王震部也在准备渡河入陕。胡宗南即通令在洛川的刘戡、在延安的何文鼎与在宜川的张汉初做好战备。

2月24日，西北解放军许光达第三纵队与罗元发第六纵队各以一个旅，以迅雷不及掩耳之势包围了宜川城，并猛攻城内外阵地。

许光达

同一天，胡宗南在西安接到张汉初的求救急电，可他判断：彭德怀部只有5个纵队，经连续作战，伤亡太大，又无重炮，不能攻坚；第二纵队从晋南入陕，必先攻韩城与郃阳，不可能攻宜川；其余4个纵队的兵力，可能是3个纵队攻城，阻击援军只能是1个纵队。因此，胡宗南一面电令刘戡率部增援，一面电令张汉初坚守。

刘戡比胡宗南小10岁，却同为黄埔一期的同窗。1933年“围剿”红军时，右眼被流弹射中，装假眼，有“独眼龙将军”之称。抗战时，他率部参加忻口会战，毙敌数万，被誉为“杰出的抗日将领”，晋升第93军军长。后划归胡宗南部，官至第37集团军总司令、整29军军长，1945年国民党六大上当选为中央候补委员。因上一年10月救清涧廖昂不力，受警告处分。

2月25日，一接到火速增援宜川的电令，刘戡即命驻洛川的王应尊整27师与驻中部的严明整90师及军部直属队火速出发，只留下整90师整61旅约两个团的兵力守洛川。严明在上一年3月初从晋南开赴总攻延安前线时，在山西河津过黄河禹门口吊桥，开车翻到沟里，压断了一条腿，养伤一年，腿伤尚未痊愈，此时坐着滑竿归队，重任整90师师长。原整90师代师长陈武因清涧战役援救廖昂不力，受撤职留任处分。

当时从洛川、中部增援宜川，有三条路可走：一是取道黄龙，走公路，但路况差，距离远，不利速援；一是取道瓦子街，也走公路，距离近，增援快，可迅速解宜川之围，但有遭伏击之虑；一是取道瓦子街以北的士庙梁这条山间小路，翻山越岭，地形复杂，行动缓慢，重武器不易通过。

为了速解宜川之围，又估计解放军阻援部队力量不足，故刘戡请示胡宗南，选择了从瓦子街到宜川之路。

2 月 26 日，刘戡率整 29 军出发，按整 27 师、军部和整 90 师次序，顺着洛宜公路朝宜川前进。整 90 师辖整 53 旅和整 61 旅共 5 个团零一个营；整 27 师下辖整 31 旅旅部带一个团和整 47 旅旅部带 2 个团；再加上军部直辖队，共约 2.3 万人。

2 月 27 日，整 29 军前锋进抵瓦子街地区。瓦子街是从洛川至宜川公路中间的咽喉。从瓦子街到宜川西南的铁笼湾，公路狭窄，长约 15 公里，两侧沟深谷又狭，山高坡又陡，丛林密布，有利于大部队隐蔽集结。

整 29 军一开拔，前卫王应尊整 27 师就发现：共军主力一纵贺炳炎、廖汉生部在瓦子街西北方的观亭集结。解放军既包围了宜川，又在观亭集中较强兵力，显然是在围点打援。王应尊审时度势，建议先集中兵力打观亭，然后取道观亭去解宜川之围。国军援军如不先拔去这一侧翼威胁，仍沿洛宜公路推进，将不但解不了宜川之围，而且援军自己就有中伏被“围歼”的可能；如果先拿下观亭，不但能够剪除翼侧威胁，而且能够从观亭顺着一条山梁直抵宜川城下，快速解宜川之围。

刘戡赞同王应尊的判断和战术策略，但不敢自作主张，即飞电请示胡宗南绥靖公署。当刘戡几次飞电绥署请示改变行军路线时，主持绥署日常事务的参谋长盛文竟在公馆里请客，吃酒，打牌，迟迟不予回复。

2 月 27 日，刘戡只得命令部队滞留于瓦子街及其以西地区待命。

宜瓦丧师

1948 年 2 月 27 日，围攻宜川的三纵许光达部猛攻宜川城，占领了宜川城外围的主要据点太子山、外七郎山、老虎山，一部分人民解放军一度突入西门，在城内与守军打起街巷战。但是，彭德怀又严格命令许光达部不能立即完全攻下宜川，只能够采取进攻和撤退相结合的方法，打进去，撤出来，又打进去，于是，许光达部三进两出宜川城。原来，这是彭德怀为了引诱刘戡部迅速越过瓦子街进入伏击区而采取的诱敌战术。

这时，张汉初被围困在宜川城中，困兽犹斗，一面拼命指挥守军顽抗，一面更频繁地电请西安绥署，向胡宗南催救兵。2 月 27 日晚，经过协商，胡宗南与盛文回电刘戡，内容大意是：宜川军情万分紧急，刻不容缓，不允许先打观亭，你军仍需按原计划沿洛宜公路兼程东援，速解宜川之急。

胡宗南否定了王应尊等人的正确建议，以至于又一次中了彭德怀的围城打援之计。一纸催促电文，将整 29 军 2.3 万人催向了全军覆灭的深渊。

2 月 28 日，刘戡率援军继续东进，先锋进抵瓦子街以东地区，后续部队也源源不断地朝瓦子街开来。下午，天空阴云密布，先飘起毛毛雨，又变成小雪，入夜，鹅毛大雪漫天飞舞。

彭德怀早就把西北解放军主力预伏在洛川至宜川公路线两侧。刘戡部前锋一抵达任家湾、丁家湾地区，就遭到了解放军三纵与六纵的阻击。刘戡判断解放军阻援部队只有一个纵队，区区几千人，螳臂当车，不能阻其驰援，火速命令部队继续攻进，并限于当日到达宜川，这样，连后续部队当日都进入了瓦子街以东的隘路。羊入虎口，刘戡部就这样全部落入了包围圈。

2 月 29 日晨，解放军一纵从观亭赶来，占领了瓦子街。这样，整 29 军退回洛川的退路，也被切断了。整 29 军前锋多次发起冲击，都未能冲破解放军的封锁线，显然，前面是解放军口袋阵的口袋底。刘戡给两个整编师划分了作战地域：整 27 师负责公路以北，整 90 师负责公路以南。这时，解放军四纵又从公路北侧压了下来，而王震二纵还未赶到，只有公路南侧还有缺口。

形势越来越危急，整 29 军处境渐渐困难，全军即将陷入解放军的全面包围中，王应尊再次提议："乘公路南侧未发现共军，主力应立即向黄龙山撤退，变内线为外线，然后再图解宜川之围。”假如整29军主力此时迅速从南侧突围，进入黄龙山区，彭德怀也就奈何不了刘戡了，整29军主力将全身而退。

王应尊这个正确建议有悖于胡宗南迅速援救宜川的命令，刘戡还犹豫不决，整90师师长严明坚决反对。当断不断，反受其乱。整29军得以逃脱的机会就彻底失去了。

刘 戡

为了防止整29军从南侧突破，解放军一纵先让第358旅团堵住了南侧的缺口。到2月29日中午，王震的二纵赶到，整29军就处在了解放军各纵队的严密包围中。刘戡指挥各部企图夺路突围，均未成功。薄暮时分，包围圈被缩紧，整29军被压缩在乔儿沟、任家湾、丁家湾这一狭小区域内，南北约五公里宽，东西不足十公里长。当夜，刘戡命令所部连夜构筑工事，同时一再向胡宗南呼救。

3月1日清晨，解放军冒着大雪发动总攻。整29军垂死挣扎。战斗很激烈，枪声、炮声、冲杀声、军号声震天动地。各部联络相继中断，官兵死伤无数，整31旅旅长周由之、整47旅旅长李达等相继战死。

刘戡等已无法有效地指挥各部了，就寄希望于援军和空中支援。胡宗南电告刘戡：“已令裴昌会兵团星夜驰援，望兄等激励将士，苦力撑持，以建不世鸿猷。”裴昌会第5兵团远在豫西，赶到黄龙山，得要三五日的时间。洛川的一个团曾出发驰援，中途却遵照胡宗南之命撤返洛川。空中支援呢？大雪纷飞，飞机无法起飞。

整29军陷入绝境，激战一天，到3月1日下午五点，全军覆灭。刘戡自杀，严明被毙，副旅长韩指针、团长何怡新阵亡。伤亡3000多人，被俘近2万人。而整27师师长王应尊、参谋长敖明权、整 61 旅旅长杨德修、整 53 旅旅长邓宏仪、参谋长宫润章等人被俘后乘乱逃脱。

歼灭了援军，3 月 2 日，早就包围了宜川城的解放军发起总攻。整 24 旅残部顽抗一日一夜，至 3 月 3 日上午八点被全歼。张汉初被俘。

毛泽东说，宜瓦大捷“改变了西北形势，并将影响中原的形势”。此后，解放军控制了黄龙山区，胡部失去了北部屏障，西安与关中地区就暴露在解放军的枪口之下。

被“撤职留任”

国民党政府在《宜川会战史》检讨：胡宗南部在宜瓦战役中指挥错误，“对共军企图、兵力无正确判断”，以至于“战略上处于被动”，行动太迟缓，“致使共军王震部亦能参加宜川附近作战”，导致整 29 军全军覆灭。由于总指挥的无能与西安绥署的腐败，导致了胡部宜瓦惨败，损失了最精锐的 1 个整编军部、2 个整编师部、5 个整编旅共 2.5 万多人。

王应尊、敖明权、杨德修等逃回西安后，得到了胡宗南的召见、抚慰。胡宗南让他们在军事会议上汇报宜瓦作战与失败的经过。胡宗南征询大家的看法。盛文说：“第 27 师当时提的意见都很对，为什么刘戡不这样做？”轻轻一语就将失败罪责推到“杀身成仁”的刘戡身上。王应尊等人为此愤愤不平。王应尊想：“其实，哪里是刘戡不这样做，刘戡三番五次地打电话给他，他还在公馆里请客、吃酒、打牌，置若罔闻呢！刘戡死了，就把责任完全推在刘戡身上，真是岂有此理！”

3 月 4 日，中共新华社报道了宜瓦大捷的消息：“解放军 2 日在宜川西南歼灭蒋胡匪嫡系精锐一个军部两个师部和四个整旅的大捷中，已查出匪整 29 军长刘戡及整 1 军 90 师长严明，均在战斗中被击毙。……”

3 月 7 日，陕北新华电台播发一则通知，告知刘戡、严明的家属和亲友说：“刘戡、严明……为蒋、胡卖国内战作无谓牺牲，遗体已由本军埋葬……，你们如果来运尸体，解放区军民必予方便。”通告说明运尸的时间为3月14日，而一年前的3月14日，正是胡宗南总攻延安的日子。

这则通告让胡宗南进退两难，一时无措。中共这一招，醉翁之意不在酒，意在在瓦解胡部的军心，但胡宗南不派人去运遗体，又不好向将士以及死者家属交代。

3月13日，蒋介石发来“手启电”，严厉训斥胡宗南：“宜川丧师，不仅为国军剿‘匪’最大之挫折，而其为无意义之牺牲，良将阵亡，全军覆灭，悼恸悲哀，情何以堪！”

3月29日，在南京“行宪国大”上，代表们对胡宗南一片责难。胡宗南、盛文只得致电南京军委会和蒋介石，自请撤职查办。为了应付“国大”代表与一些军政要人对胡宗南的责难，蒋介石只好下令：胡宗南“撤职留任”，盛文“撤职查办，来京候审”。

宜瓦惨败，胡宗南的“威望”受到沉重打击。在过去的一年里，蒋介石已多次撤换其他主战场的最高军事指挥官。这次，蒋介石想调兰州西北行辕主任张治中来西安，接替欠缺指挥大兵团作战能力的胡宗南。

据张治中回忆说，宜瓦惨败后：“胡的弱点完全暴露，南京方面大为震动，蒋接连几个手启电报要我到西安去统一指挥西北五省军事。这一招，我当然不能接受……后来由于马军在陇东和中共部队打了一仗，中共部队撤退，蒋才不再勉强我，而兰州的紧张空气也为之缓和下来。”

张治中不肯来接胡宗南的烂摊子，因为一时未找到更适合的接替人选，也因为蒋介石了解胡宗南对他的忠心及胡宗南对西北军事集团的重大影响力，所以，蒋介石决定让他继续当西安绥署主任，继续指挥陕西军事。

直到两个月之后，即在4月中旬到5月中旬，胡宗南指挥所部进攻西府—泾渭河谷之间，打退了解放军企图挺进关中地区西部与甘肃省东部的行动，蒋介石才最终打消了撤换胡宗南的想法。

胡部自宜瓦惨败后，只有何文鼎整17师的两个旅困守延安，杨荫寰整61旅困守洛川。洛川是联结西安与延安的中介站。除了洛川与延安这两座孤城，解放军控制了洛川以北的广大地区。在洛川以南，只有整135旅和几个杂牌旅布防，守在西兰公路以东、黄河以西、渭河以北这片地区与20多座城镇。八百里关中已裸露在解放军的兵锋之下，西安成了一座危城。

为了应付这种危急局面，稳定西安与关中形势，胡宗南调整布防，火速从豫西调回第5兵团，从郑州、开封地区调回整38师，还从陕南调回青年军第203师，并经蒋介石批准，从徐州空降整65师的187旅，归属李振整65师。

第5兵团一回关中，豫西兵力就空虚了。1948年3月9日，解放军围攻豫西重镇洛阳。洛阳守军青年军第206师负隅顽抗，激战6昼夜，3月14日深夜失守，守军全部被歼，师长邱行湘被俘。

邱行湘手迹

为了夺回洛阳，胡宗南奉命派张耀明整38师会同胡琏兵团东西夹击，反攻洛阳。解放军主动撤退，整38师和胡琏兵团3月18日进入空城洛阳。整38师守备洛阳。因考虑到解放军可能再度围攻洛阳，3月28日，胡宗南又奉蒋介石之令，撤整38师回西安，撤胡琏兵团东行。4月5日，洛阳城再度易手，西安与郑州之间的陆路交通联系就被彻底掐断了。此后，豫西地区就一直为解放军所控制。

第四节　退出延安

“吕出情报组”

国共全面内战三年，国民党最终败北，有三分之一是输在军事上，有三分之一是输在统战上，还有三分之一就是输在谍报与特工上。就在1947年王石坚、熊汇荃的谍报组织被保密局破坏前后，中共情报部门又在胡宗南部的电讯机要单位部署了新的谍报人员。

“郑琏情报组”就潜伏在北联勤总部，成员为郑琏等七人。一次，胡宗南企图利用马德胜骑兵师的速度优势，奇袭陕甘宁边区淳化、耀县，据胡部筹集给养计划，郑琏情报组判断出骑兵师的动向，及时报告给“陕甘宁边区保安处”，中共提前转移，一举歼灭了这个骑兵师。

1948年底，胡宗南部未按惯例由西北联勤总部向面粉厂下达下一年度面粉计划，郑琏情报组由此判断胡部计划撤离西安。1949年初，当胡宗南的情报处布置撤退计划而要西北联勤总部去人开会时，郑琏主动应承，顺利地弄到了胡部大军的行动计划。

高树勋（右三）和邓小平（左一）、刘伯承（左四）等在邯郸起义后合影

除了郑琏情报组，中共还有其他一些谍报组织潜伏在胡宗南各部中，亦严重地泄密了胡宗南各部的作战计划。“吕出情报组”就是其中最成功的一个。

吕出原是西安第七军分校1941年通讯军官训练班学员。这个训练班负责培养无线电通讯人才，由机要室主任王微主持。1942年，吕出入第34集团军电台工作。1945年8月，他入第十一战区工作；是年 11 月，他随第十一战区副司令长官高树勋起义，被任命为中共晋冀鲁豫军队电台台长。

吕出未满 20 岁，就在国民党政府军工作了 5 年，经验丰富，中共就派他于 1947 年 6 月回到西安打入国军。吕出回到西安成功打入胡宗南部通讯总团一营。吕出秘密说服训练班老同学薛浩然等以及新结识的王冠洲、赵继勋，共同组成秘密情报小组“吕出情报组”，开始有计划地搜集与传递情报。不久，这个小组成员在前线联系上中共情报部门“陕甘宁边区保安处”，后就归陕甘宁边区保安处直接领导。

吕出情报组的成员散布在胡宗南部的三处电台：李福泳在胡宗南总部电台，薛浩然在胡宗南特工电台，吕出、徐学章、王冠洲在第 5 兵团电台。利用工作之便，“吃里爬外”，吕出情报组送出了胡部各种军政机密情报，战果硕硕。而且，由于这些电台的特殊身份，始终未引起胡部 60 多部监测电台的怀疑。

1949 年 2、3 月间，吕出情报组与陕甘宁边区保安处专门架通了一座情报电台，开始直接联通，每晚以密码发出两三份电报。后来，吕出情报组故意将胡宗南各部电台的联络时间推迟 6 小时同时提前 2 到 4 个小时把胡宗南总部的作战电报发给中共。这样，胡宗南总部下达给各军、师的作战电报，在胡部军、师长看到之前的几个小时，西北解放军司令员彭德怀与西北局书记习仲勋早就掌握了。彭德怀兴奋地指示部下说：这个情报组有很大功绩，有什么要求尽管提，要什么给什么，要钱给钱，要多少给多少。据《中国秘密战》统计，吕出情报组在不到 10 个月的时间里就发出 600 多份情报。

西府之战

国共全面内战以来，蒋介石也没有在胡宗南兵败后撤销与减少他的部队编制，而胡宗南也一直依靠四川、陕南的雄厚兵员不断补充部队损员，因此，尽管军队素质与战斗力不断下降，而胡部总编制总兵力一直未见减少。

1948 年 3 月初，整 30 旅也奉胡宗南令，拟从临汾撤回关中，归建整30师，临汾防务即移交太原绥署第66师。但是，整30旅刚空运出旅部和一个营的人马，临汾机场即遭解放军的炮火袭击，余部不得不留在临汾。解放军当即围攻临汾，激战月余，至5月17日攻克临汾。至此，晋南地区就完全在解放军的控制之下。

为了阻防解放军南下，第5兵团回师关中后，胡宗南令各整编师向潼关、西安、三原地区战略集结，并抓紧重组被歼的各师各旅。徐保升任整76师师长。3月6日，任命鲁崇义接任整29军军长；同时，重组整90师，任命陈武为师长；刘超寰接替整27师师长；派乐典接任整46旅旅长；派刘孟濂接任整31旅旅长。3月22日，又委任沈策为整76师副师长，周寰任整1旅旅长，陈坚为整78旅旅长等。

罗元发

洛川是一处易守难攻的堡垒。洛川地处塬上，海拔1000多米，在陕北和关中的结合部。塬顶坦荡，布满裂纹般的沟壑，纵横交错，又深又陡。整61旅利用这些沟壑修筑了大量的野战工事。

1948年3月6日，西北解放军许光达三纵与罗元发六纵围攻豫西洛川，连攻二十余日，都未拿下。杨荫寰整61旅四个团驻守洛川，一开始就向胡宗南发来告急电报。胡宗南即令第5兵团从铜官出发增援。

在裴昌会的指挥下，第5兵团进军很谨慎，走得很巧妙，每日白天走15公里，夜里又后撤一半，真真假假，虚虚实实，每日实际只推进七八公里。这样，彭德怀设下的围城打援、引诱第5兵团进黄龙山加以“围歼”的计划就落空了。

彭德怀遂改变进攻方向，留下三纵继续围困洛川，监视延安，其余四个纵队于4月16日兵分三路，进击胡部总后方西府地区。

一时解放军从陕北到黄龙山区的兵力只有一个纵队。

西府，指的是西安以西泾河与渭河之间的地区，包括宝鸡、咸阳等十几个县市，为邻接关中、汉中、甘肃和四川的咽喉要冲，是大西北的战略要地。胡宗南长期将西府地区视为他向陕北、晋南与豫西进攻的战略大后方，并将宝鸡作为最重要的补给基地。

西府地区，既是胡宗南军事集团最重要的战略后方，又是他治下最薄弱的环节。当胡宗南忙于陕北、豫西等地作战时，仅以极少的兵力防守西府：整76师师部率约2000人防守宝鸡；青年军第203师设点防守沿泾河乾县、永寿、邠县一带；其余广大地区都由地方团队守备。

1948年4月，西北解放军久攻洛川不克，彭德怀改变战略方向，4月7日以四个主力纵队从陕北澄城、中部地区西进，从4月16日起，猛攻胡宗南的战略后方——关中西部泾、渭河谷之间的广大地区，战线拉得有三十几公里宽，北起职田，南至高王庄。是为“西府行动”。“西府行动”的战略目标与计划，据毛泽东1948年4月26日致彭德怀电：“第一步向泾渭之间，第二步向甘肃。”

西北解放军主力四个纵队分左、中、右三路。三路解放军迅速攻破胡部青年军第203师防线，迅猛向西府地区推进，前锋直指宝鸡。胡宗南大为震惊。如果解放军成功攻占西府，站稳脚跟，不仅能够获取大量的军事补给，还将截断西安与甘、川的交通线，再与豫西陈赓兵团合力，东西夹击，“围歼”西安，胡部将腹背受敌。

西北解放军主力西进泾渭河谷地区，胡宗南一面紧急调动重兵前往追堵，令整76师从西安回防宝鸡，率部死守，并急调第5兵团西进增援；一面下令困守延安与洛川的整17师与整61旅乘虚迅速回撤关中，以增强关中防卫力量。在蒋介石的同意下，胡宗南4月18日下令：放弃延安，放弃洛川；整17师沿咸榆公路南撤，并限21日前撤毕，会同洛川整61旅，一同撤回关中耀县。

逃离延安

整17师中将师长何文鼎是胡宗南的黄埔同窗，追随胡宗南多年。宜瓦战役后，在陕北地区，国军只剩一座延安城，只留守一个整17师。咸榆公路上又没有警戒部队，供给毫无保障。

4月7日，中共延安游击队佯攻延安清凉山。整17师驻在宝塔山的部队急忙紧缩阵地，放火烧毁碉堡，以致引爆弹药库。何文鼎与整17师在延安寝食不安，一日数惊，多次请求撤回西安。何文鼎害怕与解放军交锋，还提出回撤路线："从延安沿公路南下，必受道路限制，部队不能机动，而且要遭共军袭击；最好的办法是将重武器空运西安，其余销毁，部队轻装由延安向北，经安塞、靖边、定边，取道宁夏、甘肃回关中，这样虽然绕路，却可以万无一失。"

革命的声音从延安清凉山发出

延安清凉山曾对红色革命起过重大作用。在革命年代，党中央的声音，就是从清凉山传向四面八方，从而唤醒了千百万不愿做奴隶的人们的爱国热情，召唤着无数热血青年奔向延安。陈毅曾作诗赞颂："百年积弱叹华夏，八载干戈仗延安。试问九州谁做主？万众瞩目清凉山。"

1948年3月29日，南京“行宪国大”正式开幕，蒋介石正准备当总统，为了在“国大”施政报告中给国民党政府的军事力量与“剿共”战果贴金，说：“国军仍然是有力量的，要占领共产党的政治中心延安，就能够占领延安；要占领共产党的经济中心烟台，就能够占领烟台。”为了满足国民党与蒋介石的政治需要，胡宗南当然不能立即放弃延安，所以，就长时间不答应何文鼎的尽快撤离延安的请求。

直到4月18日，胡宗南才决定放弃延安，令何文鼎指挥延安所有党政军各部于4月21日撤离延安，沿咸榆公路南下。4月20日，派人飞抵延安，送达撤退命令。

4月21日晨曦未露，整17师携带眷属与党政机关官员匆忙南撤，经甘泉、茶坊，23日到达洛川，与杨荫寰整61旅会合。本来仍将顺着咸榆公路，经中部、宜君到耀县，后获悉这条路上可能有解放军设伏，乃于4月25日顺着洛川到白水的公路南下。4月27日，被解放军阻击，战斗激烈。4月28日，抵达水位高涨的洛河北岸。解放军在后穷追猛打，何文鼎率部匆忙涉过洛河，把坦克、汽车、重炮及其他笨重物资都扔在北岸。4月29日，何文鼎与南逃官兵得到接应，撤往蒲城。一路上部队伤亡损失不少：官兵伤亡900人，逃亡与被俘近3000人，损失23门大炮和48辆卡车，等等。

对整17师南撤途中的重大损失与惊慌恐惧，胡宗南用很严厉的口气指责何文鼎：“山西运城丢失的重武器由我负责，延安南撤所丢的重武器由你负责。”并撤职查办何文鼎，任命第48旅旅长康庄接任整17师师长。后来，蒋介石到西安，也责骂何文鼎：“怕死，无耻！”

胡宗南军事集团自1947年3月13日总攻延安，到1948年4月21日逃离延安，期间共被解放军全歼11个整编旅，约10万人，占领的陕北地区全部丢失，只能困守关中，“苦撑待变”。是年3月27日，上海媒体评论胡宗南军事集团自进攻陕北以来的惨败与损失：“……胡宗南是政府多年在西北培育的‘防共长城’，打下延安泄了气，丢了晋南，丢了豫西，清涧、宜川两战失败得更惨，……胡宗南可以宗南，而不能安北……”国民政府军事当局后来悔叹：“我主力始终被‘匪’牵制于陕北，一无作为，殊为惋惜。”

第十二章
兵败关中

第一节　渭北三战二败

“泾渭河谷大捷”

1948年4月，胡部整17师与整61旅乘虚从延安迅速回撤关中，这是胡宗南紧急部署针对解放军“西府行动”所采取的一个加强关中地区的防守措施，另一个是调整76师回防宝鸡，调第5兵团西进增援。

这时，蒋介石判断，西北解放军进军西府，远离解放区，孤军深入，处境必定不利，因而命令胡宗南指挥各部轻装简行，穷追不舍，“勿因补给与疲劳迟滞行动”。

胡宗南立即召开军事会议，4月20日敲定作战计划，决定发挥高度机动，利用交通工具，第5兵团主力加速西进泾渭河谷间；调陕南新1旅开往陇南一线；又令西安空军连日出动，侦察轰炸西进解放军，掩护胡部各军迅速前进。

胡宗南还电请兰州西北军政长官公署调派马步芳、马鸿逵部从陇东南下攻击，防堵解放军北上，以便钳形包围西进解放军彭德怀部，于西府、陇东地区聚歼西北共军主力。马步芳、马鸿逵接获胡宗南急电后，审时度势，明白西府地区极重要的战略位置与对他们的利害关系：如果西府地区失守，则他们的“老窝”——甘、青、宁地区也将受到解放军的极大威胁，于是，立即出动三个骑兵师、两个步兵师增援。这次战役被南京国民政府称为“泾渭河谷之战”。

泾渭河谷之战初期，由于胡部防守兵力太薄弱，解放军进展迅速，日进百里，先后攻克泾河以南、渭河以北的麟游、扶风、岐山等县城，切断西兰公路，包围了宝鸡。4月25日夜，解放军一纵、二纵进攻宝鸡。胡宗南令宝鸡警备司令刘进指挥驻宝鸡部队徐保整76师及地方团队固守待援。

徐保跟随胡宗南多年，清涧战役后，胡宗南重组整76师，调徐保为师长，在宝鸡整训部队。1948年3月，整76师所辖整24旅在宜川被歼；新1旅在汉中整训；在宝鸡随师部整训的只有2000多人。

宝鸡炎帝陵

刘进率地方保安团队守备宝鸡城外渭河以南的阵地，宝鸡城内各机关则撤往渭河以南、以西15公里外地区。宝鸡市区就只有徐保一部防守了。

面对解放军的围攻，徐保负隅顽抗，但因寡不敌众，很快就失掉了各重要据点。解放军逼近金台观徐保师部。情况危急，徐保就率师部及一个连，登上钢甲列车，顺铁道西行。徐保西行不过几里，前后铁轨被毁，只得停下。徐保中炮击，伤重死去。只一天时间，宝鸡即易手。

4月26日宝鸡失守，同时，兵力强大的胡部第5兵团，攻势迅猛，突破了解放军阻援的四纵在扶风与青花镇的防线，直逼虢镇与凤翔；4月27日，第5兵团取道岐山西进，直逼宝鸡，严重威胁解放军左侧。青海马继援整82师紧密配合胡宗南部，于4月

25日突破解放军右路军六纵教导旅长武、亭口阵地，占领长武、彬县，从西北方急进而来，逼近崔木镇。两军东西对进，迅速形成对解放军的钳击态势。

第5兵团的迅速西进与马继援部的全力增援，东、西两路国军骤然逼近宝鸡，使正在城内分散群众与接收军需物资的解放军，顿时就陷入了背水面敌的险境：第5兵团从东面、东北面杀来，马继援整82师从西北面杀来，南面是渭水与秦岭。

于是，彭德怀急令解放军4月28日晨撤离宝鸡，准备提前实施下一步行动，摆脱第5兵团，转向陇东，直插平凉，消灭整82师，以求在甘肃站稳脚跟。但整82师与其他“马家军”兵力雄厚，骑兵多，战斗力强，给北攻的解放军以重创，逼迫解放军东撤，而马家军尾追不放。

而在东面，解放军面临的压力更大。根据蒋介石的策略，“彻底以大军轻装尾匪穷追，不使稍有喘息之能力，尤应不分界域越境追击，马继援部应协力向西南堵截，务将匪军完全消灭”，第5兵团实行数路并进，途经地区不留部队，一直保持优势兵力长追不舍，企图“围歼”解放军主力。

第5兵团各部向西北方向迅猛前进，配合南下的马继援部，企图在宝鸡以北的狭小地区夹击“围歼”解放军主力：整1师从宝鸡、凤翔地区朝长武集结；整36师从火星庙朝荔镇推进；整65师附整27旅，从凤翔取道高崖镇、灵台，直扑泾川、党原镇；整38师从乾县进逼亭口镇。

战斗异常激烈，解放军伤亡严重。5月3日，彭德怀率部通过西兰公路，涉泾河北进。第5兵团尾追不舍。从5月4日起，整82师从北面猛攻解放军六纵教导旅据守的屯子镇，重创教导旅，6日占领屯子镇。两路国军的钳形迅速收紧，追势更猛，直扑彭德怀部总部。

彭德怀毅然放弃西进甘肃计划，令各部经陇东回撤陕北。由于解放军四纵警3旅擅自弃守西锋镇，西锋镇即被马继援部迅速占领，解放军从荔镇经肖金镇的东撤退路被卡住。第5兵团急速逼近，将彭德怀部包围压缩在屯子镇、肖金镇与荔镇间的狭小地区，前后猛攻，彭德怀部主力岌岌可危，有被国军全歼的危险。

西北解放军虽身处危境，却临危不乱，集中力量白刃拼杀，尽管伤亡很大，终于杀开一条血路，冲出了包围圈，摆脱了追击，5月12日回到陕北解放区的马栏、转角地区。双方血战十七日，胡、马两军“功”败垂成，未能实现蒋介石与胡宗南预定在泾川以北塬上一带全歼彭德怀部主力的计划。历时近月的西府战役至此结束。

宝鸡风光

西府战役被南京国民政府与西安胡宗南部宣传为“泾渭河谷大捷”，声称伤毙与俘获共军3万人，夺回宜瓦战役中丢失的大量重武器、弹药，几乎生擒彭德怀等西北共军首要。实际上，西北解放军在西府战役中伤亡、被俘、失散、逃亡的人员约1万人。

胡部迭遭惨败，刘戡、严明、徐保等亲信将领相继阵亡，胡宗南对此“悲愤万分，眠食难安，曾在他办公桌上大书‘痛心何极’”。

5月20日，蒋介石、李宗仁就任国民党政府总统、副总统。蒋介石在就职演说中声称，要“在短期内戡平叛乱”。

徐保的尸体被运回西安，此前的3月14日，刘戡之妻张玉洁、严明之妻孙淑贞、周由之之妻孙致元出面，按照中共通告的指定，委托亲属前往宜川，把刘戡等人的尸体运回。

6 月 9 日，胡宗南为刘戡、严明、徐保三人开追悼会。当时西安有人撰写了一副横批为“纪律严明”的对仗工整、含意深远的挽联，巧妙地道出了三人的姓名与他们的败亡：“刘戡戡内乱，内乱未平身先死；徐保保宝鸡，宝鸡未保一命亡。”

6 月下旬，南京国民政府首任总统蒋介石飞抵西安，召集兰州西北行辕与西安绥署的高级将领，举行军事会议，检讨宜瓦、西府陇东战役，表彰有功，惩处失职。蒋介石还特地携与会人员到西安南郊翠华山墓地祭奠刘戡、严明、徐保，说：“我们今天还能在这里祭奠他们。如果你们不努力作战，恐怕我们死后，就没有人来掩埋，更谈不到祭奠了。”

在全国战场上，泾渭河谷之战是国民党军在一片败退声中取得的一场不小的胜利，仿佛给国民党政府打了一剂强心针。但是，西府战略后方的被袭击，暴露了胡宗南关中防线的脆弱与兵力的严重不足，并表明，西北地区的战争已从解放区伸向国统区，解放军已由战略防御转为战略进攻。胡宗南部被迫退保关中，军心更不稳。

冯原、壶梯山惨败

到 1948 年 7 月，国军在国共全面内战各战场上“处处受制，招招失败”，被迫从重点进攻转入重点防守。8 月，南京国民党政府国防部召开军事会议，决定全国战场保有 500 万军队，并筹建预备队。8 月 7 日，发表《半年来战局总检讨》，提出新的战略决策：“军事上于东北在求稳定，在华北力求巩固，在西北阻匪扩张，在华东、华中则加强‘进剿’，一面阻匪南进，一面攻打匪的主力。”

由于西北解放军在西府战役后撤进黄龙山区休整，陕西战场上出现了约两个月的相持与相对稳定时期。胡宗南抓紧时间整补培训各部。6 月 2 日，他调罗列到西安绥署，接替盛文任代参谋长，任命陈鞠旅接替整 1 师师长；另派李日基任整 76 师师长；任命徐汝诚为青年军整 203 师师长；以暂编第 2 旅与整 17 旅合为整 3 师，任许良玉为师长；整补、重建整 30 旅，任王敬鑫为旅长。

为了贯彻蒋介石“在西北阻匪扩张”决策，胡宗南调整兵力部署，实施“机动防御”，苦撑待变，在西起邠县，东至郃阳之线，以渭河北岸的三原、蒲城、大荔这三个重镇为中心，组建起以整编师为单位的机动防御体系，统归驻大荔的第5兵团裴昌会指挥，重点设防，以攻为守，企图封锁黄龙山区，阻止陕北解放军南下。

1948年7月，解放军徐向前部发动晋中战役，太原告急，阎锡山求救，胡宗南遵蒋介石之令，空运整30师主力整27旅增援太原。7月中旬，西北解放军彭德怀部从黄龙山区南下，占领澄城、郃阳以北的黄龙山南麓地区。胡宗南指挥各部分路阻击南下的解放军，西路由钟松整36师进驻澄城西北的王庄镇与冯原镇地区，占领介牌山、壶梯山诸要点，伺机进攻黄龙山；东路由姚国俊整38师、陈武整90师及整17师的陈子干整12旅在郃阳、澄城地区设防，向北警戒。

因解放军以少数兵力在郃阳以北至韩城一线大肆活动，虚张声势，胡宗南据此判断解放军主力在东部地区，即令整38师与整90师跟踪向东追击，只留整36师孤军据守在西线冯原镇、壶梯山地区。

整36师自驻防冯原镇地区后，3个整编旅在冯原镇附近分别占领阵地，构筑工事。北壶梯山高地是冯原镇的咽喉与屏障，若此地一失，则冯原镇以南无险可守，对手可以长驱南下，直扑关中平原，故令整28旅在此高地构筑重点工事；师部与整123旅

解放军在壶梯山战斗中乘胜追击逃敌

位于壶梯山以南约三里之东柳村一带；整165旅守卫沟东刘家凹阵地。

依照西安绥署的情况通报，整36师师长钟松等认为，解放军主力在东面韩城地区，冯原暂时不会有大战事发生，而松懈麻痹。

8月8日拂晓，解放军集中11个旅的绝对优势兵力突袭整36师，先在冯原一线东西两端攻占魏桥、刘庄，使主阵地壶梯山左右失靠；接着，集中兵力攻取壶梯山中央核心阵地。激战半日，整28旅于午后溃退，壶梯山高地易手。解放军占领此制高点，居高临下，控制了整36师的其他阵地，迫其后退。

一见壶梯山失守，钟松慌了手脚。他下令全师后撤，作梯次配置，逐次抵抗，同时，连电求援于西安绥署胡宗南与驻大荔的裴昌会。胡宗南这时发觉中了彭德怀的声东击西之计，只得命令钟松死守阵地待援，又命令在韩城的整38师与在澄城的整12旅急速增援。

援兵还未赶到，整36师就迅速瓦解了。8月8日晚，整28旅擅自率部逃离阵地，撤回澄城；9日上午，王村镇的孙铁英整165旅被解放军包围监视；在王村镇后方的整36师师部与预备队方晓松整123旅，被消灭大半；然后，整165旅在王村镇被全歼；钟松、孙铁英等率残部逃脱，副师长朱侠阵亡，师参谋长张先觉、团长陈定等被俘。此役整36师伤亡、被俘达5000多人。

冯原、壶梯山惨败是胡宗南军事集团退守关中、防卫渭北的首次失败。它直接导致了胡宗南的重点设防、封锁黄龙山区的计划流产。胡宗南很恼火，赶到大荔召开冯原战役检讨会，拍桌训斥，说："第28旅旅长李规图谋不轨，既不能固守壶梯山之主阵地，又不听从命令，擅自撤离阵地，影响整个战局。着即将李规逮捕交军法会审。"当即扣押李规与第82团团长董文轩。

接着，绥署副参谋长沈策报告冯原战役经过，指责整36师错误防守。钟松不服，辩解道："冯原战役失败的主要原因，是由于绥署对情况判断错误，中了共军声东击西之计，以主力向郃阳以东进击，使整36师被数倍于我的共军攻击。……现绥署把失败的责任推到第一线指挥官身上……”胡宗南几次不让钟松再继续说下去，钟松就是不听，以致胡宗南拍桌大吼：“你钟松能干，我胡宗南不好，但是我就不要你干！”胡气得脸色发青，让刘超寰接替钟松任整36师师长。

“荔北大捷”

解放军占领澄城、郃阳后，胡宗南企图在大荔以北到郃阳、澄城之间的三角平原地带布成袋形阵地，若敌军来攻，则诱敌深入，再从后方迅速投入优势兵力，一举歼敌。

胡宗南以整17师退守澄城以南、大荔以北高塬地区，驻防韦庄地区；整38师驻防胭脂山东汉村、西汉村；整36师在大荔城郊驻防整补。此3个整编师皆由裴昌会指挥。另外，整1师驻防咸阳，整30师驻防渭南，整203师一直驻防左翼泾河沿岸，整3师驻防同官、耀县，整27师驻防三原，整76师驻防蒲城，整65师驻防兴平。

9月，南京国防部命令，各整编师恢复原称为军，各整编旅恢复原称为师。

10月初，为了配合东北解放军发起的辽沈战役与华东、中原解放军发起的济南、淮海战役，解放军第二次大规模攻击荔北胡宗南部，以拖住胡宗南集团。

彭德怀发动荔北战役，计划歼灭洛河以东、大荔以北的胡部第17军与第38军。10月3日，解放军由郃阳南下，从侧翼攻击第17军阵地，迅速突破，并击溃了裴昌会派来增援的两个团。胡部两个军被迫退守第二线东汉村、西汉村阵地顽抗。双方激战三日，解放军攻占东、西汉村，歼灭第17军第48师和第38军第27师等部，俘获第48师师长万又麟等。

胡部第17军和第38军的主力被迫向洛河以西溃退。胡宗南大惊，此战若败，解放军将打过洛河，进逼渭河，兵临西安城郊，乃急调第1军和第65军前往增援。

10月10日，第1军和第65军开到大荔城与洛河沿岸，统归裴昌会指挥，发动反攻。力战一日，11日，第65军夺回东、西汉村阵地。不久，解放军包围反攻东、西汉村，李振部死守阵地，力战不退。双方打起激烈的攻防战。

10月13日，胡宗南又调第76军参战，归李振指挥；并令第17军、第36军、第38军迅速向前推进，协同第65军作战。激战两日三夜，解放军未能吃掉第65军，主动撤围北去。14日，第17军失守的阵地得以恢复。15日，胡部各军向前推进，16日，进占澄城。历时13天的荔北战役宣告结束。

在荔北战役中，胡宗南迅速集中全力反扑，调来全战区几乎所有机动部队，共计6个军13个师9万多人，在空军、重炮、战车等特种部队的配合下，击退了解放军的进攻，收复了全部阵地，还得以进占澄城。

尽管胡军损失惨重，伤亡2万余，但胡宗南为着鼓舞士气，下令大肆宣扬"荔北大捷"。胡宗南不遗余力地为第65军军长李振庆功嘉奖，报请蒋介石同意，提升李振为第18兵团司令官，仍兼第65军军长。陈子干升任第90军军长。同时，胡宗南因这次战役中第17军与第38军表现不佳，撤了康庄、姚国俊军长之职，分以杨德亮、李振西接任。11月20日，正式任命罗列为西安绥署参谋长。

永丰镇惨败

1948年荔北战役后，胡宗南为防解放军再次南下进击大荔，令第76军、第90军配附第17军第12师，在澄城县城以东大峪河两岸构筑阵地，警戒北面；第1军在洛河西岸警戒北面；其余各军在第二线机动，重点增援。

针对胡宗南"机动防御，重点增援"方针，彭德怀将西北解放军分成东西两个集团，在渭北地区不断制造与寻找战机。11月中旬，解放军对胡宗南部发起冬季攻势，胡部驻防的各地频频危急。如同彭德怀所说："自我荔北战役胜利以后，胡宗南集中九个军番号的兵力以对付我们，自以为得意。其结果在东至洛河以东，西至咸（咸阳）同（同官）铁道，十二天中往返奔驰三次，平均每日走八十至一百里。像乒乓球一样，被打得东奔西逃，其疲惫之状可想见。”

胡宗南在西安绥署中很被动地指挥几个军东奔西走，疲于奔命。在这个东奔西跑的过程中，胡宗南部的弱点终于暴露出来了：重组起来的第76军在永丰镇陷入重围。第76军多是新兵与被俘释放回来的残兵败将，在11月中旬被东调西遣，筋疲力尽，后来奉命防守永丰镇。全军辖两个师：军部与吴永烈新1师驻永丰镇内；于厚之第24师驻守洛河西岸桥头堡，占领阵地。

11月25日，解放军以强大兵力迅速包围永丰镇，并先攻击第24师阵地。胡宗南即令李日基将第24师从洛河西桥头堡回撤永丰镇内，与新1师共同防守。鉴于永丰镇范围狭小，寨墙不厚，很难防守，胡宗南又于当日深夜电令李日基率军撤退到大荔。

但是，李日基认为，永丰镇被四面包围，若突围硬冲，损失可能更大，不如据城死守。由此，他几次拒绝胡宗南的撤退命令，指挥部队死守。激战三日，到28日，永丰镇失守，第76军被全歼，李日基、参谋长高宪岗以及于厚之、吴永烈以下官兵2万多人被俘。29日，当援军第65军与第90军打到时，就只剩下一座空城了。

永丰惨败，胡宗南被迫放弃大荔与白水，退守洛河以西。胡宗南对李日基不遵命令很恼火：“他若不被俘，也得枪毙他。”胡宗南重组第76军，任命原西安绥署副参谋长薛敏泉为军长。

第二节　弃守西安

“头等战争罪犯”

1948年下半年，在全国，国民党政府处于风雨飘摇之中：东北全境尽失，徐蚌淮海会战败局已定，北平、天津与太原危在旦夕……12月25日，中共新华社播发中共宣布惩治43名“头等战争罪犯名单”，胡宗南被排在第30位，名列陈诚、白崇禧、何应钦、顾祝同等人之后。

在渭北地区，1948 年底，胡宗南三战二败，解放军过洛河，进逼渭河与泾河流域，关中地区与西安城处在解放军南北夹击的危难境地；后方基地陕南安康地区也开始遭解放军攻击。

1948 年 12 月 30 日，蒋介石电召胡宗南立即飞赴南京。

原来，由于军事上的惨败，经济上的全面崩溃，以及国民党政府内部各派系争权夺利的争斗，国民党政府首任总统蒋介石，被迫准备下野。但蒋介石岂愿善罢甘休，在下野之前，对国民党与国民政府的党务、政治、军事、财经、人事、外交等，都作了部署。

傅作义、蒋介石（中）、卫立煌（右）（1948）

胡宗南飞到南京，蒋介石多次召见他，秘密研讨全国的军政形势与陕西地区的攻防战略。

1949 年 1 月 5 日，胡宗南飞回西安，即刻调整陕西军事部署，重点是加强陕南的兵力与防务，以备作为胡宗南军事集团日后退守的基地与西南的屏障。1 月 6 日，任命盛文为西安绥署汉中指挥所主任，防守安康地区。1 月 10 日，胡宗南命令陕西省政府抢购渭河北岸的粮食。1 月 13 日，又指示陕西省政府主席董钊、西安市长王友直、西安警备司令钟松，迅速加强西安城防，应以非常手段，达成非常目的，2 月 15 日前完成。又指令参谋长罗列研究制订在西安附近与解放军决战的计划。

1949 年 1 月 21 日，蒋介石发表引退文告，宣告辞去总统职务，由副总统李宗仁代总统。同日，蒋介石由南京返回奉化，行前特地给在西安的胡宗南打来了告别电文：“西安绥署胡主任：中马日文告，想已达览，中即于本日离京回籍，冀促成和平，惟念与兄患难之共，肝胆相照，……，尚祈为国珍重，努力勿渝，以竟救国卫民之功！……”

1月26日，胡宗南又收到蒋介石写给他的亲笔信，从中可以明了蒋介石对胡宗南军事集团的高度重视：“宗南主任弟勋鉴：近日政局，即有变动，但陕省重要，一切工作皆应照常进行，而且比以前更应积极准备，作死中求生之奋斗。……今后主力应置于汉中附近，对四川关系，特别密切，将来应受重庆张主任之指挥，则公私皆宜，……中不论在何地何时，对弟部一切必如在京时无异，不必以此自绥，只要吾人能自立自助，不屈不挠，百折不回，则最后胜利未有不属于我也。馀不百一，顺颂戎安。中正手启。三十八年一月二十日正午。”

农历二月初，胡宗南骑着骡子最后一次回乡看一看，身边只带了一个卫兵，身上的军服看上去很旧。

无力回天

1949年，全国形势越来越不利于南京政府。在华东战场上，1月10日，国军在淮海徐蚌决战中彻底失败，被迫退至长江一线；在华北战场上，1月15日，天津被解放军攻占；1月31日，傅作义宣布北平和平解放。

此时，胡宗南派到华北的第4兵团（原第34集团军）也被迫放下武器，兵团高级将领、胡宗南的亲信，如兵团司令李文、军长袁朴、师长冯龙、师长陈鞠旅、师长周士瀛等人，先后逃离北平，回到西安。

2月20日，解放军进攻渭北重镇铜官。渭北战场再度紧张起来。3月1日，龙首山失守，第20师师长褚静亚、师参谋长张凌汉等被俘。

为了防止解放军由北面或东北面向渭河北岸推进，胡宗南命令第27军、第38军、第65军推进到蒲城东西一线防守，主力驻防三原、富平、耀县一带。又调第17军军长杨德亮接替钟松为西安城防司令，以第17军主守西安。为补正规军兵力的不足，胡宗南又令董钊组织与充实各地地方保安团队，成立“陕西人民自卫指导委员会”。同时，胡宗南指令把整补的部队与军官家属陆续撤向宝鸡与汉中地区。

为加强对关中各地的控制与卫护到陕南的通道，组织地方武装，建立活动基地，胡宗南除了加强驻在渭南的华潼警备区之外，另委派徐经济为太白守备区司令，驻防宝鸡；委派何文鼎为秦岭中部守备区司令，驻防周至；委派李梦笔为千山守备区司令，驻防凤翔。徐、何、李三人都是陕西人，又都是黄埔一期生。

为了固守西安与关中，胡宗南积极地联络青、甘、宁的马家军。3 月初，胡宗南就指使董钊派陕西省政府委员兼社会处处长陈固亭前往兰州，任陕西省政府常驻兰州代表。陈固亭一到兰州，一面为胡宗南联络、拉拢马步芳以及甘肃省政府主席郭寄峤等人，敦促马步芳与胡宗南紧密合作，支援胡宗南。后来，胡宗南又委托军事参议院院长张钫两次前往兰州见马步芳，具体商谈联合反共对策。

由于南京政府滥发纸币，金圆券大肆贬值，西安、关中物价飞涨，军饷与粮食供应日见困难。为此，胡宗南要董钊在陕西农村大肆征粮，在 1949 年 2 月 10 日的日记中记载："至二十日即无存粮，甚为忧虑。乃于下午 4 时召集董主席规定限二月二十日交足粮十七万包，三月十五日十七万包，五亿粮款，限三月三十日前购足，渭河北各县之粮，迅即移西安以西，裴司令官转饬部队协助。"

胡宗南又电请南京政府从上海空运来大量现洋和黄金，向城市粮商征购，把西安等地的存粮几乎搜罗一空，送西安各面粉厂磨成军粉，紧急西运，同时命令停止磨制商粉，派军警挨户搜查和催逼，违者即按军法论处。

3 月 31 日，胡宗南突然接到在南京开会的董钊的来电："白总司令拟令马军接防陕西，公率本部各军移防武汉，嘱请在一二日内飞京一谈。"

4 月 1 日，胡宗南又接到代总统李宗仁来电，催胡宗南速赴南京面商西北军事。

李宗仁自 1949 年 1 月担任南京政府代总统后，一面与中共谈和；一面力图调整全国军队与防务，意在应付中共与削弱蒋介石中央军嫡系的实力。李宗仁与白崇禧计议，拟让西北马家军控制西安，胡宗南军事集团移军武汉，既可加强长江防务，又可就近控制胡部。

4月6日，胡宗南飞抵南京。7日，见李宗仁和新任行政院长何应钦，对移军武汉一事没有表态。4月10日，胡从南京飞往宁波，前往奉化溪口，面见蒋介石，请示军政事宜。蒋介石反对胡宗南部移军武汉；也反对李宗仁与中共和谈。

胡宗南在奉化就密电赵龙文，要他组织陕西省党政机关联合通电全国，反对和谈。胡对赵说，目前国共双方和谈，社会上闹得很厉害，这是共产党的阴谋，千万不要上当。赵龙文根据胡宗南的指示，约董钊、王友直、王宗山等晤谈，并发出通电：反对国共和谈，要求继续戡乱。

不战而弃西安

1949年4月下旬，全国形势急剧变化：4月21日，国共两党代表团和谈破裂，解放军在湖口至江阴间大举渡江，4月23日，占领国民政府首都南京，国民政府南迁广州。解放军如秋风扫落叶，迅速横扫江南，进逼上海。4月24日，解放军攻克太原，阎锡山逃离，阎锡山的晋军与胡宗南援晋的第30军被全歼。

华北解放军攻占太原，即派遣强大兵团西渡黄河入陕，配合西北解放军第一野战军，进军关中，逼近西安。形势迅速逆转，关中危急。显然，长期固守西安是无望的了。胡宗南迅速改变作战计划，进一步收缩兵力，把防御重点后移，防堵解放军南下或西进，保卫西安城。4月26日，他急令布防关中北部和东北部据点的各部全部后撤到泾河、渭河两河间的弧形地带，驻防于高陵、三原、泾阳地区。5月4日，胡宗南又放弃三原、高陵、泾阳，主力撤过泾河，只派一个师在三原机动控制，而把主力第27军、第36军、第90军驻防泾河西岸、渭河南岸，以第1军、第65军掌控咸阳西南地区。

同时，胡宗南命令，除第17军防守西安城外，其他各部均撤往宝鸡。胡宗南计划依托秦岭，防守西安，可进可退，但重点防御陕甘南部与宝鸡地区，若形势不利，则弃西安西撤。

5月初，解放军一野各军弧形包围西安城。随后，胡宗南误以为解放军华北第18、第19两个兵团西渡黄河，从晋入陕。5月16日，华中解放军攻入武汉，白崇禧部向南溃退。胡宗南乃决定：放弃西安，全军往西退往宝鸡，转入汉中；第17军就近经子午峪退入秦岭。5月16日夜，胡宗南与兰州郭寄峤商决：胡部主力撤至宝鸡，准备退入汉中，又以一部兵力控制于西安、秦岭间，既卫护川甘，又可进逼关中。接获胡宗南呈报，广州国防部复电："与兰州方面所商定之尔后行动准予实施。"此时，胡部各军全部退至泾河西岸与渭河南岸。

5月17日，解放军进占三原，总攻西安开始。胡宗南遂决定令所部立即从西安紧急疏散，撤离。当晚七点，胡宗南召集陕西省和西安市的党政要人与社会名流召开紧急疏散会议，说："现在情况变化，我主力只有撤出西安才是上策。西北共军已到三原，华北共军已迫潼关。我们暂时转移阵地，这不是逃跑。我们要把共军吸引过来，再来个反包围。"要求这些人带上家眷，撤离西安，疏散到成都。可是，与会者大部分不愿离开西安。胡宗南断然指令省、市政府各包一架飞机，以疏散省、市政府要员。

5月18日凌晨三点，陕西省与西安市的党政要人与地方著名人士董钊、王友直、蒋坚忍、温良儒、高文源、杨尔瑛、王宗山等人，分乘三架飞机离开西安，前往汉中。

5月18日下午，胡宗南、罗列与绥署人员一道从西安飞到汉中。到了汉中，胡宗南因要指挥各军从咸阳经渭河南北向西撤到宝鸡，又带着参谋长罗列赶往宝鸡。

当时，进驻渭北杨村的解放军一野副司令员张宗逊获悉胡宗南部将主动放弃西安，遂下达总攻命令：挺进西安，同时向西截击胡宗南部西撤的6个军。

5月18日晚，解放军主力越过泾河，进攻咸阳。裴昌会奉命率胡部主力6个军沿渭河以北公路撤向关中西部宝鸡，而以一部兵力从咸阳撤向渭河南岸，会合第 17 军，炸毁咸阳渭河大桥，拖走北岸船只，以阻挠解放军渡河南下。

胡军主力从咸阳西撤宝鸡途中，不断遭到解放军的前堵后追。战斗中，徐汝诚第 57 军损失惨重，第 30 师师长王敬鑫战死。5 月 21 日午前，裴昌会指挥所到达宝鸡。胡部各军撤至宝鸡，第 1 军、第 30 军、第 27 军等进入汉中。

18 日夜，解放军占领咸阳。19 日凌晨，杨德亮指挥第 17 军沿渭河南岸布防，阻挠解放军南渡；同时西安全城戒严，破坏工厂动力设备，彻底破坏临潼至咸阳的铁路桥。

5 月 20 日凌晨，解放军突破渭河防线，向西安猛进。上午八点，杨德亮下令全军火速撤退到西安城南子午口，进入秦岭，选择阵地防守。到中午时分，解放军一野部队占领西安城，结束了胡宗南在西安历时近 11 年的统治。

此时，退居关中西部地区与秦岭山区的胡宗南部队，约 20 余万人马，计有第 5 兵团、第 18 兵团及西安绥署直辖部队，共 13 个正规军，另有骑兵第 2 师、直辖炮兵、通信等特种部队，加上干训团、学生总队、后勤等。

1949 年 5 月 21 日下午，胡宗南、罗列和裴昌会商定胡部近期作战指导要领与军队部署，西安绥靖公署设汉中，作战方针是，第一线部队保持机动，避免与解放军作战，保存实力，以逐次抵抗手段，消耗敌军，待机反攻。

5 月 21 日当晚，胡宗南乘车离宝鸡回汉中。陈鞠旅第 1 军随同撤往汉中驻防。此时，胡宗南部在陕南更孤立。5 月中旬，豫西第三纵队在灵宝起义；6 月 1 日，榆林第 22 军宣布起义。

第三节 反扑失败

胡马“联合”反扑

马步芳、马鸿逵回族地方军阀，盘踞青、甘、宁地区多年，各自掌握着几支战斗力很强的部队，胆壮气粗。自胡宗南放弃西安，退至凤翔、宝鸡，陇东与西兰公路完全暴露，马步芳、马鸿逵的地盘直接受到解放军的威胁。

1949年5月18日，国民党政府正式任命马步芳为西北军政长官，接着任命马鸿逵为甘肃省政府主席。投桃报李，“二马”主动向蒋介石请缨：愿反攻咸阳，夺回西安，希望胡宗南部协同作战。“二马”还保证：西安夺回后仍交胡宗南统治，胡、马共守关中，确保大西北。

5月底6月初，蒋介石突然电示胡宗南，配合马步芳、马鸿逵部，反攻西安，夺回关中地区，进而东出河南，钳制解放军二野、四野南下湖、广。

蒋介石的来电打乱了胡宗南避免与共军决战的计划。反扑关中，胡宗南并无多大把握。如今兵力严重不足，即使协助“二马”反攻西安成功，自己也再无力控制西安。如果自己付出代价克复西安，然后让“二马”控制西安，则非他所愿。

但是，胡宗南不敢违背蒋介石，只好与兰州“二马”反复磋商，确定：马步芳组建青海兵团，马继援任兵团司令；马鸿逵组建宁夏兵团，马敦静任兵团司令，第128军军长卢忠良任赴陕军指挥官；青、宁两兵团总兵力约8万余人，在陇东集结，统归马继援指挥，顺着西兰公路东进，直扑咸阳。同时，胡宗南部则让裴昌会指挥第36军、第38军、第65军、第90军等部与从甘肃来援的第119军，在南线分别由武功、凤翔、宝鸡沿渭河两岸，向东推进；第17军从秦岭子午口北进，协同北线马家军一起克复西安，乘解放军华北兵团未渡黄河之前重新占领关中，于三原“围歼”西北解放军主力。

6月初，胡、马两部发起反攻。6月5日，裴昌会致电马继援：为了确保两部协同进攻，只要青、宁兵团从陇东推进到麟游东南地区，胡部各军即开始行动。

宁夏兵团兵分两路朝兴平、咸阳推进。6月10日，青、宁兵团进至乾县、永寿地区，裴昌会即指挥在宝鸡的胡部4个军，沿渭河两岸东进。第 17 军也从子午谷出山进袭西安。

6 月 11 日，青海、宁夏两兵团在大小竹竿、监军镇、贯头镇遭到阻击，一番激战，解放军逐步收缩到三原。一看解放军节节败退，马继援下令青海兵团迅速推进，越过宁夏兵团的第 11 军和第 128 军的防线，猛扑向前，6 月 13 日进抵咸阳城廓，发动猛攻，却遭到了华北解放军第 61 军的坚强抵抗，战斗激烈。青宁兵团寸步难进。

同时，胡部第 36 军沿渭河南岸东进，所辖第 165 师进展神速，进入郡县东南金渠镇，突遭王震一兵团围攻，被歼 2000 多人，师长孙铁英被俘。胡宗南急电第 18 兵团司令官李振："第 36 军在郧县附近槐芽镇以南高地被解放军王震部围攻，战斗激烈，已进入村内逐屋争夺，该司令官即亲率第 65 军驰往解围。"

解放军进军大西北

李振已经进逼渭河北进抵蔡家坡、李家坡，此时即率第 65 军星夜渡过渭河，救出第 36 军残部。解放军东撤到户县。李振留第 36 军在郡县休整，指挥第 65 军、第 38 军、第 90 军顺着渭河两岸向东推进，至周至、户县、武功。这时，李振接获胡宗南电令："停止待命。"

胡宗南本就对与二马青、宁集团联合反攻西安心存疑忌。他在令裴昌会指挥几个军沿渭河东进时，就指令裴只能将部队推进到扶风以东至渭河南岸郿县南北之线为止。胡宗南秘密指示："马家素来狡猾，不要上他们的当，部队要慢慢地前进，或者不动，千万不要突出前进。"所以，当胡部各军进至武功、周至时，裴昌会就转来胡宗南"停止待命"命令，静观青宁兵团进攻咸阳，同时，为了应付在咸阳前线鏖战的马家军，命令炮兵盲目射击，表示胡部也在与解放军激战。

6 月 13 日，青宁兵团猛攻咸阳一日一夜，攻到咸阳城郊，遭解放军第 61 军猛烈炮火的杀伤，伤亡惨重。这时，解放军第 18 兵团主力从风陵渡过黄河，第 19 兵团从禹门口渡河，飞速增援。青宁兵团见战局骤变，不得不从咸阳后撤，迅速退到关中西部永寿、麟游地区。

青宁兵团后撤，胡宗南急令前线各军也火速后撤到武功、扶风与郿县地区。第 17 军进袭西安失败，退回子午口。

胡宗南的自私与猜疑又一次导致了国军的惨败，胡军前线指挥官、第 18 兵团司令李振说："按当时情况，马步芳军直扑咸阳时，如我兵团继续向咸阳、西安挺进，并以秦岭守备部队出子午谷，胡、马两军部队或有可能继续在关陇地区苟延一时。……马家军在进攻咸阳时伤亡惨重，对胡宗南的坐视不救，异常愤慨。胡却以自己部队幸免于难，沾沾自喜。"胡宗南的自私与短见引起青、宁"二马"的强烈不满和愤恨。

关中骑墙

西北解放军一野挫败了胡马联军的反攻，华北解放军两个兵团陆续开赴陕西，进抵西安、咸阳、三原，陕西战场上解放军总兵力增至 40 万，超过胡、马两部兵力之和，因此，胡宗南与"二马"决定改变方针，向后收缩兵力。

1949 年 6 月下旬，胡部第 18 兵团的几个主力军，则由武功、周至向扶风、郿县收缩，驻防关中西部渭水两岸袋形地带。青、宁"二马"退守邠县、长武、永寿，驻防西兰公路两侧永寿、麟游地区。胡、马两集团如此部署，是在互相利用，互为犄角，便于联合作战，避免被解放军各个击破。

胡宗南让五个军暂守关中西部地区，抢收关中夏熟粮食，以解决军饷。7 月初，裴昌会到前线视察，对军长陈子干说："陕南的粮食很紧，四川的粮食一时调不来，几十万人一下子集中到那里去，补给上有困难，想等征集一部分粮食后再行后撤。"

解放军云集关中，锋芒毕露，胡宗南部理应撤出关中，退守秦岭，免遭聚歼；青宁兵团也应撤向陇东平凉地区。但他们都没撤退。

西北一野经咸阳阻击战遭重创，而华北解放军两个兵团刚入陕，长途行军，必定疲惫，所以，胡宗南推测：解放军在一两个月内不可能发起大规模攻击。即使解放军攻击，胡部前线 5 个军在渭河两岸集结，南北呼应，无论是进攻、坚守或退却，兵力都相当集中，且北有青宁兵团策应，南有秦岭守军掩护，解放军决难一役吃掉 5 个军，胡部各军可以且战且退，凭险要地形自保。

胡宗南的这个战略思想与作战计划看似无懈可击，而中共一野司令员彭德怀却看出了胡宗南的致命破绽，并大胆决定，以优势兵力“围歼”胡部第一线 5 个军。

更要命的是，潜伏在胡宗南总部与裴昌会兵团各电台的吕出情报组，及时将胡部的作战计划与各军的动态报告中共。比如说，在胡马联军反攻西安之际，吕出情报组就及时把胡部作战计划和兵力部署发给了中共，当时，彭德怀及时改变原定“阻胡歼马”计划，决定“诱敌深入”，令一野的王震一兵团与许光达二兵团对胡、马联军逐次抵抗，有计划地撤到渭河北岸咸阳与渭河南岸户县地区，强力阻击，争取时间；同时令从晋入陕的华北解放军第 18、第 19 两兵团星夜西进支援；令西安卫戍部队打击从子午口北进之敌。所以，面对胡马联军的进攻，解放军才胸有成竹。

而且，这一次，吕出情报组还故意延误胡、马两军的通讯联络，彭德怀最终决定以一部主力从胡、马两部的结合部插入纵深，分割“围歼”。

扶、郿惨败

1949 年 7 月 6 日，中共一野在咸阳开会，确定“钳马打胡，先胡后马”，决定：集结第 1、第 2 和第 18 这三个兵团主力，大迂回，大包抄，围歼漆河、千河之间的扶风与郿县地区的胡部 5 个军；第 19 兵团攻击“二马”，牵制右翼；第 61 军一部进袭子午口，牵制左翼。

胡宗南自认为胡部各军在扶、郿地区的据险防守与纵深配备万无一失，7 月初，虽侦测到解放军在前线大量集结兵力，但不予重视，仍高枕无忧，“上自兵团司令，下至团营长，成天不是吃酒，就是赌博。”所以，当解放军正式发动扶郿战役时，“解放军的突然来临，完全出乎国民党军的意料之外。”

7 月 10 日，扶郿战役开始。

扶郿战役中隐蔽在林中待命的解放军

为了迷惑胡、马，掩护主力运动，解放军两翼部队首先进攻。负责牵制右翼的第 19 兵团 7 月 10 日挺进西安西北的乾县、礼泉以北高地，构筑工事，逼近青宁兵团，造成对青宁兵团的进攻态势。果然，青宁兵团不敢轻举妄动，与解放军稍一交锋，未通报胡宗南一声，马继援即指挥所部迅速退回陇东地区。

7 月 10 日夜，负责左翼牵制的第 61 军也向子午镇胡部第 17 军发起进攻，在小五台等地与胡部激战一昼夜，歼灭第 17 军第 12 师 2000 多人。子午口被袭，胡宗南仍然未能判明解放军的作战意图与进攻方向。

当青宁兵团和胡宗南被解放军两翼牵制而手忙脚乱时，7 月 11 日拂晓，解放军主力三个兵团发动进攻，像一把大铁钳似的紧紧夹住渭河两岸，直插扶郿地区。第2兵团越过漆水河，绕道西进，秘密穿越对手认为不能通行的悬崖深沟，一昼夜走了七八十公里，从马继援第82军与胡部王治岐第119军之间的缝隙处穿过，直插到李振第18兵团的后背，发起进攻，王治岐还认为这是中共民兵武装同他们的搜索部队遭遇，交火；李振以为是解放军武工队趁夜袭扰。胡宗南和宝鸡总指挥裴昌会接报这一情况时，也不信解放军大部队已穿插到胡部后方，遂令部下各军不要为中共少数部队的扰乱而打乱全盘计划，令前方各军不得后撤。

到7月12日凌晨两点，第2兵团前锋第4军占领罗局镇制高点及附近阵地，七点占领胡宗南在渭河北岸扶风地区三个军退向宝鸡的咽喉之地——郿县车站，由此切断了胡部西退之路。

解放军第2兵团猛插胡部后方，断了胡部后路之后，不久，解放军第18兵团主力和第7军，兵分三路，从东向西，从咸阳正面进攻胡部各部；第2兵团也从敌后攻击胡部。到了这时，在渭河北的胡部3个军才发现陷入了解放军的前后围攻中。7月11日夜，第18兵团司令官李振急令各军西撤，而第119军早就跑了。第18兵团部、第65军、第38军顺着陇海线急速退向宝鸡，7月12日拂晓抵达罗局镇，遭解放军第2兵团第4军的顽强阻击。李振指挥第65军和第38军轮番发起十几次冲锋，都未突破解放军的封锁线。这时候，第18兵团右侧后又遭解放军第2兵团第3军和第6军的猛攻。

7月12日中午，李振第18兵团部及第65军、第38军与第119军残部，全被挤压在罗局镇东面、午井镇西面、高王寺南面的渭河河滩，指挥混乱，伤亡惨重。午后三点，解放军发起总攻，李振与第38军军长李振西见所部无法阻挡，西撤不成，北退不能，乃下令全军各自为战，丢弃重武器，渡过渭河，从郡县逃回宝鸡。但当各军溃退官兵逃到渭河岸边时，才发觉没有船只，只得仓皇泅渡。

胡宗南在扶、郿地区的布防破绽一个接一个被解放军利用：解放军在胡部防线北部侧翼，成功钻隙，穿插，包围；在李振等部被包围后，没有预备队增援；当李振残部渡渭河逃跑时，没有备用船只；当李振部残部约1万余人仓皇渡过渭河后，迎来的却是解放军的枪口。

原来7月11日，解放军也进攻布防渭河南岸的胡部2个军：解放军第1兵团袭击了在横渠镇的陈子干第90军，歼灭一个团，余部仓惶逃入秦岭；歼灭第76军第24师过半；陈子干带着第53师，凭借五丈原以西的复杂险峻地形，逐步掩护撤退，逃回宝鸡。刘超寰第36军在渭河南岸郿县担任二线防御，获悉第90军遭到袭击、向后溃退，即逃入秦岭。

当7月12日下午渭河北岸的李振部等三个军残部渡过渭河到达南岸时，在南岸的胡部第90军与第36军都已撤走，解放军第1兵团于黄昏之际占领郿县，控制河滩，当即俘虏8000多人。李振、李振西等高级将领有的负伤，钻入高粱地潜逃，有的潜游到渭河下游，从空隙处偷偷上了岸，在稻田中爬行，历经种种磨难，得以逃回宝鸡。

但是，宝鸡也在一片危急之中。解放军第2兵团乘胜追击，拿下凤翔，7月14日又拿下宝鸡。7月14日，第1兵团攻占宝鸡南面的益门镇，裴昌会率残部南逃，跑出大散关，退入秦岭山脉中的凤县双石铺。扶郿战役至此结束。

扶郿战役历时5天，胡宗南部被歼四个主力军共4.4万余人，扶风、郿县、宝鸡等8座县城丢失，被完全赶出了关中，丧失了战役进攻的能力，只能龟缩在陕南地区，依靠秦岭苟延残喘。

第十三章
汉中徘徊

第一节 “中国的马奇诺防线”

退守秦岭

扶郿惨败，胡宗南部被迫退守秦岭以南的陕南地区与陇南地区。秦岭山脉在渭水以南，汉水以北，东接河南的伏牛山，西连甘肃的岷山与麦积山，群峰耸立，山高林密，绵延500余公里，纵深200余公里，主脉有凤凰山、太白山、终南山，平均海拔2000多米，最高峰3700多米。且北坡多断层，悬崖绝壁。从关中到陕南的千里大山，一条川陕公路在峡谷中蜿蜒，几条驿道可通单骑，真是“一夫当关，万夫莫开”。

太白山玉皇池

胡宗南一直很重视秦岭的险峻和军事价值。他早就以陕南汉中作为关中的后方基地，并对秦岭布防作好了种种准备。退入陕南，胡宗南决定凭借秦岭的险峻，构建秦岭防线，经营陕南和陇南，建起汉中军政基地；重点防守川陕公路两侧和汉水河谷，防堵解放军从关中、豫西、鄂西等方进攻，伺机反扑关中和中原。

胡部各军封锁道路，设置纵深路障，依山据险构筑防御工事，控制各险要据点，坚固地建起了一条秦岭防线。胡宗南与西安绥署对秦岭防线很自负。副参谋长沈策对军师长们说："我军主动由关陇地区撤守秦岭山岳地带，是西北战场在战略上的重大决策。秦岭山峦重叠，坡陡无路，到处可以据险扼守，居高临下，俯视秦岭以北广阔平原，使敌人一举一动都暴露在我守军眼前，寸步难行。我军则进可攻，退可守，利用这一天险，整训部队，养精蓄锐。如敌人胆敢继续西进，深入腹地，我们伺机而出，腰击敌军，一举可以收复关中地区。"他甚至说："以秦岭为屏障，可以誉之为'中国的马奇诺防线'。入冬封冻后，敌人要妄想攀登，冒险偷袭，我军不用开枪射击，用木棒石头就可以击溃敌人。我军守住秦岭，则陕南、川北以至成都平原，大可高枕无忧。"

秦岭山脉

扶郿惨败后，胡宗南到凤县双石铺开军事会议，检讨扶郿战役的得失，调整与加强各地防务，也调动与撤换一批军师长。胡宗南陆续下令撤去了陈子干、刘超寰、徐汝诚、杨德亮、李正先、谢义锋六人的军长一职，任命周士瀛、朱仙墀、冯龙继、周文韬、刘孟濂、胡长青六人为军长。这些新任将领有从北平逃出来的旧部，有从台湾地区派过来的。

此时，胡宗南对非黄埔嫡系出身的裴昌会的忠诚与指挥才能起了疑心，尽管他不知道裴昌会在宝鸡时就已经秘密与中共接洽，但是，胡宗南认为，在这存亡时刻，再让裴昌会在前线指挥胡部主力第5兵团，越来越不放心。胡宗南早就想调他到后方去歇息，但因时机未到，只对他说："好好养病……"

而对刚打了败仗的第18兵团司令兼第65军军长李振与第38军军长李振西，胡宗南不仅不加以责难，反而给予关心与慰问。他对李振说："没有关系，我们再来，不要气馁。部队的损失马上补充，你要人有人，要装备有装备，赶快把散失官兵收容起来，集中整补。"这两个军虽非胡部嫡系，但第65军多是广东人，抱成一团，战斗力较强；第38军原是杨虎城旧部，经胡宗南多年渗透，亦为胡牢牢控制，战斗力也很不错。而在胡部其他各军，多残缺不全，战斗力弱，所以，第65军与第38军就更为胡宗南所重视。

胡宗南还重新调整部署了各军、师的防地：第5兵团等部驻防秦岭中部防线，第1军防守川陕公路，第18兵团防守陇南，第90军驻防成县，第18兵团部和第65军驻防徽县，第38军驻防两当，盛文统一指挥第3军和第98军驻防安康、石泉汉水河谷地带，王治岐第119军驻防甘肃武都；其他各军撤至大巴山地区整补。

而解放军占领关中地区后，毛泽东雄才大略，从全国大局着眼，于1949年6月26日指示彭德怀："国民党中央政府正准备从广州迁往重庆，为使伪府放心迁往重庆，而不迁往台湾，以及使胡匪不致早日入川起见，你们暂时似不宜去占汉中，让汉中留在胡匪手里几个月似较有利。"所以，解放军进攻、夺取汉中，只留下第60军与第61军监视秦岭胡军，而主力西向，于8月初占领天水，继续进军甘肃与宁夏。

胡宗南认为，解放军因惧怕秦岭天险易守难攻而暂缓南进，心中窃喜，却不知中共和毛泽东决策，"欲消灭胡军及川康诸敌，非从南面进军断其退路不可"，正策划以大军从黔滇进行大迂回大包抄，以大范围"围歼"整个西南地区国民党军的大战略行动。这个期间，决定暂时让胡宗南军事集团在汉中地区再苟延残喘一些时日。7月16日，毛泽东致电解放军四野，指示作战战略与方法："刘、邓共五十万人，除陈赓现率之四个军外，其主力决于九月取道湘西、鄂西、黔北入川，十一月可到，十二月可占重庆一带。另由贺龙率十万人左右入成都。由刘、邓、贺等同志组成西南局，经营川、滇、黔、康四省。”具体部署刘伯承、邓小平的二野迅即从华东调往湘、鄂西，准备从东、南面攻入川东、川南，贺龙率第 18 兵团等部则从陕南攻入川西，形成对川陕国民党军的大包围。

俨然“汉中王”

从 1949 年 7 月扶郿战役后，直至 8 月底，秦岭沿线无大战事，相对平静了近两个月。胡宗南防守陕南汉中地区与陇南地区，整军经武，整顿地方，俨然“汉中王”。

胡宗南为稳定地方，安定军心，采取系列措施以整顿军政与地方行政：在嫡系部队各军中开展“四公运动”，即“经济公开，人事公开，军事公开，意见公开”。在南郑城北郊石堰寺重设“干部训练团”，轮流抽调各军营长、连长以上军官来受训，进行精神灌输，坚定反共意志。胡宗南规定干训团主训和受训人员，甘苦与共，同穿同吃，“只有职位的区别，无等级的悬殊”，如上山砍柴，上至教育长，下至学员，无不自砍自担，不得让人代劳。

为储备干部，补充军队战斗力，胡宗南又以各战役后编余军官约 1500 多人，编为“干部大队”。又令各军选送军士，合计千余人，编为“军士学员大队”；又将从西安各中学带出与在汉中召募的 4000 多学生，连同原西安翠华山学校的学生大队 1000 多人，合编为“学生总队”。都编入“干部大队”，统一军政训练。还指示各地积极扩军，将地方保安团与各地方武装改编升格为正规军，调拨给各主力军；然后令各地方政府重组新的保安团与地方武装。

为进一步控制陕南地方行政，胡宗南指令陕西省政府主席董钊将陕南的两个行政专区各自一分为二：安康两个专区，一驻石泉，一驻安康；汉中两个专区，一驻城固，一驻汉中。并推行党政军民一元化领导，调查编制户口，征收田赋捐税，征集兵役人员，改编、扩充地方保安团。为进一步动员陕南与川北地区的财力、物力与人力支援战争，在南郑设“动员指挥部”，组织民众，空室清野，支援胡军，破坏资敌等活动。

汉中名胜古汉台碑林

以汉中为中心的陕南、陇南地区，自古就是战略要地，它既是由关中通往巴蜀的咽喉，也是由川北入关中的基地。当时国统区大部分一片红，国民政府在大陆只剩一个西南基地。陕南汉中地区既是卫护西南的屏障，又是从四川反攻西北、华北与华中的前哨。因此，蒋介石以国民党总裁身份连电胡宗南，要他坚守秦巴防线；行政院院长阎锡山在广州 8 月 8 日发表胡宗南兼任“川陕甘边区绥靖公署”主任。

此时，解放军横扫江南，势如破竹。8 月 4 日，湖南省政府主席程潜与第 1 兵团司令官、胡宗南黄埔一期同学陈明仁率部长沙起义，湖南和平解放。解放军从鄂西、湘西进逼川黔东部，川黔局势马上危险。四川一失，陕南危矣。

胡宗南看似在秦岭汉中地区作困兽犹斗的准备，但是，胡宗南也知道，指望长期凭借秦岭与汉水来抵挡解放军的攻击是不可能的；而陕南乃一隅之地，岂能长守？如若川、贵防线被突破，后方动摇，则陕南就陷入腹背受敌的险境。所以，表面上镇定自若的胡宗南内心正在苦苦地思索，必须尽快找好退路，为胡部二十多万大军寻得一个万全之策。可是，这“万全之策”在哪里呢？

与宋希濂同病相怜

1949年8月10日晚，宋希濂打电话给胡宗南，说他明日到汉中与胡宗南协商军政机密事宜。胡宗南比宋希濂小11岁，同为黄埔一期生，同在国民党蒋介石手下带兵打仗多年，抗战期间同在第34集团军供职。此时，胡宗南与宋希濂都面临着解放军即将发起的强大攻击，无法抵御，西南即将不保。两人都在苦苦思索何去何从，有何善策可以求得生机。

汉中名胜拜将台

目前两人的地位与境况很相似：宋希濂是川湘鄂边区最高军事长官，指挥2个兵团约10个军，防守西南地区的东方门户；胡宗南为川陕甘边区最高军事长官，指挥3个兵团12个军，防守西南地区的北方门户。这两个统兵大员共掌握着40多万国民党军兵马。

8月11日下午三点，宋希濂从重庆飞抵汉中。当晚八点，胡宗南与宋希濂开始单独密谈，一直谈到凌晨二点多。胡、宋回顾了国民党政府自定都南京以来二十多年的统治。接着，二人就当时的国际国内形势，重点讨论协商几个关键问题：

二人一致认为，短期内爆发第三次世界大战的可能性很小。既然形势的扭转不能寄望于国民党身上，又不能寄望于第三次世界大战的爆发，那就只能寄望于敌人了，那么，中共内部是否有分裂的可能？

胡宗南认为，眼下中共内部有分裂的可能，理由是：其一、中共内部过去就有过不团结，比如说，1938 年张国焘就从延安跑出投奔国民党；其二、听说，抗战时期共产党内部整风，斗争很激烈，许多人常从陕北跑出来，胡宗南在西安就收容了不少；其三、中共利用抗战机会，开辟了许多根据地，各地区各自为政，现在这些力量壮大了，必然不可避免地想自成独立王国，互争雄长。宋希濂从抗战到国共内战期间，很少同中共打交道，对此半信半疑。

至于国民政府能否保住西南、华南与台湾等地盘，两人估计当时中共拥有强大的军事力量，正规军约有 400 万人，加上地方兵团及民兵组织，总数可达 1000 万兵力，必然很快扫平各地，一统全国。而国民政府军队仅存 100 多万人，散布在陕、川、新、甘、贵、滇、湘、鄂、粤、桂、台的广大区域内，无论就军队数量和战斗力来说，都无法与中共决战。所以，在大陆地区，无论是华南还是西南，国军都将不保。但台湾地区、舟山群岛等地，则可保持下去，至少可保存一个时期。

中共必将很快进攻大西南地区。而国民党在这一地区总兵力只有 90 万人，其中大部是残兵败将，士气低落，战斗力弱，外加交通艰难，国民党政府要想集结兵力在西南地区来决战，是不可能的。

移军滇缅边界

胡宗南与宋希濂预测解放军很快就会进军西南，而他们也认定自己无力对抗解放军，可是，二人不愿束手就缚，更不会主动输诚。那么，出路又在哪里呢？这是二人密谈的核心问题，讨论时间最长，讨论内容最细。

胡、宋二人最后商定：保存实力，静待时机。在解放军尚未向西南采取大规模军事行动以前，设法将主力转移到一个比较安全的地区去。可是，转移到哪里去呢？宋希濂曾率远征军驻滇西三年多，还入缅作战，熟悉滇缅边界。因此，他提出将主力转移到滇缅边界的方案：先控制西康和川南，作为向滇缅边界转移的基地；等到共军向西南进军时，主力即转移到滇西地区，一部转移到滇南地区。如再遭共军逼压，则主力退入缅甸，一部退到滇、缅、泰边境。

据此方案，胡部先派一个军开驻川南，进入西康；宋部派兵开驻泸州，为开往滇西打前站。为确保计划能够顺利实施，必须先解决刘文辉，控制西康，并以西昌作第一据点。

胡宗南非常赞同宋希濂的方案，从座位上跳起来拍着宋希濂的肩膀，兴奋地说："老宋，这个计划好极啦！"胡宗南认为，撤军滇缅边界方案使他们终于看到了最后的一线希望。最后，胡宗南与宋希濂商定，等蒋介石由台湾飞重庆时，就将此方案当面陈述，一获得蒋介石的同意，就部署撤军。

随即，胡宗南与宋希濂都按方案着手准备撤军滇缅边界：宋希濂指派第 79 军新兵总队开赴川南泸州训练；胡宗南以训练新军为名，调派了一些部队开赴川西地区。

第二节　"情况判断报告"

反扑宝鸡

1949 年 8 月中旬，蒋介石与广州国防部电令胡宗南趁西北解放军主力围攻兰州之际，反攻宝鸡，切断陇海线，威胁西兰公路与关中地区，扰乱入甘解放军后路；再以三四个军的兵力，进天水，进攻秦安、通渭，袭击入甘解放军，策应马家军作战。

这时，蒋介石与广州国民政府也在部署其他战场的反攻：东南地区，汤恩伯部从厦门反攻福州；华中地区，白崇禧部从衡阳、宝庆反攻湘潭、长沙；川湘鄂地区，宋希濂部反攻宜昌。看似战局出现了一线转机。

胡宗南与西安绥署研究，认为解放军主力西进入甘，宝鸡一线兵力薄弱，正好乘机收复，遂任命第 5 兵团司令官裴昌会为总指挥，指挥各部从大散关反攻宝鸡，攻占宝鸡后，再从陇南反攻天水。

可是，反攻宝鸡还未打响，胡部在陕南地区东部安康、石泉防地就先遭到了解放军刘金轩第19军的佯攻。盛文指挥第3军和第98军招架不住，连电胡宗南告急。西南军政长官公署主任张群与副主钱大钧决定，调派防守川东北的第7编练区司令官罗广文率两个军到汉中增援安、石防线。但罗广文心存戒备，提出要求：第108军仍归西南公署建制，给养、弹药的补给也由重庆第四补给区负责，对胡宗南部只是支援，一旦解围，立即回川，不再请示。胡宗南拒绝接受这个条件。西南公署特派代参谋长刘宗宽于8月24日乘专机飞抵汉中，才勉强说服了胡宗南。

“情况判断报告”

1949年8月24日，国民党总裁与非常委员会主席蒋介石从台湾飞抵重庆，胡宗南携西安绥署副参谋长沈策、补给区司令程开椿等赴重庆，参加8月29日的重庆最高军事会议。

钱大钧篆书手迹

篆书作品为：“古之人得志泽加于民，不得志修身见于世。穷则独善其身，达则兼济天下。”

胡宗南对蒋介石亲临重庆很高兴。他热切地指望蒋介石长期坐镇重庆，亲自指挥西南战事，有计划地组织各部撤向滇缅边界。

8 月 27 日，兰州失守。8 月 28 日下午，罗广文邀胡宗南、宋希濂、何绍周、刘伯龙、郭汝槐、沈策、赵秀昆等十余名国民党军高级将领座谈。胡宗南提议联名请求蒋介石长期驻留大陆。大家一致赞同，当即推定郭汝槐军长与赵秀昆参谋长两人负责草拟信稿。这封呈蒋介石信不足千字，阐述西南地区应成为反共复兴基地，最后一致请求蒋留驻重庆或成都指挥，"国家前途，实深利赖"。签名之后，胡宗南、宋希濂、罗广文、何绍周、刘伯龙五人前往山洞陵园面呈蒋介石。但蒋介石"以情势有所不便，只好婉言劝慰，告以不能久居。"

8 月 29 日上午十点，胡宗南携沈策参加西南军政长官公署军事会议。蒋介石亲自主持，张群、钱大钧及西南地区各省与各方面的党政军负责人，以及蒋介石的随员蒋经国、俞济时等与会。

会上，西南公署情报处处长徐远举做了"敌情报告"，作战处副处长孙伯作了"国军布防与整补情况报告"，沈策作了"情况判断报告"。蒋介石和与会者一致赞同"情况判断报告"的判断，相信解放军攻川的重点是在北线，决定由罗广文率两个军连夜从川东北挺进西青川、平武地区布防，构筑工事，以"巩固陕南防务"。

蒋介石再次强调坚守四川与西南的重要性，还说："目前形势已经稳定，形势即将好转。"他鼓励大家："我们现在还有 100 多万陆军，有相当强的海空军，绝没有任何悲观失望的理由。望大家同心同德，坚定信心，坚持奋斗以争取胜利。"

然而，在这次军事会议所有与会者中，谁又知道沈策的"情况判断报告"是经过中共的授意而故意误导蒋介石和与会者的呢？

这一天，西南公署负责作战事宜的副参谋长兼代参谋长刘宗宽也是与会者之一，不过，他就是中共秘密谍报人员。抗战胜利，他在重庆行营任参谋处长，后升任西南公署副参谋长。他利用职务之便搜集重要情报，并按中共的意图引导国民党政府在西南地区的军队部署。

这次会议召开之前，中共“为了借兰州解放，把国民党的防御重点由川东北移到川西北”，以利于解放军由湘西、鄂西入川，特指示刘宗宽在会前写成一份足以迷惑蒋介石的“情况判断报告”，提出解放军攻占兰州后，必定会停止西进新疆，而是利用陇海线的便利条件，重点进攻川北，分兵两路，从陕南和陇南进攻四川，“一路直接从兰州南下，经武都，出碧口；一路沿川陕公路南下，两路会成一把尖刀，直插川西平原，在四川的国民党部队，便成瓮中之鳖，四川即可垂手而得”。刘宗宽巧妙地说动胡宗南的副参谋长沈策到会上出面作这个“情况判断报告”。由于这个“情况判断报告”是把胡宗南部摆在主要防御地位上，又由沈策出面汇报，因而得到了胡宗南的认可。

秦岭老巢被抄

1949 年 8 月 25 日，胡宗南从汉中飞抵重庆，参加军事会议。而 8 月 26 日拂晓，胡宗南部反攻宝鸡战役开始。李振西指挥各部，兵分左、中、右三路，进攻宝鸡一线。

胡部三路反攻部队未遇解放军有力抵抗，顺利推进。到 8 月 28 日，中路第 55 师进逼益门镇；东路第 123 师进抵杨家岭、高级河、小寨，逼近渭河；西路第 177 师进抵东岔河，部分渡过渭河。各路进展顺利，看来宝鸡克复在即。

这时候，裴昌会突然接获后方急报：解放军强大兵力已迂回穿插到后方，深入秦岭腹地深山，8 月 29 日击溃隘口地区骑兵第 2 旅，再向南推进，进攻川陕公路上的东河桥、黄牛铺、红花瀑与草凉驿地区，南距第 5 兵团司令部所在地凤县双石铺仅十几公里远。而北攻的李振西各部也被切断了退路。在前线的李振西与在双石铺的裴昌会都不相信解放军深入到了秦岭腹地深山。

原来，在胡宗南筹划部署反攻宝鸡、天水时，解放军第 18 兵团为配合主力进攻兰州，防止胡宗南部北犯，决定 8 月中旬发动秦岭战役，集结 5 个师，先歼灭观音堂、东河桥、黄牛铺地区的胡部守军，再相机攻占川陕公路线上的重镇凤县，为南进汉中打开秦岭大门。

8月25日，解放军投入战前准备。解放军第18兵团见胡宗南部锋芒毕露，即诱敌深入，抄敌后路：第61军的两个师附兵团部的炮兵团，正面防守宝鸡、益门镇，8月30日沿川陕公路及其两侧向南发起反击；第60军主力由宝鸡以西入秦岭，击退胡宗南部第177师，向南猛插，8月29日占领五林子、隘口，重创胡部骑兵第2旅，再向川陕公路急进，30日占领黄牛铺、红花瀑与草凉驿地区。

宝鸡大散关

战况出人意料，裴昌会与李振西恐慌起来。当时胡宗南已去重庆。裴昌会一面令前线各部紧急后撤，一面为了防止解放军从草凉驿南袭凤县双石铺，急忙扣下正向陇南徽县集结、路过双石铺的刘孟廉第27军的一个团，增援草凉驿。但这个团还未到草凉驿，就被击溃。西路第177师所辖第531团撤退时，被包围在隘口，几次突围，未成，伤亡殆尽；第503团逃经黄牛铺公路时，遭突袭而溃散。中路第38军第55师从大散关回撤时被追击，伤亡很大。第55师一部据险抵抗，掩护主力撤向东河桥及东南山区，后来随东路的第123师一道，退向进口关。解放军乘势追击，占领观音堂、天台山、秦岭垭口、东河桥、黄牛铺等。由宝鸡以西深入秦岭的解放军第60军在东河桥、黄牛铺与从宝鸡反击的第61军会师，乘胜扩张战果：一部继续进攻凤县外围；三个师于8月30日深夜由黄牛铺出发，取道河口洞、安河寺及杨家河，向东南纵深插入，进攻核桃坝、平木地区，9月1日攻下秦岭主峰凤凰山。

形势太危急，裴昌会与西安绥署急调第1军和第27军等部来增援，协助李振西部在河口洞、丁家坪地区防守，终于挡住了解放军的凌厉攻势，而且当时秋雨连绵，秦岭山区山高严寒，解放军攻入秦岭，后勤补给很困难，于是，中共中央军委指示深入秦岭山区的第18兵团对胡部“拖而不打”，因此，9月6日，第18兵团停止攻击，回撤宝鸡。所以，胡部得以退守秦岭主脉凤岭以南，在徽县、两当、凤县、旧佛坪一线以北山地，凭险构筑阵地设防。

宝鸡天台山风光

至此，历时十天的秦岭战役结束。秦岭胡部的第一道防线被突破，伤亡、逃散约1万人。

撤军方案被否决

1949年8月29日，蒋介石说目前“形势已经稳定”。胡宗南却并不相信，而认为形势日益危险。到9月初，获悉部属在秦岭前线反扑宝鸡失败，胡宗南更感到形势危急。胡宗南同意解放军攻川重点是在北线的“情况判断”，但他的结论却不是去加强川陕甘防线，而是加速撤军滇缅边界。

在重庆，胡宗南约宋希濂两次去见蒋介石，委婉陈述撤军滇缅边界方案。但蒋介石坚决否决，还向两人说出了自己的看法与打算：一旦放弃西南，则国民党政府的国际地位将完全丧失；只有坚守形势险要，物资丰富的西南地区，成为将来反攻大陆的复兴根据地。

蒋介石指令胡、宋等部死守四川周边防线，保卫大西南，以待世界形势大转变。而胡宗南、宋希濂则反复陈述理由，认为国军如不避免决战，定有被包围以至被全歼的危险。唯一的上策就是先撤到康滇边界，保存实力。蒋介石不仅坚决反对，最后甚至于面露愠色，胡、宋才不敢再坚持下去了。

胡宗南、宋希濂商定的撤军滇缅边界方案，就这样被蒋介石搁置了。

第三节　川北第二道防线

大巴山防线

直到1949年9月中旬，心情郁闷的胡宗南才从重庆返回汉中，态度失常，常大发脾气。他追究部下反攻宝鸡惨败的责任，调安鹏秋接替黄家瑄任第55师师长，下令将黄家瑄“着即军前正法，具报凭转”，后经人说情，改成撤职关押查办。胡宗南还拟撤李振西军长职。

由于解放军突破了秦岭第一道防线，并推进到黄牛铺一线，胡宗南被迫调整秦岭防线，计划以大巴山为根据地，而以秦岭为游击区，遂命令各部在秦岭第二线沿凤岭一线布防，扼守险要，苦撑到冬季来临、秦岭雪封之时，掩护大巴山防线的建立。在秦岭防线上，第5兵团4万余人防守秦岭中部川陕公路亮侧地区；

第18兵团4.4万余人在左侧防守陇南一线；第3军、第98军防守东部安、石地区；第1军为机动。

为了把川、陕、甘交界的大巴山防线构筑成川北的第二道防线，胡宗南先派遣绥署副主任於达率参谋团到川北一路，顺着竹峪关，取道巴峪关、牢固关，西至甘南的碧口、武都，勘察地形，指令地方政府发动民工修路构筑工事。接着，胡宗南派6个军陆续开往大巴山驻防、整补、训练、构筑工事。到9月底10月初，胡宗南将驻防大巴山地区的各军编为第7兵团，兵团部设川北广元。由李文接任第5兵团司令官，调裴昌会任第7兵团司令官。

胡宗南下令建立“大巴山防守工程委员会”，负责督导建设大巴山防守工程。为了从地方行政上与经济上支持大巴山防线，胡宗南决定组建“川陕甘边区绥靖公署”，管辖川西北与陕南、陇南近30个县的人力和物力。

牢固关

经过一番运作，胡宗南正式宣布即将成立“川陕甘边区绥署”，设在川北重镇绵阳，胡宗南自兼绥署主任，让於达代行主任职务，裴昌会驻广元负责军事，曾扩情驻绵阳负责党政。

胡宗南此时虽表面上在紧锣密鼓地部署秦巴防线，组建“绥署”，但是，内心里却充满了惶惑与疑惧。这一时期，全国各地形势进一步恶化：9月26日，胡宗南旧部陶峙岳在新疆宣布起义，整个西北地区全部失守；10月1日，中共在北京宣布中华人民共和国成立了……

撤退再次被否决

1949年11月初，“川陕甘绥署”在绵阳正式成立。同时，胡宗南又派秘书长赵龙文在甘肃武都组建“川陕甘绥署陇南分署”，任命赵为分署主任兼国民党陇南党务特派员。这样，胡宗南就控制了陕南、陇南与川西北广大地区的党政军大权。

10月初，胡宗南在绥署召集罗列、袁朴、周士冕、李昆岗、王超凡、李犹龙等亲信幕僚秘密开会，商讨行动计划。胡宗南说：“我到重庆见了总裁。他认为局势虽然急剧逆转，但目前已渐趋稳定……。在这种情势下，只要我们能固守四川，就能固守西南半壁，有半壁河山，一切尚有可为。他又指示说，宋希濂守川东酉阳、秀山、黔江、彭水，罗广文守川东北城口、万源，是没有问题的，只要你们能守住川北，四川可保无虞。我听了总裁指示后，不放心，曾亲到罗、宋两地区去看了一下，见到宋希濂部才由湘鄂败退到秀山，喘息未定，官兵都在想逃，既无阻敌的坚固设防，又无一定的部署，怎能挡住共产党的军队？罗广文在万源、大竹这一地区虽然驻守的时间相当长，也有些防守设备，但他的部队多是收编的西川土匪与一些新兵，乌合之众，怎能打仗？我虽然向总裁保证坚守川北防线，但宋、罗两地区一旦失守，我们远在汉中，不是成了瓮中鳖了吗？因此，找你们来研究：我们应该怎么办？”

袁朴说：“川东防线若被共产党突破，汉中确难固守，到那时，只有轻装脱围，从河南、江苏冲到海州上船撤退，除此别无二路。”

王超凡说：“等到从河南撤退时，恐怕已逃不成了。”

李昆岗说：“我们现在的后方是四川，将来的后方是西康、云南，不如现在就作退西康、云南的准备。”

李犹龙说：“守秦岭、陇南、汉中，是为了固守川北。川东若危险，川北即无用。为了早作脱围准备，应先消灭刘文辉，以去腹心之患，拿下西康的雅安、泸定、西昌三个据点，驻下三个军，进一步开两个军守驻云南，就可以进可以攻，退可以守了。能做到这一步，四川还可以固守一个时期，必要时还可以退西藏或缅甸。”

罗列说：“刘文辉的部队尽是鸦片烟枪，雅安、西昌是容易拿下的。目前走成都去攻打雅安是打草惊蛇；可以先抽一个军驻乐山、往洪雅、邛崃前进，另调两个军沿绵阳、绵竹、彭县、崇宁、温江，掌握住灌县口子，必要时出灌县，走草地攻雅安，再准备两个军调云南，守住云南，西南的局势是可以稳定下来的。”

胡宗南认同大家的说法，但是，这样的意见会得到蒋介石的批准吗？

胡宗南决定：先委派李昆岗为西安绥署西昌办事处主任，再将第1师秘密开往西昌；同时再调派两个军驻防川西彭县、崇宁、灌县地区。

胡宗南再次把这个计划呈报蒋介石，蒋介石照旧不准。成大事者不拘小节，可胡宗南太服从蒋介石了，以致缺乏了应有的主动权。王微说胡宗南拘泥于中央枝枝节节的琐碎规定，“食古不化，连不合理的也一一服从，结果失尽了一切可以建功立业的良机，这是很令人扼腕痛惜的。”

而胡宗南更苦闷，龟缩在南郑总部里，“一个人在房子里关着门唱京剧，点洋烛（这是胡在极苦闷时的老毛病），听说在害政治病，还曾有过闹自杀的事情。”胡对亲信幕僚们说：“老是被动，将来只有作瓮中鳖了。”

三次传见张新

毛泽东很重视策反胡宗南，希望他也学傅作义。早在1949年8月6日。毛泽东写给彭德怀、贺龙、习仲勋的指示中特地指出：“胡公冕已来西安，请你们注意用他去收拾胡宗南部。”

胡公冕是黄埔军校卫兵司令，与胡宗南同乡，在军校与东征期间，与胡宗南交好。1936年投奔胡宗南，在胡总部当幕僚，后又荐赴甘肃岷县任行政督察专员。1947年，胡公冕到上海，参加中共地下工作，策反国军将领。中共中央决定争取胡宗南学傅作义。周恩来就特地把胡公冕请到西安。胡公冕在西安找来已在中共一野联络部工作的张新，商议如何争取胡宗南，最后决定由胡公冕写封亲笔信给胡宗南，吁请胡带兵起义，连同中共西北局的有关文件，密藏在特制的鞋底里，一起送交胡宗南。

张新1949年9月23日离开西安，从宝鸡直奔汉中，通过秦岭封锁线，10月8日到达褒城，即被保密局抓获。当日夜，胡宗南在南郑绥署里就接到侍卫长唐西园报告：在清涧战役中被俘的旅长张新被抓获，如何处置？

10月10日后半夜，胡宗南下令将张新带到绥署来。

胡宗南问张新："你回来了吗？"

张新开门见山地说："不是我要回来，是中共西北局派我来的。"

问："派你来干什么？"

答："你大概会知道的，我只要见到你面，就算完成了任务。"

问："为什么？"

张新脱下一只鞋，递给胡宗南，说："是胡公冕先生要我专程送来的，鞋底里有文件，有信，内容我不知道，请你自己拆开来看。"

此时，胡宗南追问："胡公冕现在哪里？"

答："我动身时，在西安西京招待所。"

问："胡公冕有什么话吗？"

答："他只交代我，只要把信送到，见到你的面，就行了。"

胡宗南接过鞋子，拿进卧室，折开鞋缝，翻看了胡公冕的亲笔信和中共西北局文件，然后出来继续交谈。

张新说："惭愧得很，清涧之役，我没有完成胡先生交给我的任务。……"

胡宗南站起来摇了摇头，说："不谈那一些。"

张新见机转换话题，趁势试探性地说："我是你的老部下，此番来看看老长官近况如何。说实话，我希望今后能够经常在一起。"

张新是话中有话，胡宗南却避而不谈，岔开话头，说："你谈谈共产党的战略战术吧!”

于是，两人漫无边际地聊了两个钟头，张新才被押回狱中。

10 月 12 日后半夜，胡宗南第二次传见张新。

这一次，胡宗南态度十分客气，对张新嘘寒问暖。

张新反问:“胡先生决心下了没有?”

胡宗南笑了笑，问:“八路军还在秦岭以北吗? 彭德怀去打兰州了吗?”

张新肯定地回答:“是的，彭德怀去打兰州了。如果解放军跟踪南下打汉中，我们就不能在这里见面了。”

解放军攻打兰州外围据点狗娃山

问:“你不怕共产党整你吗?”

答:“共产党既往不咎。”

张新谈了一些对中共政策的见闻与体会。

胡宗南好像在认真地倾听，又漫谈了两个钟头。

显然，胡宗南此时内心非常矛盾，心有所动，又徬徨动摇!然而，如今平心而论，胡宗南当时的“动摇”正是他在思考，也是良心，愚忠也并不容易做到。

10 月 15 日后半夜，胡宗南第三次传见张新。

这一次，胡宗南态度更和蔼，问:“彭德怀身体好吗?”

“彭身体很好。抗战初期你们不是谈过话吗? 也算老朋友了吧。”

“赵寿山在那边可得意吗?”

张新说:赵寿山在中共里面很受欢迎，现担任中共第一野战军副司令员。

胡又问："那边怎样称呼我的?"

答："称胡宗南。"

胡笑说："不是叫我胡匪吗?"

答："你站到他们那边去，那就称你胡将军了。不过也有人评论，称你是半个军阀。"

胡宗南一生以革命军人自居，最怕被人称作"军阀"。

胡宗南一听，面露怒容，问："我哪半个是军阀?"

张新急忙自嘲，说："不要说你是军阀，连我也是小军阀呢。"

胡宗南又问："那边对文天祥这样的人，认为好不好?"

胡宗南话中有话，张新说："文天祥，从历史上看，不向异族屈服，为民族尽节，当然是好的，所以人民尊他为民族英雄。但你我所做的事……不可能变成文天祥。"

胡狠狠地盯了他两眼，郑重地说："士为知己者死！你也是黄埔生，你，想到校长没有?"

张新又说："胡公冕先生说了，你坚持与人民为敌，罪恶就大；你回到人民的怀抱，功劳也大!"

胡宗南一听，情绪激动地大喊："士为知己者死！我不能不想想校长，不能对不起校长哇!"说完就倒在沙发上掩面而泣。

唐西园急忙进来，将张新带回监狱。

可见，胡宗南太忠顺蒋介石。1967年，王微曾在接受台湾地区学者的访问访谈时评价胡："胡先生的好处是服从，在我看，他的最大的毛病也就是太服从。"而宋希濂后来就说过："抗战胜利，大家都想解甲归田，建设国家，但蒋先生要打共产党，我们听了心里一沉，只有效忠到底。"

在危机四伏，朝不保夕的形势下，胡宗南的内心是很痛苦的。明知前途艰险，奋斗无望，仍还要苦苦挣扎，以致心情痛苦，整天独自"踱来踱去，夜间睡不脱衣，不脱鞋，不盖被，日夜不安。"面对着中共的说降，一度产生了矛盾与彷徨。但"士为知己者死"的传统道德，与蒋介石深厚而长久的关系等，使他几番挣扎，最终一意孤行，决定仍要死心塌地地跟着蒋走下去。

为了防止中共再派被俘人员来说降，10 月中下旬，胡宗南命令秦岭前线部队：凡是胡部流落在中共辖区内的零散官兵，要回来的，没有绥署的命令，一律不得入内。此后，前线部队就严禁失散或被俘释放的官兵越过凤岭防线。在青涧被俘的整 76 师师长廖昂设法回到汉中，当即就被胡宗南软禁，次日就送到四川，转送台湾。1948 年 8 月冯原、壶梯山战役中被俘的团长陈定等则被关了起来。

第四节　永别大西北

川黔大溃败

自 1949 年 10 月以来，国民党政府在大陆的形势更恶化。10 月上旬，白崇禧集团主力在衡宝战役中遭围歼，残部退往广西。10 月 14 日，解放军占领广州。国民党政府与国民党中央党部被迫迁至重庆。此时，国民党政府在内地就只剩西南一隅了。

10 月中旬，解放军二野刘伯承、邓小平部进军西南。10 月 20 日，刘、邓率二野总部从南京到徐州转陇海线，10 月 23 日抵郑州。刘伯承在郑州公开讲话。胡宗南与重庆国民党政府都判断二野将从陇海线西进陕甘，会合第 18 兵团，进攻秦巴防线，再南下入川。胡宗南与国民党政府都将注意力集中到北部防线。然而，盘踞川、陕、甘边地区与秦巴防线的胡宗南军事集团十几个军的兵力，不知不觉地就逐步陷入了解放军精心部署的包围圈内。

这个时候，刘伯承、邓小平秘密从郑州南下，10 月 28 日进驻武汉指挥部。解放军二野的主力和杨勇第 5 兵团会同四野陈锡联第 3 兵团，隐蔽地朝湘西与鄂西地区集结，准备大规模向川东、黔东的国民党军发起猛攻；同时，二野陈赓第 4 兵团也正从粤向桂、滇挺进，先向南面进军，断绝川、黔、滇地区的国民党军退路，南北夹击，“包围歼灭”。

11 月 1 日，解放军二野刘、邓部主力第 3 兵团和第 5 兵团及四野一部，在北起巴东、南至天柱，宽约一千公里的地段上，多路出击，猛攻国军川东防线与黔东防线，迅速从中间突破，拦腰斩断。川东与重庆顿时变得非常危急。

川黔防线被突破，川东危急，但是，因为中共中央与毛泽东指示贺龙：对胡部“歼胡作战时间，不应太早，应待刘、邓进至叙府、泸州、重庆之线，然后发起攻击，时间大致在 12 月中旬。”于是，解放军第 18 兵团决定“缓进、牵制、抑留胡宗南部队于秦岭、巴山地区，待南线大军完成合围后，再压缩前进，会歼敌人于成都平原”，在 1949 年 11 月间一直不进攻胡部，所以，一时胡部防区前线——秦岭一线仍平静无战事，看似安如磐石。

“西北王”永别西北

然而，川黔国军一溃败，整个大西南防线就从根本上动摇了，守备秦巴防线的胡部后方即将被截断，迅速陷入腹背受敌的险境。在这危急关头，胡宗南不相信也不会听从在重庆的国民党政府与代总统李宗仁的意见。1949 年 11 月 3 日，胡宗南从汉中直飞台北面见蒋介石，请示西南防守机宜。

蒋介石决定亲自到重庆指挥西南防卫战，答应调拨 750 公斤黄金给胡部做军费，并指示胡宗南迅速收缩秦岭一线兵力，前往川北巴山设防，率主力入川西，准备与解放军决战，并分兵增援川东；同意胡宗南运一个师到西昌，以保护今后进出云南的通道。

11 月 5 日，胡宗南飞回汉中，部署全军南撤入川。

11 月 7 日，胡宗南带着罗列、袁朴、李昆岗等乘车来到石泉茶亭镇，召集盛文、刘劲持、陈岗陵、邓宏仪、王陵云、李静谟等安康一带驻军将领开会，布置东路驻军撤退。胡宗南命第 3 军火速开往成都，第 98 军担当后卫，掩护秦岭地区部队南撤，再撤往川北城口、万源。胡宗南任命王陵云为“豫陕边区挺进军”总指挥，辖新组建的李学正新 4 军、徐经济新 5 军；任命王陵云为豫西行署主任，徐经济为陕南行署主任，留在豫西、陕南打游击。

11 月 9 日，胡宗南来到凤县庙台子，召集西线与秦岭中部驻军将领开会，到会的有李振、李文与各军、师长。胡宗南部署南撤入川，路线是陕南部队沿川陕公路南下，陇南部队沿白水江、阴平小路南下；第1军等部11月13日开始南下入川，第38军、第36军留在秦岭，第90军在陇南担任后卫掩护。

胡宗南又命令：第5兵团、第18兵团南撤入川，第7兵团凭借大巴山险要地形与工事，构建川北防线，防堵北面解放军尾追入川；除留下少数部队打游击外，各部南撤时要大肆破坏桥梁、道路，布设地雷。

从11月13日起，胡部各军从陇南、秦岭到安康分批南撤。第1军作先锋，11月20日到达广元。11月15日、16日，第1军袁书田第1师1700多人被空运到成都新津机场；19日，又从新津空运第1师朱光祖第3团到西昌，控制了西昌机场。

11月14日，蒋介石从台湾飞到重庆，坐镇指挥。因川东局势骤然紧张，重庆危急，蒋介石一面令宋希濂、罗广文等部死守阵地，阻挡解放军的攻势；一面令胡宗南部加速南撤入川，并派一部东援重庆。11月18日，重庆国防部命令胡部加速入川："彭水昨已陷匪，形势紧急，务望贵部主力于十日内转进成都平原。"于是，胡宗南就奉命调第1军余部紧急东援重庆。

胡宗南立即下令：除第38军、第119军在秦岭正面与陇南掩护外，其余各军迅速后撤，分路入川。但因川、陕、甘地区道路崎岖，地形复杂，各路人马在几条小道上拥挤，局面很混乱，行进速度非常缓慢。

11月19日清晨，胡宗南又接到重庆总统府军务局长俞济时打来的紧急电话，传达蒋介石的命令，要胡宗南立即将入川到达广元的第1军汽运到重庆，第3军开赴新津。胡宗南撤第1军到西昌的计划就被打乱了。11月19日夜，胡宗南电令陈鞠旅，20日一早即自广元把第1军车运重庆，并对陈鞠旅说："勤王之师，义无反顾。"先头部队第167师于11月26日到达重庆。

11月26日，担任秦岭掩护的第38军、第36军也从双石铺、凤县等地区，一边破坏，一边撤退，分别由川陕公路等线南下。

胡宗南则从汉中，经绵阳，11 月 28 日飞到成都。“西北王”胡宗南从此永别西北。

退守成都

1949 年 11 月 28 日，胡宗南到达成都，办公处设在成都南门空军学校。据蒋经国日记，当日称胡“亦自绵阳来见”他。当时，四川地方军阀刘文辉第 24 军、邓锡侯第 95 军驻防成都城内，地方保安部队严啸虎部担任成都城防。

第 1 军到达重庆时，重庆形势已很危急。11 月 27 日，罗广文第 15 兵团丢失南川与綦江，解放军进逼重庆郊区。为稳定人心，蒋介石特令第 1 军武装整队穿过重庆市区，市民见“武器精良，士兵皆系青年子弟，精神奕奕，而服装整齐，军容甚盛，市民见而欢庆，认为救星到了。”第 167 师随即开赴綦江前线，进抵綦江附近 15 公里处，綦江失守，遂奉命防守长江一线，扼守海棠溪、北温泉、南温泉。

接着，第 1 军第 78 师 3 个团陆续开到重庆市郊，布防江津以西长江与海棠溪北岸，阻击解放军的攻击，另以一团加强防守白市驿机场。到达重庆的第 1 军只能是孤军作战。因为这时，罗广文部、宋希濂部都已从重庆外围朝川西溃退。

此时第 1 军经多次整补，新兵大增，无实地作战经验，又长途跋涉，军心涣散，现代化的重武器在崎岖之地殊不容易运用，阻挡不住解放军的凌厉攻势。在重庆激战四天，第 1 军损失惨重，第 167 师师长赵仁和一位团长战死，营、连、排长死伤六七成。第 1 军增援重庆失败。

11 月 30 日，解放军在江津以西渡过长江，攻入重庆市区。这日清晨，蒋介石携蒋经国、张群、钱大钧、参谋总长顾祝同、参谋次长萧毅肃、张世希等随员从白市驿机场乘“中美号”专机飞往成都。第 1 军亦从重庆撤向璧山。12 月初，第 1 军余部到达成都，驻防新津。

第十四章 川康覆灭

第一节 短命“西南王”

反对“川西决战”

1949年11月30日，蒋介石一到成都，当日下午即在中央军校驻地“约见邓锡侯、刘文辉、熊克武、向传义、王方舟”等川、康党政军界要人谈话，商讨川西防守决战事宜。蒋介石先说明重庆失守是战略转移，接着，大谈在川西成都地区与共军决战的有利条件与重大意义，并寄望于胡宗南部。蒋说，胡宗南的3个兵团还是完整的，尚可一战，望川康方面努力配合。蒋介石指示，由顾祝同、钱大钧、萧毅肃、胡宗南等组成“川西临时指挥部”，指挥川西各军与解放军在成都地区一决雌雄，若不成，则撤往康滇地区。

12月1日，胡宗南向蒋介石汇报其部3个兵团自陕南、陇南撤向川西的经过，“详商军事部署，以汽油缺乏，运兵滞缓为难”。蒋令胡加速南撤，并“速派有力部队进驻遂宁并防守内江”，同时，蒋介石令从川东西撤的第15兵团、第16兵团、第20兵团等布防沱江、岷江地区，阻止解放军西进，掩护胡宗南部另外3个兵团向川西集结。

12月上旬，第5兵团与第18兵团各军先后疾进川西，第7兵团在掩护第5兵团和第18兵团入川后，也逐步放弃大巴山防线，向川西集结。

同时，从川东溃退下来的各兵团也不断涌向川西地区。但这些兵团都编制残缺，装备不良，战斗力极差。刘文辉第 24 军和邓锡侯第 95 军准备很差，官兵多吸鸦片烟，不堪一击。因此，胡宗南部就成为国民党政府与蒋介石在川西最重要的正规军。

但胡宗南却反对蒋介石的在川西与解放军决战的计划。他明白，川西是盆地平原，非战守之地，无险可依，而且，刘文辉、邓锡侯这些地方军阀不可信赖，故此对张群极力拉拢他们的做法嗤之以鼻，既然此时此地不能与解放军决战，而主张先退守康滇。

民国“川军三雄”（右起依次为刘文辉、杨森、邓锡侯）

12 月 4 日晚，胡宗南约罗列、袁朴、周士冕、李犹龙等人开会。罗列说：“东路的共军在占领重庆后，正向川西挺进。宋希濂的情况不明，宜宾的郭汝槐有不稳情况。北面的共军正向陕南、川北进攻。在这一情势下，军事部署应早作妥善处理，或退或守，要明确决定。”

李犹龙是成都人，说：“要守成都，首先要守住合川、泸州、剑阁、江油等几个外线点；如外军攻到仁寿、龙泉驿、绵阳、新津等内线点，就不能守了。这在四川内战史上大家都是知道的。在目前的情况下，我认为还是早作放弃成都、退往西昌的准备，以保全实力，再作后图，比较适宜。”

众人都赞同李犹龙的看法。胡宗南也知成都非坐守之地，但蒋介石要他在此与共军决战，怎敢抗命？

12 月 5 日下午，胡宗南又约罗列、李犹龙等协商。胡宗南说：“守成都确有困难。我们来研究脱围的办法。”李犹龙答：“办法我们在南郑就已研究过。现在脱围还是时候，迟了就不可能了。现在从邛崃攻雅安占住泸定，从乐山过蓑衣岭到西昌，我们都是可以做到的。但首先要解决刘文辉。”

胡宗南说：“我们现在至少还有30万人，用两个军守乐山，用两个军攻雅安，进驻雅安、泸定，再用两个军进驻云南，其余部队都陆续掩护前进。”

胡宗南的这个方案得到了大家的一致赞同。胡宗南即请示蒋介石。

康滇！康滇！

当时，胡宗南进驻川西的军事方案无疑是川西国民党军逃脱被围歼、暂时保存实力的唯一可行方案，也是中共最为担心、力图阻止破坏的战略方案。

为了打破胡宗南的这一方案，中共一面派兵日夜兼程，直插成都西南，完成对成都的大合围，截断胡部撤向康滇地区的退路；一面加紧策动、催促刘文辉等部早日起义，先占领邛崃、雅安、泸定、西昌等地，迟滞与阻止胡部西撤。

12月5日，周恩来从北京密电潜伏在雅安的中共代表王少春催促刘文辉等早日行动：“望即转告刘自乾先生，时机已至，不必再作等待。……行动关键在勿恋成都，而要守住西康、西昌，不让胡宗南匪军侵入。”

但胡宗南撤军康滇方案迭遭否决，蒋介石固执地命令他联合刘文辉、邓锡侯等部坚守成都，与解放军在川西决战，并当即与胡宗南“研究作战方略，决集中二十六军于自流井与内江之线，以遏止共军向乐山方向进窜，并拟定川中此后全般部署与战斗部署。”蒋介石还拟改组“西南公署”，让胡宗南总揽西南军政大权，统一指挥在川西的全部国军，与共军决战。

蒋介石还对他说：张群向他保证，刘文辉、邓锡侯、卢汉都不会背叛党国，绝对是忠实可靠的；并要胡宗南当晚与张群、顾祝同等一起去同刘文辉、邓锡侯等人商讨如何落实川西决战方案。

12月5日晚，胡宗南、张群、顾祝同、邓锡侯、萧毅肃等人到成都玉纱街刘文辉公馆赴宴。宴会气氛很紧张。当时，刘文辉和邓锡侯已秘密准备起义，并采取了一些措施，只是还没有炸毁邛崃大桥。

萧毅肃首先发难："据报，邓晋公（锡侯）命所部集结广汉、新都一带，阻击胡宗南部西进；刘自公（文辉）的部队已经破坏了邛崃大桥，不许胡宗南部通过，究竟是怎么一回事？"

刘文辉和邓锡侯一听，不得不矢口否认，还振振有词地叫顾祝同、胡宗南实地调查，如若情况属实，他们甘受军法处罚。

随即，萧毅肃铺开一张作战态势图，测算兵力配备，商讨攻守形势，期间各方少不了一番绵里藏针的唇枪舌剑。

最后，胡宗南追问刘文辉："刘自公究竟打算怎么办？"

刘文辉慷慨激昂地说："这还用得着我说吗？事实摆得最明白，……，我又是大军阀，又是大官僚，又是大地主，又是大资本家，样样占齐了。共产党搞的是无产阶级革命，哪里还会要我？"

刘文辉大邑庄园的一道过门

张群转身对胡宗南说："这回你该放心了吧！"

刘文辉、邓锡侯信誓旦旦，保证绝无贰心，可胡宗南哪能放心呢?！回到住处，胡宗南向亲信诉苦："总裁下手令要我们死守成都，要我们杀身成仁，我们就在成都同归于尽吧！"又说："刘文辉、邓锡侯这些四川的土皇帝，张岳军（群）向总裁力保他们靠得住。我看这几十万人都会被张岳军埋葬在川西。”

的确，就在蒋介石力主川西会战而胡宗南却心存疑虑坚决反对之时，解放军遵照刘伯承、邓小平部的先行合围、断敌后路、再分割歼灭的方针，从东、南、北三面同时发动了对川西国军的大“围歼”行动，在成都和川西平原上以胡宗南军事集团为主力的国民党军，即将陷入解放军的重围之中：

解放军分路从川东与贵州朝川西、川南急行军，12 月 6、7 日就逼近了彭山、泸州、宜宾地区；北线解放军 12 月 5 日开始从陕南、陇南分路南下，12 月 6 日占领汉中、褒城与陇南的武都、文县，迅速挺进川北，形成合围之势；在西南地区国民政府内部，滇、川、康的地方军阀势力，连续出现不稳与叛离的种种迹象。

“西南王”胡宗南

形势越来越危急。12 月 7 日晨，根据坚守川西和康滇方案，蒋介石派张群去昆明，试图说服卢汉同意国民党政府国防部、陆军总部等机构迁到昆明，云南省政机构则迁到滇西，但是，卢汉却说云南民心不稳，财政吃紧，要国民党政府拨给他 300 万银元与 3 个师的武器，才同意开往滇西。对此，蒋介石急召张群与在滇的第 8 军军长李弥、第 26 军军长余程万、第 92 军军长龙泽汇等来成都协商云南事宜。

12 月 7 日，应蒋介石之邀，刘文辉、邓锡侯本应于下午四点到成都北校场中央军校议事，可两人却于当日中午离开成都前往新繁龙桥；四川军阀潘文华也赶去会合。

蒋介石即派王缵序赶往龙桥，力图说服刘文辉、邓锡侯回成都主持四川军政，但刘文辉、邓锡侯不听。种种迹象表明，他们正准备“反叛”。顿时，成都局势更加复杂更加危急。

直到这时，蒋介石才知道大势已去，“川西决战”是不可行的了。12 月 7 日晚，蒋介石召集胡宗南、阎锡山、顾祝同等人商议应对之策。据蒋经国当晚日记所述：“到此乃知大势已去，无法挽回矣。因于晚间作重要决定，中央政府迁台湾台北，大本营设置西昌，成都设防卫总司令部。此时胡宗南部队已翻越秦岭，跋涉长途，转到成都平原。”

12 月 8 日，国民政府“行政院”召开紧急会议，正式通过撤逃部署方案；宣布改组西南公署，由参谋总长顾祝同接替张群，兼任西南军政长官，胡宗南任西南军政副长官，代行长官职权，总揽西南军政；撤销西安绥署；……。会后，“行政院”院长阎锡山即飞往台北。

胡宗南就成了国民政府在西南地区的最高军政负责人，成了“西南王”。当时，在川西地区奉命统归胡宗南指挥的国军各部，共计有 8 个兵团外加 3 个军。

蒋介石与蒋经国

胡宗南对蒋介石“决战川西，死守成都”方案缺乏信心，在就职西南军政副长官后，就从川军手中接管成都城防，维持成都社会治安，一面监视川军各部，一面准备迎击解放军。除设立防卫总司令部接管成都城防外，再未采取其他有力的军事措施。

此时，川西与西南地区形势再度急转直下。解放军各部正迅速从东、南、北三面进逼川西地区，成都四面都出现“敌”情，风声鹤唳。

“敌”情四伏

1949 年 12 月 8 日晚，刘文辉、邓锡侯从龙桥迁往彭县龙兴寺，会合潘文华等人，准备起义。

12 月 10 日上午九点，蒋介石把胡宗南召到成都中央军校，对他说，今晨截获昆明卢汉打给刘文辉的一份电报，电报中说，卢汉昨晚五点借张群的名义召开紧急会议，扣押了在昆明的张群、李弥、余程万以及国民党政府在昆明的军政要员，晚上十点宣布起义，卢汉要刘文辉会同川军将领，在成都举兵响应，扣留蒋介石等人，做“人民政府第一大功臣”。后来，卢汉念及旧谊，还是释放了张群等人，准其飞往台湾。

卢汉电示刘文辉等起义，蒋介石异常震惊。

西南局势不可收拾，当日十一点半，蒋介石再次召见胡宗南，商谈西南战事与成都防守。蒋介石问他："是否留蓉，或即返台？"胡宗南明白蒋介石的内心想法，回答说："早回台湾为是。"

到了中午，侍卫人员报告，发现中央军校附近出现可疑人物。很可能是刘文辉的便衣队，建议蒋介石立即撤离成都，为防不测，从军校后门悄悄撤走。蒋介石同意立即离开，但故作镇静说："我是从大门进来的，还是从大门出去。"

蒋介石携张群在重庆会见卢汉（右）（1949 年 9 月）

1949 年 12 月 10 日下午两点，蒋介石登上专机飞离成都，登机之前，蒋介石再次指示到凤凰山机场为他送行的胡宗南要死守成都，并指示匆匆赶到机场给他送行的四川省政府主席王陵基："你以后与胡宗南多作联系。"当晚六点半，蒋介石到达台北松山机场。蒋经国在《危急存亡之秋》中称蒋介石此次成都之行"深临虎穴，比西安事变尤为危险。"

送走蒋介石，胡宗南回到成都新南门外空军学校，简单地举行就职仪式，宣布就任西南军政长官公署副长官兼参谋长代行长官职。表面上，胡宗南公开扬言要死守成都，与共军决战川西，但是，实际上他正准备撤军西昌。胡宗南命令第 27 军和第 65 军的第 160 师布防岷江西岸，在郿山、乐山一线负责掩护西撤通道；同时，他令各部向川西集结：第 5 兵团驻新津，第 18 兵团 12 月 15 日到达双流，第 7 兵团加速南撤；又令干训团教育长袁朴率领干训团官兵员生近万人，即时徒步西撤到西昌。

镇压“反叛”

在刘文辉、邓锡侯秘密出走，起义通电未公开发表之前，胡宗南只指令接管成都城防，胡部各部进入备战状态，监视刘文辉、邓锡侯部。

当时，刘文辉为国民政府西康省主席兼第24军军长。西康省府设康定，省民政厅长张为炯代行省主席职权；第24军军部设雅安，刘元瑄代军长，下辖伍培英第136师，驻西昌；刘元瑄第137师，驻雅安。两师部队及军部直辖部队分别驻防于康定、西昌、雅安三属广大地区与成雅公路各要点，一个团驻扎在成都武侯祠。

邓锡侯的主力为第95军，下辖3个师：第126师大部布防彭县、新繁，第225师布防灌县，第295师拨归胡宗南部第17军，正从川北撤退。第95军军部与军直属部队则驻成都。起义前，第95军军部与驻成都各部，骗过顾祝同，从成都转移到了郫县。

12月11日，刘文辉、邓锡侯、潘文华公开发出起义通电。12月12日，刘文辉族人刘元瑄遵照刘文辉与中共的指示，在雅

贺龙接见刘文辉（中）等起义将领

安城召开起义誓师大会；同日，张为炯在康定城通电全省各县宣布起义；同时，严啸虎等川籍将领也先后发出起义通电。

刘文辉等的行动早在胡宗南的意料之中，为扫除西撤康滇的障碍，“胡宗南部决定从速解决刘（文辉）部，克日进占雅安，作为西南基地。”12日，胡宗南立即下令所属各部镇压刘文辉、邓锡侯部的“叛乱”。

12月12日，朱光祖第3团与西昌警备司令贺国光部接到电令，当晚就在西昌向刘文辉的伍培英第136师发动进攻。伍培英部事先获悉将遭袭击，遂提前三个小时撤出西昌城。贺国光、朱光祖部发觉第136师正在撤离，即发动进攻。第136师一边撤一边打，损失很大，屯垦团长刘元虎、少将高参薛奉元阵亡。伍培英率残部退至冕宁，幸得中共地下党员伍精华派人把他们送出彝区，转移到富林、黄木厂、大相岭，切断从成都、乐山通往西昌的道路，与贺国光部第335师对峙。

朱光祖团击败伍培英第136师，控制了西昌，胡宗南致电嘉奖：“此次第3团以不满七百人之兵力，居然击逐十倍于我之叛敌，重奠西昌，力挽狂局，其机警勇敢忠愤强悍之情，堪为革命军人之表率，深感荣誉，除请将贵团扩为两个团之师外，并犒赏四千元，敬以欣幸之忱，奉祝胜利。”

12月13日午后，盛文召集第3军军官会议，传令解决刘文辉、邓锡侯留成都各部。当晚，盛文向胡宗南报告，提出解决刘、邓留城各部的两种方案。

12月14日凌晨一点，盛文调动约6个团的兵力，在坦克与大炮的掩护下，分头进攻驻防武侯祠的不足千人的刘文辉部董旭坤团与驻城北华兴街的邓锡侯部秦述观营。在武侯祠，经两小时战斗，董旭坤团大部分被俘。在华兴街，经过传话，秦述观营主动缴械。

同时，盛文第3军约两连人马围住玉纱街刘文辉公馆，入内查抄，缴获黄金、银元、鸦片及其他贵重物品无数。胡宗南批示盛文处理办法：“刘文辉几十年来，在四川横行，搜刮民财，种植贩卖鸦片，危害川民。现查明财物全部没收。”又指示奖赏有功官兵，命令盛文将收缴的全部鸦片公开焚毁。

盛文第 3 军也查抄刘文辉部下刘元瑄、伍培英的公馆。在 12 月 24 日撤出成都前，盛文还派人在刘文辉公馆埋下三箱烈性炸药。孰料，刘公馆的一位卫士次日潜入刘公馆，引发炸药爆炸，刘公馆顿成一片废墟。

而对邓锡侯公馆及其部属私宅则秋毫无犯。何以如此分别对待邓锡侯和刘文辉呢？

第 3 军执行打抄行动前，胡宗南批准了盛文提出的第二种方案：坚决消灭刘文辉部，打抄刘宅，而对刘部人员住宅不打不抄；包围、缴械、遣散邓锡侯部，若该部抵抗即行消灭，不侵犯其私宅。

因为胡宗南认为，刘文辉家族在川康几十年，既种贩鸦片，又大肆搜刮，聚敛了巨额财富，必打必抄；而刘文辉与邓锡侯素来不和，分别对待，可以使他们互相猜忌，甚至内讧；至于刘、邓部属，不打不抄，将来也定会被共产党以“没收分田”政策待之，则他们会自食其果，怨恨共产党。

安仁刘文辉公馆的雕花床

12 月 16 日，胡宗南电令驻郫县的第 15 兵团司令罗广文和第 20 兵团司令官陈克非：“在明天拂晓前解决刘、邓、潘各部队，扫清内忧，便于尔后作战，免除内应外合的隐患。”但此时罗广文、陈克非处在解放军南北重兵包围之中，正在暗中与解放军及驻彭县、灌县的刘文辉、邓锡侯、潘文华“叛军”联络起义。

同时，胡宗南又令所部配合四川省政府王陵基保安团，兵分两路，进攻雅安的刘文辉部第 24 军军部及第 137 师，刘文辉部被迫从新津、邛崃撤至邛崃山区打游击。

第二节　胡家军的覆灭

陷入重围

1949 年 12 月中旬，当胡宗南镇压“反叛”时，在成都城外的整个川西平原上，形势急转直下。胡宗南的忧急心情在胡宗南 12 月 13 日回复台北汤恩伯的电报中可见一斑：“台电奉悉，承念，至为感动！彭‘匪’已过宁羌向广元进迫；林‘匪’已向遂宁、三台前进；刘‘匪’由内江、资阳、荣县、乐山前进；刘邓叛兵拥于成都、灌县附近，近伺我侧背。友军皆溃败，不能收拾。我兵力分散在六百里外，成一字长蛇阵。兄何以教我？”文中的彭“匪”指彭德怀部第 18 兵团，林“匪”指林彪部四野第 47 军、第 50 军，刘“匪”指刘伯承部二野。

此时，解放军分路向成都地区包抄疾进，势如疾风暴雨，迅猛异常：二野第 3 兵团等 12 月 17、18 日打到岷江西岸，攻占邛崃、大邑，与刘文辉部会师，截断胡宗南部西退雅安的通道；二野第 5 兵团等从黔入川，12 月 16 日占乐山、峨眉，17 日占眉山，切断胡宗南部经乐山退往西昌的通道；19 日俘获宋希濂，进至新津河对岸，与胡宗南部隔河炮战；北线第 18 兵团 12 月 20 日占梓潼，21 日占绵阳、巴中、江油，进抵成都北。至此，在川西地区的胡宗南指挥的国军，全部成了瓮中之鳖。

面对这般险恶的局势，胡宗南黔驴技穷，无力回天。胡宗南下令各部向成都、广汉、郫县、彭县集结，重叠配备，一面防止被分割歼灭，一面准备突向康滇地区。

12月16日，顾祝同、杨森、孙震等人从成都飞往台湾，川西这副烂摊子就全扔给胡宗南苦撑了。12月17日，胡宗南再次约请曾扩情、王元晖、林树恩等人商讨从成都脱困问题。

川西人王元晖说："只要胡先生想脱围，现在还有办法。共军现已占了乐山，正向雅安方向前进，因此由乐山过蓑衣岭逃西昌这条路已走不通了；由邛崃攻雅安有困难，但必须以大部兵力走这条路；主要的逃路还是走灌县，过草地，经雅安到泸定，再看情况是不是要守西昌。今后必要时可以据守云南澜沧江以西地区，或者逃西藏、缅甸。……"

胡宗南当即把王元晖的突围建议电呈蒋介石："乐山已失，今后川、康战局将陷于更严重之地"，要求蒋同意他放弃成都向西康突围，但蒋仍不同意胡的突围要求。

直到12月20日，远在台北的总裁蒋介石还不切实际地对成都战事指示胡："无论如何，我军应集中现有兵力，先将新津或成都附近之'匪'先予击灭，不可待绵阳之'匪'迫近成都，双方受敌夹击也。……否则，散循岷江东岸急进，绕攻乐山宜宾或泸州，是亦不失为中策也。以乐山以南地区，现在必无大匪也。惟成都必须留少数兵力固守，以牵制'匪'军，非万不得已，切勿撤空为要。"

可是，解放军四面合围压境，成都危如累卵，胡军军心涣散，哪里还能主动出击？胡部此时最实际的问题就是迅速率部突围以求自保，可这份电报真让胡宗南哭笑不得，当即致电蒋介石："决定放弃成都。"

突围西昌

1949年12月21日晨，蒋介石才复电同意胡宗南突围，但仍要他"在新津、成都坚持五日，将派飞机百架运送高级人员及必要官兵去西昌。"再坚守成都五日，完全不可能了；而突围到西昌，也早已无法实现了。幸亏胡宗南此前已经具体部署突围行动：已经空运西南公署的高级人员及主要职员以及重要文卷档案和电台到西昌；集中兵力朝雅安、西昌、泸定、雷波方向突围。

12 月 21 日上午，胡宗南到双流，召集罗列、沈策、李文、李振、罗广文、陈克非、陈鞠旅、盛文、鲁崇义、朱仙墀、周士瀛等各部军长以上长官举行军事会议，部署突围。与会将领个个愁眉苦脸。

胡宗南说："我们已经到了生死存亡的关头！'共匪'很猖狂得意，其实没有什么了不起，完全是我们自己不争气。我们同'共匪'是有不共戴天之仇的，有我无敌，有敌无我，我们要为党国争光。我们是三民主义的卫士，是校长的学生，是总统的部下，……，到这个时候，每个人都要把'死'字顶在头上，幸生不生，必死不死……现在只有一条生路，就是打出去，打到西昌去，只要到了西昌，就有办法。……，我们还有几个兵团，打条出路是没有问题的，……"

胡宗南决定罗广文第 15 兵团与陈克非第 20 兵团向东突围，吸引共军主力回头。两兵团突出重围，经简阳以北向壁山、江津折向贵州毕节，最后转向云南边境；孙元良第 16 兵团在成都以北协助裴昌会第 7 兵团，拦阻北路解放军；胡宗南部主力李文第 5 兵团、李振第 18 兵团先向东进攻，第 18 兵团在简阳以东发起进攻，第 5 兵团在简阳以西发起进攻。两个兵团互相联系，在适当时机转向西攻，沿岷江两岸经叙、泸间地区南下，进入大凉山地区，再突向西昌；各部在 23 日下午六点作好准备，24 日拂晓行动。

当晚，空军副总司令王叔铭通知胡宗南：12 月 22 日，有 20 架运输机到达成都双流机场，接运人员撤离成都。胡宗南即与罗列秘密商定了登机人员。罗列分别秘密通知西南公署秘书长蒋坚忍、政工处长王超凡、机要室主任王微、高参室主任蔡綮、补给区司令程开椿、陇南分署主任赵龙文以及副主任缪激流、王炳炎、杨尔瑛、任觉五、王元晖、林树恩、李廉、汪震、李犹龙等胡宗南最信任、最亲密的军政人员于 12 月 22 日晨到新津开会，中途转送双流机场，携带文卷、电台，22 日中午十二点飞往西昌。

12 月 22 日，胡宗南仍在成都督促、检查各部的突围准备工作。日中，蒋介石来电："指示方针及今后空军与其进行途中联络办法甚详。”

这天，胡宗南日记中记载：“李振（字载宏）来告谓鲁（崇义）军长、陈（鞠旅）军长、李文等皆拟坐飞机行，并谓六十五军已不成军，可否乘飞机随行。答以救部队为主，不能飞行。李即回双流。”

当日，李振来见，胡宗南问他：“载宏兄，你看现在的局势怎样?”李振回答说：“形势已十分严重，突围出去的把握不大。千兵易得，一将难求。为了保持我们军人的气节，我的意见，把团长以上或师长以上的军官用飞机送走，团以下单位分散突围，指定地点集中。这样以小部队从解放军间隙通过，容易成功。”胡宗南却说：“要你们带着部队冲到西昌去，就是保存你们军人气节的最好办法！还是照计划行动吧!”

胡宗南这时还不知道李振因为通过鲁崇义与中共联络起义，未得到鲁崇义的答复而犹豫不决，想逃到台湾去，故如此建议胡宗南，不料却被胡宗南拒绝了。

此时，胡部各将领多已无斗志，正处在观望与动摇中，或准备出逃，或准备起义。而且，胡宗南想以牺牲第15、第16、第20这三个非嫡系兵团来掩护胡部嫡系向西康突围的这一做法引起了这三个兵团官兵的极大不满。这些部队早就军心不稳，因此，到了最后关头，三个兵团的官兵都先后宣告起义。

12月22日，第16兵团率先起义。同一天，川陕甘边区绥署代主任喻孟群与杨森之侄、第20军军长杨汉烈在广汉起义；12月23日联勤第四补给区司令曾庆集率80多个单位在成都起义。

12月23日上午，解放军向成都迅速推进与猛攻，成都形势更危急。成都空军司令徐焕升报告，机场已遭共军攻击。胡宗南决定立即飞离成都。上午九点半，胡宗南携罗列、沈策、裴世禹、杨荫寰等随员来到凤凰山机场。十一点，胡宗南撇下20多万的将士官兵，从成都直飞西昌，在西昌等候胡部大军突围而来。

分崩离析

1949年12月23日，胡宗南一行因气候恶劣，飞机无法在西昌降落，被迫改飞海南岛，飞抵海口机场，也因有大雾无法着陆，再转飞三亚机场降落，已是当晚七点了。

而第16兵团12月22日率先起义，这是川西胡宗南指挥的国军崩溃的开始。

早在解放军入川时，中共川西地下党经过研究，决定利用“川鄂绥靖公署”主任孙震与副主任董宋珩、第16兵团司令官孙元良与副司令官曾甦元长期争权夺利的矛盾，策动第16兵团起义。当时董宋珩、曾甦元因遭孙震叔侄排挤，闲居成都，但他们在第16兵团内部仍有盘根错节的势力与影响。通过关系，中共地下党组织派代表与他们面谈。到第16兵团退往川北时，董、曾二人终于同意回部队策动起义。

杨森行书四言联

1949年12月9日，中共地下党派代表杨叔明随同他们前往绵阳、广汉，企图动员孙震、杨森率部一道起义，未成。12月17日，孙震、杨森离开部队，18日从成都飞往台湾。一边是解放军大军压境，一边是第16兵团部分将领不满孙元良，董宋珩、曾甦元就成功策动了这一兵团的军、师、团长，12月19日向什邡、彭县移防，12月21日夜起草起义通电，12月22日下午送到彭县，经由邓锡侯的电台发出。孙元良拒绝曾甦元的劝降，12月24日凌晨率警卫团逃走到了台湾。

12月24日，第15兵团罗广文部在安德起义，第20兵团陈克非部在郫县起义；12月25日，朱鼎卿第3兵团在金堂起义。

胡宗南离开成都后，他的嫡系兵团第5、第7、第18这三个兵团分别走上了不同的归路。

裴昌会第7兵团驻防大巴山地区，辖有第17军、第38军、第57军、第69军、第76军、第98军和第119军，奉胡宗南之命，第7兵团12月初掩护第5兵团和第18兵团入川后，也逐步放弃大巴山防线，向川西集结。但在第7兵团南撤不久，北线解放军第18兵团跟踪追击；西路解放军迫使王治岐第119军于12月9日在陇南武都起义；中路解放军循川陕公路南下，12月中旬攻占剑门关；东路解放军越过大巴山，追歼第17军，军长周文韬被俘。第7兵团主力未能及时赶到成都，而滞留川北。

一直与胡宗南为首的黄埔系将领有矛盾的裴昌会早在1949年5月就秘密与中共联络。当他率部从大巴山南撤途中，在广元，在剑阁，几次企图起义，但因第38军军长李振西拒绝起义，12月20日，李振西突然脱离裴的指挥，擅自率部从剑阁折向中坝，准备西进安县、灌县，拟与胡宗南大部会合，裴昌会只得率兵团部从剑阁南撤绵阳。12月23日拂晓，又转移到德阳。当晚，他正式起义，起义通电交解放军代表转发。裴同时电令第7兵团所辖各军停止前进，就地起义。12月25日，裴昌会第7兵团的起义通电正式发出。

第7兵团副司令官兼第76军军长薛敏泉指挥第7兵团所辖的第76军、第17军与第98军，正向成都溃逃，行至三台，倾接裴昌会的起义通电，立即召集各军、师长开会，旋派代表寻找解放军接洽。

只有李振西的第38军，从剑阁走小道，经江油，到达茂县山区。这时，裴昌会与王友直、原第38军军长姚国俊等人，从德阳与成都不断打来电报，劝李振西起义。但李振西宣称他要以实际行动，“让蒋介石、胡宗南意料不到他还会作一个效忠他们的人”。李振西重组残部，打算到甘南招兵买马，到大巴山打游击。到1950年1月11日，李振西走投无路，终于同意缴械，但仍声称：“不起义，我愿意投降。”

第7兵团除冯龙第57军与胡长青第69军等部较早到达成都

外，其他各军就这样瓦解了。

李文第5兵团与李振第18兵团共辖近10个军，在12月上旬到中旬，陆续集结到成都及其附近地区。李振及其第65军上下都是广东人。中共叶剑英早就通过广东地方关系，派代表策反李振。1949年12月初，中共又派遣被俘的原第36军的一位团长、广东同乡陈定，来劝说李振起义。为形势所迫，李振先准备于12月13日在绵阳通电起义，因部下意见不一，未成。12月15日移驻成都后，李振又主动找鲁崇义联络，因鲁对李振有疑忌，未敢及时表态。鲁崇义通过原西北军高兴亚等人，秘密联系上了中共。

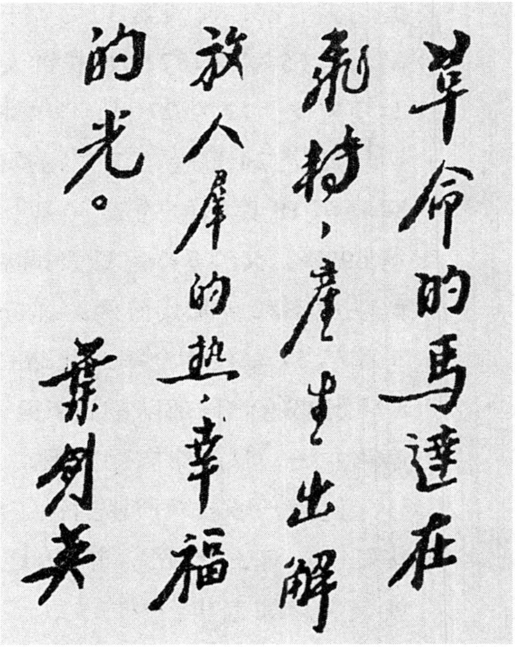

叶剑英题词手迹

12月21日，胡宗南在双流开突围军事会议，李振与鲁崇义对突围根本不抱希望，积极准备起义。但李振等部处在第5兵团李文等胡宗南心腹将领各军包围之中，不敢贸然行动。

12月23日下午，李文正指挥各部准备明晨突围。四川省政府主席王陵基对李文说："向东突围很危险，突到哪里去？川东已全为共军占领。从什么地方向南转？不如直截了当向西打！"李文缺乏主见，遂根据王陵基的建议，约集第5兵团参谋长吴鸿烈、李振、朱仙墀、周士瀛等人，重新讨论突围方向。讨论结果，决定改变21日双流军事会议先向东突围的计划，改为立即向西突围。

会议刚结束，第30军鲁崇义的参谋长萧建走进来，开口就说："第30军处境，我们是战呢？还是和呢？如果和，我有条路。"李振一听，立即顺水推舟："还是照北平办法，和的好。"要求各部不要突围，留在成都，派代表与刘伯承商谈。但李文等还是摩拳擦掌："战到一兵一卒也要打！"李振只得表示"和大家一起行动"。

但李振根本无心突围。12月24日上午，他率第65军、第90军、第36军及炮兵、工兵、坦克兵等特种部队进驻成都，从第3军手里接过城防，就通过萧建，约见陆大同学郭勋祺，与中共二野接通联系。12月26日，李振亲自前往简阳送交起义通电给解放军，并与在重庆的解放军二野参谋长李达直接通电。当晚，李振回到成都，代表第30军军长鲁崇义、第30军第30师师长谢锡昌、第65军第187师师长钟天定、第90军第61师师长陈华等人，共同起义。12月27日，李振将成都城防交解放军接管。

12月24日晚，李文指挥第5兵团的第1军、第3军、第27军与第18兵团中的第36军、第90军以及第7兵团的第57军、第69军，共约7个军以及胡宗南总部的直辖部队与干训团等，开始从成都和新津兵分两路，向西突围：第27军、第36军、第90军和第57军共4个军为北路右翼，从重庆向西南猛突，李文率第5兵团部随北路部队前进；第1军、第3军、第69军共3个军为南路左翼，从新津向西突围。

此时，解放军严密封锁了成都与新津地区，逼近重庆、新津、华阳、广汉、什邡、简阳等地，包围圈迅速缩小，突围的战机早就丧失。陈克非、罗广文、裴昌会、李振等部相继起义，李文突围部队成了孤军。而且，李振已经把李文部突围的方向与计划交给了解放军，解放军截断了从成都到雅安与西昌的通道。因此，李文部一开始行动，即处处受阻，在王泗营、三盆街、高桥冲锋多次，无法突破封锁线。

12月25日，李文调集各部精锐，再次猛攻邛崃、大邑。李文亲自上阵督战，向官兵叫喊："拼光亦光，不拼光亦光。"但拼杀一天，亦未能突出重围。至黄昏，解放军从四面围攻上来，把突围各军压缩到西来场东北一块狭小地区内。

12月26日拂晓，解放军全面攻击。突围各军死伤累累，至黄昏，残部退到邛崃东南约10公里处，走投无路，陷入绝境。

这时，一些高级将领背着李文，秘密协商起义。兵团参谋长吴永烈要学生总队长王应尊去说服李文，说："你与李文的关系不同，现在又不是他的直接部下，所以只有你可以去向李文说。"第1军军长陈鞠旅叹道："现大势已去，解放军岂肯接受我们起义？"第1军代参谋长乔治说："我过去在东北被解放军俘虏，学习一年，解放军的政策我是知道的。只要我们愿意起义投诚，解放军会接受……"

听了王应尊的建议，李文也知道，除了起义，别无出路。但他受胡宗南重托，恐怕对不起胡宗南，也怕部下骂他没气节，还犹豫地说："这样恐怕不行吧！"

胡宗南残部向解放军投降

王应尊等人见李文犹豫，就自作主张，一面分头联系说服各部；一面派兵团副参谋长袁致中和乔治前往邛崃解放军联系起义。当陈鞠旅向胡宗南赖以起家的王牌军第1军团以上军官说服实行起义时，军官们都放声痛哭。最后，大多数人都知道形势所迫，不得不接受起义投诚。而少数坚决不愿投诚的军官，或潜逃，或自杀，或率部分官兵冒险突围。盛文、吴俊等人乘乱逃出大陆。盛文于1950年2月11日到了台湾。

1949年12月27日晨，袁致中和乔治从邛崃带来解放军二野司令员刘伯承、政委邓小平欢迎李文部起义的电报。这时，李文只得同意接受起义投诚。

根据解放军的命令，李文各军分别拨归解放军各部改编，军长以上将领转送重庆解放军二野教导总队与西南军政大学高研班学习。后来，李文、冯龙、周士瀛等借机逃到了台湾。

至此，胡宗南集团——蒋介石国民党政府在大陆的最后一个军事集团——就彻底覆灭了。指挥二野解放军消灭胡宗南集团的邓小平说："进军西南，同胡宗南那一仗打得很容易。"而最后从成都逃往台湾的陈立夫却无限失望地说："大陆沦陷，胡之数十万大军，冰消雪融，一无作为，我为之浩叹不已。"

第三节　西昌！西昌！

蒋介石的震怒

胡宗南抵达三亚后，连日处于痛苦与焦虑之中，既担心蒋介石的震怒，又惦记着川西20万大军的生死。随即，参谋总长顾祝同偕同空军副总司令王叔铭等，奉蒋介石之命，飞到三亚，查询川西战况，查办胡宗南擅飞海南岛一事。胡宗南不敢亲自去向蒋介石陈述，乃于1949年12月26日派参谋长罗列随王叔铭飞往台北，代表他把川西会战和西撤情形以及他不得已降落海南岛的苦衷汇报给蒋介石。

12月28日，胡宗南就接到了蒋介石的电文，要他迅速返回西昌坐镇指挥："此时大陆局势系于西昌一点，而此仅存之点，其得失安危，全系吾弟一人之身，能否不顾一切，单刀前往，坐镇其间，挽回颓势，速行必成，徘徊则革命为之绝望矣。务望发扬革命精神，完成最大任务，不愧为吾党之信徒，是所切盼。……。中正手启。十二月二十八日正午。"

1949年12月29日，"西南军政副长官"胡宗南偕同沈策、周士冕等从三亚飞抵海口。他一面令海口办事处长程开椿等为他飞返西昌做好各种准备，令机要室主任王微用无线电联络川西各部；一面向部下宣布沈策、周士冕、蒋竹三、蔡棨、戴涛、裴世予、王炳炎、李犹龙等人随他回西昌，还说未奉令即逃往台湾的已被扣押枪决，如袁朴。胡宗南获悉川西各部或败，或降，或起义，12月27日被解放军占领成都等消息，"顿时脸红筋涨，右手掩住前额靠在桌上，左手放在怀里，约有十多分钟没说一句话。后让王微想法联络哪些部队逃出川西。”

12 月 30 日晨六点，胡宗南执行“领袖”让他飞往西昌的命令，带领随员及警卫连，携带简单文卷与电台，从海口分乘十架运输机飞往西昌，住在原蒋介石的西昌行辕邛海新村。邛海新村距西昌城约十五六公里。不久，罗列等从台湾飞到西昌，率幕僚人员在西昌城内城隍庙办公。

当时，“国民党政府”败退台湾地区，大肆宣传“政治台湾，军事西昌”的“新决策”。胡宗南坐镇的西昌，是“国民党政府”在内地的最后一块土地，也是他们最后的希望。所以，蒋介石给飞返西昌的胡宗南两项任务，一是整编川西突围军队；一是组建西昌基地，固守三个月。

西昌为西康省东南的边陲小城，清代称宁远府。抗战期间，国民政府退到重庆，蒋介石为了瞰制康、滇，震慑云南地方军阀龙云与西康地方军阀刘文辉，1939 年西康建省，紧接着在西昌设立“军委会委员长西昌行辕”。抗战胜利，撤销西昌行辕，改“西昌警备司令部”。

到了西昌，胡宗南的第一件事，就是联络川西突围部队。到 1950 年初，联络到第 2 军第 76 师师长张桐森、第 27 军军长刘孟濂、第 69 军军长胡长青、第 124 军军长顾葆裕以及第 335 师王伯骅各率其残部侥幸脱围，抵达西昌，总兵力不过 1 万人。不过，从川西突围与从甘南南下的一些国军残部，在张天翔、田中田、陶庆林等率领下，经松潘、懋功，占领丹巴，进袭泸定与康定，刘文辉部驻防康定的师长唐英与傅德铨等起而响应。康定省城遂被胡部控制。

“军事西昌”

西昌地区贫瘠而闭塞，西昌城四周的大山区为彝人世代聚集居住地，在军事、政治上都是死地。当年太平天国石达开部就全军覆灭于此。如今胡部万人孤悬这里，前后无援，一旦兵败，即会被彝人吞灭。

1950年1月15日，台湾“国民党政府”参谋总长顾祝同、第8军军长李弥等奉蒋介石之命，秘密飞到西昌，研究固守西昌方案。当时西昌局面艰难危急，胡宗南和顾祝同等人都十分清楚，但为了执行蒋介石固守西昌三个月的命令，顾祝同一面仍要胡宗南在西昌整军备战，一面又与他商订“组建滇西基地方案”，准备危急时由胡宗南率西昌各部撤退滇西，会合李弥第8军及余程万第26军，组建滇西基地。

很快，滇南第8军与第26军就被歼灭，两军残部逃往国外。胡宗南部南撤建立滇西基地方案就完全破灭。胡宗南率残部在西昌挣扎，更加孤立。

1月下旬，蒋经国奉命飞抵西昌，带来了蒋介石给胡宗南的手函：“云南情况变化之后，西昌当更艰难，然最近匪似不至大部入康，最近如将台北军火配运西昌为可能之事……如‘匪’攻台湾，余必与台湾共存亡，而决不出国。”胡宗南即回函蒋介石，托蒋经国转呈：“此间情况至为艰危，但如能在2月15日以前空运一个师之武装、弹药到西昌，则大陆据点，西南局势仍有可为。”

胡宗南也只得硬着头皮采取措施在西昌固守三个月：

整编扩军上，扩编朱光祖团为第1师，任朱光祖为师长；任命胡长青为第5兵团司令官，率所部驻汉源，驻防大渡河；收编四川洪雅县地方武装李玉光部1000多人，委李玉光为新12师师长，驻防大渡河口富林镇和大树堡；顾葆裕第124军与张桐森第76师驻会理，补充枪弹与给养，驻防金沙江；组织联络西康与川西的地方武装，组起“反共救国军”七个纵队。

在军政影响上，当时，四川省政府主席王陵基已被俘，四川籍地方将领中只剩唐式遵留在西康汉源黑帮哥老会头领羊仁安处。1950年2月20日，胡宗南特地将唐式遵、羊仁安等人请到西昌喝酒，密商。胡说：“疾风知劲草，板荡识忠臣。像唐先生这样公忠党国，我想总裁一定要倚重的。”立即拟电稿致台湾蒋介石，保荐唐式遵继任四川省政府“主席”，旋获批准。

蒋介石果然对“军事西昌”抱更大的希望，从1950年2月8

日到3月23日，从台北七次空运武器弹药、共40架次到西昌。

而在台湾，1950年春节，叶霞翟和胡为真母子度过了一个孤寂的除夕。大年初二下午，忽然门铃响起来了，叶霞翟打开大门一看，原来是蒋经国。他说："小弟弟（指胡为真，乳名广广）在哪里？'总统'在隔壁居正老先生那里，想看看他，请带他去好吗？"

叶霞翟一边为儿子穿好衣服，一边嘱咐两岁的儿子："广广，妈妈带你去见一位老公公，你要乖乖的，见面时要说公公好。"

进了居正家，蒋经国把胡为真领到蒋介石面前，胡为真仰头喊了一声："公公好！"蒋介石好高兴，摸了摸胡为真的小脑袋，连声称赞他："好！好！"

事后，叶霞翟把领着儿子上居正家见蒋介石一事，写信告诉在西昌的胡宗南。胡宗南回寄一信，写道："广儿初见领袖，态度大方，应对得体，殊为欣慰。"叶霞翟一看，不禁哑然失笑。

最后的挣扎

1950年3月开始，解放军从南北两路围攻西昌、康定地区。

3月20日，南路解放军第44师一个团进入巧家地区，首先就给西昌胡宗南一个下马威，歼灭前来阻击的朱光祖第1师一个营。3月23日，解放军西渡金沙江，进入宁南地区。正当胡宗南请调邓德亮彝兵一个团前往宁南增援时，3月21、22日，解放军南线主力全部北渡金沙江，3月23日攻克会理，歼灭胡宗南部苏少章师部及两个团；逼退顾葆裕第124军和张桐森第76师到盐源、盐边，再退到滇西，逃往国外。会理是胡宗南在西昌南部的最重要的防守堡垒，北距西昌只有50公里。胡宗南一方面令顾葆裕在会理再抗击一昼夜，同时又急让朱光祖部撤出宁南战场，到会理与德昌间构筑工事。

3月24日，胡宗南要朱光祖全力在德昌一线再挡住解放军3天，然后他们放风说逃往川南，而秘密准备经德昌、盐源，或出逃西藏，或出走滇西。

3月25日，形势更危急。解放军在3月23日占领富林后，

24日抢渡大渡河，抢占大树堡。王伯骅第335师被迫南撤。驻防大渡河的胡长青也退到平坝镇。接着，南线解放军从德昌南面迂回进攻德昌，并向西昌急进。

在最后的危急关头，这时，蒋介石电令胡宗南将部队交给可靠的高级将领，然后派飞机到西昌接胡宗南和贺国光等人飞往海口。但将部队交给谁呢？最适当的人选当然是正在北线作战的胡长青。但胡长青一时赶不来西昌。

3月26日，胡宗南召集罗列、赵龙文等极少数亲信密商撤逃方案，胡表示自己要留在西昌，与官兵同进退，撤向滇西或西藏，并拿出自己十年来的日记，交赵龙文，说："龙文兄，你是不应该留在此地的，得乘飞机走。这是我十年来的日记，请你带到台湾，有空整理一下。"赵龙文等人连忙劝他快撤离西昌，说，"第一，这是总裁的命令；第二，共军进逼西昌，声称要'活捉胡宗南'，我们不能上当；第三，反共不是一天完成，真正的斗争要从今天开始，"等等。

最后，罗列义不容辞地说："当年汉高祖荥阳被围，假若没有纪信代死，以后的历史，可能全变了。我们牺牲了多少人，对于历史，没有丝毫影响；胡先生牺牲了，将来7万多的学生，3万多的干部，谁能号召起来，领导起来，再与共军作殊死战呢？所以我筹思至再，决定我来做一个纪信。"如此危难之际，很多人自顾逃命尚来不及，而罗列居然主动替他分忧赴难，留守危城，胡宗南感慨万千，真是患难见真情。

1950年3月26日深夜，胡宗南与贺国光、赵龙文一行乘机飞离西昌。从此，胡宗南这位"西北王"与"西南王"，就永远地离开了大陆。胡宗南一撤离西昌，余部很快就被解放军全歼，西昌反攻基地顿时灰飞烟灭了。

第十五章
“要做大丈夫！”

第一节 “总统府战略顾问”

弹劾风波

1950年4月4日从海口飞到台南，5日飞抵台北。回到家里，胡宗南面容憔悴，一脸苍白，对叶霞翟说：“你看到我回来抱儿子，你开心吗？”叶霞翟回答：“当然开心，你这些年实在太辛苦了，也应该休息休息了。”到此时，胡宗南和叶霞翟从结婚以来，俩人在一起的日子还不到一个月，而儿子一共只见过父亲胡宗南两面。叶霞翟后来感慨地说：“对我们的家庭而言，他能回家团聚是我们最盼望的。”

而胡宗南却怅然若失，第一次感到寂寞与狼狈。此前不久，即在胡宗南从西昌飞抵海口的3月27日，台北“国民政府”明令裁撤“西南公署”，调胡任“总统府战略顾问”。胡宗南当“战略顾问”，无兵马，无地盘，也无权力，真正成了“光杆司令”。

在台湾，除了昔日的军中同事外，胡宗南一家举目无亲。幸好汤恩伯为他在花莲租了一幢房子，胡宗南举家迁往花莲。叶霞翟说：“从此清晨、黄昏，夫妻俩携手徘徊于堤上海边，对海潮而长啸，望明月而涕泣，遥念家国山河，泪眼相对，默默相依。”

当时，台湾“国民政府”正在开展“整肃失职军政官员”运动，一时间，台湾岛上风声鹤唳，杀气腾腾。福州绥署副主任、黄埔一期生李延年因平潭岛失守，与第73军军长李天霞一起，因“擅自撤退"，被蒋介石下令交军法审判……

胡宗南虎落平阳，心力交瘁，但是，台北也有人不愿放过他。他们认为，胡宗南是丢失西北、又丢失西南的罪魁祸首，要追究他的失职责任。1950 年 5 月上旬，台北政府"监察院"委员李梦彪联合 46 名监察委员，联名向"监察院"提出弹劾胡宗南议案。同时，李梦彪等将弹劾文投寄报刊，一时舆论沸沸扬扬。

李梦彪的弹劾胡宗南文，案由为"胡宗南丧师失地，贻误军国，依法提出弹劾，以肃纪纲，而振军威"。

首先指责台湾当局空言"振纪纲而挽颓风"，而观其动作，"除将李延年交付军法外，而对于受任最重、统军最多、莅事最久、措置乖方、贻误军国最钜"的胡宗南，却"一无处分，殊深诧异"。接着，列举了胡宗南在西北十七八年中手中巨大的军政权力与种种隆重待遇，"胡宗南以师长进驻陕甘，洊至专阃，地位不为不高；畀以防共戡乱保卫西北之事权，责任不为不重；军政大权，一手操持，大小军官，由其委任，倚畀不为不专；关中控制延绥，绾毂陇蜀，俯视中原，有若建瓴，形势不为不要；平时养兵 45 万，部队不为不多；新式武器当全国 1/3，配备不为不精；国家所给饷项，未欠丝毫……"

然后，举出胡宗南的诸多败绩罪责：第一、不战而弃守西安；第二、未尽力联合"马家军"反攻西安；第三、增援兰州不积极；第四、仓皇逃离陕南；第五、川西全军覆灭，西昌挣扎又败北。"凡此种种，胡宗南犹可借口，无可查考，以自规免，而不知其不能逃责者，国家岁靡钜饷，为胡宗南所养之数十万大军，今皆何在？所畀予之重地，节节放弃，以至于寸土无存，丧师失地，事实昭然……"

最后，弹劾文指出胡宗南应该主动自请处分失职之责："窃以为胡宗南者，……军政大权，操于其手者十余年之久，受国家特殊之待遇，居军事特殊之地位，自当不同于凡众。失败之后，无待人言，应向政府自请议处……"

所述胡宗南升迁之快、军政权力之重与失败之惨，都属实。

追究国民党与国民政府在西北、西南军事上的失败，首先的和主要的，是国民党和国民政府整个党政军系统的责任与失败。要追究责任，惩处祸首，首先要追究与惩处“民国领袖”与最高统帅蒋介石，而胡宗南不过是蒋介石的一个“马前卒”，是南京国民党政府的一个“功狗”。

5 月 11 日，胡宗南读到李梦彪的弹劾文，随即从花莲赶回台北，借住锦州街汤恩伯家。而他会不会成为蒋介石的替罪羊？会不会成为王天培第二、李延年第二？当时，人们不禁捏着一把汗。

再次逃过一劫

1950 年 5 月 26 日，弹劾胡宗南文正式提交“监察院”院会，经 11 位监察委员审查，此案宣告成立。“监察院”旋将此案转“行政院”，再由“行政院”发交“国防部”审办。同时，“监察院”并将此案移付“司法院公务员惩戒委员会”审办。

当时，陈诚为“行政院”院长并主持“国防部”。过去，为了派系与权力之争，胡宗南长期与陈诚分庭抗礼。如今，陈诚大权在握，说不定会对胡宗南落井下石。但是，胡宗南镇定自若地说：“我们是一个法治国家。我愿意接受国法的任何裁决。对于社会的责难，愿作自我反省的依据。事实真相总有大白的一天，不用我去答辩。目下，我们不必和人家争论长短，打笔墨官司。我只求仰不愧于天，俯不怍于人。对任何毁谤或责难，我既不生气，也不介怀。”胡宗南拒绝了亲友向他提出的招待记者、制造反击舆论或上书蒋介石的建议。

但一些好友与僚属，却积极地为胡宗南奔走，打抱不平。他们首先想劝促李梦彪等提案人撤销原案。可是，李梦彪却写一纸条贴于门上：“贵客光临，如有为胡宗南作说客者，请缄尊口，以免鄙人开罪。”

于是，他们就想以民意代表来对付民意代表，说动一些“立法委员”，由声誉较佳的江一平律师领衔，声称有张鸿烈、许绍棣等 108 人联合署名，上书蒋介石和陈诚，为胡宗南“辩诬”。这篇陈情书写得生动有力，据说，是出自于胡宗南密友与部属赵龙文之手，因而在台湾与李梦彪弹劾文一样，传诵一时。针对弹劾文中所指责各项，备言胡宗南一生革命、苦心孤诣、“忠国忠党”、“拥护领袖”等种种功劳，尤其重点列数了胡宗南在1949年5月弃守西安后转战陕南、陇南与川康的种种艰难与业绩，最后总结道：

“溯自东北沉沦，平津告急，公卿将相，相率言和，贪懦之徒，更多变节，以致人民惶惑，战士踌躇，傅作义之卸甲，即其时也。……失地丧师、叛国降匪者，何可胜数？在全国鼎沸之日，大陆糜烂之中，独以数千里赴援之胡宗南部，则责以制胜出奇、全师保地，揆之情势，宁有可能？”最后，吁求蒋介石和陈诚，“为国家爱惜人才，为将士树立风气，如胡宗南者，实宜仰荷体察，力予培成，……”

这篇文章概括地叙述了胡宗南从西安败退汉中、从汉中败退四川、再从四川败退西康、最后全军覆没的历史过程，真实地表现了胡宗南对“领袖”蒋介石的忠诚与服从，在战局危急的情况拼命挣扎，力图力挽狂澜，由此把胡宗南美化成了一个忠勇奋发、功勋卓著的股肱之臣。

1950年8月16日，在旧日僚属盛文等人协助草拟下，胡宗南也向“国防部”提出详细的自辩书。

“国防部”军法处例行就胡案展开调查，调查侦讯历时6个月结束。期间，传讯若干在台的胡宗南旧部与陕、甘、川等地来台湾的官吏士绅。这些人多提供了有利于胡宗南的证词。

当然，决定胡宗南最终命运的，却是蒋介石。当时蒋介石或许有心欲借“监察院”弹劾胡宗南之机来惩处胡宗南。

蒋介石一向特别宠信胡宗南，但蒋介石也恼恨他川康地区全军覆没，尤其痛恨胡宗南身边竟隐藏中共间谍十几年而未察觉，坐致进攻延安惨败。据张佛千在《地下十二年与周恩来》的读后感中所述，当西昌即将失守时，蒋介石曾气愤地说，坚决不许胡宗南来台。幸亏副参谋总长郭寄峤当面直言：“送一名大将给敌人做俘虏，既违反战争利益，也违反指挥道德。”由于郭寄峤的一再坚请，蒋介石才默许派机去西昌接他来台。

蒋介石权衡利弊，看在胡宗南的绝对忠诚上，决定放他一马，1950 年底，“国防部”军法处宣布：监委弹劾胡宗南诸事，均与事实相悖，认定胡宗南“自无若何刑责，足资论究”，所以，不予“付军法会审”。“司法院公务员惩戒委员会”也认为，胡宗南率部从陕西撤到川康，“历经战斗，并未处置乖方，应免议处。”轰动台湾一时的弹劾胡宗南案落幕，胡宗南又逃过了一场政治风波，但是，自此不再被蒋介石宠爱与重用，而被冷落，闲置，靠边站。

第二节　再举“帅”旗

改名换姓

自 1949 年下半年国军相继从苏、浙、闽等地败逃后，不少残兵败将与地方武装撤逃到东南沿海各岛屿上。其中浙江省大陈海域，约 15 平方公里，有大小岛屿 90 余座，北起南田、渔山，南至沙埕附近南北麂、洞头各岛，约长 170 海里。国军各路残兵败将逃到这群海岛上后，各自占岛为王，共有 6 支，14 个纵队番号，约 2.3 万余人。各部之间不相统属，“甚至有恃力兼并、拦劫别队财物者。”

朝鲜战争爆发，美国获悉“国民政府”尚有一些游击部队在中国东南沿海岛屿上活动，以为可资利用，以牵制中共军事力量，于是，派代表与台湾“国民政府”商定，由美、台双方共同收编东南沿海游击部队，美方提供装备。美方成立主持工作的机构“西方公司”；台方则成立“大陆工作处”来负责。

派谁去大陈地区收编、指挥这些游击部队呢？蒋介石想到了胡宗南。胡宗南是浙江人，熟悉东南沿海风土人情；胡宗南是军事将领，整军经武的经验丰富；还有，来台湾一年，胡宗南遭弹劾，坐冷板凳，一直无实职。

1951 年 3 月 17 日，“总统”蒋介石任命胡宗南为总指挥，前往大陈岛地区组建"江浙反共救国军"。当时，台湾官场有人认为，要陆军二级上将胡宗南去荒凉的大陈海屿屈就总指挥，恐怕他未必肯去。但是，出人意料的是，胡宗南欣然接受任命。

4 月 4 日，次子胡为善出生。叶霞翟描述家庭生活："德儿（胡为善）降生之后，我们的家庭生活更有生趣了。每天晚上夫妻俩带着两个孩子在客厅玩，那时广儿已进幼儿园，他很喜欢唱歌，每晚总要把白天在幼儿园里学来的歌，一遍又一遍地唱给我们听。胡宗南时常一边听大儿子唱歌，一边逗小儿子笑，有时也和我玩玩桥牌，小家庭和谐快乐。"

4 月下旬，胡宗南还惊喜地见到了罗列，不禁百感交集，为罗列对自己的忠心耿耿而感动。原来，在胡宗南 1950 年 3 月 26 日飞离西昌前，无合适人选替他主持西昌军务，参谋长罗列跟随胡宗南十几年，备受信任，屡任要职，一直深感胡宗南的知遇之恩，觉得当时正是报答胡宗南的时候，所以，主动请缨，替胡宗南守危城。随后，3 月 29 日，罗列被围在冕宁县甘相营祭妖沟顶，旋被彝人俘获；4 月 1 日，被彝人抛下山沟，得以逃走。他化装成难民，与伍道远一同到了成都。不久，伍道远被捕，罗列则费尽心机，成功逃出，颠沛流离，历时一年有余，终于在今年 3 月 27 日到了香港，4 月 15 日到了台湾。罗列可能说是国民党军最后一位从内地成功逃到台湾的将领。而在胡宗南病逝之际，罗列还动情地称誉胡："迹公生平，几无日不在战阵之中。治军以严，而驭下以厚；律己以俭，而待人以丰；嫉恶如仇，而好覆人过；爱才若渴，则善推其功；故袍泽咸心悦诚服，乐为效命，非偶然也。"

随后，胡宗南向蒋介石荐调罗列、钟松为助手。5 月 30 日，胡宗南还呈送一份报告给"行政院长"陈诚，要求组建、训练一支规模达 3 万人的游击队，深入大陆东南沿海各省打游击，还要求"行政院"提供粮服装备。胡宗南见报告和要求无回音，故此就一直不动身。

8 月，陈诚奉蒋介石之命，到胡宗南宅访问，催胡宗南速行。9 月 9 日，胡宗南化名"秦东昌"，率钟松、沈之岳、冯龙等随员，从基隆港登上203号登陆艇北驶，9月10日上午十点半到达下大陈。

胡宗南到下大陈后，就住在第36纵队司令王相义家中，草草布置的两间厢房，就成了胡宗南的“总指挥部”。直至1951年11月中旬，胡宗南才将总指挥部迁到比较荒凉的上大陈岛上。

胡宗南首先调查整顿驻守各岛的游击部队，申明纪律。接着，向各部供应粮食、武器和装备，派员到各部“担任教官，协助训练，兼负思想考核之责，授以副署命令之权”，逐步控制了各部的指挥权。

胡宗南在上大陈安顿下来后，一本正经地报请“国防部”核定，正式组建“江浙反共救国军总指挥部”，总指挥胡宗南，副总指挥钟松，总参议兼代总参谋长冯龙，秘书长赵才标，政治部主任沈之岳。他先后从台湾调来4个“战斗团”的编余军官充实各部。

胡宗南

同时，美国“西方公司”也派员到上大陈建立机构。胡宗南派遣钟松与美国人蓝浦森组建联合办公室，共同对内地展开军事侦察与特务活动；创建“东南干部学校”，以胡宗南任校长，美方代表范尔逊为副校长，轮训各部官兵。

经过半年时间的整编，轮训，“江浙反共救国军”基本上军制划一，初具规模了，胡宗南就想一试战力。

“黄焦战役”

1952年5月14日夜，胡宗南率部进攻浙江省黄焦岛。攻击船队由军舰、炮艇、机动船、舢板与小渔船共同组成。是夜十一点，胡宗南出海，登上指挥舰——海军永寿舰。另有一艘巡逻炮舰。两舰的后方，由机动艇或机帆船成串拖带着数只小渔舟或舢板，装载着“江浙反共救国军”。

船队在海上行驶5个小时，15日拂晓抵达黄焦岛。胡宗南下令永寿舰先炮轰黄焦岛，掩护部队登陆。据永寿舰的航海官回忆，胡宗南在永寿舰的炮响后，就步出舰长室，登上驾驶台的露天平台，观察指挥，从攻击行动开始，就“僵立驾驶台直到下午四时收兵，未曾移动，亦未出声……”战斗激烈时，黄焦岛上解放军炮击永寿舰，炮弹在舰四周不断爆炸。“这短短的几分钟内，胡宗南像是没有听到身旁炮弹爆裂声，也没看见左右前后弹着激起的水柱，他长长的眉毛低垂，凝视着前方，一片空白，周遭没有事物进入他的眼帘，仍是原先那副石膏神态，无从描述那种老僧入定的境界，有出世的感觉。”战斗持续到下午四点，进攻失败，胡宗南下令登陆的300多名部属返回船队撤离黄焦岛。此战役被台湾方面称为“黄焦战役”。

1952年6月10日，胡宗南又派所部夜袭温岭县的北江；7月11日，突袭跪人山、松门角、白带门等地；8月14日，派兵袭占南、北麂，突袭平阳县金镇卫与福建沙埕港。10月8日，胡宗南令冯龙为前线指挥官，率部攻击披山岛南面的寨头、鸡冠山、羊屿等岛，激战一昼夜，次晚撤退。战后，胡宗南向台湾当局报捷，冯龙被授予“五等宝鼎奖章”，还有45个官兵获选“战斗英雄”。

似乎战果辉煌，胡宗南加官晋爵。1952年10月，胡在国民党“七大”上被任为中央评议委员；年底，被任命为“浙江省政府主席”，但他的“省政府”只辖几个渔岛。胡宗南以这些渔岛成立两个县政府：温岭县和玉环县。

“麂羊之战”

随着朝鲜战争的沉寂，1953年初，解放军重新占领鸡冠山，在大小麂山设炮兵阵地，日日轰击披山岛。胡宗南部在披山岛无炮兵，无还手之力。为了解除威胁，胡宗南决定发起“麂羊之战”。

在进攻前，胡宗南令各参战部队与舟艇先行在披山海域集结，攻击目标位为大小麂山及其北面的羊屿岛解放军。同时，为此战役，台湾海军在大陈岛专设“任务舰队”，4艘军舰由胡宗南指挥。

1953年6月19日晚，胡宗南指挥各部登陆进攻大麂山岛。可是，大麂山的解放军是正规军，工事坚固，战斗力强，火力猛烈。6月20日凌晨登陆后，由于大麂山岛地势峭拔，胡部“推进则寸步难移”，“既不携重武器，攻坚无望”。双方激战从早到晚。驶近大麂山岛的永寿舰舰尾的士兵舱被击中，迫使各舰后移。当日傍晚，胡宗南下令后撤回航，攻击大麂山岛失败。永寿舰军官称：“这次登陆作战，虎头蛇尾，草草收场，形同夭折。”

1953年6月24日下午两点，解放军猛烈炮击距大陈南口14公里远的积谷山岛，摧毁山上工事与有线电话。是夜，解放军占领积谷山岛。

积谷山岛失守，台湾“国防部”先派员来大陈详细研究大陈地区的防守事宜。最后，“国防部”提出，“江浙反共救国军”各部，无论指挥组织、部队素质、后勤补给以及海、空支援方面，都缺点多多，遂于7月初撤销“江浙反共救国军总指挥部”，调胡宗南回任“总统府战略顾问委员会上将衔顾问”。蒋经国亲自来大陈接胡。胡宗南于7月23日乘舰回台北。

“国防大学”学员

1953年8月，58岁的胡宗南奉命入台北“国防大学”学习，到1954年2月才结束，历时约半年。期间，他一边在国防大学念书，一边就近照料家庭，开始享受到家庭生活的乐趣。

胡宗南在国防大学里倒是抓紧时间学习，读了不少书，还与其他入校读书的将领一道研究探讨。1954年2月，胡宗南毕业，成绩名列“高等”。这时他仍没有实际军政职务，只以“总统府战略顾问”的名义寓居台北。于是，他继续在国防大学学习，读书，与专家学者和旧日僚属切磋学问；闲暇时陪妻逗子，享受难得的天伦之乐。

胡宗南一家的经济并不宽裕。胡为真半个世纪之后还记得20世纪50年代一段家庭往事：“幼年时期，家里没有冰箱，父亲的办公室主任程先生家里有只木头外壳的冰箱，冰箱上层摆着冰块，下层存放饭菜、西瓜等。暑天到程先生家里吃冰西瓜，是我莫大的享受，至今难忘。50年代末的一天，我放学回家，见到家里搬来一部旧冰箱，品牌名称是PHILCO，虽然是旧冰箱，但也令我颇为开心。我正高兴，父亲回来了，一看冰箱，脸色一沉，问母亲哪来的？母亲说是罗列先生送的，因为罗先生升上陆军总司令，特地送来一部旧冰箱。父亲疾言厉色大声喝道：'不可以！给退回去！'"

胡宗南把自己的薪水均分成三份，一份拿去救助子女众多、薪水微薄的老部下，一份用于办公室的公务，一份补贴家用。胡为真说："我至今记忆犹新，父亲薪水不够家用，母亲老是为钱发愁，可是父亲又交代她不要再出去教书，专心照顾孩子。别无他法，母亲就靠写文章赚稿费。她虽是留美博士，但写散文仍非易事。为了补贴家用，她试着向《中央日报》副刊投稿。报馆审核文稿的标准很高，第一次接到退稿通知，母亲非常沮丧，痛哭一场。我站在她旁边，深刻体会她的心情。母亲再接再厉，再写，再退，再写……终于有一天，她的文章上了报，稿费来了。哇！我们几个孩子带到学校的饭盒里菜品马上丰富起来。"

第三节　澎湖"防卫司令官"

上将守澎湖

1955年1月18日，解放军攻占一江山岛，2月，国民党军队撤出大陈岛与浙江沿海岛屿，台湾当局宣布集中力量防守台、澎、金、马地区。

澎湖列岛位于台湾海峡中，东距台湾岛50公里左右，西离内地约200公里。由97个岛屿和一些礁滩组成，总面积127平方公里，其中澎湖岛面积最大，有64平方公里。澎湖列岛地处太平洋季风风口，全年暴风日数约有140天，特别是在季风旺季，台湾海峡海浪滔天。而澎湖岛上的马公港，却是一个天然良港，可泊万吨级海轮，港湾海滩蜿蜒曲折，港外波涛汹涌，港内波平如镜。当时澎湖列岛共有近10万居民，多为渔民。

澎湖孤悬台湾海峡中心，地扼南北交通海道，是台湾连接前哨阵地金门、马祖的中转站，又是防守台湾地区的最后一道海上门户，战略地位重要。

1955 年 8 月，“总统”蒋介石数次传见年届花甲的胡宗南，准备派他当澎湖“防守司令官”。1955 年 9 月，胡宗南登上澎湖岛就职。

上任不久，就有件“小事”在台湾军界传为“美谈”，从中可见胡宗南为人处事有豁达与超然的一面：一日，“国防部”参谋总长彭孟缉巡视澎湖，胡宗南一身戎装，亲临马公机场恭迎。彭孟缉虽是参谋总长，是胡宗南上司，但在上将胡宗南面前，还是小字辈。彭孟缉正欲下机，忽然得报胡宗南上将站在飞机舷梯下迎接，自认为不敢受此大礼，跨出机舱门的脚忙缩了回去，让随员先下去劝请胡宗南回去，并说：“只有胡上将回去了，我才敢下飞机。”胡宗南却说：“我是以‘澎湖防守司令长官’的身份，来迎接‘国防部’的参谋总长的，不必客气和谦让，这是应该的！”但彭怎么也不肯下飞机，僵持了很久。最后，彭孟缉感动得流着眼泪紧紧地拥抱胡宗南。

发展澎湖

胡宗南到澎湖就任时，台海地区形势仍很紧张。胡宗南在澎湖的 4 年中，主要做了几件事。

加强澎湖战备防守，在澎湖的外围岛增强了兵力火力；在澎湖岛马公拱北山构筑坚固的核心阵地；加紧督训防守部队；改造驻军营房。

注重对官兵的思想教育与灌输，力图鼓起官兵思想上的热情，以与“国家”与“领袖”共患难。胡宗南在信中说：“如果我们要训练一批铁的队伍，就必须从心理上把他们训练成铁的意志。而这种意志的培养，是要把那些妨碍心理、生理的健全发展的因素根除，才能办得到。”有鉴于此，大力提倡对蒋介石的忠诚，给官兵训话：“在今天这样一个时代，大家局促在台澎，风云变幻，波涛险恶。凡我同志必先与领袖共患难，然后才能讲到效忠领袖。”

举办“三民主义训练班”等，教育训练驻军官兵。每逢训练班开学或结业，他都亲自到场发表精神训话，主题有“立定脚跟”、“共患难”、“一切光荣属于战斗的部队”等，核心内容是与“领袖”共患难、效忠“领袖”等。

想方设法改善驻军生活条件：建成数十幢军眷宿舍，安装自来水，增建防风墙，供驻军官兵使用；为年轻军官争取受训机会，替年资已到的军官保举晋升，奖励能文的军官从事研究；推进军中教育；提倡体育运动，举办文娱活动。

在发展澎湖上，改良风俗，修路植树，扩建马公机场，便利台澎之间空运与满足澎湖向外发展的需要；联络、邀请台湾“农复会”专家，携带农产粮种来澎，改良土壤，传授技术，使澎湖能出产蔬菜瓜果，不仅军民自给，还能外销；接洽贷款，倡导澎湖渔民“渔有其船”；倡议在白沙岛至渔翁岛之间建跨海大桥，建成后成为当时亚洲最长的跨海大桥。

担任“澎湖防卫司令官”的胡宗南

1958 年 8 月 23 日，解放军炮轰金门，持续多日，国共海空战也接连不断，台海地区硝烟弥漫。澎湖是台湾到金门、马祖的中转站，后勤军用物资都需从澎湖中转金马地区。胡宗南指挥澎湖驻军日夜转运从台湾发往金、马的武器弹药与补充兵员，回运从金、马撤下来的国军伤病员与战死官兵遗体，有一个月寝食失常。期间，蒋介石巡视沿海补给线，胡宗南鞍前马后，陪伺蒋介石乘船巡视。

第四节 人生之最后

“领袖需要我们……”

1959年10月，胡宗南澎湖“防守司令官”第二任期届满，回到台北，重任“总统府战略顾问”。1959年12月，蒋命胡到“国防研究院”，担任首期研究员。

“国防研究院”是台湾地方当局新设的蒋介石兼任院长的一个最高级别的军事科研机构，为台湾地方当局培训党政军高级干部。主持国防研究院院务的是胡宗南的好友张其昀。

在国防研究院期间，胡宗南选定了人才培养问题作为研究课题。他对张其昀说：“今后再造中华之唯一要务，乃在实践‘知难行易’的革命哲学。因为实践笃行，本于真知灼见；不肯有真，何能实践？这是我所以选定人才问题为毕业论文的用意。”

胡宗南在国防研究院学习时，勤奋认真，被推为学员长，保持着早年养成的书生习气与军人作风，“一身布质中山装，军用布鞋，但看来总比其他学员整洁得体。听讲时常作笔记，非常用功。”

1960年6月，胡宗南毕业，毕业论文为《论人才与建国建军之关系》，宣称：“建国建军最重要的因素是人才，尤其是经纬万端之今日，不但对领导群伦、担当方面之人才，需要培养和选用；就是对于一般工作的干部，也需要普遍的精练和造就。”而“造就人才的根本，主要在于培育。……这是建国建军之第一件大事。”

国防研究院毕业后，胡宗南曾向蒋介石要求担任实职，“求得一个死所”。蒋介石仍然只给他一些挂名的闲职。此后，胡宗南闲居在家，交游读书。这时，张其昀筹办私立性质的中国文化大学，想邀他来主持，但被胡宗南以“学养不够”而谢绝：“我半生戎马，实在太荒疏。但好学终不会太迟，我竭诚拥护你的主张。”

胡宗南戎马一生，生活上刻苦自厉，饮食上从不讲究，这在国民党政府与国民党的达官贵人与高级将领中是少见的。他身体一向很好，精力充沛，虽奔波劳碌，却病痛很少。1961 年，胡宗南 66 岁了，渐感身体不适，咳嗽不止，疲乏无力。后来病势加重，才延医诊治。发现他有高血压、糖尿病症状。到这时，胡宗南遵循忌糖肉类食物的医嘱，日日只吃蔬菜水果。几个月下来，越发消瘦，但精神看上去仍健。

谁知到了 1961 年冬天，胡宗南日益衰弱，渐感体力不支。是年 11 月，一天，胡宗南去参加在台北介寿馆四楼召开的台湾“战略顾问委员会”，到了介寿馆，爬上二楼，就上不去了。

1962 年 2 月 7 日，农历正月初三，胡宗南感到有些不适，请来医生到家里诊治，发现心脏稍欠正常，当日下午即住进荣民总医院。

胡宗南病重住院，台北党政要人、亲朋好友及旧日部属都来医院看望。2 月 8 日，胡笑着对前来看望他的“国防会议”副秘书长蒋经国说：“我们浙东谚语称人死为翘辫子，我此次恐怕将翘辫子哉。”蒋经国竭力劝慰，以宽其心。随后，“总统”蒋介石也来慰视，“嘱善调摄，抚慰备至。”这让胡宗南十分激动，在病榻上连连低语：“国家需要我们，领袖需要我们……”至死仍然念念不忘要为“国家”与“领袖”奋斗。

胡宗南住院数日，经大力抢救，病情似有好转，医生查验报告，说他的身体确在恢复之中，数日后即可出院。然而，胡宗南的生命之火即将熄灭。一时的好转，其实是临死前的回光返照。

“功著旂常”

胡宗南是蒋介石最好的学生、最好的部下之一；他一生也为民族与国家的存亡与进步而拼搏，拼死抗日，从不叫苦。胡宗南一生的“业绩”与蒋介石的“事业”息息相关，他为蒋介石的贡献与牺牲是其他黄埔系成员所不能比的。他一生都在为蒋的“事业”而拼搏，至死方休。

1962 年 2 月 13 日，胡宗南白日饮食如常，晚九点才睡。这天，叶霞翟因长子生病发烧，回家照顾，只有老部下袁学善留院看护。当夜十一点左右，胡宗南从睡眠中醒来，一见袁学善还在一旁服侍，就催他快去休息。到2月14日凌晨三点，睡梦中的胡宗南突然惊叫数声，一手高举，遂昏迷不醒。袁学善呼喊无应答，急召医生至，打强心针，用氧气罩。叶霞翟闻讯赶到医院，此时胡已在弥留之际，终无一言。至三点五十，胡宗南的传奇人生就落幕了。

1962年2月14日，蒋介石正要去给“国军干部会议”训话，途中知悉胡宗南去世，想到这位由他一手栽培与重用、为他出生入死二十多年的黄埔系首席将领如今离他而去了，不禁倍感沉痛。他在“国军干部会议”上说了一段悼念胡宗南的沉痛语言，对胡作了很高的评价。

根据蒋介石的授意，台湾“国民政府”隆重追悼胡宗南。2月16日下午，“胡宗南治丧委员会”组成，“战略顾问委员会”正、副主任何应钦、顾祝同，分别担任治丧委员会的正、副主任，“总统府战略顾问”罗列任治丧委员会总干事，台湾政府军政大员与胡的好友、同学、部属共40余人为治丧委员会委员。2月17日开吊，蒋介石、宋美龄亲临祭奠。台北各界3000多人前往悼念。

台北各界一片褒词。蒋介石颁赐“功著旂常”挽额，追赠胡为一级上将，又指令“行政院长”陈诚颁发第1458号旌忠状以“永垂式范”。蒋经国说：“痛失知见。”黄杰称：“其志洁，其行廉……遇上忠，遇下爱。”盛文说胡：“功满天下，名满天下，谤亦满天下，……忠冠群伦，智冠群伦，廉更冠群伦。”……

叶霞翟与罗列、赵龙文、盛文等人商议，选定台北近郊阳明山竹子湖下北投纱帽山营葬胡宗南。筑墓期间，蒋介石亲临视察。1962年6月9日上午十一点，蒋介石、宋美龄以及台北军政大员、亲友部属等人护送胡宗南灵柩入墓。

名高谤亦满

盖棺论定，对胡宗南这个民国风云人物的一生与千秋功过，历史迟早会给出一个比较客观、公正的评价。胡宗南自己怎么看待自己的一生呢？他晚年简明地概括自己的一生为："生于忧患，长于战争，成于艰苦，终于道义。"

蒋介石出席胡宗南的葬礼

的确，作为职业军人与高级将领，胡宗南有许多优点，如忠诚服从，注意律已，生活俭朴，待人谦和，宽厚有情，性格刚强等，长期在胡宗南身边当参谋长的於达就回忆胡宗南在驻军天水时期的军旅生活："行军时，师部往往只与一个团同行。到了宿营地，各自进入指定地方、无线电报机、有线电话机首先架设，接受各部队报告。胡先生则携一二幕僚，侦察附近地形，巡视部队情况，决定夜间抵抗线及进出路……夜间与胡先生讨论明日如何行动，必至深夜方睡。……胡先生与特别党部则留在宿营地巡视，……巡视完了，胡先生则跃马而前，必于第一次小休息时赶到师长位置。此后行进则与官兵步行，……"

1965 年 7 月 16 日，周恩来说："胡宗南，我和他打过交道。……。但听说他进黄埔前当小学教员，蛮有点正义感；进黄埔后，他和蒋介石搭上了‘老乡’，跟着蒋介石跑，这当然不好；但在上海、在黄河流域，他也抗击过日本侵略军；兵败大西南，也对抗过蒋介石……”时过境迁，1967年，王微接受学者访谈时，曾比较中肯地评价胡宗南：“忠于领袖，没有抱负。”

以胡宗南的个性、才能与水平，如他自己曾说，他最好当一名团长，顶多做一名师长。胡宗南谈起自己的指挥官经历时，经常以1927年初指挥第2团在富阳战斗的“战绩作为话题，并自认为他当团长时指挥最得手，部队再大了指挥就不如意了。”而历史竟将他推上了战区统帅、“陕西王”、“西北王”、“西南王”等地方诸侯地位，以至于在瞬息万变、你死我活的军事、政治斗争中，时不时力不从心，计穷力竭，最终误“党”误“国”，误人误己。

2005年，英国人写的一本《毛泽东传》，一时成为轰动欧美的畅销书，书中说胡宗南未能成就蒋的“大业”，因而是共产党的间谍——“红色间谍”，典型的以成败来论“英雄”，由此，引起台湾黄埔系的反驳、抗议。若这个逻辑成立，那么，蒋介石就是最大的“匪谍”，因为他丢失了整个内地；蒋经国是最大的“台独”，因为他搞本土化。

有关胡宗南是不是“红色间谍”的历史公案，不少对蒋介石颇有研究的台湾学者均认为，熊向晖确定无疑是中共秘密特工，但胡宗南也是“红色间谍”的可能性微乎其微，毕竟他能死心塌地地追随蒋介石这么久，绝对是极忠诚于蒋介石的人。如果给胡宗南扣上“匪谍”的帽子，就如同“文革”时江青扣周恩来曾以“伍豪”之名叛节一样。至于熊汇荃，虽然有人指责他忘恩负义，但是，说句公道话，他当共产党人在前，当胡宗南的机要秘书在后，如果他对胡宗南尽忠，必定会对共产党不忠，平心而论，不能以此来责怪熊汇荃。

“要做大丈夫！”

1962年，年届半百的叶霞翟应张其昀之邀，历任中国文化学院教授、训导主任、教务主任、家政系主任、副院长等职。1967年任台湾省立台北师专校长。1969年赴夏威夷东西文化中心和夏威夷大学研习特殊教育。从1969年起，连续当选国民党第十届、第十一届中央委员。1981年4月，选为国民党第十二届中央评议委员，同年去世。著有《婚姻与家庭》等散文集。胡宗南去世后，叶霞翟把他和胡宗南的爱情故事写成书，披露两人之间的爱情其实缘起于她非常心仪于一张照片上的“革命军人”胡宗南。

2010年2月，台湾地区领导人马英九延揽“资历完整、经验丰富”的胡为真出任台湾“国安会”秘书长。

作为胡宗南长子，胡为真的外貌长相、言谈举止，酷似乃父，简直就是乃父的“翻版”。作为黄埔名将之后，胡为真早年就读台湾政治大学外交系，后负笈美国乔治城大学外交学院。胡为真在台湾地区外交领域出道甚早，曾经长期任职台湾“情报系统”、“外交系统”，行事低调沉稳，不事招摇，混迹官场数十年，从不炫耀家世背景。

胡为真具有浓厚的民族情怀，一向坚持一个中国的理念。当年，陈水扁主政台湾地方政府，胡为真不认同民进党“去中国化”、“去蒋化”等“台独”做法，2007年7月，公开接受《联合早报》专访，表示“我们明明是中国人”，“把‘去中国化’搞到这样的地步是不对的”，断然宣布辞职，结束了他35年的从政生涯。

1962年，胡宗南去世时，胡为真才14岁。而此后，有一段父子故事是胡为真最常说起的：

一天晚上，父亲叫住10岁出头的儿子，问他长大后要做什么事业？儿子正正经经地回答：“我要像您一样，做一个军人。”父亲却说：“我要你将来做一个大丈夫！”儿子不解地问：“什么是大丈夫？”父亲说：“真正对人民有贡献的人就是大丈夫，譬如大科学家、大工程师、大医生。”

胡为真说，他与弟妹们始终谨守着父训：“要做大丈夫！”

胡宗南年表

1896 年（清光绪二十二年） 1 岁

5 月 12 日（农历四月初四），生于浙江镇海陈华埔。

1899 年（清光绪二十五年） 4 岁

农历六月二十九日，生母王氏病逝。

1902 年（清光绪二十八年） 7 岁

来到浙西孝丰。

1903 年（清光绪二十九年） 8 岁

进私塾读书。

1909 年（清宣统元年） 14 岁

入孝丰县高等小学堂。

1911 年（清宣统二年） 15 岁

剪辫子；上山剿土匪。

1912 年（民国元年） 17 岁

考入湖州公立吴兴中学。

1915 年（民国四年） 20 岁

7 月，吴兴中学毕业，任教于孝丰高小，教授国文与史地。

1916 年（民国五年） 21 岁

2 月，任教孝丰王氏小学。

1919 年（民国八年） 24 岁

到外地参观考察。

1920 年（民国九年） 25 岁

在南京结识张其昀和缪凤林。

1921 年（民国十年） 26 岁

外出考察天津、塘沽与山海关，预言日本十年后会成为中国最大的祸患，东三省会最早成为日本垂涎的对象。

1923 年（民国十二年） 28 岁

年底，报考黄埔军校。

1924 年（民国十三年） 29 岁

5 月 5 日，考入黄埔军校第一期。

11 月 30 日，黄埔军校毕业，在军校教导第 1 团第 3 营第 8 连任见习少尉。

1925 年（民国十四年） 30 岁

2 月，参加东征，任教导第 1 团机枪连排长。

6 月，升为第 1 军第 1 师第 2 团第 2 营少校副营长。

11 月，升任第 1 师第 1 团第 1 团营长。

12 月底，第二次东征胜利。加入孙文主义学会。

1926 年（民国十五年） 31 岁

7 月，率第 2 营参加北伐。

8 月中旬，任第 1 师第 2 团团长。

“黄埔同学会”成立，蒋介石任会长。

1927年（民国十六年） 32岁

3月21日，率第2团攻占上海龙华。

4月6日，任第1师少将副师长，仍兼第2团团长。

8月中旬，任第1师副师长，代师长职，驻杭州。

8月29日，率第1师参加龙潭战役。

组织黄埔系将领抵制李宗仁、白崇禧对黄埔系的分化、瓦解。

10月26日，被军委会任命为第1师副师长。

11月，率第1师参加“二期北伐”，升为第1军第22师师长。

1928年（民国十七年） 33岁

任第1集团军第4军团第22师师长。

4月9日，率第22师与鲁军在侯孟渡口激战。

6月，第22师驻曲阜整训，回家省亲，途经杭州、结识戴笠、赵龙文。

8月，“二次北伐”结束。第22师缩编为第1师第2旅，任第2旅少将旅长。

9月，第2旅撤至徐州，驻扎九里山营房。

11月10日，蒋介石来徐州校阅第1师，第2旅被誉为“模范旅”，第2旅第3团受阅成绩名列全国陆军第一。

1929年（民国十八年） 34岁。

3月，第2旅南下安庆，驻潜山、太湖，参与“伐桂”战争。

5月中下旬，第2旅开往豫南征讨冯军，抵达信阳。

9月，第2旅番号改为第1师第1旅，任“天下第1旅”少将旅长。

10月，随第2路军北上“讨伐”冯军。

12月下旬，奉令率第1旅由武汉北上，援救被围困多日的第9师与第11师。

1930年（民国十九年） 35岁

5月，参加中原大战，讨伐阎冯联军。

6月初，任第1师代师长。

与戴笠策划成立秘密军事核心组织“除奸团”，团员是清一色的黄埔系。

7月中旬，第1师奉命转战津浦，打击阎军。

9月，任第1师中将师长。

1931年（民国二十年） 36岁

12月15日蒋介石宣布“下野”。

复兴社成立，成为复兴社“十三太保”之一。

1932年（民国二十一年） 37岁

3月初，南京“三民主义力行社”成立，为12干事之一。

5月，“围剿”红4方面军，与黄埔同学陈赓、徐向前过招。

7月，第1师与张学良部夹攻石友三部，“倒戈将军”逃往德州。

淞沪抗战爆发，第1师从郑州开赴沪宁沿线，担任护路任务。

11月，跟踪追击红4方面军至汉中，大战漫川关。

1933年（民国二十二年） 38岁

3月，率第1师进驻甘肃天水。

1934年（民国二十三年） 39岁

率第1师建设天水。

在天水倡导“新生活运动”。

1935年（民国二十四年） 40岁

1月，派独立旅丁德隆部驻防川北广元、昭化。

6月上旬，督率第二纵队抢占松潘城，阻击长征红军。

8 月 31 日，其部第 49 师伍诚仁部被红军“围歼”，包座失守。

11 月，当选为中央监察委员会委员。

1936 年（民国二十五年） 41 岁

6 月，率第 1 师进驻湖南，吓跑何键。

8 月，第 1 师扩编为第 1 军，升任第 1 军中将军长。

9 月 19 日，兼任第二纵队司令官，参加“追剿”红军。

11 月 21 日，第 1 军第 78 师在山城堡遭“围歼”。

12 月 12 日，西安事变爆发，极力主和。

12 月 14 日，领衔黄杰、李默庵、李延年、贺衷寒等 275 名黄埔系青年将领发出《忠告张学良电》与《告袍泽书》。

1937 年（民国二十六年） 42 岁

3 月，率第 1 军驻防徐州。

9、10 月，率第 1 军血战淞沪。

第 1 军扩编为第 17 军团，升任第 17 军团长。

11 月底，率第 17 军团参加南京保卫战。

1938 年（民国二十七年） 43 岁

年初，率第 17 军团回驻陕西关中；面试熊汇荃。

5 月，在西安创办第七军分校。

5 月下旬，参与“围歼”日军土肥原第 14 师团战役。

9、10 月，参加信阳、罗山之战。

10 月中旬，回驻陕西关中；成立“陕西省民众动员总指挥部”。

12 月，参加洛阳武功军事会议。

1939 年（民国二十八年） 44 岁

1 月 14 日，第 17 军团扩编为第 34 集团军，胡宗南任副总司令，代行总司令职。

3 月，第七军分校首届学生毕业。

3 月，指定熊汇荃为其侍从副官兼机要秘书。

5 月，出兵占领囊形地带五座县城。

8 月 4 日，任第 34 集团军总司令。

1940 年（民国二十九年） 45 岁

5 月，军令部西安办公厅成为第 34 集团军的上级机构。

秋，陈立夫到西安给胡宗南一个惊天“计划”。

1941 年（民国三十年） 46 岁

关中地区成为国民党军抗日大后方。

11 月上旬，禹门口失守。

1942 年（民国三十一年） 47 岁

3 月，任军委会西安办公厅代主任。

7 月 23 日，在西安设副司令长官部，任第八战区副司令长官。

1943 年（民国三十二年） 48 岁

年初，辞去第 34 集团军总司令，专任第八战区副司令长官。

2 月，接获蒋介石审定的绝密件“对陕北奸区作战计划”。

抗战期间的“第三次反共高潮”出现。

7 月初，“闪击延安”计划流产。

7 月 10 日，接待周恩来，酒会上文斗。

撵走陕西省政府主席熊斌。

1944 年（民国三十三年） 49 岁

1 月 29 日，重庆国民政府宣布：祝绍周接替熊斌任陕西省政府主席，林树恩任省政府秘书长，蒋坚忍任省民政厅长。

3 月，被推为西安“党政军联席会议”主席，成为国民党与国民党政府在陕西地区党政军的最高负责人，一时俨然“陕西霸主”。

6 月，指挥豫西灵宝阻击日军，稳定关中。

7 月 6 日，改任第一战区副司令长官。

8 月 25 日，借病请辞第一战区副司令长官职。

9 月上旬，日军发动湘桂战役。

1945 年（民国三十四年） 50 岁

1 月 12 日，宣誓就任第一战区司令长官。

3 月，发动西峡口抗日战役。

5 月，在中国国民党六大上当选国民党中执委。

7 月，“淳化事件”发生。

8 月，爷台山战事发生。

8 月 15 日，日本天皇宣布投降。

9 月 22 日，在郑州受降，晋加上将军衔。

派遣第 34 集团军、第 38 集团军北上华北地区。

10 月 10 日，荣获国民政府胜利勋章。

10 月 12 日，接获蒋介石密令：重新发动“剿共”战争。

1946 年（民国三十五年） 51 岁

2 月 15 日，到重庆参加陆军第二次军事复员与整军会议。

4 月 1 日，召开第一战区军队整编会议。

5 月 18 日，呈报“攻略陕北作战计划”给蒋介石。

6 月底，国共大规模内战正式爆发。

7 月，开始“围剿”秦岭山区。

7 月 13 日，“闻夏战役”打响。

9 月 20 日，临浮战役打响，“天下第 1 旅”全军覆没。

1947 年（民国三十六年） 52 岁

2 月底，接获蒋介石进攻延安的命令。

3 月 5 日，西华池惨败。

3 月 14 日，向延安发起全线攻击，3 月 19 日占领延安。

3 月 25 日，青化砭惨败。

4 月，中外记者团参观访问延安，报导国军“陕北大捷”。

4 月 14 日，整 135 旅在羊马河被歼。

5 月 4 日，蟠龙惨败。

5 月 28 日，胡宗南与叶霞翟成婚。

6 月 5 日，改任“西安绥靖公署”主任。

8 月 20 日，沙家店战败。

9 月，保密局破获中共西安地下谍报线。

10 月 11 日，清涧惨败。

郑琏情报组、吕出情报组等中共谍报组织打入胡宗南内部。

1948 年（民国三十七年） 53 岁

3 月 1 日，整 29 军宜瓦惨败，刘戡自杀，严明被毙，副旅长韩指针、团长何怡新阵亡。

3 月 29 日，被军委会处以“撤职留任”。

4 月 16 日起，开始“泾渭河谷之战”。

4 月 21 日，撤离延安。

4 月 26 日，解放军占领宝鸡，徐保阵亡。

4 月 26 日，第 5 兵团与马家军配合围追西北解放军失败。

8 月，冯原、壶梯山惨败。

10 月，“荔北大捷”。

11 月，永丰惨败。

12 月 25 日，被中共宣布为“头等战犯”第 30 位。

1949 年（民国三十八年） 54 岁

4 月，不从李宗仁、何应钦移胡家军到武汉的指令。

5 月 18 日，率部撤出西安，撤向汉中。

6 月中旬，与马家军“联合”反扑西安，失败。

7 月中旬，扶郿战败，被赶出关中。

11 月初，兼“川陕甘绥署”主任。

11 月 13 日开始，胡家军各部南撤四川。

11 月 28 日，从汉中飞抵成都。

12 月 7 日，成都被解放军包围。

12 月 8 日，任西南军政长官公署副长官，代行长官职权。

12 月 10 日，蒋介石飞离成都。

12 月 23 日，飞离成都，晚上抵三亚。

12 月 24 日，其部从成都突围，不久全军覆灭。

12 月 29 日，由三亚飞抵海口。

12 月 30 日，率随员从海口飞往西昌。

1950 年　55 岁

3 月 26 日，乘飞机从西昌逃往海口。

4 月 4 日，飞回台南。

4 月 5 日，飞抵台北。

5 月 26 日，遭“监察院”46 名监察委员的联名弹劾。

8 月 16 日，向“国防部”提交自辩书。

1951 年　56 岁

3 月 17 日，出任“江浙反共救国军”总指挥。

4 月 15 日，胡部前参谋长罗列到达台湾。

5 月 30 日，呈送组建、训练游击队的报告给“行政院长”。

9 月 10 日，到达下大陈。

1952 年　57 岁

5 月 14 日夜，率部进攻浙江省黄焦岛。

6 月 10 日，派部夜袭温岭县北江。

7 月 11 日，突袭跪人山、松门角、白带门等地。

8 月 14 日，派兵袭占南、北麂，突袭平阳县金镇卫与福建沙埕港。

10 月，被选为中央评议委员。

年底，被任命为“浙江省政府主席”。

1953年　58岁

1月，兼任浙江省党务特派员。

6月19日至21日，发起“麂羊之战”。

7月23日，被免职，离开大陈岛回台北。

8月，入“国防大学”学习；次年2月毕业，名列“高等”。

1955年　60岁

9月，任澎湖“防卫司令官”；次年4月，率团赴美参观学习。

1958年　63岁

8月，金门海战发生，陪蒋介石巡视沿海补给线。

1959年　64岁

10月，回台北，仍任“总统府战略顾问”。

12月，充任“国防研究院”第一期研究员。

1960年　65岁

6月，学习研究期满毕业。任国防研究院毕业同学会会长；仍任“总统府战略顾问”、“国防研究院”院务委员等职。

1962年　67岁

2月14日，去世。

2月17日，蒋介石、宋美龄亲临祭奠。

6月9日，胡宗南灵柩入台北阳明山墓地。

1981年

叶霞翟去世。

参考文献

1.《鹰犬将军——宋希濂自述》，中国文史版，1986。

2. 湛先治:《罗山参战记》，中国文史版，1989。

3. 熊顺义:《信罗战役简记》，中国文史版，1989。

4.《李宗仁回忆录》，广西人民版，1989。

5. 张其昀:《追念胡宗南先生》，台北出版。

6. 唐奇:《蒋帮武功军事会议一瞥》，刊《陕西文史资料选辑》第 8 辑。

7. 熊向晖:《地下十二年与周恩来》，中共中央党校版，1991。

8. 罗泽闿:《胡宗南先生盖棺论定》，台北《革命人物志》第 11 集。

9. 褚静亚、杨健等:《陕西文史资料》第 4、5、8、13、17、20 辑。

10. 张新:《胡宗南其人》，浙江人民版，1982。

11. 全国政协文史委员会编:《文史资料选辑》第 17、23、24、28、32、33、36、50、55 辑。

12. 范汉杰:《抗战时期胡宗南部封锁陕甘宁边区的罪恶》，陕西人民版，1980。

13. 胡宗南:《胡宗南日记》，台北出版。

14.《胡上将宗南年谱》，沈云龙主编:《近代中国史料丛刊续编》第 49 辑，台北文海。

15. 张治中:《张治中回忆录》，文史资料版，1986。

16. 沈云龙等:《征战西北——陕西省主席熊斌访问记录》，台北《口述历史》总第 2 期。

17. 陈立夫:《我的创造、倡建与服务——九十忆往》，台北东大，1989。

18.“国防部史政局”编印：台北《戡乱简史》。

19. 裴昌会、姚国俊、王应尊等：《重庆文史资料》第 23 辑。

20. 周恩来：《周恩来选集》，人民版，1980。

21.《中共党史资料》第 42 辑，（北京）中共党史版，1992。

22. 邓小平：《邓小平文选》，人民版，1993。

23. 日本防卫厅战史室编：《一号作战之——河南会战》。

24. 孟丙南：《“西北王”胡宗南》。

25. 熊斌、王禹廷等：台北《传记文学》月刊第 32 卷、第 47 卷、第 58 卷、第 63 卷、第 64 卷。

26. 戈士德：《胡宗南与戴笠》，（台北）《中外杂志》第 31 卷。

27. 张新：《胡宗南其人》，《浙江文史资料选辑》第 23 辑，浙江人民版，1982。

28. 穆欣：《陈赓大将》，（北京）新华版，1985。

29. 毛泽东：《毛泽东选集》，人民版，1966。

30. 陈定行等：《原国民党将领的回忆：解放战争中的西北战场》，中国文史版，1992。

31. 王焰等：《彭德怀传》，当代中国版，1993。

32. 董显光：《蒋总统传》，台北出版。

33.《中美关系资料汇编》第 1 辑，世界知识版，1957。

34. 熊向晖：《历史的注脚》，中共中央党校版，1995。

35. 黄公伟：《胡宗南与叶霞翟的结合》，台湾《中国近代人物逸话》第 1 种。

36. 李彦清：《访问姚国俊记录》，《黄土地，红土地》，解放军版，1992。

37. 余心清著：《在蒋牢中》，（北京）文史资料版，1981。

38. 王业鸿：1963 年所撰材料，原件藏北京公安部档案馆。

39. 沈醉：《军统内幕》，群众版，1980。

40. 郝在今：《中国秘密战》，作家版，2005。

41. 沈醉：《我所知道的戴笠》。

42. 郑维山：《从华北到西北》，解放军版，1985。

43. 毛泽东:《毛泽东文集》，人民版，1996。

44. 胡宗南:《宗南文存》，台湾出版。

45. 经盛鸿:《胡宗南大传》，团结，2009。

46. [日本] 古屋奎二:《蒋介石秘录》，台湾“中央日报社”，1977。

47. 蒋经国:《蒋经国日记》，台北出版。

48. 王新亭:《向西北西南进军》，四川人民版，1985。

49. 张其昀:《追念胡宗南先生》，台北《革命人物志》第11集。

50. 台湾“国防研究院”:《蒋总统集》，台湾出版。

51. 黎芹:《叶霞翟博士与胡宗南将军》，台北《自由谈》第32卷第10期。

52. 邓宝平:《胡宗南情史》，原载《中华传奇》，2008。

后 记
传奇、辉煌与落寞

由于胡宗南在民国时期国共内战之间充当了蒋介石南京国民政府的反共“急先锋”角色，故此在新中国成立之后，在内地几代人的心目中，他是一个反共反人民的“刽子手”，“走卒”，“反革命分子”。确实，站在一定的立场上，上述这些角色的确是胡宗南诸多身份上的一些特征，然而，胡宗南的一生就仅仅只有这些特征吗？作为民国军政界的一大传奇，胡宗南身上远不止“反革命分子”这一个单纯的身份。

民国的硝烟渐行渐远，历史的真相渐看渐近，随着更多民国史料的解密，随着海峡两岸文化交流的拓展拓深，一个真实的、全面的、客观的胡宗南逐渐被学者们发掘出来。

他早年是一个热血青年，忧国忧民，放下教鞭，投考军校，从讲坛走进了血与火的战场，投身于中国革命先行者孙中山先生所开创与领导的资产阶级民主革命，东征北伐，中原大战，为革命为统一立下了战功。此一时期，他是革命阵营的一分子，是革命军中的一战士。

面对日本侵略者对国土的蹂躏，对同胞的血腥屠戮，胡宗南义愤填膺，他摩拳擦掌，他羡慕傅作义敢于与日寇在百灵庙血战，羡慕宋希濂率远征军出征印缅，后来奉命率部赴淞沪地区抗日，杨行血战让他杀日寇杀了一个痛快，一雪心中的仇恨，然而，他所率的一个4万人马的军团，最后打得只剩1200人活着。随即，在中原大战土肥原日军，在灵宝抗击日军，等等，这些都说明他是一个血性男儿，面对外侮，毫不退缩，是抗日名将。

胡宗南八年教书匠生涯，让他深知教育的重要性，人才的重要性。所以，从军带兵之后，把培训人才作为一个重点，不遗余力，为抗日也为内战培训了数万军政人才。他求贤若渴，惟才是举，甚至到了不分敌我的地步，只要是自己相中的人才就敢于收归已用，在不明真相的情况下，他把对手的谍报精英如熊汇荃、申振民、陈忠经等人都送到了美国去留学，即使这些人身分暴露之后，也没有为难他们。从这一点来看，他爱才用人甚至于超越了党派之争，如此境界的确难能可贵，堪称民国杰出的教育家。

他是国民党的“功狗”，誓死追随校长蒋介石，忠于领袖蒋介石，不离不弃，从一而终，即使兵败大西北，固守秦峰，明知不可为，仍然不放弃，仍然竭力苦撑，也不“倒戈”，也不做“识时务者”，而是保全自已的“气节”，做到了鞠躬尽瘁，死而后已。胡宗南能够做到这一点，站在国民党与蒋介石的角度来看，非常不易，的确是民国的“忠臣”，是蒋介石的“死党”，是忠诚不二的“典范”。

作为黄埔名将，胡宗南在内战时期充当反共反人民的“打手”，作为一位军人，以服从命令为天职，反共反人民，这是他必然听命的“主子”交给他执行的任务，不执行就是抗命，就是违背主子的旨意，就不是蒋介石的“好学生”。因此，反共反人民并非他的主谋，他只是一个工具一个执行者而已。

总之，胡宗南是民国时期的一个身份与角色多重的人物，他的多重身份，他所扮演的多重角色，是民国乱世所造成的，这是绝大多数黄埔精英所不可避免的历史与个人命运的选择。

一切历史都是当代史。本书作者刘配欢副教授，现供职于南华大学。作者作为一位历史专业出身的青年学者，以黄埔名将为主线，从众多史料中，勾勒了一个相对接近于历史真相的胡宗南，虽然仍未完全跳出阶级划分这一意识形态的框框，但相较于此前诸多有关胡宗南这个人物的诸多文字著述与作品来说，已然迈前了一大步。这无疑是民国历史研究的一个可喜的进步。在海峡两岸共同庆祝辛亥革命一百周年之际，在国共两党都坚决反对“台独”势力，力求两岸和平统一之时，这个进步必然是有利于海峡两岸的沟通与交流，有利于达成双方共同的理念的。

本书在著述与编辑过程中，参考了诸多历史文献与相关作品，特此致谢。文中所选配的图片，大部分是从军事博物馆、红楼、展览馆等地方直接翻拍下来的历史图片，亦取用了少量的公共图片资料。鉴于作者、编辑水平有限，文中可能存在有乖谬之处，敬请专家、学者、读者不吝赐教。

德玄馨

2010年5月30日

于信愿堂